21世纪高等职业教育精品教材·财富管理专业

商业银行经营管理实务

Shangye Yinhang Jingying Guanli Shiwu

（第六版）

李春 徐雨光 主编

东北财经大学出版社
Dongbei University of Finance & Economics Press
大连

图书在版编目（CIP）数据

商业银行经营管理实务 / 李春，徐雨光主编．—6版．—大连：东北财经大学出版社，2024.7
（21世纪高等职业教育精品教材·财富管理专业）
ISBN 978-7-5654-5268-0

Ⅰ.商…　Ⅱ.①李…②徐…　Ⅲ.商业银行-经营管理　Ⅳ.F830.33

中国国家版本馆CIP数据核字（2024）第101702号

东北财经大学出版社出版
（大连市黑石礁尖山街217号　邮政编码　116025）
网　址：http://www.dufep.cn
读者信箱：dufep@dufe.edu.cn
大连永盛印业有限公司印刷　　东北财经大学出版社发行

幅面尺寸：185mm×260mm　　字数：395千字　　印张：18
2024年7月第6版　　2024年7月第1次印刷
责任编辑：李丽娟　王　玲　　责任校对：赵　楠
封面设计：张智波　　版式设计：原　皓

定价：48.00元

教学支持　售后服务　联系电话：（0411）84710309

如有印装质量问题，请联系营销部：（0411）84710711

出版说明

高等职业教育是我国高等教育体系的重要组成部分。大力发展高等职业教育，培养大量的高等技术应用型人才，是实现高等教育大众化目标的必然选择。而要实现这一根本任务，迫切需要解决的问题之一就是教材问题。

为满足教学需要，近年来东北财经大学出版社投入了大量资源开发财经类及相关专业高职教材，取得了阶段性的成果，在相关领域积累了丰富的经验，经过多年的市场检验，具有了一定的市场认可度和品牌影响力。“21世纪高等职业教育精品教材 · 财富管理专业”就是我社在此基础上开发的更为完善、更加实用的新型教材。

本系列教材是为了满足投资与理财等相关专业不断增长的教学需求，从金融类的套系中细分出来的，目前已开发了多个品种，并已陆续更新，主要包括《期货投资实务》《商业银行经营管理实务》《证券投资基金》《公司理财实务》《货币银行学》《保险实务》《筹资实务》《个人理财实务》《证券投资分析》等。

本系列教材具有如下特点：

1. 力求贯彻落实教育部关于“十四五”时期高等职业教育教材建设的要求，以就业为导向，以培养高端技能型人才为目标，在内容选择和体系安排上，将党的二十大报告对经济金融的要求融入教材内容中，做到理论知识“适度、够用”，并将学历教育与职业资格认证考试相结合，结构合理，既能为学生的专业学习打下坚实的基础，又能满足其将来从事相关岗位工作和个人发展的基本要求。

2. 作者均从教学一线严格遴选，既具有较高的学术水平，又具有丰富的教学和实践经验，从而保证了教材能够紧跟财富管理专业领域的最新发展情况，及时修订、完善，且定位准确、内容丰富、实训到位，具有很强的科学性、实用性和指导性。

3. 配有电子课件、微课、视频、动画、配套题库及参考答案等丰富的数字化教学资源，以方便教学使用，改善教学效果。

高等职业教育的发展日新月异，这就需要教材与时俱进，不断改革和创新。东北财经大学出版社作为一家专业性、开放式、国际化的财经教育出版机构，一直致力于教材的改革和创新，与时俱进地不断推出具有我国高等职业教育特色的新型教材。期待广大专家、学者和读者朋友继续给我们以宝贵的意见和支持，使本系列教材通过修订不断完善，并与我国高等职业教育的改革和发展始终保持同步。

东北财经大学出版社

第六版前言

根据教育部和职业教育相关政策法规的指导，在确保教材内容与国家标准一致的前提下，我们对商业银行经营与管理这一专业领域独特的行业标准和规范做了进一步分析研究。为紧跟高等职业教育教学改革的方向和节奏，对《商业银行经营管理实务》（第五版）的内容进行修订。在保持原体例基础上，第六版教材侧重内容上的调整和结构上的微调。

第六版教材突出以下几个特点：

1. 以党的二十大精神引领教材的时代性。

教材每章的引例中融入了党的二十大精神反映的国家和社会发展方向；教材的实操内容融入了党的二十大精神所强调的社会责任和国家利益的重要性；教材中各栏目的内容注重党的二十大精神中创新驱动和绿色发展概念的融入。修订后的教材突出了课程思政元素的隐性渗透，有利于培养学生的社会责任感和职业道德意识。

2. 对标职业教育课程标准和行业规范。

修订后的教材严格参照国家对金融类及相关专业的课程设置、学时分配、教学内容等要求，并关注商业银行的最新发展，确保教材内容与行业标准相符。修订后的教材在突出商业银行管理理论知识体系基础性、合理性和完整性的基础上，增加了实践教学内容，强化技能操作。在遵循人才培养规律的同时，将实操内容恰当地融入理论知识的阐述中。在教材体例设计上，突出对实践能力的培养。

3. 结合行业需求和就业市场变化充实教材内容，以凸显教材的适用性。

本次修订充分考虑了行业需求和就业市场的变化。教材内容的选择和呈现方式更符合学生的学习需求和职业规划，如课中和课后都设计了案例分析的内容，大量的案例分析训练有利于课程的职业岗位对接和学生的职业规划发展。

4. 契合数字时代，体现教材的科技性。

第六版教材增加了二维码内容，不仅提供了丰富的教学资源，还可以促进互动学习和自主学习，也可以优化教学效果和学习体验，为学生的职业发展奠定坚实的基础。

本教材可以作为高等职业教育金融类专业的教学用书，也可作为财经类其他专业学生以及金融机构从业人员了解银行经营管理的参考用书。

参与本教材编写的人员中，有从事商业银行经营管理教学多年的教师，也有工作在商业银行一线的从业人员。在修订过程中，编写团队成员几经讨论、反复斟酌，最后将统一的要求和标准呈现在修订的教材中。

本教材由李春、徐雨光任主编，谭朝日任副主编。具体编写分工为：李春编写第2、4、5章，并负责统稿；徐雨光编写第1、6、7章；谭朝日编写第3、9、10章；韩月婷编写第8章。

在修订过程中，我们借鉴了许多优秀的金融学者和银行业专家的研究成果，参考了众多商业银行经营管理的相关理论与实践案例，收集听取了一些读者和授课教师的意见，参阅了一些同类教材，为表示对相关作者的尊重和感谢，我们在教材最后尽可能完整地列示了主要参考文献，但难免存在疏漏，对此我们深表歉意。

编　者

2024年2月

目录

第1章　商业银行概述 / 1

学习目标 / 1
- 1.1　商业银行的产生与发展 / 3
- 1.2　商业银行的性质与职能 / 6
- 1.3　商业银行的设立 / 8

知识掌握 / 17
知识应用 / 17

第2章　商业银行资本管理 / 19

学习目标 / 19
- 2.1　商业银行资本的功能与构成 / 20
- 2.2　商业银行资本充足度 / 25
- 2.3　《巴塞尔协议》的新发展 / 33
- 2.4　商业银行资本的管理 / 41

知识掌握 / 50
知识应用 / 50

第3章　商业银行负债的管理 / 53

学习目标 / 53
- 3.1　商业银行负债业务概述 / 54
- 3.2　商业银行存款负债及其管理 / 56
- 3.3　商业银行借入负债及其管理 / 74

知识掌握 / 82
知识应用 / 82

第4章　现金资产的管理 / 85

学习目标 / 85
- 4.1　现金资产概述 / 86
- 4.2　资金头寸 / 89
- 4.3　现金资产的管理 / 97

知识掌握 / 106
知识应用 / 106

第5章 商业银行贷款业务管理 / 107

学习目标 / 107
● 5.1 贷款业务概述 / 108
● 5.2 贷款政策管理 / 110
● 5.3 贷款定价 / 118
● 5.4 贷款的信用风险管理 / 124
● 5.5 不良贷款的管理 / 136
知识掌握 / 143
知识应用 / 143

第6章 商业银行证券投资管理 / 145

学习目标 / 145
● 6.1 商业银行证券投资概述 / 147
● 6.2 商业银行证券投资工具 / 149
● 6.3 商业银行证券投资收益与风险 / 160
● 6.4 商业银行证券投资组合 / 169
知识掌握 / 176
知识应用 / 177

第7章 商业银行中间业务管理 / 179

学习目标 / 179
● 7.1 商业银行中间业务概述 / 180
● 7.2 租赁和信托业务 / 181
● 7.3 国内结算业务 / 184
● 7.4 代理与信息咨询业务 / 193
● 7.5 银行卡业务 / 197
知识掌握 / 200
知识应用 / 200

第8章 商业银行表外业务管理 / 203

学习目标 / 203

● 8.1 表外业务概述 / 204
● 8.2 担保或类似的或有负债 / 207
● 8.3 承诺类表外业务 / 211
● 8.4 与利率和汇率有关的或有项目 / 212
● 8.5 资产证券化 / 217
知识掌握 / 220
知识应用 / 220

第9章 商业银行资产负债综合管理 / 223

学习目标 / 223
● 9.1 商业银行资产负债管理概述 / 225
● 9.2 商业银行的资产负债管理方法 / 233
● 9.3 资产负债比例管理 / 238
知识掌握 / 241
知识应用 / 241

第10章 商业银行风险管理 / 243

学习目标 / 243
● 10.1 商业银行风险与风险管理概述 / 244
● 10.2 商业银行风险的识别与估测 / 251
● 10.3 商业银行的风险处理与控制 / 255
● 10.4 商业银行内部控制的基本内容与方法 / 258
● 10.5 商业银行的内部稽核 / 269
知识掌握 / 271
知识应用 / 272

主要参考文献 / 275

第1章 商业银行概述

学习目标

知识目标：了解商业银行的产生与发展；理解、掌握商业银行的性质与功能；熟知商业银行的组织形式与结构。

技能目标：能够分析商业银行功能发挥对经济生活的影响；阐明不同的商业银行组织形式的优劣。

素质目标：通过本章的学习，培养学生的历史思维和分析能力，提升其金融素养和经济意识。

引例

工商银行：深耕绿色金融 服务“双碳”目标

我国践行“双碳”目标一年多以来，金融发挥的作用愈加凸显。近年来，中国工商银行（以下简称“工商银行”）深入贯彻党中央、国务院关于绿色发展的战略部署，建立完善的绿色金融发展体系，统筹推进投融资绿色低碳转型、产品创新与风险管理，服务国家“双碳”目标，在绿色金融发展过程中发挥了开创者、引领者的作用。

在国内同业中，工商银行率先倡导并践行“绿色信贷”理念，制定了16个板块50个行业的投融资政策，是全球最早开展环境风险压力测试研究的金融机构之一，绿色贷款、绿色债券发行、绿色债券承销及投资、绿色非标代理投资、绿色租赁融资等绿色投融资主要指标均处于市场领先地位。凭借在绿色金融、气候投融资和金融支持生物多样性等方面作出的卓越贡献，工商银行荣获“2021全球绿色金融奖”等多个奖项。

构建绿色金融体系，打造绿色金融发展高地

工商银行坚持绿色发展理念，将绿色金融发展要求融入发展战略、公司治理、政策制度、业务流程及风险管理等各方面，建立了较为完善的绿色金融发展体系。

早在2007年，工商银行在国内同业中率先倡导并践行“绿色信贷”理念，2015年发布的绿色信贷发展战略，明确了绿色信贷发展目标、组织管理及绿色信贷体系建设等内容，为全行绿色信贷工作持续发挥引领作用。多年来，通过不断完善绿色金融治理架构，工商银行形成了董事会、绿色金融委员会统筹领导，各部门协同分工，分支机构积极创新，全员参与的绿色金融战略推进体系。

在政策体系方面，工商银行制定16个板块50个行业的投融资政策，全面突出“绿色”导向，不断加大差异化政策支持及管控力度。在企业维度，企业技术、环保、能耗等指标被纳入重点行业客户及项目选择标准；在行业维度，将清洁能源、绿色交通、节能环保等重点领域定位为积极或适度进入类行业，配套经济资本占用、授权、定价、规模等差异化管理措施。

为积极应对环境约束和现实挑战，工商银行长期致力于绿色金融的前瞻性研究，近年来在环境风险压力测试、ESG评级及指数、环境信息披露等研究中取得一系列重要成果。在国内同业中，工商银行率先发表环境风险压力测试结果，是全球最早开展环境风险压力测试研究的金融机构之一，并发布ESG指数和“一带一路”绿色金融（投资）指数，为全球金融业量化环境风险提供方法。

在国际合作方面，2017年，工商银行在中国人民银行的指导下倡议成立“一带一路”银行间常态化合作机制（BRBR）；2018年，与中国金融学会绿色金融专业委员会和伦敦金融城联合起草“一带一路”绿色投资原则（GIP），并成为首批签约机构。气候变化与环境资源约束已成为全球性话题，围绕“双碳”工作、应对气候变化、生物多样性保护等诸多议题，工商银行积极在国际舞台上发出声音。

加快投融资创新转型，推动经济社会绿色低碳发展

为贯彻落实碳达峰、碳中和重大战略决策，打造绿色金融比较优势，推动经营长期可持续发展，工商银行大力推进投融资低碳转型，为服务国家“双碳”目标、助力产业转型贡献力量。

围绕低碳、零碳、减碳、负碳4条主线，工商银行持续加大对低碳产业的支持力度。在低碳、零碳领域，重点支持清洁能源、绿色交通、绿色建筑、绿色制造等产业；在减碳、负碳领域，积极支持企业节能改造、能效提升项目及高效节能装备的研发，推动碳捕捉等前沿项目及碳汇林建设。

以清洁能源建设为例，工商银行清洁能源贷款已成为该行电力行业贷款的主体，特别是风电、光伏等新能源发电贷款快速增长，贷款规模市场领先。数据显示，“十三五”以来，工商银行累计为能源行业提供贷款超过2.5万亿元，有力促进了能源的稳定供应和绿色低碳转型。

在创新构建碳金融产品体系方面，工商银行成果丰硕。2021年，工商银行成功发行首笔全球多币种碳中和主题境外绿色债券和境内首期100亿元绿色金融债券，后者是我国作出碳达峰碳中和承诺以来，全国性商业银行于境内发行的首只绿色金融债券。工商银行还与国家能源集团“强强联手”，在上海证券交易所成功发行全国首单能源保供资产支持证券，募集的资金将精准直达国家能源集团旗下15个省市共计35家发电供热企业，以资产证券化的方式提供高效、低成本的资金，保障能源供应。

作为首批开展碳中和债券投融资业务的银行，2021年全年工商银行主承销碳中和债券23只，同时积极创新资本市场金融产品，推出了市场首只ESG主题基金、碳中和资产配置指数以及首个绿色金融主题的理财产品。

加强环境及气候风险管理，推动生态友好可持续发展

环境及气候风险防控是绿色金融的重要环节，与污染防治攻坚战、防范系统性金融风险紧密相关。加强环境及气候风险管理对制约生态破坏性项目投资、引导金融资源投向生态友好领域、促进金融稳定具有重要意义。

为加强环境风险管理，工商银行建立了较为完善的政策、制度和流程，严格遵守生态保护红线、环境质量底线、资源利用上线，从严制定环境准入标准，多措并举推行风险管控措施。一是全面实施投融资绿色分类管理，根据投融资“绿色”程度、环境和社会风险程度，实施差异化政策管理；二是加强环境敏感行业及企业的融资风险管控；三是将环境与社会风险管理纳入尽职调查、审查审批、合同签署、资金拨付、贷投后管理的全流程各环节；四是在业内首创环境和社会风险智能化管理系统，利用大数据分析，对环境和社会风险信息进行智能化管控。

依托环境风险管理体系，工商银行将气候风险管理作为该体系的重要组成部分，并将气候风险要素融入各行业投融资政策及业务管理全流程，对气候风险较为突出的高碳企业采取合理的风险管控措施。同时，积极开展气候风险压力测试，预先加强风险防控。

下一步，工商银行将深入践行绿色发展理念，深化绿色金融体系建设，不断加快绿色投融资创新步伐，加强环境风险和社会风险防控，促进经济效益、社会效益、生态效益的同步提升。

资料来源：陈珂. 工商银行：深耕绿色金融 服务“双碳”目标［EB/OL］.［2022-03-10］. http://www.chinareports.org.cn/djbd/2022/0311/26911.html.

这一案例表明：党的二十大报告提出，“完善支持绿色发展的财税、金融、投资、价格政策和标准体系”，故商业银行应将环境、社会、治理要求纳入管理流程和全面风险管理体系。工商银行能从构建绿色金融体系、加快投融资创新转型、加强环境及气候风险管理等方面践行党的二十大精神，对促进绿色金融可持续发展和经济社会高质量发展有着重要作用。

1.1 商业银行的产生与发展

商业银行是现代金融业的代表机构，也是商品货币经济高度发展的产物。商业银行最早产生于货币兑换业，并且经历了从货币兑换业、货币经营业、早期银行到现代商业银行的发展过程。

1.1.1 商业银行的产生

1）银行的产生

银行的历史源远流长，据史料记载，公元前2000年，巴比伦寺庙就代人保管贵重物品，收取相应的保管费，并将保管品贷出，收取利息；公元前500年前后，古希腊寺庙也从事金银财宝的保管业务，但还没有办理放贷业务；公元前200年，古罗马也有类似的机构出现，其不仅从事兑换业务，还经营放贷、信托等业务。

商业银行的产生经历了从货币兑换业到货币经营业，又到早期银行，再到现代商业银行的过程。

货币兑换业早在封建社会就出现了，它是货币经营业的原始形态。随着商品流通规模的不断扩大，货币收付数量不断增加，跨地域贸易日益增加，商人们为避免保存和携带货币的麻烦与风险，就将自己的货币委托给货币兑换商保管，由此衍生了更多的委托业务，如收付、结算和汇兑等，货币兑换业逐渐演变为货币经营业。

货币经营业者在办理与货币流通相关的诸多业务的过程中，在获得了大量的手续费收入的同时，聚集了大量的货币资金，为其日后的放款业务奠定了基础。一旦有人资金不足，货币经营业者就可用聚集的资金放款，收取一定的利息收入。在利益的驱使下，货币经营业者主动吸收存款，放贷获利。信用业务成为货币经营业者的主要业务，是货币经营业转化为银行业的主要标志。

最早的银行是1587年建立的威尼斯银行，英文bank源于意大利文banca或者banco，原意指商业交易所用的长凳和桌子。中世纪的威尼斯凭借其优越的地理位置而成为著名的世界贸易中心，各国商人云集于此。为了顺利地进行商品交换，商人们需要把各自携带的、大量的各地货币兑换成威尼斯地方货币，于是就出现了专门的货币兑换商，从事货币兑换业务。

在商品经济发展的基础上，货币兑换商也就演变成了集存、贷款和汇兑支付、结算业务于一身的早期银行，威尼斯银行因此应运而生。接着，欧洲不少国家和城市相继出现类似的早期银行。早期银行是在封建主义生产方式下建立起来的，带有明显的高利贷性质。

17世纪，银行这一新型金融机构由意大利传播到欧洲其他国家。与此同时，在英国则出现了由金匠业等演变的银行业。英国建立了资本主义制度后，英国的工业和商业都有了较大的发展。工商业的发展需要可以提供大量资金融通的专门机构。金匠业在原来为统治者提供融资服务、经营债券、办理贴现等业务的基础上，以自己的信誉作担保，开出代替金属条块的信用票据，得到人们广泛的认可，具有流通价值。至此，更具近代意义的银行便产生了。

1694年，英国政府为了同高利贷作斗争，以维护新生的资产阶级发展工业和商业，决定成立一家股份制银行——英格兰银行，并规定英格兰银行要向工商企业发放低利率贷款，支持工商业发展。英格兰银行是历史上第一家股份制银行，也是现代银行业产生的标志。

2）现代商业银行的形成

商业银行是商品经济发展到一定阶段的必然产物，并随着商品经济的发展不断完善。一般认为，商业银行的名称来自它早期主要办理基于商业行为的短期自偿性贷款，人们将这种经营工商企业存、贷款业务，将以商品生产交易为基础发放短期贷款作为主要业务的银行，称为商业银行。随着商品货币经济的发展，尽管这种银行的业务范围不断扩大，它提供的服务也早已多样化，但人们仍习惯称其为商业银行，并一直沿用到现在。商业银行主要通过两种途径产生：

(1）从旧式高利贷银行转变而来。

早期的银行如威尼斯银行在建立时，资本主义生产关系尚未确立，当时的贷款主要是高利贷。随着资本主义生产关系的确立，高利贷因利率过高而影响了资本家的利润，不利于资本主义经济的发展。此时的高利贷银行面临着贷款需求锐减的困境，它要么关闭，要么顺应资本主义经济发展的形势，降低贷款利率，并为工商企业提供流动性贷款，转变为商业银行。不少高利贷银行选择了后者。这是早期商业银行产生的主要途径。

（2）根据资本主义经济发展的需要，按资本主义原则，大多数商业银行是按股份公司的形式组建而成的。

如前所述，在最早建立资本主义制度的英国，最早建立了股份制商业银行——英格兰银行。英格兰银行一成立，就宣布以较低的利率向工商企业提供贷款，又因其财力十分雄厚，大大动摇了高利贷银行在信用领域的垄断地位，英格兰银行也因此成为现代商业银行的典范。

英格兰银行的组建模式很快被推广到欧洲其他国家，商业银行开始在世界范围内得到普及。尽管各国对商业银行的称谓不尽相同，如英国的存款银行、清算银行，美国的国民银行、州银行，日本的城市银行、地方银行等，但它们都是商业银行。

1.1.2 商业银行的发展

从历史上看，虽然各国商业银行产生的条件不同，称谓有别，但其发展基本上遵循着两种传统：

1）英国式融通短期资金传统

至今，英美国家商业银行的贷款仍以短期商业性贷款为主。英国是最早建立资本主义制度的国家，也是最早建立股份制的国家，所以英国的资本市场比较发达，企业的资金来源主要依靠资本市场募集。另外，直到工业革命初期，其企业生产设备都比较简单，所需长期占用的资本在总资本中占的比重小，这部分资本主要由企业向资本市场筹集，很少向银行贷款。企业向银行要求的贷款主要是用于商品流转的临时性短期贷款。

从银行方面来说，早期的商业银行处在金属货币制度下，银行的资金来源主要是流动性较大的活期存款，银行本身的信用创造能力有限。为了保证银行经营的安全，银行也不愿意提供长期贷款，这种对银行借贷资本的供求状况决定了英国商业银行有着以提供短期商业性贷款为主的业务传统。

2）德国式综合银行传统

按这一传统发展的商业银行，除了提供短期商业性贷款外，还提供长期贷款，甚至直接投资于企业股票与债券，替公司包销证券，参与企业的决策与发展，并为企业合并与兼并提供财务支持和财务咨询。至今，除了德国、瑞士、荷兰、奥地利等国家仍一直坚持这一传统，美国、日本等国的商业银行也开始向这种综合银行发展。

这一综合银行传统之所以会在德国形成，和德国的历史发展密切相关。德国是一个后起的资本主义国家，它在确立资本主义制度时，便面临着同英、法等老牌资本主义国家的竞争，这就要求德国的企业必须具有足够的资本实力。但是德国资本主义制度建立比较晚，其国内资本市场比较落后，德国企业不仅需要银行提供短期流动资金贷款，还需要银行提供长期固定资产贷款，甚至要求银行参股。而德国银行为了巩固和客户的关系，积极参与企业经营决策，与企业保持密切的联系。因此，在德国最早形成金融资本，产生金融寡头也就理所当然了。

20世纪90年代以来，商业银行在应对金融自由化、金融国际化和金融电子化的挑战中，获得了许多新的发展机会，同时又面临着许多新问题。例如，银行传统的市场份额正在不断缩小；银行得到的保护和特权正在逐渐减少；银行经营中遇到的风险不断增多、增大。自2013年以来，随着互联网金融的快速崛起，商业银行与互联网金融之间既竞争又融合，其已经成为金融业发展的必然趋势。

1.2 商业银行的性质与职能

1.2.1 商业银行的性质

商业银行是以追求利润最大化为目标，以多种金融负债筹集资金，以多种金融资产为其经营对象，能利用负债进行信用创造，并向客户提供多功能、综合性服务的金融企业。

首先，商业银行具有一般企业的特征。商业银行拥有业务经营所必需的自有资本，且大部分资本来自股票发行；商业银行实行独立核算、自负盈亏；其经营目标是利润最大化。从商业银行的设立到商业银行选择业务及客户的标准，其主要目标是盈利。商业银行是否开办某项业务，主要看这项业务能否给其带来现实的或潜在的盈利。商业银行接受还是不接受某个客户，也主要看这一客户能否给其带来现实的或潜在的盈利。所以说，获得最大利润既是商业银行产生和经营的基本前提，也是商业银行发展的内在动力。

其次，商业银行又不是一般的企业，而是经营货币资金的金融企业，是一种特殊的企业。商业银行的活动范围不是一般的商品生产和商品流通领域，而是货币信用领域。一般企业创造的是使用价值，而商业银行创造的是能充当一般等价物的存款货币。

最后，商业银行不同于其他金融机构。与中央银行相比，商业银行是面向工商企业、公众及政府经营的金融机构，而中央银行是只向政府和金融机构提供服务的具有银行特征的政府机关。中央银行创造的是基础货币，并在整个金融体系中具有超然的地位，承担着领导者的职责。

和其他金融机构相比，商业银行能够提供更多、更全面的金融服务，能够吸收活期存款。而其他金融机构不能吸收活期存款，只能提供某一方面或某几方面的金融服务。随着金融自由化和金融创新的发展，商业银行经营的业务和提供服务的范围越来越广泛，现代商业银行正在向“万能银行”和“金融百货公司”型综合银行的方向发展。

商业银行是在市场经济中孕育和发展起来的，它是为适应市场经济发展和社会化大生产的需要而形成的一种金融组织。经过几百年的演变，现代商业银行已成为各国经济活动中最主要的资金集散机构之一，并成为各国金融体系中最重要的组成部分。

1.2.2 商业银行的职能

商业银行是经营货币的特殊企业，它以追求利润为经营目标。所不同的是，它经营的不是一般的产品和劳务，而是一般等价物——货币。一般的商品买卖都会实现所有权的转移，而商业银行经营货币只是实现使用权的转移。如在存款业务中，存款人暂时转让自己货币的使用权给银行以期获得收益，银行只拥有该货币的使用权，而不拥有所有权。在贷款业务中，银行转让货币的使用权，且仍然拥有所有权，并获得贷款收益。商业银行的经营活动贯穿于社会经济的生产、流通、分配及消费等整个过程，对本国乃至世界经济具有重大影响，因此其历来备受金融监管部门的关注。

商业银行是金融体系的重要组成部分，它在经济中发挥的作用不可替代。作为一国经济中最重要的金融中介机构之一，商业银行在现代经济中的职能主要表现在以下几个方面：

1）信用中介职能

商业银行通过负债业务把社会上闲散的资金聚集起来，再通过资产业务把资金贷给需求者，实现资金的间接融通。商业银行充当了社会资金闲置方与需求方的融资中介，因此称其具有信用中介职能。商业银行作为信用中介调剂资金盈余与短缺，为资金盈余方和短缺方提供服务，既完成了社会资金的流动，又使得资金期限结构更为灵活，还分散了资金风险。商业银行的信用中介职能提高了资金的使用效率，将闲置的社会资金投入生产活动，扩大了社会生产，促进了经济发展。

商业银行发挥着信用中介职能，对社会经济产生巨大的促进作用。

（1）通过信用中介职能，商业银行把再生产过程中暂时闲置的货币转化为生产资金，从而在不增加社会货币资金总量的情况下，增加货币资金的使用量，进而扩大了社会再生产的规模，提高了整个社会货币资金的使用效率。

（2）通过信用中介职能，商业银行通过储蓄的形式，把社会各阶层居民的小额货币收入集中起来，形成巨大的资金力量，从而扩大了社会生产与流通中的资金数量，有力地推动了社会再生产的增长。

（3）通过信用中介职能，商业银行可以将短期资金转化为长期贷款或投资，也可以将长期资金转化为短期资金进行使用，从而实现资金期限的灵活转化。

（4）通过信用中介职能，商业银行能有效地发挥优化资源配置的作用。商业银行根据国家产业政策和自身的经济利益考虑，合理分配和贷放资金，把货币资金由效益低的部门引向效益高的部门，有利于产业结构的调整，也有利于优化社会的资源配置。

2）支付中介职能

支付中介职能是指商业银行利用其技术、网络、资源为客户代理收付、汇兑、转账等，起到资金转移桥梁的作用。支付中介职能涉及的是商业银行的传统业务，它的产生要早于信用中介职能，在货币经营业时期，经营业主就为客户保管货币、兑换货币、汇款等。在现代信用社会，政府、企事业单位、团体、个人等各经济主体在商业银行开立账户，资金的转移、收付、汇兑等都通过商业银行办理，商业银行充分发挥着支付中介职能。

商业银行为商品与劳务的交易提供支付服务，如通过存款在账户上的转移代理客户进行支付以及为客户兑付现款等，其大大减少了现金的使用，节约了社会流通费用。在20世纪80年代初期之前，只有商业银行能提供支票账户，目前其他的非银行金融机构也能为客户提供支票账户进行支付，从而对商业银行的这一传统业务领域构成了严重的威胁。支付中介服务不再由商业银行垄断，其他金融机构也能发挥支付中介职能。

3）信用创造职能

商业银行的信用创造职能是在信用中介与支付中介职能的基础上产生的。商业银行利用吸收的存款发放贷款，在支票流通和转账结算基础上，贷款又转化为派生存款，在这种存款不被提取或不全部被提取的情况下，就会导致商业银行存款数成倍地增加，即货币供应量的创造。换言之，当商业银行贷出的资金被使用后，它会以不同的方式以存款的形式流回商业银行，从而使银行能够在保留存款准备金的基础上扩大信贷规模，其结果是信用被不断地创造。

当然，商业银行也不能无限制地创造信用，它受到以下因素的制约：首先，商业银行信用创造要以原始存款为基础，即商业银行是在原始存款的基础上进行信用创造的。因此，信用创造的限制，取决于原始存款的规模。其次，商业银行信用创造受到中央银行存款准备金率及现金漏损率的制约，其创造能力与其成反比。最后，只有存款被使用，即被贷放出去，才能派生新的存款。所以，贷款需求也是信用创造的制约条件。

4）金融服务职能

金融服务职能是指商业银行利用在国民经济中联系面广、信息灵通等特殊地位和优势，利用其在发挥信用中介和支付中介职能的过程中所获得的大量信息，借助电子计算机等先进手段和工具，除了经营存、贷业务外，还充分利用自己的机构、人才、信息、管理等优势开展中间业务，为客户提供信托、租赁、咨询、代客理财、票据承兑、结算等业务获取手续费收入。随着国际、国内金融机构之间竞争的加剧以及社会对金融创新服务需求的增多，商业银行需要不断开发新的业务品种，完善其金融服务职能。

1.3 商业银行的设立

1.3.1 商业银行设立的经济条件和金融条件

如前所述，商业银行是一种靠负债经营实现其利润最大化目标的特殊金融企业。这一性质决定了商业银行一般是按公司法组织起来的。它们的创立和内部组织结构的构建也具有一定的要求。

拓展阅读 1-1

评论丨加快设立大湾区国际商业银行对广东扩大金融开放意义非凡

由于商业银行的资金来源主要是吸收的存款和借款，这种经营方式的特殊性使商业银行业成了一种高风险行业，因此，创立商业银行，必须经过严格的论证。

商业银行是社会经济活动的产物，它的存在与发展取决于社会经济、金融环境状况，所以在创立商业银行之前，首先应该对该地区的经济及金融条件进行考察。

1）商业银行设立的经济条件

创立商业银行的经济条件可以从人口状况、生产力发展水平、工商企业经营状况及地理位置等方面进行分析和把握。

（1）人口状况。

拟设立商业银行的地区人口状况如何，将对商业银行的资金来源和资金运用产生很大的影响。分析该地区的人口状况时，需要注意：

①该地区人口数量。

商业银行为了能以较低的成本吸收足够的资金，必须设立在人口稠密的地区。人烟稀少的地区不适宜建立银行，因为在人烟稀少的地区，不仅资金来源少，资金需求也少。在这种地方设立银行，会使银行陷入经营困境。

②人口变动趋势。

商业银行应当设立在人口众多并且人口变动合理的地区。这里讲的人口变动合理，是指就满足商业银行经营需要而言的合理。就商业银行经营而言，合理的人口变动应当是：人口数量增长比较快；人口中高收入者所占比例上升比较快；人口应当以中年人为主，这种年龄段的人存款较多，对贷款需求量也比较大，有利于银行业务发展。

一般来说，这种人口分布状况往往在商业发达地区出现得比较多。所以，在对某一地区人口状况进行考察比较困难的情况下，可以其商业发达与否作为主要参照。

（2）生产力发展水平。

一个地区生产力发展水平对该地区商品经济的发展程度和总体经济实力有直接影响。而商品经济是否发达，又直接影响银行资金来源的多寡，以及该地区对银行资金的需求程度。在生产力水平较高的地区，往往人口也比较集中，这有利于促进商品经济发展，对提高企业的效益和居民收入水平也是有利的；同时，也会形成较多的社会闲置货币资金，为银行扩大存款和贷款来源提供良好的基础。

随着生产力水平的提高，人口增多，人们的收入增加，该地区对住房、汽车等交通工具和其他商品的需求也会不断增长，从而使该地区对银行借贷资金需求的规模不断扩大。随着存、贷款业务的发展，其他业务如结算、汇兑、信用证等也会不断发展。因而，商业银行应当设立在人口众多且生产力水平较高的地区。

（3）工商企业经营状况。

商业银行本来就是随商品经济发展和工商业发展而产生的，又是在为工商业提供服务的过程中发展起来的。商业银行的资金主要来自工商企业再生产过程中暂时闲置的货币资金，商业银行资金运用——贷款和投资也主要面向工商企业，商业银行的中间业务主要是为工商企业而开办的。因此，商业银行与工商企业之间可谓休戚相关。一个地区的工商企业众多，且经营良好，发展稳定，行为规范，则在该地区设立商业银行，既可以促进工商业繁荣，又有利于商业银行业务发展，并取得较好的经济效益。

（4）地理位置。

商业银行应当设立在交通发达的地区，这种地区集中了各种资源，尤其是人力资源和信息资源。商业银行业是一种高风险行业，需要大量高素质人才去经营管理。它开展业务，也需要足够的信息，供银行管理者作为决策参考依据。很难想象一个设立在交通落后、信息闭塞地区的银行能取得良好的经营业绩。

2）商业银行设立的金融条件

创立商业银行的金融条件的好坏取决于一个地区人们的信用意识、货币化程度、金融市场的发育状况、金融机构的竞争状况以及管理当局的有关政策等。

（1）人们的信用意识。

商业银行所从事的经营活动是以借贷为主的信用活动，这种信用活动是以公众对信用的需求为基础的。公众的信用意识强，对银行信用的需求就旺盛；反之，公众的信用意识弱，则其对银行信用的需求就不足。信用意识强的地区，人们的偿债意识也强，这对于银行经营的安全性来说是有利的。而且信用意识强的地区，信用制度往往也比较发达，这给银行资金的周转、调剂都带来很大的方便，有利于提高银行资金的流动性。

（2）货币化程度。

它是与市场经济的发展水平正相关的，某一地区的市场经济比较发达，则该地区的货币化程度就比较高，货币流通量也比较大。这就为商业银行的业务经营提供了良好的货币基础。

（3）金融市场的发育状况。

商业银行要依托金融市场拓展业务空间，在一个金融市场发育迟缓的地方，商业银行开展业务经营活动会遇到许多不便，比如资金融通渠道少而不畅，参与金融活动的经济主体少而信用意识较弱，利率管制严而利率水平变动不灵活等，都会使商业银行的业务拓展受到限制。

在金融市场比较发达的地区，融资渠道多而市场资金调度方便，参与金融活动的经济主体多而信用意识较强，银行潜在客户众多，利率管制合理而利率水平变动灵活，有利于商业银行发挥资金雄厚的规模优势，也有利于银行利用各种先进的管理方法和金融工具降低成本。因而，商业银行应选择在金融市场具有一定深度和广度，而且市场弹性也比较好的地区设立。在一个比较成熟的金融市场上，融资规模大，融资工具和手段多，融资活动比较规范，这些都为商业银行业务的拓展提供了良好的市场基础。

（4）金融机构的竞争状况。

商业银行是能够吸收活期存款的金融机构，因此20世纪60年代以前，商业银行在同其他金融机构进行竞争时，有其独特的优势。但是在20世纪60年代以后，情况发生了变化。由于金融创新兴起，许多原来在业务领域中受到限制的金融机构，如储蓄银行、信用合作社，还有一些新型的金融机构，如各种基金公司等，都积极地通过金融创新，推出许多新型的金融工具，如美国的可转让支付命令账户、股金提款单账户等，和商业银行开展存款竞争，从而动摇了商业银行在传统业务中的垄断地位，使商业银行的业务发展受到很大的挑战。

设立一家新的商业银行不仅要考虑和已有的商业银行进行竞争，还要考虑和其他金融机构进行竞争。因此，在一个地区设立商业银行之前，必须对该地区金融业发展与竞争状况进行充分的调查研究，既要注意对原有商业银行数量、存款规模及其增长趋势、贷款能力及潜在贷款需求、盈利水平及盈利能力、经营政策及业务范围等进行分析，也要注意对该地区其他金融机构的数量、规模、业务范围和业务状况等进行调查分析，在此基础上预测设立新的商业银行有无较大的发展空间，然后决定是否要在该地区设立商业银行。

（5）管理当局的有关政策。

在其他条件都具备的情况下，还需要了解该地区管理当局的有关政策。这些有关政策包括对商业银行业务经营范围的限制、对工商业发展的方针、对地方金融机构特别是地方商业银行的优惠政策以及对金融机构违法经营活动的惩罚是否严厉等，这些都会对商业银行的经营活动及其盈利水平产生重要影响。

当某地区管理当局对所在地区的工商企业采取鼓励发展的方针，特别是对高新技术产业采取大力支持、保护发展的政策时，对商业银行来说，其无疑会获取更多拓展业务的机会。

热点聚焦 1-1

广州出台方案！加快筹设粤港澳大湾区国际商业银行

近日，广州市人民政府办公厅发布《2023年广州金融支持实体经济高质量发展行动方案》（以下简称《行动方案》）。《行动方案》提出30项重点任务，涉及金融业、房地产、农村金融服务等方面。根据《行动方案》，广州力争全年本外币存贷款新增1万亿元以上，余额突破16万亿元；银行机构新增贷款8 000亿元以上，绿色贷款余额突破1万亿元；普惠贷款风险补偿机制累计投放普惠信用贷款总额突破1 500亿元；实现制造业、高技术产业贷款余额增长25%以上，银行业总资产突破10万亿元；推动保费收入突破1 600亿元，增速不低于6%；新增境内外上市公司20家，推动广州各类企业通过资本市场融资2 500亿元。

为提升金融对实体经济高质量发展的支撑作用，《行动方案》提出要优化信贷资金投放，引导金融资源向以先进制造业为核心的重大关键项目、重点产业链群以及基础设施建设领域集聚。抢抓股票发行全面实行注册制的重大机遇，制订出台新一轮企业上市高质量发展“领头羊”行动计划。大力推动风投创投集聚区建设，培育壮大一批本土风投创投龙头企业，吸引更多国家级母基金、国内外头部风投创投机构落地广州。引导融资租赁和商业保理企业在广东自贸试验区南沙新区集聚发展，大力发展飞机租赁等特色金融，提升飞机、船舶、汽车和高端制造业的融资租赁渗透率。

房地产方面，《行动方案》提出，用足用好“保交楼”专项借款、“保交楼”贷款支持计划等政策工具，做好“保交楼”有关工作，保持开发贷款和债券融资稳定，满足项目合理融资需求。

《行动方案》还提出，要继续深入推动数字人民币试点工作。进一步协调推动全域数字人民币应用场景落地，积极争取在交通、体育、商贸、政务服务等重点领域落地更多特色场景，打造一批可复制的广州特色场景。支持鼓励广州数字金融创新研究院、中大湾谷风险管理技术实验室、广州市数字金融协会等开展数字金融创新研究，探索建设粤港澳大湾区金融科技联合实验中心。全力争创绿色金融改革创新示范区，推动制定《广州市绿色金融条例》。

《行动方案》着眼重点项目建设，支持广期所打造国际一流期货交易所，研究储备和上市更多新品种，不断完善产品体系，争取2023年新增上市1个品种。推动粤港澳大湾区保险服务中心开业运营，继续推进粤港澳大湾区跨境理财和资管中心建设，加快筹设粤港澳大湾区国际商业银行。

值得注意的是，《行动方案》提出加大对“百县千镇万村高质量发展工程”的金融支持，丰富农村金融服务体系，引导广州地区金融机构回归本源，把更多金融资源配置到农村经济社会发展的重点领域和薄弱环节。探索选派“金融村官”，更好服务乡村振兴领域产融对接和农村金融服务数字化转型。

资料来源：李焕坤.广州出台方案！加快筹设粤港澳大湾区国际商业银行［EB/OL］.［2023-06-01］. https：//baijiahao.baidu.com/s？id=1767477001813627623&wfr=spider&for=pc.

1.3.2 商业银行设立的一般程序

一旦投资者（包括机构投资者或政府）决定在某一地区设立商业银行，接下来要做的事就是按照有关规定办理组建商业银行的事务。

由于商业银行某种程度上是经营风险和信用的金融机构，且一家商业银行拥有大量的客户，联系着社会经济活动的许多部门，其经营成败对社会经济活动有较大影响，甚至影响社会政治和人们生活的安定。因此，各国对设立商业银行都极为重视，颁布许多相关的法律规定，以防止滥设商业银行。商业银行的设立主要依照银行法和公司法办理，其程序如下：

1）申请登记

大多数国家都明确规定，商业银行必须以公司形式组建。有不少国家，如美国、法国、英国等，还规定设立商业银行不能以个人名义申请。美国规定，申请设立商业银行之发起人要5人以上；英国规定，银行必须由6个以上合作者共同组建；法国的信用法也规定，商业银行不允许采用个体独资经营的形式。

之所以这样规定，是出于两方面考虑：一是商业银行具有很强的社会性，一旦开业，将和众多客户发生货币资金的借贷关系及债权债务关系，为了保障公众的利益，商业银行必须是公司法人；二是为了防止不法分子借设立商业银行之名，行骗取他人货币财富之实，损害社会大众和投资者利益。

凡提出设立商业银行者，必须按银行法和公司法的要求，将申请登记书送至金融主管部门。大多数国家规定金融主管部门是中央银行，也有的国家有不同规定，例如日本规定申请者将申请登记书递交至大藏省。

申请登记书必须载明下列内容：①银行的名称及公司组织的种类；②资本总额；③业务种类及经营范围；④业务计划；⑤总行及分行所在地；⑥发起人的姓名、籍贯、住址及履历等。

当主管部门接到申请登记书后，要对此进行审核。审核是按以下三个原则进行的：第一，设立某家银行要有利于合理竞争，防止银行垄断；第二，要有利于保障银行体系安全，防止银行倒闭；第三，要有利于保持合理规模，降低管理费用，提高服务质量。如果经审核，金融主管部门认为其符合上述原则要求，并且新设银行的业务种类及业务计划都比较适当，发起人的资历及声望也甚佳，便会给予批准。

2）招募股份

现代商业银行多以股份公司的形式设立。当申请登记书被核准之后，发起人的实有资本往往不足，应依照股份公司的有关规定，进行招股。发起人要制定招股章程及营业计划书，写明发行规模、股份种类。如果是委托其他银行代募，则要写明代募行名称等，然后呈中央银行等主管机构审批，待批准后进行股份招募工作。

商业银行股份招募分为两种：一是公开招募，即向社会公开发行银行股票；二是私下招募，即将银行股票卖给指定的投资者。

3）验资营业

股本筹集完毕，应向有关部门呈交验资证明书。由有关部门验收，资本规模达到规定要求，方可发放营业执照。各国对于商业银行的最低开业资本，都有明确规定，如美国规定为500万美元，日本是10亿日元，英国是500万英镑，新加坡是300万新加坡元（若是外国银行，则要求最低资本为600万新加坡元）。经有关部门验资，认为符合要求者，发给营业执照，即告该商业银行成立，开始营业。

1.3.3 商业银行体系

商业银行体系是指一国商业银行分为哪些不同层次或不同类型，然后这些不同层次或不同类型的商业银行构成了该国商业银行整体的结构。商业银行的类型在各个国家不尽相同，一般有以下几种划分标准：

1）按资本所有权划分

按资本所有权不同，商业银行可划分为私人的、合股的以及国家所有的三种。私人商业银行一般是指由若干个出资人共同出资组建的商业银行，其规模较小，在现代商业银行中所占比重很小。合股商业银行是指以股份公司形式组建的商业银行，又称股份制银行，这种商业银行是现代商业银行的主要形式。国有商业银行是由国家或地方政府出资组建的商业银行，这类商业银行规模较大。根据我国法律的规定，私人不得开设银行。过去，我国银行都是国家所有的，随着市场经济的发展，我国商业银行的产权形式呈现多样化，大致有以下三种：

（1）国有商业银行。

它们是中国工商银行、中国银行、中国农业银行、中国建设银行、交通银行。2005年10月27日，中国建设银行在中国香港挂牌上市，成为第一家成功上市的大型国有股份制商业银行。中国农业银行是最后上市的国有商业银行，它分别于2010年7月15日和16日正式在上海和中国香港两地上市。至此，中国的五大国有商业银行，现在的五大国有控股银行全部实现上市，中国金融改革翻开新的一页。五大国有商业银行构成了我国商业银行业的主体。

（2）股份制银行。

在我国，股份制银行可分为两类：一种是未公开发行股票的银行，例如一些地方商业银行；另一种是公开发行股票的银行，除上述国有的几家商业银行外，我国还有数十家全国性的股份制银行，即中信银行、招商银行、平安银行、广发银行、兴业银行、中国光大银行、华夏银行、上海浦东发展银行、中国民生银行、恒丰银行、浙商银行、渤海银行等。

我国股份制银行的股份来源包括三方面：一是国家股；二是企业股；三是社会公众股。我国股份制银行的股份大部分为地方政府与企业持有，也有部分为个人和其他机构所持有。

拓展阅读1-2

硅谷银行事件始末及市场影响分析

(3) 合资银行。

中外合资银行中的中外资持股比例是有规定的。我国目前的合资银行有四川美丰银行、厦门国际银行、浙商银行、中德住房储蓄银行等。

2）按业务覆盖地域划分

按业务覆盖地域划分，商业银行可划分为地方性银行、区域性银行、全国性银行和国际性银行。地方性银行是以所在的社区客户为服务对象的商业银行，如上海银行、南京银行等；区域性银行是以所在区域为基本市场的商业银行，如北京银行、重庆银行等；全国性银行是以国内市场中的工商企业和个人为主要服务对象的商业银行，如中国工商银行、中国银行、中国建设银行、中国农业银行、交通银行等；而国际性银行是指世界金融中心的银行，它以国际性大企业客户为主要业务对象，如花旗银行、东京三菱银行、巴克莱银行等。

3）按能否从事证券业务划分

自1933年美国颁布《格拉斯-斯蒂格尔法案》以来，主要发达国家对商业银行能否从事证券业务有不同规定，因而商业银行也可划分为德国式全能银行、英国式全能银行和美国式职能银行。

德国式全能银行是指那些既能全面经营银行业务，又能经营证券业务和保险业务的商业银行，这些商业银行还能投资工商企业的股票，这种类型的商业银行主要分布在欧洲大陆的德国、瑞士、奥地利、荷兰等国家；英国式全能银行是指那些可以通过设立独立法人公司来从事证券承销等业务，但不能持有工商企业股票，也很少从事保险业务的商业银行，这种商业银行主要分布在英国、加拿大、澳大利亚等国家；美国式职能银行是指那些只能经营银行业务，不能开展证券承销业务的商业银行，这种商业银行分布在美国、日本等国。1999年11月，美国开始施行《金融服务现代化法案》，该法案放松了对美国银行业务经营范围的限制，允许银行经营证券和保险业务。

知识链接1-1　　美、日、英、德混业经营模式

美、日、英、德混业经营模式具体如图1-1所示。

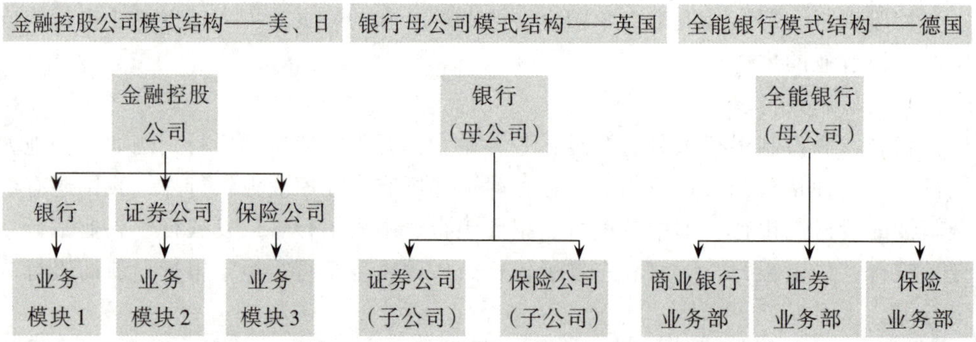

图1-1　美、日、英、德混业经营模式

小思考 1-1

我国对商业银行经营的业务范围是否予以法律限制？为什么？

答：是的。《中华人民共和国商业银行法》（以下简称《商业银行法》）第四十三条明确规定，商业银行在中国境内不得从事信托投资和股票业务，不得投资于非自用不动产不得向非银行金融机构和企业投资。《中华人民共和国证券法》第六条规定，证券业和银行业、信托业、保险业分业经营、分业管理。证券公司与银行、信托、保险业务机构分别设立。这说明我国实行的是分业制，这是由我国现时的国情所决定的。加入WTO后的中国面对国际银行业新的竞争格局，将不断进行各种有益的探索和改革，以使我国的银行业在国际化竞争中立于不败之地。

4）按组织形式划分

按组织形式的不同，商业银行可以分为单一制银行、分行制银行和持股公司制银行。

（1）单一制银行。

单一制银行是指那些不设立或不能设立分支机构的商业银行，这种银行主要集中在美国。这是美国历史上曾实行单一银行制度的结果，这种制度规定商业银行业务应由各个相互独立的商业银行本部经营，不允许设立分支机构，每家商业银行既不受其他银行控制，也不得控制其他商业银行。

这种单一银行制度是由美国特殊的历史背景和政治制度所决定的。美国是实行联邦制度的国家，各州的独立性较强，早期东部和中西部地区经济发展有较大差距，为了均衡地发展经济，保护本地信贷资金资源，及本地的中、小银行，一些经济比较落后的州的政府通过颁布州银行法，禁止或者限制其他地区的银行到本州设立分行，以达到阻止金融渗透、反对金融权力集中、防止银行吞并的目的。直到20世纪80年代，美国仍有1/3的州实行严格的单一银行制度。

这种单一制银行的优点是：①可以防止银行垄断，有利于自由竞争，也降低了竞争的激烈程度；②有利于银行与地方政府的协调，能满足本地区经济发展的需要，使其集中全力为本地区服务；③银行具有独立性和自主性，其业务经营的灵活性较大；④银行管理层次少，有利于中央银行货币政策的贯彻执行，有利于提高货币政策的执行效果。

单一制银行的缺点也是明显的。首先，不利于银行的发展。在计算机技术普遍推广应用的条件下，单一制银行采用最新技术的单位成本会较高，从而不利于银行采用最新的管理手段和工具，使其业务发展和创新活动受到限制。其次，单一制银行资金实力较弱，抵抗风险的能力相对较差。最后，单一制银行本身与经济的外向发展存在矛盾，会人为地造成资本的迂回流动，削弱银行的竞争力。

所以从20世纪70年代开始，美国国内就有许多有识之士对单一银行制度进行批评，呼吁废除单一银行制度。到1993年底，美国已有39个州及华盛顿哥伦比亚特区通过立法程序，允许商业银行无条件地在其地区内开设分行。1994年9月，美国国会通过《瑞格-尼尔跨州银行与分支机构有效性法》，并经总统批准，允许商业银行跨州建立分支机构，自此宣告单一银行制度在美国被废除。但由于历史原因，至今在美国仍有不少单一制银行。

另外，美国还实行“双轨注册”制度，即按注册机关的不同，把商业银行分为两大类：第一类是根据1864年颁布的《国民银行法》，向联邦政府注册的商业银行，称为国民银行；第二类是根据各州银行法向各州政府注册的商业银行，称为州银行。凡是国民银行，都必须加入联邦储备银行体系成为联邦储备银行的会员银行；州银行则可自行选择是否成为联邦储备银行的会员银行。一般来说，国民银行是规模较大、资金比较雄厚的商业银行，州银行的规模大多比较小。

（2）分行制银行。

分行制银行是指那些在总行之下，可在本地或外地设有若干分支机构，且都可以从事银行业务的商业银行，这种商业银行的总部一般设在大都市，下属所有分支行须由总行领导指挥。

分行制银行按管理方式的不同，又可进一步划分为总行制和总管理处制。总行制是指总行除管理、控制各分支行以外，本身也对外营业，办理业务；而总管理处制是指，总管理处只负责管理各分支行，其本身不对外营业，并在总管理处所在地另设分支行对外营业。例如，我国的交通银行就是实行总管理处制的商业银行。

大多数国家的银行都实行分行制。这是因为和单一银行制度相比，实行分行制的优点非常明显：第一，有利于银行吸收存款，有利于银行扩大资本总额和经营规模，能取得规模效益。第二，便于银行使用现代化管理手段和设备，提高服务质量，加快资金周转速度。第三，有利于银行调剂资金，转移信用，分散和减轻多种风险。第四，总行家数少，有利于国家控制和管理，其业务经营受地方政府的干预小。第五，资金来源广泛，有利于提高银行的竞争力。

当然，分行制也有一些缺点，例如容易加速垄断的形成，并且由于其银行规模大，内部层次较多，因此增加了银行管理的难度等。

但总的来看，分行制更能满足现代化经济发展的需要，因而受到各国政府和银行界的青睐，而成为当代商业银行的主要组织形式。

（3）持股公司制银行。

持股公司制银行又叫集团制银行，即由一个集团成立股权公司，再由该公司收购或控制若干独立的银行。这些独立银行的业务和经营决策由持股公司决定。持股公司拥有对银行的有效控制权是指能控制一家银行25%以上的投票权。

持股公司有两种类型，即非银行性持股公司和银行性持股公司。前者是通过大企业控制某一银行的主要股份组织起来的；后者是由大银行直接组织一个持股公司，若干较小的银行从属于这一大银行，例如，花旗公司就是银行性持股公司，它已控制300多家银行。一般把控制一家银行的称为单一银行持股公司，把控制两家以上银行的称为多银行持股公司。

持股公司制银行在美国发展很快，1954年美国有46家持股公司制银行；到1970年，美国有121家持股公司制银行；到20世纪90年代，美国的银行性持股公司控制着8 700家银行，掌握着美国银行业90%的总资产。

这种情况的出现，是美国长期实行单一银行制度所带来的后果，发展持股公司制银行的主要目的是克服单一银行制度造成的银行资金实力较弱、银行市场竞争力不强的弊端。

持股公司制的优点是：能够有效地扩大资本总量，增强银行的实力，提高抵御风险和参与市场竞争的能力，弥补了单一银行制度的不足。

持股公司制的缺点是：容易形成银行业的集中和垄断，不利于银行之间开展竞争，并在一定程度上限制了银行经营的自主性，不利于银行的创新活动。

知识掌握

1.1 简述商业银行的性质和功能。

1.2 商业银行的组织形式主要有哪几种类型？

1.3 简述设立商业银行的一般程序。

知识应用

□ 案例分析

银证混业经营的美国叙事及其启示

2020年6月底，据媒体报道，中国证监会计划向商业银行发放券商牌照，或者从几大商业银行中选取至少两家试点设立券商。这一报道即刻引发股市连锁反应。与此相关的中信证券、中信建投以及招商证券等股价大幅上涨。很明显，市场将这则消息看作是有关部门试水银证混业经营的前奏。

银证混业不仅是金融发展的结果，也是金融进一步发展的必然，标志着金融发展水平的新高度。若能在混业新模式中一试身手，自然可喜可贺。

不过，熟悉资本市场历史的人应该清楚，银证混业在中国其实早就出现过。20多年前，海南发展银行被关闭以及对信托业的全面清理，就是因为混业经营引发了一系列问题，以致持续经营难以为继。20多年后的今天，银行与证券羽翼渐丰，早已今非昔比。在此基础上再施行银证混业，能给人更多联想。

当然，如果真要实施银证混业经营，那可不是灵机一动的事。从银行、证券自身的复杂性及牵扯面来看，银证混业可谓“牵一发而动全身”，必须慎之又慎。

从历史发展脉络来看，银行与证券是经济发展不同阶段的产物，各自独立发展，服务于不同的对象。在分业经营时，无论是银行，还是证券，都有过辉煌灿烂的发展过程，出现过耀眼的明星企业。这充分证明了专业化的优势与力量——术业有专攻。

但是随着自身规模的扩大与业务触角的延伸，两者交叉融合的趋势势不可挡。其立足点在于它们经营的对象都有一个共同的特点，即都是处于货币形态的价值物。通俗地说，它们都是与钱打交道的，左手倒右手很方便，很经济。然而，正是这种看起来很经济的事让银证混业变得道路曲折。美国的金融发展史典型地呈现了其中的风雨与坎坷。

1933年以前，美国的银行与证券是混业经营的。但是1929年的经济危机对美国经济的冲击是全方位的，银证混业所暴露出来的问题彻底葬送了自己的前途。最后的处理办法是，美国从1933年起实施《格拉斯-斯蒂格尔法案》，重新确立银行与证券的分业经营体制。其后，这种分业状态持续了60多年。直到1999年，美国国会通过《金融服务现代化法案》，其才再度恢复银证混业经营。

资料来源：肖国元．银证混业经营的美国叙事及其启示［EB/OL］．［2020-07-16］.https：//baijiahao.baidu.com/s？id=1672313713075883973&wfr=spider&for=pc.

问题：

（1）上述案例为什么提到“银证混业必须慎之又慎”？

（2）从美国银行与证券的分业到混业经营中，我们得到的启示有哪些？

分析提示：

（1）结合案例内容总结概括。

（2）业务经营综合化是现代金融机构发展的趋势之一。由于金融业竞争激烈，金融工具不断创新，金融管理制度不断放宽，商业银行逐渐突破了与其他金融机构之间分工的界限，走上了业务经营“全能化”的道路。然而，美国在历时66年后才逐渐拆除“格拉斯-斯蒂格尔”防火墙，重新踏上银证混合经营之路。原因一是这60多年的时间里，美国的经济、金融，无论是规模、业务范围，还是服务技术与手段，都取得了长足的进步；二是美国是在各种金融制度改革和完善的基础上，按先难后易的次序，推出放松银行利率管制、深化存款保险改革、加强银证和银保合作、放松银行设立分支机构限制等一系列举措的，这对我国金融业有一定的借鉴意义。

□ 实践训练

阅读《中华人民共和国商业银行法》（2015年修正）。

要求：从有利于银行业发展及可能产生的问题两个方面，阐述我国对商业银行业务经营范围的法律规定。不少于1 000字。

第2章 商业银行资本管理

学习目标

知识目标：了解商业银行资本的概念及功能；明确商业银行资本充足的含义及资本充足度的测定；了解《巴塞尔协议》及新资本协议草案；掌握《巴塞尔协议III》的内容。

技能目标：能够结合实例分析商业银行资本充足与否；阐明不同的商业银行组织形式的优劣；能够将商业银行资本金管理方法灵活应用于商业银行资本金管理的实践。

素质目标：通过本章的学习，培养学生的合规意识和法律意识，使其形成稳健经营和可持续发展的理念。

引例

国家金融监督管理总局发布《商业银行资本管理办法》

为贯彻落实中央金融工作会议精神，全面加强金融监管，国家金融监督管理总局制定了《商业银行资本管理办法》（以下简称《资本办法》），进一步完善商业银行资本监管规则，推动银行强化风险管理水平，提升服务实体经济质效。《资本办法》自2024年1月1日起正式实施。

《资本办法》立足于我国商业银行实际情况，参考国际监管改革最新成果，全面完善了资本监管制度。《资本办法》由正文和25个附件组成，主要内容包括：

一是构建差异化资本监管体系，使资本监管与银行规模和业务复杂程度相匹配，降低中小银行合规成本。二是全面修订风险加权资产计量规则，包括信用风险权重法和内部评级法、市场风险标准法和内部模型法以及操作风险标准法，提升资本计量的风险敏感性。三是要求银行制定有效的政策、流程、制度和措施，及时、充分地掌握客户风险变化情况，确保风险权重的适用性和审慎性。四是强化监督检查，优化压力测试，深化第二支柱应用，进一步提升监管有效性。五是提高信息披露标准，强化相关定性和定量信息披露，增强市场约束。

《资本办法》是贯彻落实党中央关于加强和完善现代金融监管决策部署的重要举措。国家金融监督管理总局将指导商业银行做好《资本办法》的实施工作，发挥资本要求对商业银行资源配置的导向性作用，引导银行优化资产结构，加大服务实体经济力度，以高质量发展为中国式现代化提供有力的金融支撑。

资料来源：国家金融监督管理总局.国家金融监督管理总局发布《商业银行资本管理办法》[EB/OL].[2023-11-01]. https://www.cbirc.gov.cn/cn/view/pages/ItemDetail.html?docId=1134330&itemId=915.

这一案例表明：银行资本金在保障银行业务的稳健发展、维护金融市场的稳定以及保护存款人的利益等方面具有重要意义，所以需要通过资本监管制度强化银行资本约束机制，增强银行经营稳健性和服务实体经济能力，为我国金融业扩大对外开放创造有利条件。

国家金融监督管理总局立足我国银行业实际情况，结合国际监管改革最新成果，对原《资本办法》进行修订，有利于促进银行持续提升风险管理水平，引导银行更好地服务实体经济。

2.1 商业银行资本的功能与构成

资本是商业银行可独立运用的最可靠、最稳定的资金来源，是商业银行从事业务经营与管理的基本条件，是银行信誉的“护身符”和防御风险的“保护器”。资本实力雄厚，既是一家商业银行实力的标志，也是其进行业务扩张的基础。同时，雄厚充足的资本能有效保证存款的安全、抵御经营风险，有利于社会经济和金融系统的稳定。因此，必须重视对资本的有效管理。

2.1.1 商业银行资本的含义及功能

商业银行资本是商业银行开业的本钱，是商业银行开业、拓展业务范围、防范经营风险、树立良好形象和信誉的重要基础和必然条件。与一般公司、企业的资本相比，商业银行资本具有其内在的含义和特定的意义。

1）商业银行资本的含义

商业银行资本，也称商业银行资本金，是指商业银行自身拥有的，或者是能永久支配使用的资金来源，即商业银行资产总额和负债总额的差额。在银行的各种资金来源中，资本是商业银行可独立运用的最可靠、最稳定的资金来源，也是商业银行经营的基础。在实践中，商业银行资本涉及以下相关概念：

（1）最低资本。

它是按照有关法律的规定建立银行要求达到的最低资本额，达不到最低要求不得设立商业银行。各国法律一般都有相关规定。

（2）注册资本。

它是商业银行设立时，在银行章程中注明的向政府主管机关登记注册的资金。注册资本是公开声明的财产总额，可以使公众了解银行以后可能达到的经营规模。注册资本必须等于或大于最低资本。

（3）发行资本。

它也称名义资本，是商业银行实际已向投资人发行的股份总额，同时，也是投资人同意用现金或实物认购的股份总额。发行资本不能超出注册资本。

（4）实收资本。

它也称已付资本，是投资人已实际认购的股份全部或部分缴纳给募集资金公司的股金。如果发行的股份已收到全部金额，那么实收资本总额就等于发行资本。

商业银行资本这一概念与商业银行的资产是有根本差别的。商业银行的资产是针对商业银行的资金运用而言的；而资本则是商业银行资金来源中的自有资金部分。

商业银行资本的概念也不同于一般公司、一般企业的资本概念。从数量上看，商业银行资本在银行资产中所占的比重，远低于公司、企业资本占总资产的比重。从性质上看，商业银行的资本具有双重性质。

一般公司、一般企业的资本是指所有权和经营权相统一的资金，公司、企业的资本既是所有权利益的根据，也是其所拥有的产权。商业银行的资本，除了产权资本外，还包括一定比例的非产权资本，即通常所说的债务资本。为规范商业银行资本的双重性质，通常把产权资本称为一级资本或核心资本，把债务资本称为二级资本或附属资本。

商业银行资本的双重性特点，既有利于保障所有者的权益，又有利于发挥财务杠杆的效应；虽使得商业银行资本管理复杂化，但也为如何更好地发挥资本的功能，实现资本的最佳组合带来了机会。

2）商业银行资本的功能

商业银行资本虽然在其总资产中所占的比重不大，数量不多，但是它在商业银行的业务经营与管理活动中的功能却不可低估。商业银行资本具有如下功能：

（1）营业功能。

资本是商业银行市场准入的先决条件。与一般企业一样，银行从事经营活动也必须具有一定的前提。首先，银行开业必须拥有一定的资本，并满足各国法律规定的最低注册资本的要求。

其次，银行必须拥有营业所需的固定资产，这些固定资产只能用资本购买，因为商业银行在获准开业之前，是不能依靠外来资金购置营业设备、准备开业经营的。商业银行的自有资本为银行注册、组织营业以及尚未吸收存款前的经营提供了启动资金。更为重要的是，商业银行的资本充足与否始终是政府和金融监管当局审批银行是否具有开业资格、对银行业实施监管的重要参考指标。商业银行只有达到或超过一定的资本限额时才能获准开业，并且要在开业后的业务经营与管理过程中，随着资产业务的发展而不断补充银行资本，达到金融监管当局规定的最低资本充足率要求。

（2）保护功能。

资本是保护存款人权益、承担银行经营风险的保障。商业银行大部分的经营资金来自存款，可以说商业银行是用别人的钱去赚钱的。如果银行的资产遭受了损失，资产收不回来了，存款人的权益必然会受到影响。而资本给存款人提供了一个承受损失的“缓冲器”，当银行的资产遭受损失时，首先由银行的收益去抵补，若收益不足以弥补，再动用银行的资本，只要银行的损失不超过收益和资本之和，存款人的权益就不会受到损害。所以说，商业银行资本是存款人和债权人权益的重要保障。

拥有数额较大的资本表明商业银行有能力承担较大的风险，不会轻易发生流动性危机和支付困难，即使破产或倒闭时，也能给予存款人和债权人较高的补偿。显然，资本有助于树立公众对商业银行的信心：一方面，它向债权人显示了自己的实力；另一方面，也使商业银行向借款人表明，商业银行能够满足他们对贷款的需求。

（3）管理功能。

资本是吸纳商业银行经营亏损、促进银行业务经营与发展的保证。商业银行的资本可以有效地抵御外来风险的侵袭，弥补业务经营中的亏损，为商业银行避免破产提供了缓冲的余地。作为商业银行的重要资金来源，资本还是商业银行进一步扩大经营规模、拓展业务范围、增加银行投资、调节银行扩张与可持续增长的资金保证。

各国的金融监管机构为了保持金融的稳定，对商业银行实施有效的控制，一般都对商业银行的资本作出具体规定或提出具体要求。例如，金融监管当局规定了银行开业所必需的最低资本额、设立分支机构的最低资本额、银行兼并时的资本规模以及银行的资本充足率等。对银行资本作出这些规定，可使银行的业务活动受到约束，实现对商业银行的监督与管理。

2.1.2 商业银行资本的构成

20世纪80年代中期以前，西方发达国家的银行监管当局基本上将商业银行的最低资本限额与商业银行的总资产相联系，而未与各银行资产的质量及风险相联系。20世纪80年代后期，各国金融监管当局逐渐把商业银行的最低资本限额与商业银行的资产质量联系起来。

1986年，美国金融监管当局首先提出商业银行资本额应反映商业银行资产的风险程度。1988年，国际清算银行通过了关于统一国际银行资本衡量和资本标准的协议——《巴塞尔协议》，规定12个参加国应以国际可比性及一致性为基础制定各自的银行资本标准。《巴塞尔协议》中对资本的规定是，商业银行的资本应与资产的风险相联系，商业银行资本的主要作用就是吸收和消化银行损失，使商业银行免于倒闭。因此，商业银行资本的构成应取决于资本吸收商业银行损失的能力，而不是商业银行资本的不同形式。

另外，商业银行的主要风险是资产风险，将资本与资产风险相联系的目的在于商业银行资本能够吸收和消化因客户违约而造成的损失，包括表外业务风险带来的损失。为此，《巴塞尔协议》的主要思想是，商业银行的最低资本限额由商业银行资产结构形成的资产风险所决定，资产风险越大，最低资本限额越高；商业银行的主要资本是商业银行持股人的股本，其构成商业银行的核心资本；协议签署国商业银行的最低资本限额为商业银行风险资产的8%，其核心资本不能低于风险资产的4%；国际的银行业竞争应使商业银行资本达到相似的水平。

关于资本的具体构成，《巴塞尔协议》有明确规定。该协议将资本划分为两类：一类是核心资本；另一类是附属资本。

1）核心资本

核心资本又称一级资本，它具有资本价值相对稳定的特点。商业银行的核心资本由股本和公开储备两部分组成。

（1）股本。

①普通股。

商业银行发行普通股是增加资本的重要手段。通过发行普通股，可以广泛吸收社会资金，使商业银行的资本足够雄厚，以保护存款人和其他债权人的利益不受损失，激励公众信心。但如果募集的股本超过需要量，则会影响股东权益，使原有股东每股收益减少。

由盈余转入是增加普通股的另一手段。盈余账户由商业银行外部和内部两部分资本组成。如在美国，国民银行在营业前必须拥有至少等于股金总额20%的缴入盈余，作为商业银行盈余账户初始的外部资金来源，内部资金来源主要是未分配利润转来的资金。要对普通股股东支付一种可变的收益，支付的多少以及是否支付取决于商业银行决策层的投票结果。

②永久非累积优先股。

发行优先股也是增加商业银行资本的重要手段。它具有债券和普通股的双重特点：一方面，像债券一样，它通常只支付固定股息；另一方面，像普通股一样，它没有定期支付股息和到期偿还本金的义务。发行永久非累积优先股带来的好处还在于商业银行没有法律义务支付累积未分配的那部分优先股股息，在这一点上，它完全等同于普通股。

发行永久非累积优先股也有不利的方面：一是优先股股息不能从税前盈利中扣除，这使得用优先股筹资的成本比可从税前盈利中扣除利息的债务成本高；二是优先股股息支付义务先于普通股，且比较固定。

（2）公开储备。

它是指通过保留盈余或其他盈余的方式在资产负债表上明确反映的储备，如股票发行溢价、未分配利润和公积金等。

2）附属资本

附属资本又称二级资本，它是商业银行资本的另一个组成部分。根据巴塞尔委员会的提议，附属资本可以包括以下五项内容：

（1）未公开储备，又称隐蔽准备。

由于各国法律和会计制度不同，巴塞尔委员会提出的标准是：在该项目中，只包括虽未公开但已反映在利润表上并为银行的监管机构所接受的储备。

（2）重估储备。

由于一些国家按照本国的会计监管条例允许对某些资产进行重估，以便反映它们的市值或使其相对于历史成本更接近市值，即如果这些资产是审慎作价的，并充分反映价格波动和强制销售的可能性，那么这种储备可以列入附属资本中。这类资本一般包括对记入资产负债表中的银行自身房产的正式重估和有隐蔽价值的资本的名义增殖。

（3）普通准备金。

它是为防备未来可能出现的一切亏损而设立的。因为它可被用于弥补未来任何不可确定的损失，符合资本的基本特征，所以被包括在附属资本中，但不包括那些为已确认的损失或者为某项资产价值明显下降而设立的准备金。

（4）混合资本工具。

它是指带有一定股本性质又有一定债务性质的资本工具。由于这些资本工具与股本极为相似，特别是它们能够在不能清偿的情况下承担损失、维持经营，因此其可以列为附属资本，如英国的永久性债务工具、美国的强制性可转换债务工具等。

（5）长期附属债务。

它是资本债券与信用债券的统称。之所以可被当作资本，是因为它可部分替代资本的职能，可以同样为固定资产筹集资金。只有在存款人对盈利与资产的要求权得到充分满足之后，债权人才能取得利息和本金。银行一旦破产，损失先由附属债务冲销，再由保险公司或存款人承担。发行债务凭证的另外一些优势是：长期债务成本低，它的债务利息作为费用可从税前利润中冲减，而股息则属于税后净利润分配。

债务资本也有一些弱点：在没有宣布破产之前，银行不能用债务冲销营业损失；债务有固定期限，到期日或到期前必须归还或展期；在紧急财务情况下，可以推迟或不付现金股利，而每隔一定时间支付债务利息则是商业银行的法定义务，这使长期债务代替股本增加了商业银行破产的可能性。因此，一般情况下，只有期限在5年以上的附属债务工具才可以包括在附属资本之中，但其比例最高也只能相当于核心资本的50%。

同时，为了使资本的计算趋于准确，《巴塞尔协议》还对资本中有些模糊的成分的扣除做了规定，包括：①商誉是一种无形资产，它通常能增加商业银行的价值，但它又是一种虚拟资本，价值界定比较模糊，应予以扣除。②应从总资本中扣除对从事银行业务和金融活动的附属机构的投资。这一规定的目的是力图避免商业银行体系相互交叉控股，以免导致同一资本来源在一个集团中重复计算而产生“双重杠杆效应”，使商业银行的资本更加空虚，从而给商业银行体系带来风险；同时，也可以避免跨国商业银行利用自己的全球网络巧妙调拨资金，规避管制或进行投机活动。

对于不同规模的商业银行而言，资本的构成存在很大的差异。首先，对于规模较大的商业银行，其资本构成中股票溢价和未分配利润占较大比重；其次，差异还存在于商业银行发行的长期债务和普通股的股票。

近年来，西方国家的商业银行发行了大量的次级票据和债券（长期债务资本），其成为商业银行长期资金的一个不断增长的来源。这些国家的法律规定，这类资本票据的求偿权次于商业银行储户的求偿权。如果商业银行倒闭，存款人对所得拥有第一求偿权，而债券投资者拥有第二求偿权。

商业银行发行的次级债券在发行后即可上市流通，利率可采取固定或浮动利率形式。这类资本不在存款保险公司的保险范围内，其投资者对商业银行的经营风险会格外关注，这在一定程度上减少了商业银行倒闭的风险。由于大商业银行具有信誉优良的特点，其更容易以这种方式筹集资本。对于小商业银行而言，其资本主要由自身的未分配利润组成，其较少从金融市场上获得资本。

大商业银行与小商业银行在资本构成上的差异，反映了不同规模的商业银行进入金融市场的难易程度不同，投资者也会将商业银行规模与竞争实力和倒闭风险联系在一起。小商业银行认识到这一点，它们往往以提高自身的资本充足程度来显示其安全性，因此小商业银行的资本充足情况往往比大商业银行好。

2.2 商业银行资本充足度

2.2.1 资本充足度的含义

在经营实践中，商业银行通常应使其资本水平满足以下三个方面的最低限度的要求：一是为防御正常经营风险而持有的最低放款损失准备；二是为使大额未保险存款人确信其存款得到安全保护而需要的最低资本量；三是为支持银行业务扩张所必需的最低资本量。

资本不足是商业银行过分重视盈利，忽视安全经营的结果，说明该银行承担了过多的风险，破产或倒闭的潜在可能性很大。存款人和债权人希望商业银行拥有充足的资本，因为商业银行的资本越多，他们的存款或债权便越有保障；金融监管当局要求商业银行的资本充足，是为了防止银行冒险经营、破产或倒闭给国家经济与金融稳定发展带来危害；就银行自身而言，足够的资本则是其安全经营、健康发展的前提条件。因此，维持金融管理当局所规定的最低限额的资本量，不仅是对其遵守金融法规、维护公众利益的要求，也是商业银行增加信誉、安全经营从而在此基础上获取尽可能多利润的自发要求。

不过，商业银行的资本也不是越多越好。因为商业银行的资本越多，其用于支付普通股股息、优先股股息或债券利息的费用就越多，因而资本成本越高，相应加重了商业银行的经营负担。同时，过高的资本说明银行经营管理水平很差，缺乏存款等筹资渠道，或者没有把握住良好的投资机会，承担着沉重的机会成本。因此，对商业银行来讲，资本充足的确切含义是资本适度，而不是多多益善。

一般来讲，商业银行资本充足度包括资本数量充足与资本结构合理两个方面的内容：

（1）资本数量充足。

它是指商业银行资本数量必须超过金融管理当局所规定的能够保障正常营业并足以维持充分信誉的最低限度。可以看出，数量充足同时也包含了资本适度的含义，即保持过多的资本是没有必要的。首先，过高资本量会增加资本成本，特别是权益资本成本不能避税，资本的综合成本大大高于吸收存款的成本，由此降低了银行的盈利性；其次，过高资本量反映银行可能失去了较多的投资机会，缺乏吸收存款以及收回贷款的能力。因此，对商业银行而言，资本充足度是指资本适度，而非越多越好。

（2）资本结构合理。

它是指各种资本应在资本总额中占有合理的比重，以尽可能降低商业银行的经营成本与经营风险，增强经营管理与进一步筹资的灵活性。《巴塞尔协议》要求核心资本在总资本中的比重要达到50%以上。规模不同的商业银行，其资本结构应该有所区别：小商业银行为吸引投资者及增强其经营灵活性，应力求以普通股筹措资本；大商业银行则可相对扩大资本性债券规模，以降低资本的使用成本。

资本结构还受商业银行经营情况变动的影响。贷款需求和存款供给是否充足，会大大影响资本结构。当贷款需求不足而存款供给相对充分时，商业银行增资的方式应以增加附属资本为主；反之，则应采取增加商业银行核心资本的做法。

2.2.2 资本充足度的测定与《巴塞尔协议》

由于影响商业银行资本需要量的因素很多，因而资本充足度的测算是一项复杂的系统工作。如何确定商业银行适度资本充足性，各国都有自己的做法，各国的金融管理部门也有一定的衡量标准。实际上，对商业银行资本需要量的测算，经历了一个从简单到复杂，从不够完善到较为科学的过程。西方银行采用过的测定资本充足度的方法主要有：资本与存款比率法、资本与总资产比率法、资本与风险资产比率法、纽约公式、综合分析法。《巴塞尔协议》对商业银行资本充足度的测定也做了说明。

1）资本与存款比率法

这一方法是西方银行界较早采取的用于测量商业银行资本充足与否的方法。该方法要求商业银行资本量与该银行吸收的存款额挂钩。存款增加，资本量相应增加；反之，亦然。20世纪初的美国，商业银行资本至少要达到存款负债的10%；之后，将该比率规定为最低资本比率。

用这一比率衡量资本需要量也有缺陷，因为银行持有资本主要是为了应对意外事件的发生，而银行亏损与存款数量没有正相关关系，银行亏损主要源于放款和投资等资产业务。所以，该比率不能恰当地反映银行资本弥补亏损和应对意外事件冲击的能力，后来其逐渐被其他比率所代替。

2）资本与总资产比率法

在认识到资本与存款比率缺点的基础上，美国开始逐步使用资本与总资产的比率来衡量资本的充足度，即将商业银行资本与全部资产挂钩，当商业银行持有的资产总额增加时，其资本数量亦要按比例增加。美国在20世纪40年代至50年代初，将8%的比率作为资本充足度的检验标准。

这一方法的缺陷是没有考虑商业银行资产结构对资本量的影响。根据资本与总资产比率，两家同样资产规模的商业银行所需要的资本量相同，但一家银行的所有资产都是现金和短期政府债券，另一家银行的大部分资产却是不动产贷款，后者的经营风险大大高于前者，但根据该比率计算出来的资本充足度却相同，这显然是不科学的。

3）资本与风险资产比率法

为了克服资本与总资产比率的不足，银行家与银行监管当局设计出了资本与风险资产比率，其认为该比率至少要超过15%，才能说明商业银行的资本是充足的。风险资产被定义为除现金和政府债券以外的所有资产。由于资本的一个主要职能是保护存款者免受风险损失，而现金和政府债券没有信用风险，不会发生亏损并给存款者带来风险。所以，衡量风险时，应将这些资产剔除。

该比率可以克服前一种比率不能区分不同资产风险差异的缺陷，衡量了不同的风险。但它也有不足，主要是忽略了商业银行剩余资产风险的差别。于是，分类计算比率的方法应运而生，以便准确地反映不同资产的风险差别。

4）纽约公式

为了弥补上述方法的缺陷，20世纪50年代初期，纽约联邦储备银行设计了一个分析银行资本需要量的公式，即将银行资产按其流动性和风险性的高低分成六类，分别确定其资本需要量，然后将其加总，作为银行的适度资本需要量。

上述六类不同风险程度的银行资产是：

①无风险资产。

其主要包括现金、同业存款、5年内到期的短期政府债券等，其风险权数规定为零。

②风险较低的资产。

其主要包括5年期以上的长期政府债券、政府机构的债券、优质的商业票据、安全性较强并有较高信用担保的贷款等，其风险权数规定为5%。

③一般或普通风险资产。

其又称有价证券资产，包括除政府债券以外的各种证券投资和证券贷款，其风险权数规定为12%。

④风险较高的资产。

其包括那些财务状况较差、担保不足、信用较低的资产，其风险权数规定为20%。

⑤有问题的资产。

其包括逾期未还的、银行可能收不回来的各种贷款或其他资产，其风险权数规定为50%。

⑥亏损资产和固定资产。

亏损资产是指已经给银行造成了损失、完全不可能收回的资产，如呆账损失等。固定资产是指银行为维持正常营业而购置的房产设施和设备等资产。亏损资产和固定资产都应当由银行资本予以抵偿或购置，其风险权数规定为100%。

这样，商业银行只要将这六类资产数额分别乘以相应的风险权数，并进行相加汇总，便计算出商业银行资本的需要量。

纽约公式克服了以前三种资本衡量方法的不足，具有相当的科学性。它的基本思想被在银行资本衡量与管理方面具有国际权威的《巴塞尔协议》所采纳。

5）综合分析法

以上衡量商业银行资本的方法都是从资产（或存款）数量及结构方面来进行评估的。然而，实际上，影响商业银行所需资本量的因素还有商业银行的经营管理水平、盈利状况、资产与负债结构、银行股东状况等。因此，需要将影响商业银行所需资本量的各种因素均考虑进来，进行综合分析。

综合分析法产生于20世纪70年代的美国，该方法将银行的全部业务活动作为对象，在综合考察各种影响银行经营状况因素的基础上，确定商业银行应该持有的自有资金量。

各国对于因素的选择各不相同，但主要包括如下几个方面：

（1）商业银行经营管理水平。

银行经营管理的质量越高，抵御风险的能力越强，其持有的资本量可能越少。

（2）资产的流动性。

银行资产流动性越高，变现能力越强，资产遭受损失的可能性就越小，银行也不必持有过多的资本量。

（3）商业银行存款结构的潜在变化。

在银行存款中，定期存款和储蓄存款所占的比重越大，银行持有的资本量可能越少。

（4）商业银行历年收益及留存状况。

银行资产的损失通常由银行的日常收益来弥补，若仍有缺口，则由其留存收益补偿。因此，若商业银行日常收益和留存收益的状况良好，说明其用于弥补资产损失的能力较强，银行可以保留较少的资本。

（5）商业银行的费用开支。

费用开支越高，银行收益越少，间接地要求银行保有更多的资本。

（6）商业银行股东的资信和特点。

银行股东的声望和特点会无形地提升银行的商誉价值，增强银行吸收资金的能力，故而银行可以保留较少的资本。

（7）商业银行经营活动的效率。

银行经营活动的效率越高，银行持有的资本量就可越少。

（8）潜在的竞争能力。

商业银行竞争能力越强，业务越稳定，银行可持有越少的资本量。

综合分析法的分析是较为全面的，有一定的科学性，但这种方法缺少可操作性，又由于缺乏定量的测算，其需与其他数量上的评估方法结合起来运用。

6）测定资本充足度的国际标准——《巴塞尔协议》

20世纪80年代以后，国际银行业发生了巨大的变革。跨国银行的扩张和金融资本的国际化，以及广泛兴起的金融创新，使得金融自由化、全球化趋势不断发展，银行业在国际范围内的竞争日趋激烈，银行业经营的风险也不断加大。为此，在世界范围内确定一个统一的银行资本充足度标准，有效监管各国的银行业，维护商业银行的稳健经营，防范银行经营风险就显得十分必要。

为了保证商业银行的安全和国际银行业竞争的公平，国际金融组织——国际清算银行一直在寻找正确的方法，对银行业的资本充足度规定一个适宜的标准。1977年2月，英格兰银行的总裁理查森建议，在国际清算银行创立一个对银行进行管理和监督的常设委员会。这个委员会由英格兰银行的银行业务监督处主任彼得·库克担任主席，故又称“库克委员会”。

1987年底，该委员会提出了一个国际银行业资本充足率标准协议，并于1988年7月正式发表。该协议的全称为《关于统一国际银行的资本计算与资本标准的协议》，即著名的《巴塞尔协议》。这个协议开始只在库克委员会成员国执行，但很快就得到了世界各国的认同，被各国银行业作为资本充足度管理的重要标准。

《巴塞尔协议》经历了一个逐步完善、循序渐进的过程，它主要包含了四个方面的内容：资本的构成、风险权重的计算、目标标准比率、过渡期及实施安排。

（1）资本的构成。

《巴塞尔协议》认为，银行的资本并非完全同质，有些同类的资本承受着相当大的风险，一旦金融市场发生变化，这些资本的价值就可能下降。因此，《巴塞尔协议》将商业银行的资本划分为两级。

商业银行的资本分为核心资本和附属资本两部分，两级资本之间应维持一定的比例。核心资本（一级资本）是由股本和税后利润中提取的公开储备所构成的，并应占全部资本的50%以上；附属资本（二级资本）包括未公开储备、重估储备、普通准备金、带有债务性质的资本工具和长期债券等。

拓展阅读 2-1

商业银行年内发行“二永债”规模已达4 070亿元 较去年同期增长55.8%

（2）风险权重的计算。

1996年1月，《〈巴塞尔协议〉的补充协议》公布，并于1997年底生效。其核心内容是：在对原资本充足度测定的基础上，新增了对一定市场风险的测定，要求商业银行必须有适当的资本来支持其承担市场风险。《巴塞尔协议》将资本与资产负债表上不同种类的资产及其表外项目所产生的风险相挂钩，来评估银行的资本充足度。风险计算方法分成表内和表外两大类，见表2-1和表2-2。

表2-1　　资产负债表表内项目风险权重表

	风险权重（%）	项　目
表内项目	0	现金；以本国货币定值的对中央银行和中央政府的债权；对经济合作与发展组织（OECD）成员方的中央银行和中央政府的其他债权；以现金或以OECD成员方的中央政府债券作抵押或由其中央政府作担保的债权
	0、10、20、50，由各国自定	对国内公共部门实体的债权和由这些实体担保的贷款
	20	对多边发展银行的债权及由这些银行担保或以其所发行的证券作抵押的债权；对OECD成员方银行的债权或由其担保的贷款；对期限在1年以内的非OECD成员方银行的债权或由其担保的贷款；对非本国的OECD成员方公共部门实体的债权或由这些实体担保的贷款；托收中的现金款项
	50	完全以居住为用途的、为借款人所拥有产权的住宅作抵押的贷款
	100	对私人部门的债权；对期限在1年以上的非OECD成员方银行的债权；对非OECD成员方中央政府的债权；对公共部门拥有的商业公司的债权；房地产、设备和其他固定资产；不动产和其他投资；其他银行发行的资本工具；所有其他资产

在计算风险资产时，对于表内项目，以其账面价值直接乘以对应权数即可得到其风险资产数额；对于表外项目，则要根据《巴塞尔协议》规定的信用转换系数，先将其转换为对等数量的贷款额度，然后再乘以相应的风险权数。其计算公式为：

表外风险资产=表外资产（本金）×信用转换系数×表内相同性质资产风险权数

例如，家庭住宅抵押贷款的金额为100万元，风险权数为50%，那么此资产折算为风险资产的数额为50万元（100×50%）。

表 2-2 资产负债表表外项目风险权重表

<table>
<tr><td rowspan="5">表外项目</td><td>信用转换系数（%）</td><td>项　目</td></tr>
<tr><td>0</td><td>短期（1年以内）的、随时能取消的信贷额度</td></tr>
<tr><td>20</td><td>短期（1年以内）的、与贸易有关的并具有自行清偿能力的债权，如担保信用证、有货物抵押的跟单信用证等</td></tr>
<tr><td>50</td><td>期限在1年以上的、与贸易有关的或有项目，如投资保证书、认股权证、履约保证书、即期信用证和证券发行便利等承诺或信贷额度</td></tr>
<tr><td>100</td><td>直接信用的替代工具，如担保、银行承兑、回购协议；有追索权的资产销售；远期存款的购买</td></tr>
</table>

[例 2-1] 对企业的长期信贷承诺为100万元，因其为表外项目，则必须用“信用转换系数”换算成资产负债表表内相应的项目，然后按同样的风险权数计算。若转换系数为50%，则其转换为表内项目的金额为50万元（100×50%）；若其对应的风险权数为100%，则这50万元资产的风险资产为50万元（50×100%）。

（3）目标标准比率。

《巴塞尔协议》将资本与加权风险资产的目标比率确定为8%，其中核心资本部分至少为4%，并且要求在1992年底，各成员国的国际银行都要达到这一标准。

从测算公式可以看出，风险权重占据了一个很重要的地位，不同的风险权重可能使银行在资本、资产总额相同的条件下，比率不同。对此，《巴塞尔协议》对银行不同资产作出了不同的权重标准规定，当计算一家商业银行的资本充足率时，就要按照协议规定的资产风险加权系数乘以表内项目和表外项目资产得出风险权重资产总额。

（4）过渡期及实施安排。

《巴塞尔协议》考虑到实现统一资本充足率目标的困难，设置了分三个阶段实施的过渡期。第一阶段，从协议生效到1990年为初期阶段，鼓励各国努力增加资本，为达到目标比率作准备；第二阶段，从1991年初到1992年底为中期阶段，要求各国商业银行的最低资本充足率应达到7.25%，其中核心资本至少应为3.625%；第三阶段，1992年底至1997年9月，过渡期基本结束，届时，各国商业银行的资本充足率都要达到8%，其中核心资本至少为4%。

1997年9月，巴塞尔委员会颁布了《有效银行监管的核心原则》，指出仅仅依靠资本充足度管理已经不足以充分防范银行风险，必须将风险管理的领域扩展到银行业的各个方面，以建立更为有效的风险防范和控制机制。

知识链接 2-1 《商业银行资本充足率管理办法》

（中国银行业监督管理委员会令 2007 年第 11 号）对风险权重的规定

《商业银行资本充足率管理办法》对信用风险提出了资本要求，在确定各类资产的风险权重方面采取了更加审慎的态度，具体见表2-3和表2-4。

表 2-3 **表内资产风险权重表**

项 目	权重（%）
a.现金类资产	
aa.库存现金	0
ab.存放人民银行款项	0
b.对中央政府和中央银行的债权	
ba.对中央政府的债权	0
bb.对中国人民银行的债权	0
bc.对评级为AA-及以上国家和地区政府及中央银行的债权	0
bd.对评级为AA-以下国家和地区政府及中央银行的债权	100
c.对公用企业的债权（不包括下属的商业性公司）	
ca.对评级为AA-及以上国家和地区政府投资的公用企业的债权	50
cb.对评级为AA-以下国家和地区政府投资的公用企业的债权	100
cc.对我国中央政府投资的公用企业的债权	50
cd.对其他公用企业的债权	100
d.对我国金融机构的债权	
da.对我国政策性银行的债权	0
db.对我国中央政府投资的金融资产管理公司的债权	
dba.金融资产管理公司为收购国有银行不良贷款而定向发行的债券	0
dbb.对金融资产管理公司的其他债权	100
dc.对我国商业银行的债权	
dca.原始期限4个月以内（含4个月）	0
dcb.原始期限4个月以上	20
e.对在其他国家或地区注册金融机构的债权	
ea.对评级为AA-及以上国家或地区注册的商业银行或证券公司的债权	20
eb.对评级为AA-以下国家或地区注册的商业银行或证券公司的债权	100
ec.对多边开发银行的债权	0
ed.对其他金融机构的债权	100
f.对企业和个人的债权	
fa.对个人住房抵押贷款	50
fb.对企业和个人的其他债权	100
g.其他资产	100

表 2-4 表外项目的信用转换系数

项　目	信用转换系数（%）
等同于贷款的授信业务	100
与某些交易相关的或有负债	50
与贸易相关的短期或有负债	20
承诺	
原始期限不足1年的承诺	0
原始期限超过1年但可随时无条件撤销的承诺	0
其他承诺	50
信用风险仍在银行的资产销售与购买协议	100

说明：上述表外项目中：

（1）等同于贷款的授信业务，包括一般负债担保、远期票据承兑和具有承兑性质的背书。

（2）与某些交易相关的或有负债，包括投标保函、履约保函、预付保函、预留金保函等。

（3）与贸易相关的短期或有负债，主要指有优先索偿权的装运货物作抵押的跟单信用证。

（4）承诺中原始期限不足1年或可随时无条件撤销的承诺，包括商业银行的授信意向。

（5）信用风险仍在银行的资产销售与购买协议，包括资产回购协议和有追索权的资产销售。

汇率、利率及其他衍生产品合约，主要包括互换、期权、期货和贵金属交易。这些合约按现期风险暴露法计算风险资产。利率和汇率合约的风险资产由两部分组成：一部分是按市价计算的重置成本；另一部分由账面的名义本金乘以固定系数获得。不同剩余期限的金融产品等的固定系数见表2-5。

表 2-5 不同剩余期限的金融产品等的固定系数

项目剩余期限	利率（%）	汇率与黄金（%）	黄金以外的贵金属（%）
不超过1年	0	1.0	7.0
1年以上，不超过5年	0.5	5.0	7.0
5年以上	1.5	7.5	8.0

2.3 《巴塞尔协议》的新发展

2.3.1 《巴塞尔协议》的积极作用及缺陷

《巴塞尔协议》公布实施后为众多国家广泛采用，成为评估银行经营状况的重要标准，发挥了积极作用。实践证明，风险加权法对银行持有的高流动性、低风险资产无负面影响，而且将表外业务也纳入资本监管体系之中，有助于银行间的稳健经营和公平竞争。但是《巴塞尔协议》也存在缺陷，主要表现在以下几方面：

（1）仅涉及信用风险和市场风险。

对市场风险的规定过于笼统（直到1996年才将对市场风险的监管纳入资本充足率的框架），尤其是对银行呆账资产的利率风险、操作风险、流动性风险、法律风险以及名誉风险等非信用风险，或叙述不详，或缺乏可操作性，有的甚至并无提及。

（2）风险权重的分类过粗。

粗线条的风险权重不能准确地把资本与银行面临的风险密切结合在一起，未能从监管上为银行改善自己的风险管理水平提供激励。

（3）OECD和非OECD的划分标准带有明显的“国别歧视”。

在计算资本充足率时，确认资产（包括对政府、银行、企业的债权）风险权重的大小主要依据债务人所在国是否为经济发展合作组织成员国，成员国的主权风险为零，而非经济发展合作组织成员国的主权风险为20%。

（4）对所有企业，无论其信用如何，风险权重均为100%。

（5）原则上仅适用于十国集团的国际性大银行。

（6）经济资本和监管资本不一致，导致银行可通过资产证券化进行监管资本套利。

如银行可以将信贷资产中高质量的贷款证券化，这部分资产的监管资本风险权重由100%减到20%，而实际风险没有下降。资本套利可能使整个银行系统风险增大，出现银行间不公平竞争。

随着世界经济一体化、金融国际化浪潮的涌动，金融领域的竞争尤其是跨国银行间的竞争日趋激烈，金融创新日新月异使银行业务趋于多样化和复杂化，银行经营的国内、国际环境及经营条件发生了巨大变化，银行规避管制的水平和能力也大大提高。这使1988年制定的《巴塞尔协议》难以解决银行实践中出现的诸多新情况、新问题。为应对这些挑战，巴塞尔委员会对报告进行了长时期、大面积的修改与补充。

知识链接 2-2　　《巴塞尔协议》的补充完善过程

《巴塞尔协议》是循序渐进逐步完善的。第一，1991年11月，在认识到准备金对银行经营的重要性及其在不同条件下的性质差异后，巴塞尔委员会重新定义了可计入银行资本用以计算资本充足率的普通准备金与坏账准备金，以确保用于弥补未来不确定损失的准备金被计入附属资本，而将那些用于弥补已确认损失的准备金排除在外。

第二，初步认识到除OECD成员国与非成员国之间存在国别风险之外，OECD成员国之间同样也存在国别风险，因而一改《巴塞尔协议》中对所有经合组织成员国均确定零主权风险权重这一极其简单化的衡量方法，于1994年6月重新规定对OECD成员国资产的风险权重，并调低了墨西哥、土耳其、韩国等国家的信用等级。

第三，随着金融的快速国际化，人们开始提升对市场风险的认识。20世纪90年代以来，由于金融市场自由化速度的加快和国际银行业的迅速扩张，加上新技术的广泛运用，国际金融市场间的联系空前紧密，世界金融形势错综复杂；随着衍生金融品种及其交易规模的迅猛增长，银行业越来越深地介入衍生品的交易，或是以资产证券化和控股公司的形式来逃避资本管制，并将信用风险转化为市场风险或操作风险，银行与金融市场的交互影响也越发显著。这使巴塞尔委员会认识到，尽管《巴塞尔协议》的执行已经在一定程度上降低了银行的信用风险，但以金融衍生工具为主的市场风险却经常发生。这说明仅靠资本充足率已不足以充分防范金融风险。

最典型的案例是巴林银行。这家银行的资本充足率在1993年底远远超过8%，1995年1月还被认为是安全的，但到2月末，这家老牌银行便宣告破产。鉴于这些情况，巴塞尔委员会在1995年4月对银行某些表外业务的风险权重进行了调整，并在1996年1月推出《资本协议关于市场风险的补充规定》（以下简称《补充规定》）。该规定提出，市场风险是因市场价格波动而导致表内外头寸损失的风险，包括交易账户中受到利率影响的各类工具及股票所涉及的风险、银行的外汇风险和商品（如贵金属等）风险，它们同样需要计提资本准备金来进行约束。

值得注意的是，《补充规定》已经改变了《巴塞尔协议》中将表外业务比照表内资产确定风险权重并相应计提资本准备金的简单做法，提出了两种计量风险的办法：标准计量法和内部模型计量法。

标准计量法是将市场风险分解为利率风险、股票风险、外汇风险、商品风险和期权的价格风险，然后对各类风险分别进行计算并加总；内部模型计量法也就是基于银行内部VaR（Value-at-Risk）模型的计量方法，它将借款人分为政府、银行、公司等多个类型，分别按照银行内部风险管理的计量模型来计算市场风险，然后根据风险权重的大小确定资本准备金的数量。

内部模型计量法是一大创新，引起了银行界的广泛关注。但鉴于当时条件的限制，所提出的计算方法又不够具体和完善，因而并未得到广泛运用，以至于银行对此法的运用还需满足诸如要有足够的高水平模型运用人员、要认真执行风险管理等条件并得到监管当局的批准。

1997年7月全面爆发的东南亚金融危机更是引发了巴塞尔委员会对金融风险全面而深入的思考。从巴林银行、大和银行的倒闭到东南亚的金融危机，人们看到，金融业存在的问题不仅仅是信用风险或市场风险等单一风险的问题，而是由信用风险、市场风险外加操作风险互相交织、共同作用造成的。1997年9月推出的《有效银行监管的核心原则》（以下简称《核心原则》）表明巴塞尔委员会已经确立了全面风险管理的理念。该文件共提出涉及银行监管7个方面的25条核心原则。尽管这个文件主要解决监管原则问题，未能提出更具操作性的监管办法和完整的计量模型，但它为此后《巴塞尔协议》的完善提供了一个具有实质性意义的监管框架，为新协议的全面深化留下了宽广的空间。

新协议重头推出并具有开创性内容的三大支柱——最低资本要求、监管部门的监督检查及市场约束，其都在《核心原则》中形成了雏形。1998年10月22日，其发布了关于国家经济架构的若干报告，其中“加强国家金融体系”的报告对《核心原则》表示赞同，并要求巴塞尔委员会制定一套评价方法，为执行《核心原则》提供指导。1999年10月，《核心原则》评价方法出台。

2001年1月16日，巴塞尔委员会公布了《巴塞尔新资本协议》，根据委员会的日程安排，5月31日之前为征求意见期。2003年4月公布《巴塞尔新资本协议》（第三稿），再度征求意见，时间为3~4个月。

资料来源：佚名.《巴塞尔协议》的补充完善过程［EB/OL］.［2015-05-12］. http://baike.baidu.com/view/131677.htm.

2.3.2 《巴塞尔新资本协议》草案的内容

为更准确地反映当前各商业银行实际承受的风险水平，实现保障银行稳健、安全运营的目标，以强化资本约束、增强风险敏感性、强调风险管理的全面性、兼顾不同发展水平，巴塞尔委员会于2004年6月正式发表了《巴塞尔新资本协议》，即《统一资本计量和资本标准的国际协议：修订框架》。

1）《巴塞尔新资本协议》的目标

《巴塞尔新资本协议》把重心放在下列监管目标上：

（1）把评估资本充足率的工作与银行面对的主要风险更紧密地联系在一起，继续促进金融体系的安全和健康发展。

（2）在充分强调银行自身内部风险评估体系的基础上，促进公平竞争。

（3）资本反映银行头寸和业务的风险程度，激励银行提高风险计量管理水平，提供一个全面的解决方案。

（4）应将重点放在国际业务活跃的银行上，但基本原则适用于所有复杂程度和经验不同的银行。

2）《巴塞尔新资本协议》的基本框架

《巴塞尔新资本协议》对于统一银行业的资本及其计量标准作出了卓有成效的努

力，在信用风险和市场风险的基础上，新增了对操作风险的资本要求；在最低资本要求的基础上，提出了外部监管和市场约束的新规定，形成了资本监管的“三大支柱”。

（1）第一支柱：最低资本要求。

《巴塞尔新资本协议》仍然将资本充足率作为保证银行稳健经营、安全运行的核心指标，仍将银行资本分为核心资本和附属资本两类，但进行了两项重大创新：一是在资本充足率的计算公式中全面反映了信用风险、市场风险、操作风险的资本要求；二是引入了计量信用风险的内部评级法。银行既可以采用外部评级公司的评级结果确定风险权重，也可以用各种内部风险计量模型计算资本要求。资本充足率的计算公式为：

资本充足率=资本÷风险加权资产

=核心资本+附属资本÷信用风险加权资产+（市场风险所需资本+操作风险所需资本）×12.5

（2）第二支柱：外部监管。

《巴塞尔新资本协议》要求各国监管当局通过银行内部的评估进行监督检查，确保银行有科学可靠的内部评级方法和程序，使银行能够准确地评估、判断所面临的风险敞口，进而及时准确地评估资本充足情况。为保证最低资本要求的实现，《巴塞尔新资本协议》要求监管当局采用现场和非现场检查等方法审核银行的资本充足情况。在监管水平较低时，监管当局要及时采取措施予以纠正。

（3）第三支柱：市场约束。

市场约束旨在通过市场力量来约束银行，其运作机制主要是依靠利益相关者（包括银行股东、存款人、债权人等）的利益驱动，出于对自身利益的关注，其会在不同程度和不同方面关心其利益所在银行的经营状况，特别是风险状况，为了维护自身利益免受损失，在必要时其会采取措施来约束银行。

由于利益相关者关注银行的主要途径是通过银行所披露的信息，因此《巴塞尔新资本协议》特别强调提高银行的信息披露水平，加大透明度，即要求银行及时、全面地提供准确信息，以便利益相关者作出判断，采取措施。《巴塞尔新资本协议》要求银行披露信息的范围包括资本充足率、资本构成、风险敞口及风险管理策略、盈利能力、管理水平及过程等。市场约束是对第一支柱、第二支柱的补充。

3）《巴塞尔新资本协议》的主要进步

《巴塞尔新资本协议》与1988年的《巴塞尔协议》相比，有很大的进步，主要表现在：

（1）《巴塞尔新资本协议》使资本水平能够更真实地反映银行风险。

《巴塞尔新资本协议》强调：①要借助外部信用评级确定资产风险权重，计量最低资本需要量。②银行资本储备除要反映其信用风险以外，还必须反映市场风险和操作风险。③在确定资本水平时，要充分考虑各种风险缓解技术、工具的影响。④在评估资产风险权重和资本水平时，要考虑抵押品价值和质量、担保人信用及能力等因素。这些规定扩大了银行风险管理涉及的范围，使风险计量更为谨慎、周密，方法更趋科学。

（2）进一步强调了银行内控机制建设的重要性和基本要求。

《巴塞尔新资本协议》强调：①综合考虑各种风险因素的充足资本储备是银行风险管理的第一支柱，外部信用评级与内部评级体系是确定最低资本水平的依托。②允许符合条件的银行采用内部评级系统确定资本风险权重和最低资本要求。③银行可以因地制宜地采用标准法或内部初级法、内部高级法，在降低资本成本的同时，鼓励各银行在风险测量、管理方法上的投资与研究。这些规定既强化了银行内控机制的责任，又加强了银行风险管理手段的灵活性。

（3）强调了监管当局的准确评估和及时干预。

《巴塞尔新资本协议》强调：①监管当局的严格评估与及时干预是银行风险管理的第二支柱。②监管当局要准确评估银行是否达到最低资本需要量，评估银行资本水平是否与实际风险相适应。③监管当局要评估银行内部评级体系是否科学可靠。④监管当局要及早干预，防止资本水平低于实际风险水平。

（4）强调了银行资本管理的透明度和市场约束。

《巴塞尔新资本协议》强调：①信息透明和市场约束是银行风险管理的第三支柱。②银行应向社会及时披露关键信息，包括资本成本构成、风险资产及计量标准、内部评级体系及风险资产计量法、风险资产管理的战略及制度、资本充足水平等。③银行应执行由董事会批准的正式披露政策，公开披露财务状况和经营状况，并规定披露的频率及方式。这些规定有助于强化对银行的市场约束，提高外部监管的可行性、及时性。《巴塞尔新资本协议》结构如图 2-1 所示。

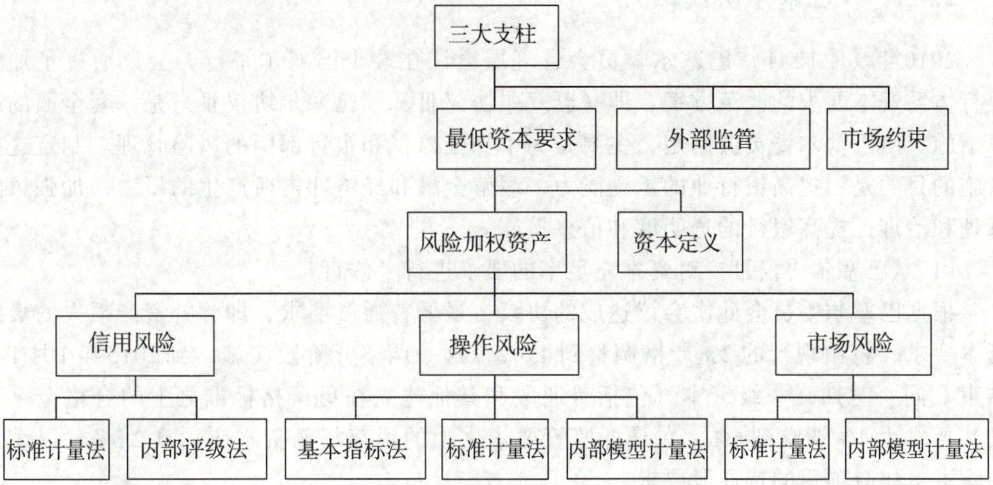

图2-1　《巴塞尔新资本协议》结构

小思考 2-1

我国的商业银行是否适用《巴塞尔新资本协议》?

答：《巴塞尔新资本协议》适用的对象是国际活跃银行，但究竟什么样的银行属于国际活跃银行，《巴塞尔新资本协议》中并没有具体界定。根据协议中的相关要求，发展中国家的绝大多数银行尚不能列为国际活跃银行。

虽然我国的商业银行不属于国际活跃银行范畴，但并不意味着非国际活跃银行不适用《巴塞尔新资本协议》。在全球经济、金融一体化的背景下，尤其是我国已加入 WTO，对外资银行实施国民待遇已提上议事日程，国内商业银行将在服从国际“游戏规则”的前提下参与全球竞争。

上述《巴塞尔新资本协议》，也即《巴塞尔协议Ⅱ》，经过近十年的修订于2007年在全球范围内实施，但正是在这一年，爆发了次贷危机，这次席卷全球的次贷危机真正考验了《巴塞尔新资本协议》。显然，《巴塞尔新资本协议》存在顺周期效应，对非正态分布复杂风险缺乏有效测量和监管，风险度量模型操作存在内在局限性，数据获取存在困难，但我们不能将美国伞形监管模式的缺陷和不足致使次贷危机爆发统统归结于《巴塞尔新资本协议》。

在全球金融危机余波未平、欧美经济仍在衰退边缘挣扎的时候，巴塞尔委员会来自27个经济体的央行和银行监管机构负责人，于2010年9月12日一致通过了关于加强全球银行体系资本要求的改革方案，即《巴塞尔协议Ⅲ》，其成为本轮危机后首个全球范围内的重磅监管改革产物，此协议于2010年11月在韩国首尔举行的G20峰会上获得正式批准。

新协议在现有规约的基础之上，不仅上调了针对银行的资本充足比率要求，新增了资本缓冲要求，而且更注重银行资本的质量，同时配以流动性约束，其目的在于确保银行经营的稳健性，进而保障整个金融体系的稳定和安全。

2.3.3 《巴塞尔协议Ⅲ》

2010年9月12日，巴塞尔委员会管理层会议在瑞士巴塞尔举行，会议通过了加强银行体系资本要求的改革方案，即《巴塞尔协议Ⅲ》。《巴塞尔协议Ⅲ》是一套全面的改革措施，由巴塞尔委员会制定，主要是为了加强监督和银行部门的风险管理。制定这些措施的目的是：提高银行业的承受能力，缓解金融和经济冲击所产生的压力，加强风险管理和治理，提高银行的透明度和信息披露。

(1)《巴塞尔协议Ⅲ》对资本充足率的要求进行了修订。

根据巴塞尔委员会此次会议达成的协议，最低普通股要求，即弥补资产损失的最终资本要求，将由现行的2%严格调整到4.5%，这一调整分阶段实施，到2015年1月1日结束。同一时期，一级资本（包括普通股和其他建立在更严格标准之上的合格金融工具）要求由4%调整到6%，在最低监管要求之上的留存超额资本应达到2.5%，以满足扣除资本扣减项后的普通股要求。

(2)《巴塞尔协议Ⅲ》设置过渡期。

巴塞尔委员会各成员执行新的资本监管要求。从2013年1月1日开始，各成员必须在执行之前将关于资本新的要求以法律法规的形式确立。自2013年1月1日起，银行应符合以下新的相对于风险加权资产（RWAs）的最低资本要求：普通股/风险加权资产≥3.5%；一级资本/风险加权资产≥4.5%；总资本/风险加权资产≥8.0%。

最低普通股和一级资本要求在2013年1月至2015年1月逐步实施。到2013年1月1日，最低普通股要求由2%提高到3.5%，一级资本由4%提高到4.5%。到2014年1月1日，银行必须达到普通股4%和一级资本5.5%的最低要求。到2015年1月1日，银行必须达到普通股4.5%和一级资本6%的最低要求。

热点聚焦 2-1

美国《巴塞尔协议Ⅲ》"终局"规则将落地

2023年7月，美国《巴塞尔协议Ⅲ》"终局"规则征求公众意见，一个更高、更广、更强的资本监管要求将于2025年7月正式实施。美国监管当局认为"终局"规则将有助于增强银行的韧性和稳定性，从而更好地发挥逆周期作用，服务美国经济。

《巴塞尔协议Ⅲ》"终局"规则在2024年1月16日征求公众意见截止后将落地，其对资本要求的提升表现为三个方面：

第一，更高的资本要求。据监管机构测算，资产规模不小于1 000亿美元的银行普通一级资本要求提高16%，其中规模最大的8家银行需要将资本金提高19%左右。美国联邦存款保险公司（FDIC）主席格伦贝格表示大多数银行大约用2年时间可以补足资本金缺口。摩根士丹利的研究报告则显示部分银行需要4年才能以留存收益补足资本。

第二，更广的监管范围。从监管对象来看，将监管门槛从2 500亿美元降至1 000亿美元，表明与硅谷银行、签名银行等规模相当的区域性银行将被纳入监管。从监管内容来看，围绕风险加权资产的计算，将涉及信用风险、操作风险、市场风险和金融衍生品风险等更多的风险因素纳入资本对象。拟议的措施还包括对具有全球系统重要性银行的附加费进行调整等。

第三，更强的监管要求。在信用风险方面，引入标准化的计算方法代替复杂的、不能进行横向比较的内部模型，以提高风险披露的透明度和可比性。在市场风险方面，通过对最后一轮交易账簿的基本面审查，建议采用预期损失（ES）方法替代风险价值（VaR）方法，以恰当反映市场波动尾部风险。在操作风险方面，考虑运营风险，例如勒索软件攻击等新的网络安全问题。在金融衍生品方面，则引入信用估值调整方法，将交易对手风险纳入金融衍生品风险考量范围。

资料来源：佚名.美国《巴塞尔协议Ⅲ》"终局"规则将落地[EB/OL].[2024-01-10]. https://finance.sina.cn/2024-01-10/detail-inaazexe4398161.d.html.

知识链接 2-3　中国版《巴塞尔协议Ⅲ》落地，对商业银行进行差异化资本监管

国家金融监督管理总局发布《商业银行资本管理办法》（以下简称《办法》），于2024年1月1日起正式实施。

《办法》由正文和25个附件组成，约35万字，其立足于我国商业银行实际情况，参考了国际监管改革最新成果，全面完善了资本监管制度。

根据《办法》，商业银行应符合《办法》规定的资本监管要求。系统重要性银行应同时符合相关办法规定的附加资本监管要求。

构建差异化资本监管体系，将商业银行分为三档

《办法》构建了差异化资本监管体系，按照银行规模和业务复杂程度，将其划分为三个档次，以匹配不同的资本监管方案。

其中，第一档是规模较大或跨境业务较多的银行，对标资本监管国际规则，应符合以下任一条件：

1.并表口径调整后表内外资产余额5 000亿元人民币（含）以上。

2.境外债权债务余额300亿元人民币（含）以上且占并表口径调整后表内外资产余额的10%（含）以上。

第二档是规模较小、跨境业务较少的银行，实施相对简化的监管规则，应符合以下任一条件：

1.并表口径调整后表内外资产余额100亿元人民币（含）以上，且不符合第一档商业银行条件。

2.并表口径调整后表内外资产余额小于100亿元人民币但境外债权债务余额大于0。

第三档主要是规模更小且无跨境业务的银行，以进一步简化资本计量要求，引导其聚焦县域和小微金融服务。这一档银行是指并表口径调整后表内外资产余额小于100亿元人民币且境外债权债务余额为0的商业银行。

《办法》明确，国家金融监督管理总局有权根据银行业整体情况适时调整上述机构档次划分标准。国家金融监督管理总局及其派出机构有权根据单家银行经营管理和风险水平等情况，结合监管判断调整其所属的机构档次。

遵照匹配性原则，《办法》建立了覆盖各类风险信息的差异化信息披露体系，不同档次的银行适用不同的信披要求。

差异化资本监管不降低资本要求

《办法》指出，资本充足率监管要求包括最低资本要求、储备资本和逆周期资本要求、系统重要性银行附加资本要求以及第二支柱资本要求。

商业银行各级资本充足率不得低于如下最低要求：

（一）核心一级资本充足率不得低于5%。

（二）一级资本充足率不得低于6%。

（三）资本充足率不得低于8%。

《办法》要求，商业银行应在最低资本要求的基础上计提储备资本。储备资本要求为风险加权资产的2.5%，由核心一级资本来满足。商业银行还应在最低资本要求和储备资本要求之上计提逆周期资本。此外，系统重要性银行还应计提附加资本。

除上述资本充足率监管要求外，商业银行的杠杆率不得低于4%。系统重要性银行在满足上述最低杠杆率要求的基础上，还应满足附加杠杆率要求。

差异化资本监管不降低资本要求，对于第三档银行，附件23明确，第三档商业银行不计算一级资本充足率，但应满足：核心一级资本充足率不得低于7.5%，资本充足率不得低于8.5%。这也使得小银行的资本补充压力一定程度上得到缓解。

资料来源：佚名.中国版巴塞尔协议Ⅲ落地，对商业银行进行差异化资本监管［EB/OL］.［2023-11-01］. https：//www. sohu. com/a/732993036_260616? scm=1102. xchannel：325：100002.0.6.0.经过删减。

2.4 商业银行资本的管理

2.4.1 商业银行内源资本的管理

商业银行资本的内部筹集一般采取增加各种准备金和收益留存等方法。

1）增加各种准备金

按照《巴塞尔协议》的规定，商业银行按财务的规定提留的各项准备金是附属资本的重要组成部分，通常包括资本准备金、贷款损失准备金和投资损失准备金。资本准备金是银行为了应付资本的减少而保持的储备。当发生损失时，商业银行可用它来进行补偿。贷款损失准备金和投资损失准备金都是银行为应付贷款的呆账、坏账、投资损失而保持的储备。

以上几项准备金都是商业银行为了应对意外事件按照一定的比例从税前利润中提取出来的。它保留在银行账户上作为对银行资本的补充，在一定程度上起着与股本资本相同的作用。作为附属资本的重要来源，准备金具备免税和低成本的双重好处，是西方国家商业银行乐于采取的补充措施。

由于准备金多是为防备未来可能出现的亏损而设立的，稳定性较差，金融管理当局对此一般会有所限制。如《巴塞尔协议》对普通准备金和呆账准备金占风险资本的比例，规定最多不超过1.25%，在特别和暂时情况下可达到2%。

2）收益留存

收益留存，即从商业银行内部进行资本积累。商业银行的税后利润在支付优先股股息后，便在留存盈余和普通股之间进行分配。这样，留存盈余与股东股息就有一种相互制约、互相影响的关系。在税后利润一定的情况下，保留多少盈余实际上是商业银行分红政策的选择问题。银行在股利分配中常常采用以下两种政策：

（1）剩余股利政策。

这是指在有好的投资机会时，根据一定的目标资本结构，测算出投资所需的权益资本，先从盈余中留用，然后将剩余的盈余作为股利分配。这种股利政策可以形成较为理想的资本结构，可使综合成本降到最低。在完全市场条件下，股东对股利和资本收益并无偏好，只要投资收益率高于股票的市场必要报酬率，保持目标资本结构下的投资所需，就可以提高商业银行的价值。

（2）固定股利支付率政策。

这是指商业银行制定一个股利占盈余的比例，并长期按此比例支付股利。它随着商业银行经营状况的变化而变化，也有利于商业银行的经营管理者对股本的需要量进行预测。

商业银行资本内部筹集的优点在于：第一，不必依靠公开市场筹集资金，可免去发行成本，因而总成本较低；第二，不会使股东控制权削弱，避免了股东所有权的稀释和所持有股票的每股收益的稀释。

商业银行资本内部筹集的缺点在于：其筹集资本的数量在很大程度上受商业银行本

身的限制。第一，政府当局对银行适度资本规模的限制。当资本比率要求降低时，可以用较少的未分配利润支持更多的资产增长；相反，当资本比率要求提高时，同样的未分配利润规模只能支持较小的资产增长。第二，商业银行所能获得的净利润规模的限制。当商业银行的盈利水平提高时，可以提留的未分配利润就会相应增加，从而支持更高的资产增长速度。第三，受到商业银行股利分配政策的影响。近年来，商业银行收益下降，商业银行为了稳定股东的投资，开始提高股利分配比例，这样做的结果是商业银行依赖内部融资的可能性变得越来越小。

2.4.2 商业银行外源资本的管理

商业银行资本的外部筹集可采用发行普通股、发行优先股、发行资本票据和债券等办法。

1）发行普通股

普通股是商业银行资本的基本形式，它是一种主权证明，这种权利主要体现在以下三个方面：一是普通股股东对商业银行拥有经营决策权。股东可以参加股东大会，对商业银行的各项决策有投票权，有选举董事会成员的选举权。二是普通股股东对商业银行的利润和资产有分享权。股东有权分配或处置商业银行的税后利润，在商业银行破产清算时，对其收入和资产还可享有最后一位的要求权。三是普通股股东在商业银行增发普通股时，享有新股认购权。其可以维护股东已有的权利。商业银行在刚组建时，往往通过发行普通股筹集资金，当资本不足时，也可以向社会公众增发股票。

以普通股筹集资本的优点主要有：第一，由于普通股的收益随商业银行经营状况而变，而不是事先规定的，因此有较大的灵活性。第二，由于普通股股本是不需要偿还的，是商业银行可以长期使用的资金，因此这种资金的稳定性，要比通过其他渠道筹集的资金高得多。第三，对股东来讲，拥有普通股既可以控制商业银行，又可以参与分红，而且在通货膨胀期间投资不易贬值，这对投资者会产生吸引力，从而有利于商业银行筹集资本。

商业银行通过发行普通股筹资有以下缺点：第一，发行成本高。世界各国普通股的发行都受到有关当局较严格的限制，需要履行的手续很多，因而提高了发行成本。第二，会削弱原股东对商业银行的控制权。因为普通股数量增加了，原股东的相对份额会下降。第三，会影响股票的收益。因为增加的资本不会迅速带来收益，但股票数量却是迅速增加的，因此单位股票的收益在短期内会下降。第四，如果市场利率比较低，通过债务方式进行融资的成本较低，此时，发行新股会降低商业银行的预期收益，这样将使普通股股东的收益降低。

2）发行优先股

优先股是指在收益和剩余财产分配上优先于普通股的股票。优先股股东一般可以按事先约定的条件取得固定利率的股息，但优先股股东没有投票决策权和选举权。优先股可分为永久不偿还优先股和有期限优先股、可积累股息优先股和不积累股息优先股、可转换优先股和不可转换优先股。

商业银行以优先股形式筹集资本，有以下优点：第一，不削弱普通股股东的控制权。第二，由于只按固定的比率向优先股股东支付股息，商业银行不必向其支付红利，因此优先股的融资成本是事先确定的。第三，在一般情况下，商业银行运用资金获利的利率要高于优先股的股息率，因此发行优先股会给商业银行带来更多的利润，商业银行财务杠杆的效力会得到增强。

商业银行以优先股形式筹集资本有以下缺点：第一，较一般负债成本高。第二，没有税收的优惠。

3）发行资本票据和债券

债务资本是20世纪70年代起被西方发达国家的银行广泛使用的一种外源资本。这种债务资本所有者的求偿权排在各类银行存款所有者之后，并且其原始期限较长。债务资本通常有资本票据和债券两类。

资本票据是一种以固定利率计息的小面额证券，该证券的期限为7~15年，它可以在金融市场上出售，也可向商业银行的客户推销。债券的形式较多，通常而言，商业银行债券性资本包括可转换后期偿付债券、浮动利率后期偿付债券、选择性利率后期偿付债券等。

发行资本票据和债券筹资的优点在于：第一，由于债务的利息可以从银行税前收益中支出，而不必缴纳所得税，因此尽管长期债务的利息看上去比发行股票的成本高，但考虑税收因素后，长期债务反而成本更低。第二，在通过投资银行发行股票或债券时，通常发行股票的成本要比发行债券的成本高一些。第三，虽然在西方的商业银行管理中，一般存款要缴存一定比率的准备金，但商业银行通过发行资本票据和债券吸收到的资金，不必缴存准备金，这实际上增加了商业银行可以运用的资金量，也就降低了商业银行的融资成本。第四，发行资本票据和债券可以强化财务杠杆效应。如果一家商业银行能够按低于投资收益率的利率借入资金，则可以提高股票的盈利水平。

发行资本票据和债券筹集资本，也有其缺点：第一，债务资本不是永久性资本，它有一定的期限，因此在债务资本将要到期时，必然要影响商业银行对这一资本的利用效率。第二，债务资本不同于股东权益，它增强公众信心的能力不如权益资本，抵御风险的能力自然也不如权益资本，因此在商业银行资本的计量中，核心资本自然不包括资本票据和债券。

2.4.3　我国商业银行资本管理

1）中国商业银行资本管理的历史与现状

（1）金融体制改革前我国商业银行资本的构成。

在“统收统支、统存统贷”体制下，我国专业银行的资本主要靠财政拨付。随着经济金融体制改革的推进，专业银行向商业银行转轨，商业银行资本的构成内容发生了很大变化。其不仅包括财政拨付的信贷基金，而且包括专业银行自身积累基金、待分配盈余、贷款损失准备金和股份资金。

①信贷基金。

信贷基金是指由国家财政通过拨给方式而投入专业银行的贷款基金。信贷基金按来源不同，分为中央和地方两种信贷基金。中央信贷基金是由中央财政通过中国人民银行总行划给专业银行总行的自有资金，专业银行总行按年度内计划贷款总额或上年年末贷款余额确定分配比例逐级向下级行转拨。地方信贷基金是由地方财政通过中国人民银行省分行拨给专业银行省分行的自有资金。1983年7月，国有企业的流动资金由银行统一管理后，国家财政一般不再向银行增拨信贷基金。

②专业银行自身积累基金。

专业银行自身积累基金包括三部分：第一部分是在统收统支的管理体制下，基层银行盈利逐级上缴总行，总行再按一定比例上缴国家财政，剩余部分除了用来扩大营业用房、更新机器设备外，按规定比例提留用来补充信贷基金，逐年下拨，成为自有资金的一个重要来源；第二部分是银行从当年实现利润中按核定的留存比例提取一部分用来补充信贷基金；第三部分是银行固定资产折旧基金，包括固定资产折旧、固定资产变价收入和固定资产报废残值收入。

③待分配盈余。

待分配盈余是专业银行利润的形成与分配之间因时间差而形成的余额，可视为专业银行自有资金的一部分。

④贷款损失准备金。

贷款损失准备金是各级银行为了及时弥补发生贷款呆账的损失，稳定银行营运，于年末根据贷款余额按规定比例提取的准备金。

⑤股份资金。

股份资金是股份制和集体性质银行向公众筹集资金的重要渠道。

（2）金融体制改革后商业银行资本的构成和管理。

1997年，中国人民银行根据《巴塞尔协议》的要求，结合我国商业银行体系的基本情况，把我国商业银行的资本划分为核心资本和附属资本两部分，其内容包括：①核心资本，包括实收资本、资本公积、盈余公积、未分配利润。②附属资本，包括贷款呆账准备金、坏账准备金、投资风险准备金、5年（包括5年）以上的长期债券。③应从资本总额中扣除的项目，包括在其他银行资本中的投资、已在非银行金融机构资本中的投资、已对工商企业的参股投资、已对非自用不动产的投资、呆账损失尚未冲减的部分。

1995年，我国的《商业银行法》根据《巴塞尔协议》的内容，并结合我国的具体国情，规定了商业银行最低资本充足率必须达到8%。1994年的《商业银行资产负债比例管理暂行监控指标》对资本定义、风险资产、风险权重、表外业务、资本充足率（最低值）等进一步加以明确。同时在金融运行过程中，监管者还采用现场检查和非现场监督对商业银行的风险状况进行监管，若发现问题，及时督促商业银行采取措施，或降低风险，或增加资本。这一时期我国对商业银行的监管一直由中国人民银行负责。

2）我国监管当局对商业银行资本管理的现行规定

2003年4月28日成立的中国银行业监督管理委员会（以下简称“银监会”）正式行使其监管职能。银监会专门分设监管一部、监管二部和监管三部来对工、农、中、建、交五大商业银行，股份制商业银行和外资商业银行进行监管。2003年6月，银监会在其官方网站全文发布了《巴塞尔新资本协议》（第三稿），以引导我国商业银行进行有效的风险管理。为强化资本监管的有效性，缩小我国资本监管制度与国际标准的差距，进一步落实《中华人民共和国银行业监督管理法》，提高银行体系的稳健性，保护存款人利益，银监会于2006年初颁布了《商业银行资本充足率管理办法》（以下简称《办法》），首次建立中国银行业统一的资本约束机制，此办法在2007年修改后沿用至2012年底。

2012年6月7日，银监会正式颁布《商业银行资本管理办法（试行）》，该办法通过全面提高资本管理的有效性、全面性、准确性和均衡性，进一步强化资本对商业银行业务发展的约束。由于综合了巴塞尔委员会颁布的《巴塞尔协议Ⅱ》和《巴塞尔协议Ⅲ》的内容，其内容较为庞杂，主要内容有：

（1）资本构成。

商业银行的资本包括核心一级资本、其他一级资本和二级资本。其中，核心一级资本包括实收资本或普通股、资本公积、盈余公积、一般风险准备、未分配利润、少数股东资本可计入部分；其他一级资本包括其他一级资本工具及其溢价和少数股东资本可计入部分；二级资本包括二级资本工具及其溢价和超额贷款损失准备。另外，还规定了资本的扣除项。

（2）风险加权资产计算。

商业银行可以采用权重法或内部评级法计量信用风险加权资产。商业银行采用内部评级法计量信用风险加权资产的，应当符合本办法的规定，并经银监会核准。对于内部评级法未覆盖的信用风险暴露，应采用权重法计量信用风险加权资产。

未经银监会核准，商业银行不得变更信用风险加权资产计量方法。

商业银行申请采用内部评级法计量信用风险加权资产的，提交申请时内部评级法资产覆盖率应不低于50%，并在3年内达到80%。内部评级法资产覆盖率公式如下：

$$\text{内部评级法资产覆盖率}=\frac{\text{按内部评级法计量的风险加权资产}}{1}\div\left(\text{按内部评级法计量的风险加权资产}+\text{按权重法计量的内部评级法未覆盖信用风险暴露的风险加权资产}\right)\times 100\%$$

风险加权资产由信用、市场、操作风险三大类加权资产构成，其中信用风险加权资产可采用权重法、初级内部评级法、高级内部评级法三种方法计算，市场风险加权资产可采用标准计量法、内部模型计量法两种方法计算，操作风险加权资产可采用基本指标法、标准计量法和高级计量法三种方法计算。该办法通过一系列附件规定了商业银行采用内部评级法、内部模型计量法和高级计量法所需具备的条件。

（3）资本充足率标准。

新办法参考《巴塞尔协议Ⅲ》，将资本监管要求分为四个层次：第一层次为最低资本要求，核心一级资本充足率、一级资本充足率和资本充足率分别为5%、6%和8%；第二层次为储备资本要求和逆周期资本要求，储备资本要求为2.5%，逆周期资本要求为0%～2.5%；第三层次为系统重要性银行附加资本要求，为1%；第四层次为第二支柱资本要求。新办法实施后，正常时期系统重要性银行和非系统重要性银行的资本充足率分别不得低于11.5%和10.5%。

目前的资本充足率监管要求为大型银行11.5%、中小银行10%，这意味着对可能被归为非系统重要性银行的中小银行来说，资本充足率要求将提高0.5个百分点。

我国最新的资本管理办法在《巴塞尔协议Ⅱ》框架的基础上，借鉴了《巴塞尔协议Ⅲ》改革的内容，在微观审慎方面，通过增强资本质量、提高最低资本要求、引入非风险杠杆率、制定最低流动性标准等措施，提高单个银行在市场波动时期的恢复能力；在宏观审慎方面，通过引入资本留存缓释和逆周期缓释，提高整个银行业在危机中的恢复能力，弱化周期性带来的影响，并结合了我国的国情。在资本充足标准方面，考虑到我国商业银行资本构成中绝大部分是核心资本，将核心一级资本充足率要求确定为5%，略高于4.5%的国际最低标准。

在合格资本标准方面，鉴于目前国内银行贷款损失准备金较高，允许银行在3年并行期内将高于150%拨备覆盖率的超额贷款损失准备全部计入二级资本，而《巴塞尔协议Ⅱ》给出了0.6%的上限。在资本计量方面，为鼓励商业银行发展小微企业贷款，对符合条件的小微企业贷款，权重法下风险权重由100%下调至75%，内部评级法下允许采用其他零售贷款风险权重公式计算；为控制金融机构的系统性风险，对于金融机构债权，内部评级法下相关性系数在《巴塞尔协议Ⅱ》公式的基础上乘以1.25，资本要求相应上升。

新资本管理办法虽然未导致银行产生大规模的融资需求，但是强化了商业银行的资本约束，对商业银行资本管理的要求有所提高。

知识链接 2-4　　次级债务

银监会于2003年底发出《关于将次级定期债务计入附属资本的通知》(以下简称《通知》)，决定增补中国商业银行的资本构成，将符合规定条件的次级定期债务计入银行附属资本，以增加资本实力，缓解中国商业银行资本先天不足、资本补充渠道单一的状况。《通知》适用于各国有独资商业银行、股份制商业银行和城市商业银行，其主要内容如下：

(1) 次级债务的定义。

次级债务是指固定期限不低于5年（包括5年），除非银行倒闭或清算，不用于弥补银行日常经营损失，且该项债务的索偿权排在存款和其他负债之后的商业银行长期债务。

(2) 次级债务计入资本的条件。

其包括：不得由银行或第三方提供担保；不得超过商业银行核心资本的50%。商业银行应在次级定期债务到期前的5年内，将其按以下比例折算计入资产负债表中的“次级定期债务”项下：剩余期限在4年（含4年）以上的，为100%；剩余期限在3（含3年）~4年的，为80%；剩余期限在2（含2年）~3年的，为60%；剩余期限在1（含1年）~2年的，为40%；剩余期限在1年以内的，为20%。

(3) 发行的程序。

商业银行可根据自身情况，决定是否发行次级定期债务作为附属资本。商业银行发行次级定期债务，须向银监会提出申请，提交可行性分析报告、招募说明书、协议文本等规定资料。

(4) 募集方式：由银行向目标债权人定向募集。

3）我国商业银行资本管理存在的问题及对策

在全面借鉴和吸收《巴塞尔协议Ⅲ》核心思想的基础上，我国制定并颁布了《商业银行资本充足率管理办法》，标志着我国商业银行的监管已基本采用国际通用准则。依据规定，资本充足率不得低于8%，其中核心资本充足率不得低于4%，且附属资本不得超过核心资本的100%，长期次级债务（计入附属资本）不得超过核心资本的50%，并在资本充足率测算规定的基础上，详细规定了资产损失准备充分计提、各类资产的风险权重、市场风险资产等细节处理，资本充足率的监督检查措施及资本充足率披露的具体内容。

（1）我国商业银行资本管理存在的问题。

我国商业银行的资本充足率管理水平虽然在不断提高，但还存在许多问题，具体来说包括：

第一，资本充足率水平总体有所提高，但资本缺口依然较大。1998年，财政部为补充资本定向发行2 700亿元人民币特别国债，拉开了国有商业银行资本充足率管理的序幕。之后，又通过剥离不良贷款、注资等方式来提高商业银行的资本实力。2006年，《商业银行资本充足率管理办法》正式发布，意味着我国商业银行资本监管日趋科学化、合理化。此后，引进战略投资者、公开上市成为我国商业银行补充资本的重要途径。到2007年底，中国银行业金融机构整体加权平均资本充足率首次达到国际监管水平，为8.4%。十多年来，资本充足率水平进一步上升。截至2020年9月末，我国上市的36家银行中资本充足率较高的为17.91%。除此之外，国有银行的资本充足率整体较高，其中建设银行、农业银行和工商银行均超16%。

第二，单一资本来源状况得到改善，但资本结构依然不均衡。《巴塞尔协议》规定，商业银行资本由核心资本和附属资本两部分构成。在国际大银行的资本结构中，平均60%为普通股股本，25%为次级债券，其他形式的资本合计约占15%。我国商业银行资本充足水平总体良好。从构成来看，大多数银行资本以核心一级资本为主，少数上市银行补充一些其他一级资本（主要以优先股为主），而绝大部分的中小银行都没有其他一级资本。因此，对于绝大多数银行来说，核心一级资本充足率和一级资本充足率差异非常小，而银行一级资本充足率和资本充足率之间有较大的差异。数据显示，截至2018年三季度末，商业银行一级资本充足率、核心一级资本充足率分别达到13.81%、11.33%，均符合监管要求。

第三，引进了先进的风险管理方法，实施《巴塞尔新资本协议》的条件依然不足。《巴塞尔新资本协议》对资本充足率进行了两项重大创新：一是在第一支柱资本充足率的计算公式中全面反映了信用风险、市场风险、操作风险的资本要求。二是引入了计量信用风险的内部评级法。我国商业银行以实施《巴塞尔新资本协议》为契机，借鉴国际先进风险管理理念和方法，引进了内部评级法、压力测试、市场风险内部模型法、操作风险计量模型等先进风险管理方法，有效地提高了风险管理水平。

尽管如此，目前我国商业银行尚不具备实施新资本协议的条件。一方面，操作风险的资本配置需求不能满足；另一方面，在数据整理、IT系统建设、人员培训等方面，没有相应的基础条件和管理水平，不具备实施内部评级法的条件。国内各商业银行的管理水平参差不齐，许多商业银行的贷款评级体系仅是套用了监管当局规定的贷款五级分类，或者是在此基础上简单做了一些细化，这样的评级体系远不能用来评估违约概率和违约损失率，对信用风险量化的精确度和准确性远不能达到新资本协议规定的标准，要实施新资本协议，难度较大。

（2）解决商业银行资本问题的途径。

第一，提高银行盈利水平，扩大资本规模。银行资本从来源上，可划分为拨入资本和自筹资本两类。自筹资本又分为外部自筹和内部自筹两种，而内源资本主要通过税后盈利和计提各种拨备来获得。因而，商业银行要不断拓宽业务范围，丰富盈利渠道，实现有效积累，提高核心资本份额；大力发展中间业务，提高盈利能力；调整业务结构，降低银行资本消耗，增强盈利能力，形成较多的利润，就可以有更多的利润来补充银行资本，同时由于回报率高，也更有利于外部资本的补充。

第二，完善我国银行的资本增补机制，保持核心资本与附属资本的合理比例。在附属资本中，发行长期次级债券以及诸如可转换债券之类的混合资本工具更具有优势和现实性。按照《巴塞尔协议》的规定，长期次级债券可视作商业银行的附属资本。商业银行通过发行长期次级债券补充资本，不仅可以改善资本的不足状况，而且可以提高商业银行抵抗风险的自觉性和能力。

2003年12月，银监会出台《关于将次级定期债务计入附属资本的通知》，无疑给商业银行扩充资本，提高资本充足率提供了机会。2019年11月29日，中国银保监会对《关于商业银行资本工具创新的指导意见》（银监发〔2012〕56号）进行了修订，并正式发布实施《关于商业银行资本工具创新的指导意见（修订）》（以下简称《指导意见》）。《指导意见》内容优化了商业银行资本工具损失吸收机制，有利于资本工具发行和创新，进一步推动了资本工具市场化定价，支持商业银行持续补充资本，增强风险抵御能力，以更好地服务我国实体经济。

第三，有效控制风险资产增长。利息净收入长期以来都是银行高额利润的大头。2019年，37家上市银行实现净利润1.53万亿元，同比增长6.68%。上市银行2019年的各类收入稳步增长，利息净收入仍是占比最高的部分。基于我国商业银行目前利润仍来自存贷利差，商业银行不会减少信贷，而如果信贷过分扩张，就会拖累资本充足率，增加资本的压力，所以要在扩张信贷的同时，注意风险控制。

一方面，要调整风险资产的结构，增加风险权重较低的资产业务，减少风险权重高的资产业务，如扩大股票、债券、同业拆借等风险权数小的资产比重，缩小信贷比重，增加抵押担保贷款比重。另一方面，要加大不良资产的处置力度，通过经济和法律手段，加快对坏账呆账的核销。同时，有必要进行深层次改革，加强对信贷行为的监管，加强内部管理和内部控制，力求从根本上遏制不良贷款的形成，防止新的坏账、呆账发生。

第四，对于中小商业银行而言，到资本市场融资是资本迅速扩张的途径。在经济发达的国家和地区，商业银行上市是极为普遍的现象，是进行融资的基本途径。在纽约证券交易所约有900家上市银行，占上市公司总数的30%，在NASDAQ市场上市的银行也有900多家，占上市公司总数的19%，东京证券交易所有160多家上市银行，中国香港也有40多家。中国证券市场有近40年的发展历史，近十年上市商业银行就新增几十家。长期来看，上市筹资可壮大实力、提高资本充足率，其显然是商业银行的必然选择，可以促使商业银行资本“公众化”。

情境模拟 2-1

场景：

作为某商业银行的一名工作人员，你正在自检所在行的资本充足率是否符合《巴塞尔协议》的相关要求。资产负债表相关资料如下：

资本总额为150万元人民币，总资产为1 800万元人民币，该行资产负债表表内项目、表外项目及对应的风险权数分别见表2-6和表2-7。

表2-6 某商业银行资产负债表表内项目及对应的风险权数 金额单位：万元

项　目	金　额	对应的风险权数（%）
现金	80	0
短期政府债券	330	0
国内银行存款	100	20
家庭住宅抵押贷款	90	50
企业贷款	1 200	100
合　计	1 800	

表2-7 某商业银行资产负债表表外项目及转换系数、对应的风险权数 金额单位：万元

项　目	金额	转换系数（%）	对应的风险权数（%）
用于支持政府发行债券的备用信用证	200	100	20
对企业的长期信贷承诺	250	50	100
表外项目合计	450		

通过上述资料，请判断该商业银行的资本充足率是否符合《巴塞尔协议》的规定。

操作：

第一步，求出该商业银行的表内风险权重资产。

表内风险权重资产=80×0+330×0+100×20%+90×50%+1 200×100%=1 265（万元）

第二步，求出该商业银行的表外风险权重资产。

表外风险权重资产=200×100%×20%+250×50%×100%=165（万元）

第三步，求出该商业银行的风险资产总额。

风险资产总额=表内风险权重资产+表外风险权重资产=1 265+165=1 430（万元）

第四步，求出该商业银行的资本充足率。

资本充足率=资本总额÷风险资产总额×100%=150÷1 430×100%=10.5%

因为10.5%>8%，可见该商业银行满足资本充足率要求，符合《巴塞尔协议》的规定。

知识掌握

2.1 简述商业银行资本的功能和构成。

2.2 《巴塞尔协议》对银行的资本充足性管理作了哪些规定?

2.3 简述商业银行资本充足度的含义与测定方法。

2.4 我国商业银行现阶段资本充足状况如何?

2.5 新资本协议中的三大支柱包括哪些内容?

2.6 简述《巴塞尔协议Ⅲ》的内容，并分析其对我国银行业的影响。

知识应用

□ 案例分析

近 5 700 亿元永续债面临赎回，商业银行将迎资本“大考”

日前，中国债券信息网发布公告，2024 年，将有中国银行、民生银行、工商银行、农业银行等 15 家商业银行面临无固定期限资本债券（下称“永续债”）赎回，合计规模近 5700 亿元。这也是商业银行自 2019 年发行永续债以来，首度赎回该类债券。作为国内首家发行永续债的商业银行，中国银行已发布相关公告，将于 1 月 29 日全额赎回 400 亿元永续债。

业内人士认为，除了面对“二永债”（二级资本债及永续债的统称）的赎回压力外，2024 年商业银行还将面临资本新规的考验。资本补充需求或进一步上升，预计“二永债”总发行量或将超 1.7 万亿元。

资料来源：石诗语．近 5 700 亿元永续债面临赎回，商业银行将迎资本“大考”［EB/OL］．［2024-01-04］．https：//cj.sina.com.cn/articles/view/5044281310/12ca99fde020022vlh.

问题：

（1）案例中提到的“永续债”与银行资本金有着怎样的关系?

（2）《巴塞尔协议 Ⅲ》对资本充足要求的标准是什么?

分析提示：一是参照相关资本金管理方法；二是说明《巴塞尔协议Ⅲ》对资本范围的确定和对资本充足率的规定。

□ 实践训练

《巴塞尔协议》为我们判定银行是否稳健经营提供了一个重要的标准，但当一家银行的资本规模没有达到国际银行业的最低要求，或银行的资本规模远远高于最低标准时，是否就一定意味着其经营不稳健或非常稳健呢？下面给出 A、B 两家银行的资产负债表（见表 2-8 和表 2-9）。

表 2-8 **A银行的资产负债表** 单位：亿元

资产		负债和资本	
现金和应付款	40	活期存款	70
短期政府债券	60	储蓄存款	40
长期政府债券	60	定期存款	90
贷款	80	可转让存单	20
		资本	20
合计	240	合计	240

表 2-9 **B银行的资产负债表** 单位：亿元

资产		负债和资本	
现金和应付款	30	活期存款	170
短期政府债券	15	储蓄存款	6
长期政府债券	40	定期存款	6
贷款	155	可转让存单	28
		资本	30
合计	240	合计	240

要求：请根据对比分析回答这一问题，不少于500字。

第3章 商业银行负债的管理

学习目标

知识目标：掌握商业银行负债业务的概念、作用和构成；了解存款保险制度的内容；明确负债管理经营目标；掌握存款负债和借款负债的经营要点。

技能目标：能够根据具体商业银行的信息资料进行简单的存款负债创新；能够运用成本分析、存款定价及营销方法进行存款成本分析、定价及开展营销活动。

素质目标：通过本章的学习，重在培养学生对接岗位的资金筹措和配置能力，同时有利于学生的开拓能力和创新意识的提高。

引例

美国硅谷银行倒闭的警示

美国硅谷银行倒闭风波持续发酵，引发市场对海外中小银行风险的关注。

东方金诚研究发展部分析师白雪在接受《中国经济时报》采访时称，硅谷银行问题很典型，是资产负债表错配造成的。由于该银行具有独特的商业模式，储户主要集中在对利率敏感的科技初创行业，由此负债端吸收了大量短期限的低息活期存款，资产端却配置了大量的长久期持有到期、以市值计价的国债和MBS。美联储激进加息下，期限利差严重倒挂放大了错配风险，硅谷银行同时面临负债端成本急剧上升和资产端净值折损的双重压力。而储户在行业下行周期集中提取存款形成挤兑压力，硅谷银行被迫出售国债资产以应对提款需求，账面浮亏转为实质性巨额亏损，引爆流动性危机。

上海交通大学上海高级金融学院实践教授胡捷在接受《中国经济时报》采访时表示，硅谷银行倒闭的风险主要源于存款大幅下降，每月下降5%左右，数月后应对导致出现更多问题。“对于储户存款存在的波动性，银行要深入研究分析，相关应对措施必须跟上。否则，潜在问题就可能变成现实问题，小问题就可能变成大问题。”他说。

胡捷称，银行要把储户存款波动性分析好、监控好、管理好。首先，需要仔细梳理储户的分散度，看会不会“同起同落”，能在多大程度上抵消波动。其次，针对存款波动性进行衡量与估测后，要有应对措施，准备足够的现金或高流动性的低风险资产应对需求。

“硅谷银行倒闭事件带来的警示在于，银行要加强存款管理并应用好与存款管理相配套的对冲工具。”胡捷说，硅谷银行的问题主要出在购买国债后遭遇利率风险。国债本身没有违约风险与流动性风险，但存在利率波动的风险。当市场利率升高后，债券类资产贬值，卖出的话就会使浮亏变成实亏。美国市场上有很多对冲工具可应对利率风险，只是有一定成本。硅谷银行低估了利率风险，最后出现重大问题。国内银行也存在利率风险，可以通过国债期货等对冲利率风险。

兴业研究公司金融监管高级分析师陈昊在接受《中国经济时报》采访时表示，中小银行在经营过程中，一是应当做好资产负债表的匹配，防范潜在流动性风险。无论硅谷银行还是签名银行（Signature Bank），其发生风险最重要的原因在于资产负债表错配。在吸收大量不稳定存款的同时，配置了大量流动性较差或久期较长的资产。

二是避免出现存款端“垒大户”现象。一方面，负债端存在个体企业或者特定行业相对集中的特点，可能导致在企业或行业情况不好时负债端的不稳定。硅谷银行对科创行业和签名银行对加密货币行业的依赖性较强，是负债端快速流失的原因。另一方面，大客户对于风险和利率的敏感性较强，稳定性较差，过度依赖大客户的存款将加剧市场紧张情况下的负债不稳定。

三是应关注持有至到期项目的浮亏，当遭遇流动性危机时，这部分浮亏可能变成实际的损益，从而影响银行的利润和资本。

四是做好风险对冲。在利率、汇率市场化和信用风险逐步暴露的当下，银行应关注这些头寸的敞口，并积极利用各类衍生工具进行对冲，防范市场发生大幅波动时产生不可预期的长尾风险和损失。

硅谷银行倒闭风波值得银行监管层面重视。陈昊认为，有必要更加关注银行账户利率风险监测和管理。硅谷银行所持有的债券，由于有不少被计入持有至到期项目，因此利率上升所造成的浮亏被掩盖。由此不难发现，银行账簿的资产虽然不是以交易为目的，也不需要按市价计算亏损，但市场利率变化对其造成的浮亏，也可能对银行产生潜在的风险。

资料来源：佚名.美国硅谷银行倒闭的警示［EB/OL］.［2023-03-24］. https://www.163.com/dy/article/I0J03KKD0512D71I.html.

这一案例表明：存款作为银行的主要负债，其管理问题事关银行的生死存亡。对于储户存款存在的波动性，银行要深入研究分析，相关应对措施必须跟上；否则，潜在问题就可能变成现实问题，小问题就可能变成大问题。上述案例也充分说明银行负债管理的重要性。

3.1 商业银行负债业务概述

3.1.1 商业银行负债的概念

商业银行作为一国的信用中介，其业务按资金来源和运用划分，可分为资产、负债两部分。其中，负债业务是商业银行经营活动的前提和基础，因为商业银行资金来源的90%为负债。商业银行负债是指商业银行在经营活动中产生的必须用自己的资产或提供的服务来偿还的经济义务，可简单地概括为商业银行的资金来源业务。

商业银行的负债业务有广义和狭义之分。广义的负债包括商业银行对他人和对自己的负债；狭义的负债仅指商业银行对他人的负债。

3.1.2 商业银行负债业务的必要性

商业银行的基本职能就是信用中介，商业银行的信用中介职能必须以负债业务为基础，而不能完全凭借自有资本来实现，因此商业银行负债业务的必要性体现为：

1）负债业务是商业银行开展经营活动的先决条件

商业银行作为信用中介，首先表现为通过负债使自己成为最大的债务人，再通过资金的运用使自己成为最大的债权人，因此负债业务成为商业银行开展资产业务的前提和基础。根据《巴塞尔协议》的国际标准，银行负债提供了90%以上的资金来源；银行负债规模的大小和负债结构决定了商业银行经营的规模和方向；同时，商业银行的负债性质也决定了商业银行的经营特征，可见商业银行负债业务的基础地位。

2）负债业务是商业银行生存发展的基础

从银行自身的角度看，流动性是商业银行在经营管理中必须坚持的核心原则，而银行负债是解决银行流动性的重要手段。负债业务能够保持银行对到期债务的清偿能力，也为满足合理的贷款需求提供了大量资金来源。商业银行将吸收的存款贷放给工商企业，从后者的利润中分得部分利益。这种情况下，银行要想获取社会平均利润，必须尽量扩大负债规模，使资产总额数倍于自有资本。可见，负债业务是商业银行生存发展的基础，对商业银行经营活动至关重要。

3）负债业务是银行同社会各界联系的主要渠道

商业银行作为国民经济的综合部门和资金运用的枢纽，成为社会资金的集散地，社会上所有经济单位的闲散资金和货币收支都离不开商业银行的负债业务。市场的资金流向，企业的经营活动，机关事业单位、社会团体和居民的货币收支，每时每刻都反映在银行的账面上。

从社会服务的角度看，通过负债业务，商业银行可以为社会各类经济单位办理闲置资金存款，为社会各界提供金融投资场所及相关服务，增强了货币资金保管的安全性和投资的增值性。通过在银行的存款账户办理转账结算和资金划拨，既可加速货币资金的周转速度，又可减少现金的使用，节省流通费用。因此，负债业务是商业银行进行金融服务和反映监督的主要渠道。

4）负债业务量构成了社会流通中的货币量，银行负债是保持银行流动性的手段

从货币流通的角度看，负债业务的变化，可以反映货币的流通状况。流通中货币的基本构成是现金加存款，现金是中央银行的负债，存款是商业银行的负债，存款的规模及结构的变化，直接影响着流通中货币量的变化。因此，对存款规模及其流动性的分析测量，是对通货数量和社会总需求状况进行分析的重要依据。

5）负债业务将社会闲置资金聚集成国民经济发展的雄厚资金力量

从发展经济的角度看，商业银行通过负债业务把社会各部门、各单位暂时闲置的货币资金和居民的代用货币积聚起来，使之成为支持国民经济发展的雄厚资金力量，有利于实现国民经济的良性循环和经济结构的调整。

3.1.3 商业银行负债业务的经营原则

商业银行的负债业务是一项基础性工作，必须遵循一定的原则和方针。

（1）依法筹资原则。

商业银行在筹资过程中不论采取何种筹资方式和渠道，都必须严格遵守有关的法律法规，不得进行违法筹资和违规筹资活动。

（2）成本控制原则。

商业银行在筹资活动中要采取各种方法和手段降低筹资成本，努力提高盈利水平，为取得合理的利差创造条件。

（3）适度规模原则。

商业银行在筹资活动中要根据业务发展需要，特别是资产规模扩张的要求筹措资金，避免过度负债引起支付困难。

（4）结构合理原则。

商业银行在筹资活动中，要通过保持合理的筹资结构，降低筹资成本和风险，提高负债的相对稳定性，满足商业银行资金流动性的需要。

3.2 商业银行存款负债及其管理

3.2.1 商业银行存款负债的种类

存款是商业银行最早的业务之一。存款按所有权划分，可分为私人存款、公营机构存款和银行同业存款。私人存款包括个人、私人工商业、各种私人机构所拥有的存款；公营机构存款包括政府机构和公营事业单位的存款；银行同业存款是商业银行之间和其他非银行金融机构之间的存款。商业银行存款按存款的期限和提取方式不同，可分为活期存款、定期存款和储蓄存款。

1）传统的存款业务种类

（1）活期存款。

活期存款又称为支票账户或交易账户，是指客户可以随时存取或支付他人而不需要预先通知银行的存款。其主要用于交易和支付，支用时需使用银行规定的支票。活期存款能满足存款客户存取方便、运用灵活的需要，也是客户从银行取得贷款和服务的重要条件。活期存款的流动性很大，存取频繁，手续繁杂，并且要提供许多相应的服务，支付各种费用，成本较高。虽然活期存款的经营成本较高，与商业银行的盈利性原则相矛盾，但各国商业银行仍十分重视这项业务，因为活期存款是商业银行重要的资金来源。

（2）定期存款。

所谓定期存款是银行与存款客户事先约定期限，到期取款时可以获得一定利息的存款。商业银行最短期限的定期存款从7天开始，最长可达10年以上。利率也随着期限的长短而高低不等，但总是高于活期存款利率，因而其是存款人获取利息收入重要的金融资产。对商业银行来说，定期存款也是重要的资金来源，在银行存款负债中占有相当的比重，为银行提供了稳定的资金来源，可满足长期贷款和投资的资金需要。

定期存款要凭银行签发的定期存单提取，一般要到期才能提取，银行会根据到期存单计算应付利息。但为了争取客户，吸引存款，银行执行这一制度时并不严格，在客户填写“存单期前提取书”、扣除提前日期的利息后，可以提前支付本息。

（3）储蓄存款。

储蓄存款是指商业银行为满足居民个人积蓄货币和获得利息收入的需要而开办的一种存款业务。储蓄存款的存户通常限于个人和非营利团体，近年来，也允许某些企业、公司开立储蓄账户。储蓄存款分为活期储蓄存款和定期储蓄存款两类。活期储蓄存款，存取没有期限，只凭存折即可提取。定期储蓄存款是预先约定期限，到期才能提取的存款，有整存整取、零存整取、整存零取、存本取息等多种形式。定期储蓄存款的流动性差，因而利率较高。

2）商业银行存款负债的创新

20世纪70年代以来，随着经济、金融形势的变化，传统的商业银行存款业务满足不了银行应对激烈竞争的需要，因为银行与非银行金融机构大量增加，商业银行的利润空间逐渐减少。为了获得竞争优势，西方国家的商业银行在努力寻求通过业务创新来逃避利率管制的同时，推出多种类型的存款负债新品种。

（1）可转让支付命令账户（NOW）。

它是储蓄账户的创新业务，由马萨诸塞州的储蓄贷款协会于1972年创办，是一种不使用支票的活期账户，存款人可以开出可转让支付命令向第三者进行支付，或提现，或背书转让。同时，它属于储蓄存款账户，银行可以对该类存款账户的余额支付利息。通过这一账户，商业银行既可以提供支付的便利，又能支付利息；存款客户既得到了支付上的便利，也实现了收益上的权益。因此，NOW账户的建立，有利于吸引客户，扩大银行存款规模。

（2）自动转账账户。

它是在1978年开办的，类似于NOW账户，是在电话转账服务的基础上发展起来的。电话转账是指存户在活期存款账户之外另设一个储蓄账户，存户一般先将款项存入储蓄账户，由此取得利息收入，当需要开立支票时，存户打电话通知开户银行，使其将所需款项从储蓄账户转到支票账户。

发展到自动转账服务时，存户可以同时在银行开立两个账户，即储蓄账户和活期存款账户。活期存款账户的余额始终保持为1美元，但不影响开出超过1美元的支票。银行收到存户开出的支票要求付款时，可随即将支付款项从储蓄账户转至活期存款账户，自动转账，立即支付支票款项。

开设自动转账账户时，存户要支付一定的服务费。这种账户与NOW账户及电话转账账户等都属于划转账户，须缴纳存款准备金。

（3）货币市场存款账户（MMDA）。

它是美国商业银行1982年开办的一种新型储蓄账户，储蓄银行、储蓄与贷款协会也相继开办了该账户。美国的货币市场基金组织是一种合作性质的金融机构，很发达。

客户把它们的短期闲置资金以买入股权的方式交给该基金投资运用，投资的方向可以指定，也可以不指定。投资的范围包括国库券、政府公债、地方债券以及其他容易变现的短期金融债券。当客户要求提现时，其会用出售该基金股权的方式进行，当天取款，手续简便。在正常情况下，它的年收益率要比国库券高1%~1.75%。

这种存款的性质介于储蓄存款和活期存款之间，但必须于提款前若干天通知银行，而且用支票提款每月不得超过一定数额，银行对这种货币市场存款可以免交准备金。它的具体特点如下：①存款对象不限，个人、非营利机构和工商企业都可以开户。②开户时的存款最低金额为2 500美元。③没有关于存款最高利率的限制，利率每星期调整一次，存款按复利计息。④没有存款最短期限的限制，但按银行的规定，客户取款应在7天前通知银行。⑤存款使用该账户进行收付，每月不得超过16次，其中使用支票付款的，不能超过3次。

（4）协定账户。

它是一种可在活期存款账户、可转让支付命令账户、货币市场互助基金账户三者之间进行自动转账的账户。协定账户是自动转账账户的进一步创新，该账户是银行与客户达成的一种协议，存户授权银行将款项存在活期存款账户、可转让支付命令账户或货币市场互助基金账户中的任何一个账户上。对活期存款账户或可转让支付命令账户，一般都规定一个最低余额，超过最低余额的款项由银行自动转入同一存户的货币市场互助基金账户上，以便取得较高的利息。如果不足最低余额，也可由银行自动将货币市场基金账户的款项转入活期存款账户或可转让支付命令账户，以补足最低余额。

（5）大额定期存单（CDs）。

它也是一种定期存款，但与一般的定期存款又不完全相同。一般定期存款的面额可大可小，采取记名式，在市场上不能流通转让，利率是固定的，个人存户占较大比重。大额定期存单的面额，虽能根据存款人的需要开发，但通常在次级市场上流通的最低面额为10万美元和100万美元两种。大额定期存单既可采用记名式，也可采用不记名式。存户主要是大的公司企业。

目前，市面上通用的是可转让大额定期存单。以美国为例，根据其发行机构的不同，大额定期存单可以分为4种类型：

①国内大额定期存单。

这是美国商业银行在本国发行的一种大额定期存单，具备CDs的一般特点。

②欧洲美元大额定期存单。

美国银行的国外分行，或外国银行在美国境外发行的美元面额的大额定期存单，通常称为欧洲美元大额定期存单。由于美国国内大额定期存单曾在支付利息上受到Q字条例的约束，不利于筹集更多的资金，故从1966年起，随着花旗银行伦敦分行开始发行欧洲美元大额定期存单，相应地建立了欧洲美元CDs市场。由联邦储蓄贷款保险公司承保的储蓄贷款协会也获准在美国境外发行欧洲美元CDs。

③扬基大额定期存单。

外国银行设立在美国的分行所发行的以美元为面额的大额定期存单，通常称为扬基大额定期存单，因此也称之为外国银行分行大额定期存单。此种存单的持有人在美国，发行此种存单的主要是著名的国际银行，它们在欧洲、日本遍设分行。扬基大额定期存单的存期通常为1~3个月，故买卖此类存单的市场主要为短期资金市场。外国银行的分行直接或通过经纪人将此种存单出售给大的公司企业。由于此种存单多数在美国并不出名，而且发行银行不愿让投资者摸清其资金实力，故发行银行往往通过经纪人，将此类存单销售给公司企业。

④储蓄机构大额定期存单。

这是储蓄机构发行的存期较长的一种大额定期存单。

（6）超级可转让支付命令存款账户（SNOW）。

它是由可转让支付命令账户发展而来的，又称为“优息支票账户”，经美国存款机构管制委员会批准，于1983年1月开办。这种存款不受法令的限制，但银行必须缴存该存款的12%作为准备金。因此，它的收益率比货币市场存款低1.5%~2%。

超级可转让支付命令存款账户有如下特点：①存户仅限于个人和非营利机构，工商企业不得开户。②起存金额为2 500美元，如果余额在2 500美元以下，则改按储蓄存款计息。③无最高利率的限制。银行每星期调整利率一次，每天按复利计息。④存户每月开出支付命令无限制，但银行要对处理承付的支票加收一定的费用。

（7）货币市场存单（MMC）。

1978年，市场利率上升，引起存款机构的存款资金减少。于是，金融管理当局批准发行期限为6个月的货币市场存单。它属于不可转让的定期存单。最低面额为1万美元，最初存期为26周。银行付给这些存单的最高利率，相当于6个月国库券的平均贴现率。货币市场存单不按复利计算利息。储蓄机构发行这种存单，可以阻止储蓄机构存款额的下降。

（8）股金提款单账户。

它实质上是一种支付利息的支票账户，是逃避利率管制的一种创新。建立股金提款单账户，存户可以随时开出提款单，代替支票提现或用作支付转账。在未支付或提现时，其属于储蓄账户，可以取得利息收入。需要支付或提现时，可随即开出提款单（支付命令书），通知银行付款。

3）我国银行的存款业务种类与存款账户的创新

我国现行的存款业务，可以从不同角度进行划分：

（1）按存款资金的经济性质，可以分为单位存款、个人储蓄存款和财政性存款。

财政性存款是国家财政集中起来的，聚集在银行里待分配、待使用的国民收入，包括财政部门存款（国库存款）、基本建设存款和机关团体经费存款。

（2）按存款的期限，可分为活期存款、定期存款、定活两便存款。

我国从1993年3月1日起，不论何时存入的活期储蓄存款，如遇利率调整，不分段计息，均以结息日挂牌公告的活期存款利率计息（每年6月30日为结息日，结算利息一次，并入本金起息，元以下的尾数不计利息）。未到结息日清户者，按清户日挂牌公告的活期存款利率算至清户前一天止。

（3）按存款的支取方式，可以分为支票存款、存单（折）存款、通知存款、透支存款、存贷合一账户、委托存款、专项存款和特种存款。

此外，按存款对象的不同，可分为对公存款和储蓄存款；按存款的货币形式，又可分为人民币存款和外汇存款等不同种类。

存款负债是商业银行的生命线，银行通过大力吸收存款来不断增加资金来源，满足社会生产和流通的资金需要。同时，银行作为金融产业的主体，吸收存款的范围广泛、数量巨大，为自身的资产业务提供了重要的资金来源。

存款账户的创新包括结算方式、利率和金融服务的创新。西方国家的利率市场化较早，产生了许多围绕利率而开展的存款创新品种。我国的存款创新则主要是围绕金融服务和结算方式而展开的。自20世纪90年代以来，国内银行业存款产品创新不断兴起，极大地丰富了商业银行理财服务的种类和手段，出现了一系列新的存款种类，主要有：

（1）个人结算账户。

它是指银行为了满足个体经营者结算时签发支票的需求而设计的个人结算账户，允许个人在银行开立，在此账户下，银行可以向个人提供与企业活期账户同等的结算服务。

（2）本外币活期一本通。

它是集人民币、外币等不同币种的活期储蓄存款于一个存折的存款方式。它是在人民币活期储蓄联网、原账户单一货币管理的基础上，实行多币种的管理，具有一户多币、通存通兑、方便客户理财的特征，能兼顾储蓄、投资和消费等多种功能。

（3）本外币定期一本通。

它是集人民币、外币等不同币种和不同档次的定期储蓄存款于一个存折的存款方式。这项业务可以利用计算机网络操作，对传统储蓄产品进行集合、改造和创新，具有一折多币、通存通兑、自动转存、异地托收和转质押贷款等功能。

（4）通知存款。

它是指存款人在存款时不约定存期，支取时提前通知经办银行，约定支取日期和金额方能支取的存款。通知存款分为1天通知存款和7天通知存款两种，仅限于人民币币种。居民通知存款的最低起存金额为人民币5万元，最低支取额也是人民币5万元；单位通知存款的最低起存金额为人民币50万元，最低支取额为人民币10万元。

（5）定期自动转存业务。

它是在整存整取存款到期后不支取，并可无限次连本带息进行整存整取自动转存的一种业务方式。定期自动转存业务可以分为原期限自动转存、约定转存和超限额约定转存三种不同类型。

（6）货币市场存款账户。

2004年，我国金融市场上大量的基金公司成立后推出了股票、债券等基金产品，由于其收益率高于银行的利率而吸引了银行的大量存款，针对银行存款和服务收入下降的情况，银行推出了货币市场存款账户。

除了存款种类的创新外，我国商业银行的存款业务创新还体现在以下三个方面：

第一，储蓄存款业务创新。其主要方向是储蓄业务电子化、经营方式网络化、管理手段信息化。一是业务手段的创新。通过加大科技投入，建立电子转账、支付、清算系统，积极发展和完善ATM、POS和电子贷记转账业务。先进的转账支付手段与系统，可为客户提供更好的全方位的金融服务，这是增加存款的重要手段。二是不断提高存款业务的科技含量，推出高品位、多功能的金融工具，如开发使用个人支票、旅行支票、多功能不同层次及品位的银行卡等。三是加大对储蓄存款业务的分析与预测，加强营销工作，重视营销方式创新。

第二，推行存款证券化，发行大额可转让定期存单。存款证券化是银行的主动性负债。

第三，对存款业务的开办给予优惠，如免征存款利息税，允许个人对许多投资有选择权等。

热点聚焦 3-1

央行“新规”出台，叫停三类存款产品！

1. 互联网存款

以前支付宝是有互联网存款的，但现在去看找不到互联网存款了，这是因为根据相关政策的规定，各大商业银行不得通过任何第三方入口进行高息揽存，所以互联网存款不可以再存了，但要注意的是，已经购买的储户是不会受到影响的，利息还有，只是到期后就不可以接着存了。

2. 靠档计息模式存款

靠档计息是指存款产品提前取出不会按活期来计算，而是按照存款时间分段计算利率的一种存款方式。比如说：投资者存的是3年期，但存到两年的时候，提前取出了，那就按两年期的存款利率进行计算，而不会按活期计算，但目前这种靠档计息模式存款基本上取消了，提前取出一般是按活期来计算，大家在存钱的时候，是可以问清楚的。

3. 异地存款

异地存款是指地方银行通过互联网平台的端口来办理的存款业务，因为这项业务主要是通过高额的利息来吸引储户，对金融市场不是很友好，所以被叫停了。

资料来源：作者根据相关资料整理。

案例分析 3-1

2023年开年银行大额存单热销

据《证券时报》，2023年开年以来，大额存单市场热度上升，不少银行的大额存单甚至出现“抢购”“售罄”的情况。目前，大额存单各期限利率下跌趋势较为明显，例如，大部分银行3年期大额存单年利率已经下调至3%左右，但“一单难求”现象并未得到明显缓解。

资料来源：作者根据相关资料整理。

问题：大额存单热销的原因是什么？

分析提示：我国传统的储蓄存款自2008年以来进入了负利率时代，迫使公众将存款从银行取出，创新存款业务成为银行在竞争中取胜的必然选择。如果银行存款业务不求创新，其将会面临融资困难。作为创新型的储蓄存款，大额存单有别于理财产品，它集安全保障与相对高收益于一身，满足了储户存款保值增值的需求，同时又能使银行提高负债的稳定性。

3.2.2 商业银行存款负债规模的影响因素

影响商业银行存款负债规模的因素极为复杂，总体来说有两大方面：

1）外部因素

外部因素是指非单个银行力量所能左右的因素，主要有：

（1）一般经济活动水平。

商品经济发达、货币信用程度高的国家或地区，其商业银行存款负债规模要大于经济不发达国家或地区。另外，一个国家或地区经济周期的不同阶段，对商业银行存款负债规模也有影响。

（2）中央银行货币政策。

中央银行在实施货币政策对经济进行调控时，不同的政策措施，如提高或降低法定存款准备金率和再贴现率，在公开市场上买进或卖出有价证券等，都会直接或间接地影响商业银行的存款负债规模。

（3）有关的金融法规。

为了稳定金融，促进经济发展，各国均制定了约束或规范银行业的金融法规，对商业银行的业务范围、机构设置以及存贷款利率等方面都作出相关规定，这会在不同程度上影响商业银行存款负债的规模。

（4）税收政策。

一个国家的税收政策对商业银行的存款负债规模也会产生重要影响，主要表现在税收种类的设置和税率的高低上。如对储蓄存款征收利息税、财产税、遗产税等税种，都会对储蓄存款负债规模产生直接的影响。

2）内部因素

影响商业银行存款负债规模的内部因素是指通过银行自身努力能够使其产生变化的因素，主要包括以下几方面：

（1）银行的服务质量和服务品种。

服务质量和服务品种的多少是影响商业银行存款负债规模的重要因素。在不断加剧的金融竞争中，越来越多的商业银行意识到通过提高服务质量、扩大业务范围、增加存款的种类和形式吸引客户的重要性，银行在为客户提供优质服务的同时，可以扩大存款负债规模。

（2）商业银行的资产规模和信誉。

银行的信誉及实力状况，对于该银行的存款负债规模具有直接影响。客户一般可以通过银行有关的历史资料和定期发布的财务状况报告，对该银行的信誉及资本实力、经营状况进行考察，来决定是否“用脚投票”。

（3）新技术在银行领域的广泛应用。

银行业是信息革命的主要领域之一，计算机网络技术的发展，电子银行、网络银行的出现和应用，大大方便了客户的存款与取款以及资金的划拨，促进了存款服务的自动化。向客户提供有效、便捷、廉价的存款服务，可促进银行负债业务的发展。

3.2.3　商业银行存款负债经营管理

1）影响商业银行存款负债的因素分析

商业银行的存款业务是其他各项业务的基础，要扩大经营范围，增强竞争实力，实现其经营目标，必须制定相应的筹资方法与筹资策略。在存款负债管理中，商业银行主要考虑以下影响因素：

（1）存款利率。

在市场经济条件下，单个银行和整个银行系统的存款水平是其利率的函数。存款利率越高，银行对社会公众的吸引力越大；某个银行的存款利率越高，其占存款市场的份额很可能越大。

（2）服务收费。

服务收费标准也是银行间竞争存款的常用工具。一般来说，收费标准有三种：银行按低于服务成本的价格收费，实际上是对存款人给予利息补贴；按服务成本收费，也是对存款人的一种优惠；按服务成本加一定的利润率收费，直接体现了银行的利益倾向。

（3）金融新产品的开发。

在金融市场竞争日益激烈的今天，商业银行应对现有金融产品的质量与特征进行分析，针对不同的市场与客户的要求，对这些产品的质量加以提高。例如，银行可以把个人存款户细分为一般的小存户、中等存户及富有的个人存户，并在此基础上调整产品对不同客户需求的满足程度。

（4）金融服务的项目和质量。

随着经济的发展和国民收入的增加，社会公众对金融服务的要求越来越细化、越来越高，其要求银行提供系列化服务。系列化服务是指银行服务领域要广阔，服务项目要配套，服务过程要拓展。因此，能否吸收到足够的存款，在很大程度上取决于银行能够向公众提供什么样的金融服务，其服务质量如何。

（5）银行资信和贷款便利。

银行的资产规模和信誉评级是测评银行实力的两个可信度最高的指标。在利率和其他条件相同或相近的条件下，客户会优先选择实力强的银行，大客户更是如此。对企业而言，选择存款行的一个重要依据是其能够在需要时获得银行信贷的支持。

（6）银行网点设置和营业设施。

大多数存款者在选择存款行时会不同程度地考虑银行网点的地理位置是否方便。随着电子技术的发展，自动存取款机的普及与电子结算和财务网络的广泛使用，及网络银行的兴起，银行的效率越来越高，具有较多经营网点和先进营业设施的银行在竞争存款方面将占据明显优势。

（7）银行形象和雇员形象。

银行形象和雇员形象是影响银行存款的重要因素，该银行是否有“社区精神”，贷款政策是否符合当地需要，银行经营管理是否稳健，银行的广告、营业设施、人员、服务、口号是否妥当，银行雇员是否热情、高效、体贴，都是能否吸引存款人的重要因素。

2）银行存款的积极经营策略

由于存款的主动权掌握在存户手中，因此对银行来说，存款实际上是一种被动负债。银行必须变被动负债为积极经营，通过一系列策略措施使自己推出的存款工具能迅速占领市场。

在不断变化的市场条件下，吸收存款的方法与策略的优劣在相当程度上决定了银行经营管理的水平，银行的筹资策略有两方面的主要内容：存款新工具的开发与加强已有产品的吸引力。

（1）存款新工具的开发。

银行需要不断开发新的金融产品以求在急剧变化的市场环境中求得生存与发展。银行的金融产品开发一般有两个主要途径：第一，银行创造出单一的新产品。它包括该产品的特征与售价等。第二，银行推出配套的新产品。它不仅包括产品本身，而且还包括产品的售后服务、网点设置等。

（2）加强已有产品的吸引力。

银行新产品开发是一个长期过程，而且新产品开发还有不成功的可能性。因此，银行要完成预订的筹资计划，关键在于加强已有产品的吸引力。

银行应仔细分析现有金融产品的特征与质量，针对不同的市场及客户的要求，对客户进行细分，对产品质量加以改善。

知识链接 3-1　　银行客户分类方法

个人存款客户可以细分为一般的小存户、中等存户及富有的个人存户，还可以将不同种类的个人存款客户再按年龄与性别进一步加以区分。在此基础上，银行便可以更好地调整产品对不同种类客户的适用程度。同样，银行可以根据其不同的特征对客户加以划分，以便进一步改善其产品质量，满足不同种类客户的具体要求。一般来说，银行的产品分类做得越详尽，越能较好地改进其产品质量，越能吸引各种类型的客户。

在激烈的市场竞争中，银行产品的销售价格是吸引客户的重要因素之一。银行产品销售价格的主要决定因素包括：①外部经济环境的变化；②银行未来的盈利水平；③重要竞争对手的动态与出价。

由于外部经济环境的变化属于不可控的外生性变量，银行需要对此不断作出动态的预测，以决定其定价标准。所以银行的定价应充分考虑对手的行为方式及相似产品价格之间的相互作用。

提供良好的售后服务与完善的网络系统是长期保持与客户关系的重要环节。提供优质服务与方便的网络系统可以使银行与客户建立持续与长期的合作关系，树立良好的银行形象，从而为银行的长期发展提供可靠的资金保证。

3）提高存款稳定性的策略措施

所谓存款的稳定性，也称存款沉淀率，是银行中长期和高营利资产的主要资金来源。银行在争取存款时，通常喜欢稳定性好的存款，即核心存款，它是指对市场利率变动和外部经济因素变化不敏感的存款。

一般说来，银行的交易存款账户和不流通的定期存款账户属于核心存款。增加核心存款的比重会降低银行经营的市场风险。与核心存款相对应的是易变性存款，它是指那些对市场利率变动和外部经济因素变化敏感的存款，银行易变性存款的增加，会增加银行的市场风险。因此，商业银行应优先提高核心存款的比率，这样能有效提高存款的稳定性。

但是在增加吸收核心存款的同时，银行也应该努力提高易变性存款的稳定性。一方面，银行要视金融市场的价格变化和自身承受能力而适当调整一些投资性存款的利率；另一方面，要加强银行存款比其他金融资产更安全可靠、风险更小的宣传。这样，银行不仅可以增加存款稳定性余额，而且大大有利于其盈利性目标的实现。

4）控制存款规模

存款的多与少是一家银行规模和实力的标志，银行存款越多越好似乎已成为共识。但从科学的角度出发，“存款越多越好”的观念是需要推敲的。

对商业银行经营管理来说，一家银行的存款量，应限制在其贷款的可发放范围及吸收存款的成本和管理所能承受的范围内。如超出上述范围，就属于不适度的存款增长，会给银行经营增加负担。因此，银行对存款规模的控制，要以贷款资金在多大程度上被实际运用于贷款和投资为评判标准。

3.2.4　商业银行存款负债管理的衡量指标

商业银行存款负债管理的衡量指标主要有两类：存款稳定性指标和存款成本控制类指标。

1）存款稳定性指标

存款是银行经营的基础，也是银行的主要资金来源，银行在争取存款时，通常喜欢稳定性强的存款。所谓存款的稳定性，是指存款对市场利率变动和外部经济因素变化不敏感。稳定性强的存款是银行长期资产和高营利资产的主要资金来源，对银行经营管理有着极其重要的意义。通常，衡量存款稳定性的指标主要有存款稳定率和存款平均占用天数，具体公式为：

存款稳定率=存款最低余额÷存款平均余额×100%

存款平均占用天数=存款平均余额×计算期天数÷存款支付总额

因此，要提高存款的稳定性，需提高存款的最低余额和延长存款的占用天数。就存款的变动情况来看，商业银行存款有三类：第一类是易变性存款，主要是指活期存款。由于这类存款是即期的购买和支付手段，客户随时都可能向银行提现和转账，因此其稳定性最差。第二类是准变性存款，主要是指定活两便存款、通知存款等。这类存款既不能随时提现和转账，又没有支取约定期限的制约，其稳定性居中。第三类是定期性质存款，主要是指定期存款、大额可转让定期存单和其他定期性质的存款，这类存款在约定期限内一般不允许提前支取，因此稳定性是最好的。

商业银行要分清存款类型，有针对性地采取对策，以提高存款的稳定性。对于易变性存款，关键是提高其稳定率，可以通过银行的优质服务增加客户数量，客户数量越多，个别客户的存款波动对银行资金的稳定性的影响也就越小。

对于定期性质存款，关键是要延长其平均占用天数。对于定期存款中出于预防动机的存款，其稳定性最好，银行必须为这类存款采取安全、保值和保险措施，做好存款转存和计息工作，以尽量延长其占用天数。对于定期存款中的投资性存款，由于受到债券、股票等高收益金融资产的冲击，容易导致存款的转移和流失，因此银行要视金融市场的价格变化和自身承受能力而适当提高利率和改变营销策略。

2）存款成本控制类指标

（1）存款成本的构成。

存款成本是银行在组织存款过程中所花费的开支，由以下两部分组成：

① 利息成本。

这是商业银行以货币形式直接支付给存款者的报酬，其高低由存款利率来定。利息成本是商业银行成本的主要组成部分。影响利息支出的主要因素有存款利息率、存款结构和存款平均余额。因此，商业银行要把提高低息存款的比重作为降低成本的重要措施，即力求在尽量小的借入成本的条件下扩大存款业务的规模。存款平均余额的增长尽管会带来利息支出的增长，但是也会导致贷款或其他资产业务的增加，从而使银行通过资产负债利差总额的增长来取得更高的经营效益。

② 营业成本。

营业成本是商业银行花费在吸收存款上的除利息以外的一切开支，它包括广告宣传费用、银行员工的工资和薪金、折旧费、办公费及其他为客户提供服务所需的开支等。营业成本具有两个特点：一是活期存款的费用高于定期存款。与定期存款相比，活期存款流动性强、存取频繁，要为客户提供更多的支付服务，其成本费用要高些。二是每笔存款业务金额越大，相对而言营业费用率就会越低，所以商业银行要把存款业务经营的重点放在发展、巩固存款大户上。

（2）存款成本率。

存款成本率是指存款的利息支出和营业成本与存款平均余额的比率，它反映银行经营存款业务的成本水平，用公式表示为：

存款成本率=（利息支出+营业成本）÷存款平均余额×100%

可用资金成本是指资金成本与可用资金的比率。其中，可用资金是指银行可以实际用于贷款和投资的资金，它是银行总的资金来源扣除应缴存的法定存款准备金和必要的储备金后的余额。可用资金成本也称为银行的资金转移价格，指银行可用资金所应负担的全部成本，它是确定银行营利资产价格的基础。这个比率既可以用于各种存款之间的对比，也可在总体上分析银行可用资金成本的历史变化情况及比较本行与其他行可用资金成本的高低，用公式表示为：

可用资金成本=（利息支出+营业成本）÷可用资金×100%

可用资金=总负债-库存现金-存放中央银行款项-存放同业-在途资金

（3）存款成本控制的措施。其具体包括：

① 合理控制存款总量。

存款成本不但与存款总量有关，而且与存款结构、单位成本内固定成本与变动成本的比率，以及利息成本和营业成本占总成本的比重都有着密切的关系，从而可以形成各种不同的组合。而商业银行存款负债经营管理的目的之一就是力争在不增加成本或减少成本的前提下，尽可能多地争取银行所需的资金来源，不能单纯依靠提高存款利率、增设营业网点、增加内勤人员来扩大存款规模，而应在改变存款结构、创新存款品种、提高信用工具的流通转让能力、提高工作效率和服务质量等方面下功夫。

② 优化存款结构。

在一般情况下，存款结构可以根据存款期限长短和利率高低来划分。通常，存款期限越长，则利率就越高，相应的银行存款成本也越高；反之，存款期限越短，利率越低，银行存款成本也越低。所以，在银行存款的成本管理上，首先，要尽量扩大对低息存款的吸收，降低利息成本的相对数；其次，要正确处理不同存款的利息成本和营业成本的关系，力求不断降低营业成本；再次，要处理好活期存款和信贷能力的关系，以不减弱银行的信贷能力为条件增加活期存款；最后，要处理好定期存款和信用创造之间的关系，增加定期存款，且应与银行存款的派生能力相适应。

3.2.5 商业银行存款的营销和定价

由于金融商品的同质性，一家银行与另一家银行所提供的金融商品是非常相似的，客户选择购买某家银行的商品而不购买其他银行的商品，主要是因为该家银行在规模、信誉、服务效率和质量以及商品种类上对客户有吸引力。这就说明银行间竞争的重点应放在促销上，即将银行的产品和服务向客户进行报道、宣传，以说服、促进和影响客户的购买行为。

1）研究客户的金融需求细分市场

银行首先应该分析客户的不同金融需求。客户购买存款工具的动机是多样的，有的侧重于货币增值，有的着眼于计划消费，有的要求安全保密，有的强调存取方便，还有的倾向于投机，银行将需求大致相同的客户归并为一组，从中选择目标客户，并用不同的手段满足这些目标客户的需求。如保值储蓄，能适应客户货币增值的需求；零存整取、整存整取和专项储蓄，能满足客户远期计划消费的目的；对要求存取方便的客户，可供应通存通兑、定活两便、工资转存等存款工具等。将客户市场细分，可以使商业银行选择最有盈利潜力的客户，集中资源提供最适当、最有效的服务，并关注目标市场的发展，预期目标市场的变化，提高服务质量和盈利水平，节约经营成本，保持竞争力。

2）根据研究成果，结合经营环境变化和自身规模及特点，规划新的服务和改善原有服务

将客户根据需要定位细分市场以后，银行应根据经营环境的变化、自身规模和经营特点，具体规划新的服务和原有服务。新产品和新服务的提供应重视对市场信息的研究，进行创造性构思，以便使新产品既满足银行目标和市场环境变化的需要，又能适应政府、银行资源及外部法律法规的变化。如在通货膨胀较严重的情况下，客户普遍担心货币贬值，银行就应在适当盈利的前提下着重规划保值储蓄，推出新的与物价指数挂钩的指数存款等。而在经济繁荣、物价相对稳定的环境下，银行应重点规划计划消费型存

款和存取方便型存款，并有针对性地引进通知存款、电话转账存款、自动转账账户和网上账户等。

3）存款工具的定价

存款工具的定价是影响银行盈利目标的主要因素，市场力量、成本结构及推广均影响最终价格水平。存款工具定价的最终任务是弥补成本支出、实现足够的销售量、达到预期的利润目标，因此存款工具的定价必须遵循以下原则和方法：

（1）定价的原则。

①存款工具的定价，既要考虑客户的需要，又必须估计银行的经营效益。

在其他条件不变的情况下，存款利率能够极大鼓舞存款客户的积极性；相反，如果存款利率下降，客户就会转移一部分资金购买高收益的资产，从而使银行存款增幅减缓。立足于保护存户利益的存款工具是颇受欢迎的，如为确保存户的实际利率收益，名义利率就应随物价指数的升降而变化。但在满足客户需要的同时，必须提高银行的成本负担能力，否则将会降低银行的盈利水平甚至发生亏损。因此存款工具定价的首要原则，就是必须在满足客户需求与确保银行经营效益之间寻求一个均衡点。

②不同存款工具的价格信息必须是可沟通的，要简单明了，易于了解并进行价格比较。

如在按存款期限细分市场的情况下，期限越长的存款具利率越高。各种不同期限的存款工具在价格上要能比较。

③不可过分地以损害某些细分市场的利益去补贴另一些细分市场。

否则，受损害的市场将会趋于萎缩，而为其他竞争者所得，在不存在其他竞争者的情况下，也会导致银行存款结构的畸形。

（2）定价的方法。

在我国，之前由于采用的是利率管理体制，银行的存款利率由央行统一规定，各家商业银行只有一定的浮动权，并没有自主定价权。随着利率市场化改革的推进，商业银行将逐步拥有存款工具的定价权。在西方发达国家，浮动利率体制决定了商业银行对存款工具拥有自主定价权。西方国家商业银行的定价，一要受制于当地市场的竞争情况，二要受制于保持本行原有利差，因此自主定价绝不等于完全自由定价。下面，仅就发达国家商业银行自主定价的主要方法作以介绍。

①以成本为基础定价。

这是指以商业银行各项费用成本之和作为定价的基础。成本定价体系既不考虑竞争形势，也不考虑在不同细分市场客户愿意接受的收益水平，其最大的优点是可以做到既不损害某些特定的存款工具，也不会给另一些存款工具补贴。不足之处在于定价公式的复杂化，如一些基本往来账户，就有20项成本利益因素，还不包括该账户所使用的专门性辅助服务的全部费用。因此，只能测算出一个具有共性的存款工具的基本成本，以此为基础，再根据市场利率情况作出调整。

②交易账户的定价公式。

首先要规定每笔业务的手续费及全部免费提供的辅助服务；其次要按余额对客户以名义利率付息；最后要规定平均或最低限额，在此数额以上的余额则免收费用。因此，银行主要应考虑最低限额、手续费和平均余额支付率三个因素。

③金融市场存款账户的定价。

金融市场存款账户的定价既取决于当地市场的竞争，又取决于保持原来的利差。其中，大约有25%的存款机构是根据国库券、货币市场基金和可转让存单等货币市场工具来确定存款账户的价格水平的。由于金融市场的利率处于不断浮动的状态，因此70%以上的银行按周调整存款账户的利率，只有7%的银行按日定价。各银行和金融机构对存款账户定价保持的时间长短是极不相同的，其中67%的银行保证1周内存款利率不变，13%的银行根本没有保证，只有较少的银行保证存款利率不变的法定最长期是1个月。

④定期存单市场按银行层次定价。

在美国，1974年以来，定期存单市场形成了五个层次的结构。第一个层次由美国最大的7家银行组成，其定期存单利率与同期政府债券相近；第二个层次银行存单的利率高于第一个层次5~10个基点；第三个层次银行与第一个层次银行存单利率的平均差额为15个基点；第四、第五个层次银行与第一个层次银行相差20～30个基点。自20世纪80年代以来，定期存单由按规模分档转向按信誉分档，因为规模大的银行不一定信誉好，即由穆迪投资服务公司评为高信誉级别的银行，其定期存单的利率要低于低信誉级别的银行，并且定期存单市场的利率结构趋向于同商业票据市场相一致。

3.2.6 商业银行存款的管理制度

1）存款准备金制度

商业银行的活期存款负有随时支付的义务，对吸收的定期存款和储蓄存款也得到期还本付息。为保护存款客户的利益，大多数国家中央银行对商业银行和非银行存款机构都实行了存款准备金制度。

存款准备金制度起源于18世纪的英国。1842年美国的《路易斯安那州银行法》规定，银行必须把公共负债（包括存款、银行券）的1/3作为准备金。美国南北战争以前，美国许多州也仿效此法，但规定的比率有差异。1863年《国民银行法》颁布，明确规定只对吸收的存款按规定提取存款准备金。1913年制定《联邦储备法》后，建立了联邦储备体系，存款准备金制度沿用至今，而且世界各国也逐渐采纳。

在美国，银行提存的准备金在保留期间的日平均余额应等于或超过应提的法定存款准备金。超额准备金可以按法定存款准备金的2%结转至下期，抵充下期准备金。如果发生不足的情况，不足额不超过应提法定存款准备金的2%时，应向同业借款，或向联邦储备银行申请贷款或再贴现，或出售流动资产来补足。在准备金不足、结转至下期仍不能抵销时，联邦储备银行可以对该金融机构处以罚金，其数额按计算期间的日平均不足额，根据当月的再贴现率加2%计算。

法定存款准备金率，一般由联邦储备理事会规定。遇到紧急情况，经联邦储备理事会大多数成员同意，向国会说明理由，可以变动法定存款准备金率。但由于法定存款准备金率是一种强有力的货币政策工具，即使对它稍作调整，对经济的影响都很大，而且法定存款准备金率的调整具有明显的宣告效应，因此各国对法定存款准备金率的调整都非常审慎，经常好几年不变。

我国的存款准备金制度在世界上是独一无二的。其独特性首先表现在：我国央行对准备金支付利息，而且付较高的利息。众所周知，通过规定存款货币，银行必须保持某一比率的存款负债用于支付准备金，一方面，存款客户的存款事实上拥有某种“保险”；另一方面，货币当局事实上对存款货币银行的贷款行为设定了一个上限，从而可以有效地约束商业银行的信用创造能力。

显而易见，存款准备金制度发挥作用的基本原理是：通过提取准备金，货币当局事实上对存款货币银行课征了“税”。由于税收发挥作用的条件之一是具有其无偿性，因而不对存款准备金提供利息便成为准备金制度发挥作用的必要条件之一，这也是世界各国央行均不对存款准备金支付利息的根本原因。

其次，我国央行实行差别存款准备金率制度。自2004年4月25日起，将资本充足率低于一定水平的金融机构的存款准备金率提高0.5个百分点，执行7.5%的存款准备金率，这是自2003年9月21日央行统一提高存款准备金率1个百分点后的又一大动作。2016年以来，我国央行积极运用差别化存款准备金等货币政策工具，鼓励和引导金融机构更多地将新增或者盘活的信贷资源配置到小微企业和“三农”等领域；鼓励大型银行加快建设小微企业专营机构；鼓励地方各级人民政府建立小微企业信用保证保险基金，成效显著。

差别存款准备金率制度的主要内容是：金融机构适用的存款准备金率与其资本充足率、资产质量状况等指标挂钩。金融机构资本充足率越低，不良贷款比率越高，适用的存款准备金率就越高；反之，金融机构资本充足率越高，不良贷款比率越低，适用的存款准备金率就越低。实行差别化的存款准备金率制度，打破原有的单一标准，将有利于抑制资本充足率较低且资产质量较差的金融机构盲目扩张贷款，防止金融宏观调控中出现“一刀切”。差别存款准备金率制度与资本充足率制度是相辅相成的，有利于完善货币政策传导机制，调动金融机构主要依靠自身力量健全公司治理结构的积极性，督促金融机构逐步达到资本充足率要求，实现调控货币供应总量和降低金融系统风险的双重目标。

2）存款保险制度

存款保险制度是指在金融体系中设立保险机构，强制地或自愿地吸收银行或其他金融机构缴存的保险费，建立存款保险准备金，一旦投保人遭受风险，由保险机构向投保人提供财务救援或由保险机构直接向存款人支付部分或全部存款的制度。它是随着资本主义的发展，国家为保护存款的安全和监督商业银行经营管理而建立起来的一种保险制度。

存款保险制度始创于20世纪30年代初，起源于美国。当时正值世界性的经济危机时期，破产银行数量急剧增加。仅在1930年到1933年间，美国每年就有2 000家以上的银行倒闭，凝聚着无数人血汗的积蓄随之消失，银行存款人的利益受到严重损害。为了保护存款人的利益，维护金融稳定，美国于1933年率先通过立法建立存款保险制度，成立了联邦存款保险公司（FDIC）。此后，加拿大、法国、德国等西方发达国家效仿美国先后建立了存款保险机构，在金融体系中导入保险制度。这样，存款保险制度在西方发达国家得到了普遍推广。

事实上，在市场经济国家，银行业均存在着激烈的竞争和巨大的风险，存在着破产的可能性。而且银行处于整个社会信用的核心地位，其破产的社会影响极大。当一家银行破产清算的时候，自然就会引出如何保护存款人利益的问题，这无疑是一个重要的稳定因素。在有效的存款保险制度下，即使发生市场波动及信任危机，在受保护范围内的存款人，也不会热衷于挤兑活动，从而大大减轻了银行的压力。

西方国家的存款保险制度主要包括以下几个方面：

（1）存款保险制度的保险营运主体。

西方发达国家在实行存款保险制度时，均单独成立相应的保险营运机构。如美国的联邦存款保险公司，英国、德国的存款保护委员会，法国的银行协会，日本的存款保险机构。美国的联邦存款保险公司是根据1933年《格拉斯–斯蒂格尔法案》建立的一个独立的联邦政府金融管理机构，它的目的就是通过存款保险的方式稳固公众对银行体系的信心，保护存款者利益，监督并促使银行在保证安全的前提下进行经营活动。美国的联邦存款保险公司的最高机构是理事会，其下设6个地区分公司，负责具体贯彻保险政策，办理保险业务，执行对参保的银行的监督职能。

从1933年以来，美国的联邦存款保险公司聚集保险业务的收入建立了一个颇具规模的联邦存款保险基金，主要用于解决破产时对客户的债务清偿问题。德国的存款保护委员会，在主体上应接受中央银行的全面领导，下设存款保险基金会和监管处。存款保险基金会以中央银行为主，各商业银行参与的行业性合作团体协会，负责保险政策的制定、保险费的收取和理赔等。监管处主要负责监管各商业银行资产、资本、负债的结构是否合理，在一些商业银行接近或达到警戒线指标时，向中央银行和存款保护委员会报告，以督促这些商业银行进行整顿和开展全面的事前防范工作。但是，不论美国和德国的保险营运主体的特色有何不同，它们与其他西方发达国家的保险营运主体都有一个共同的特点，即不以营利为目的，有一定的监管权。

（2）存款保险制度的承保对象。

由于各国经济发展水平与金融体系不尽相同，存款保险制度的承保对象也不尽相同。美国法律规定，所有联邦储备体系成员的银行，必须参加联邦存款保险公司的存款保险，非联邦储备体系的州银行以及其他金融机构，可以自愿参加存款保险。凡自愿参加联邦存款保险的非会员银行或其他金融机构，必须提出投保申请，经联邦存款保险公司审查合格方可予以保险资格。美国98%以上的商业银行参加了联邦存款保险。日本1971年《存款保险法》规定，存款保险机构承保的银行为都市银行、地方银行等。

（3）存款保险的范围和最高限额。

从西方各国的情况看，存款保险的范围一般不包括金融机构存款、境外金融中心存款和外币存款，因为这些资金流动快、金额大，对受理存款行的资金周转影响大。如美国联邦存款保险公司只负责对所有活期存款账户、定期存款账户和储蓄存款账户提供存款保险；日本存款保险机构承保的存款包括一般存款和定期、零存整取存款等。在投保和理赔标准上，为保持一定的风险性，形成银行间合理的竞争，西方发达国家对合乎条件的存款一般只实行部分保险。西方各国对每个账户的最高保险额有一个限定，例如美国联邦存款保险公司对每个账户的最高保险额为10万美元，即当投保银行破产倒闭时，美国联邦存款保险公司对储户存款的最高清偿额以10万美元为限。

（4）存款保险费。

西方发达国家法律通常规定，商业银行按投保的存款金额向存款保险营运主体支付一定比例的保险费。在存款保险费的数额方面，日本法律规定按被保险银行上一营业年度的存款额与保险费率的乘积计算。

（5）投保银行的报告制度。

为了维护存款人利益和金融秩序稳定，西方发达国家的存款保险制度要求投保银行必须按存款保险营运主体的要求上交各种经营报告和统计资料，并随时准备接受存款保险营运主体对经营风险的检查或调查。

（6）取消存款保险资格。

美国法律规定，美国联邦存款保险公司有权取消它认为经营得不好的银行的保险资格，并以全国通报的形式进行。同时规定，被取消保险资格的银行，必须立即将被取消保险资格的决定通知它的每个存款户。为了避免由于银行被取消保险资格而引起挤兑或金融恐慌，美国联邦存款保险公司对取消保险资格的银行的原有存款仍实行为期2年的存款保险，但对其新吸收存款不提供保险。对取消保险资格银行的原有存款继续提供保险的2年期间内，美国联邦存款保险公司仍有检查、监督其业务经营的权力。

（7）对濒临破产或破产银行的处理。

为了确保存款人利益不受损失，西方发达国家经营完善、管理科学的银行会吸收合并面临破产或已破产的银行，或者帮助面临破产的银行调整经营方向，组织资金运用，甚至通过贷款方式进行资金援助。对那些不适于采取挽救措施或采取挽救措施无效的面临破产的银行，由存款保险营运主体通过法院宣告其破产，并具体负责破产财产的清算和债务清偿，同时应对其保险的存款进行赔付。

一般来说，在存款保险制度下，对一些有问题的银行可以采用以下三种处理方法：一是破产清算，由存款保险机构在保险金额内支付存款人的存款；二是让有问题的银行同有偿债能力的银行合并；三是存款保险机构用存款准备金“救援”有问题的银行。第一种方法总的来看存款者只能收回一部分债权（50%~80%）；而后两种方法可保证全额债权的安全。实际上，由于清算大银行成本高，社会影响极大，甚至会破坏世界范围的金融体系，所以一般情况下，存款保险机构只让一些影响不大的小银行破产清算，而对绝大多数银行则采用合并或注入资金的办法予以处理。

存款保险制度建立80多年以来的实践证明，它似一个“安全网”，在经济及金融业发展的诸多方面都发挥了积极的、重要的作用。例如，保护存款人的利益，提高存款人对银行的信任度和投资信心；维护金融秩序稳定，促进经济健康运行；完善市场规则，促进公平竞争，为社会提供质优价廉的服务；提高中央银行的监管力度，减轻中央银行的负担；加强对银行的风险管理，提高资产质量。

近些年来，由于经济及金融结构性变化，存款保险制度的副作用逐渐暴露出来，如诱导存款人对银行机构的风险掉以轻心，鼓励银行铤而走险，不利于优胜劣汰。由于上述种种原因，有的国家已经明确表示不准备建立任何形式的存款保险制度。而对于已经建立或正在准备建立存款保险制度的国家，如何进一步改革和完善现行的存款保险制度是其所面临的重要课题。

我国关于建立存款保险制度与否经历了20多年的理论探讨。2015年2月17日，正式公布《存款保险条例》，并于2015年5月1日起施行，这标志着酝酿20多年的存款保险制度正式建立。

建立存款保险制度是一次意义深远的重大金融改革，有利于更好地保护存款人权益，维护金融市场和公众对我国银行体系的信心；有利于进一步加强和完善我国金融安全网，增强我国金融业抵御和处置风险的能力；还有利于为加快发展民营银行和中小银行、推进利率市场化等下一步金融改革创造环境和条件。

拓展阅读3-1

存款保险标识图样说明

知识链接3-2　　存款保险标识及功能

存款保险标识是社会对是否参与存款保险的银行业金融机构进行“人脸识别”的重要凭证或标志。其功能包括：一是识别机构的功能。这是存款保险标识最基本的功能。无论是在强制保险的体制下，还是在自愿保险的体制下，获得官方授予的存款保险标识，可以清晰而明确地证明某一金融机构及其产品获得存款保险保障。存款保险标识可以提高存款人对投保机构的识别度和认可度。二是社会的功能，即存款保险标识具有连接宏观制度和微观场景，形成微观个体潜意识、社会阶层记忆，保持社会公众信心和维护金融稳定的功能。

其包括：从微观个体到社会各阶层形成共识，再到形成阶段性和历史性的社会记忆；从引导和提高存款人对投保机构的识别度和认可度，再到营造银行业公平竞争、平稳营运的社会意识环境。

案例分析3-2

12月，又有两家银行宣布解散，今年已达10家，老百姓的存款怎么办

许多人对银行业存有错误的刻板印象，认为这一行业极其赚钱，不大可能会出现破产倒闭的情况。但实际上，除了国有六大银行和部分股份制银行相对稳定之外，超过90%的中小银行都面临着激烈的市场竞争压力，经营状况堪忧，破产倒闭的风险并不小。最近，媒体报道藁城恒升村镇银行、晋州恒升村镇银行两家银行宣布解散，加上今年此前已宣布破产的8家村镇银行，共有10家村镇银行倒闭，引发了人们对银行业风险的担忧。

资料来源：佚名.12月，又有两家银行宣布解散，今年已达10家，老百姓的存款怎么办［EB/OL］.［2023-12-16］.https：//www.163.com/dy/article/IM8NQ6FR055646T9.html.

问题：面对未来中小银行破产潮的来袭，普通储户应如何保障自己的存款安全？

分析提示：首先，一定要确认存入的银行有存款保险标识；其次，大额存款还是选

择大型国有银行为妥；再次，在中小银行的存款要控制在50万元人民币以内；最后，可以考虑在不同银行开设账户，适当分散自己的存款风险。

3.3 商业银行借入负债及其管理

商业银行的借入负债业务又称为商业银行的主动负债业务，是指商业银行主动通过金融市场或直接向中央银行融通资金。借入负债业务比存款负债更具有主动性、灵活性和稳定性。借入负债在期限上有短期和长期之分。短期负债主要指期限在1年以内的负债，也称为短期借款；长期负债是指期限在1年以上的负债，也称为长期借款。

3.3.1 短期借款

1）短期借款的意义和特征

（1）短期借款的意义。其主要体现为：

①短期借款为银行提供了绝大多数非存款资金来源。

在商业银行的负债中，存款始终是最主要的资金来源，但随着银行业务的发展，非存款负债被日渐看重，尤其是20世纪60年代负债管理理论兴起后，同业拆借、向中央银行借款或国际金融市场借款、回购协议等短期资金筹措渠道，已成为国际商业银行的重要资金来源。

②短期借款是满足银行周转金的重要手段。

周转金是银行经营的一种保护性资金，即商业银行必须经常持有足够的资金以满足可能出现的支付需求。现代的商业银行已逐渐摆脱依靠现金资产来满足货币需求的局面，而是转向周转金。商业银行可以通过在金融市场上进行同业拆借、向中央银行借款等方式来满足资金周转的需要，同时也会降低存款波动的不良影响，在一定程度上兼顾盈利性的要求。

③短期借款提高了商业银行的资金管理效率。

短期借款是商业银行的一种主动负债，其对流动性的需要在时间和金额上十分明确。银行可依据本行对流动性、安全性和盈利性的需要，对负债的时间和金额进行有效安排，进而大大提高资金的管理效率。同时，在所有流动性需要都由二级准备来满足的条件下，短期负债使银行可以持有较高比例的流动性差的生息资产。

④短期借款既扩大了银行的经营规模，又加强了银行与外部的联系和往来。

短期借款数量的增加意味着商业银行资金来源的增多，同时也为资产业务的扩大创造了条件，银行经营规模也随之扩大。同时，短期借款又加强了商业银行与中央银行、同业间的联系与往来，便于了解各种信息。通过同业拆借能加强银行同业间的往来，熟悉彼此的资信状况，进行各项合作，也有利于共同抵御各种风险；通过向中央银行借款，为中央银行了解商业银行和金融市场状况提供了信息，这也是中央银行执行货币政策、控制银根的主要途径；商业银行在国际金融市场的短期借款，加强了银行同业间的国际往来，便于形成统一的国际金融市场。

（2）短期借款的特征。其主要包括：

①对时间和金额上的流动性需要十分明确。

商业银行的活期存款是可以随时提取的，其余额每时每刻都在发生变化，而定期存款也有被提前支取的可能，这样，准确掌握在某一时点上的存款对于流动性需要的数额就比较困难。而借入款则不然，它对偿还期限有明确的规定，因此商业银行的借款对流动性需要的时间和金额既可事先准确掌握，又可以有计划地加以控制，从而为负债管理提供了方便。

②对流动性的需要相对集中。

活期存款客户可以是任何的个人和单位，每个客户的存款金额也是有大有小，这就造成存款对流动性的需要虽然时时存在，但有可能数额很小；而借款的途径决定了借款对象不可能像存款那样分散，每笔借款平均额也不可能像每笔存款那样小，其结果必然是借款对流动性的需要在时间和金额上都比较集中。如银行不能按约定期限偿还借款，就会丧失信誉而难以继续经营，就这一点而言，其流动性风险显然要高于存款。

③面临较高的利率风险。

通常情况下，短期借款的利率要高于同期存款，因为短期借款的利率与金融市场的资金供给密切相关，是非常易于变化的。一旦市场的资金需求大于供给，银行短期借款的利率可能急剧上升，导致银行负债成本提高。因此对短期借款的成本分析和控制，是银行负债管理的重要任务之一。

④主要用于满足短期借款头寸不足的需要。

由于期限短，短期借款一般只用于调剂头寸，解决银行临时性资金不足和周转困难的资金需要。对于一家商业银行来说，短期借款的稳定余额虽然也可被长期占用，但绝不能通过短期借款来满足营利资产的资金需要，短期借款只是为了满足银行经营的流动性需要。

2）短期借款的种类

（1）同业拆借。

它是指银行之间的短期资金融通，主要用于支持银行日常性资金周转，是银行同业间借款的重要形式。其主要特点如下：①同业拆借发生在银行之间进行资金结算轧差时，一些银行出现头寸不足，而另一些银行则会出现头寸盈余。为实现资金的平衡，头寸不足的银行就需要从头寸盈余的银行临时拆入资金，头寸盈余的银行也愿意将暂时的资金拆借出去，获得利息收入。②同业拆借的数额一般很大、期限很短，通常是隔日偿还，按规定最多一周至一个月。③同业拆借利率较低，融资对象、数额和时间都很灵活，拆借手续简便，通过电话或电传就能达成交易。④同业拆借一般是通过商业银行在中央银行的存款账户进行的，即通过中央银行资金市场进行，实际上其是对超额准备金的调剂。

同业拆借主要是在银行同业间达成的交易，因此信用性、流动性、时限性极强，违约风险小，不良交易少。各国对同业拆借市场的管理相对宽松，主要通过各种调控措施直接或间接地干预同业拆借市场。

其主要集中在4个方面：①对拆出资金的管理。有的国家对拆出者的放款数额进行管理，禁止其对某一借款人过度放款，体现风险分散原则。②对拆入资金的管理。有的国家对拆入资金的数量也有限制，如美国的国民银行拆入款不得超过其股本加上盈余的

50%。③对拆借担保的管理。如日本明确规定拆借还须有担保抵押，并具体规定担保品的种类和质量。④运用三大传统法宝对同业拆借市场进行调控。实行中央银行制度的国家一般运用存款准备金、再贴现、公开市场业务三大法宝间接调控拆借市场，以实现中央银行的货币政策目标。

我国1996年开通的全国同业拆借一级网络和各省市的融资中心，均为有形市场。1996年初至1997年7月，我国同业拆借市场由两级网络组成，商业银行总行为一级网络成员，银行分支行和非银行金融机构为二级网络成员；各省市融资中心既是一级网络成员，又是二级网络的组织者和参与者，成为沟通一级网络和二级网络的桥梁。1997年8月，融资中心为加强自身风险的管理和控制，主动缩减自身的交易规模，市场交易由拆借双方自行清算、自担风险，交易成员奉行“安全第一，价格第二”的原则。拆出方把防范信用风险放在首位，拆借主要在资金实力雄厚、信誉较好的商业银行总行之间进行。1998年2月后，融资中心退出拆借市场，也就宣告了拆借市场二级网络的终止。

1998年4月，外资银行开始进入拆借市场，1998年6月，我国商业银行省级分行开始成为拆借市场成员，但拆借依然维持在商业银行总行之间。2007年6月8日，通过了中国人民银行制定的《同业拆借管理办法》，将参与者的范围从原来的10个扩大到了16个，从原来的银行类机构扩大到涵盖全部银行类和绝大部分非银行类金融机构。

信托公司、金融资产管理公司、金融租赁公司、汽车金融公司、保险公司、保险资产管理公司首次被纳入同业拆借市场的申请人范围。同业拆借的利率一般以高于存款利率、低于短期贷款利率为限，否则拆借盈亏就不能达到保本的要求。通常情况下，拆借利率应略低于中央银行的再贴现率，这样能迫使商业银行更多地面向市场借款，有利于中央银行控制基础货币的供应。我国的同业拆借市场由1~7天的头寸市场和期限在120天内的借贷市场组成。

2007年，我国金融市场发展十分迅猛，市场交易规模迅速扩大，其中同业拆借交易量快速增长，达到10.65万亿元，同比增长398%。央行发布的2019年金融市场运行情况显示，银行间市场信用拆借、回购交易总成交量达971.3万亿元，同比增长12.7%。其中，同业拆借累计成交151.6万亿元，同比增长8.9%。

（2）向中央银行借款。

商业银行向中央银行借款有两种形式：

①再贴现。

它是指商业银行将其贴现收进的未到期的票据向中央银行再办理贴现的资金融通行为。在票据流通发达的国家，再贴现是商业银行向中央银行借款的主要途径。中央银行会对再贴现票据的质量、种类和期限要求进行特殊的审查，不断调整再贴现率和再贴现额，从而达到调节市场资金可贷量和货币供求量的目的。

②再贷款。

它是商业银行直接向中央银行取得的贷款。在商业信用不普及的国家，再贷款是商业银行向中央银行借款的主要形式。再贷款也分为两种形式：信用贷款和抵押贷款。信用贷款仅靠商业银行的信用进行贷款，不需要特定的担保品作抵押；抵押贷款要求商业银行将其持有的各种有价证券和票据作抵押，或将企业交来的贷款再抵押给中央银行。

由于中央银行向商业银行的放款将构成具有成倍派生能力的基础货币，因此各国中央银行都把对商业银行的放款作为宏观金融调控的重要手段。中央银行在决定是否向商业银行放款、何时放款、放多少款时遵循的最高原则是维护金融和货币的稳定；其利率随经济、金融形势的变化而经常调节，通常要高于同业拆借利率。在一般情况下，商业银行向中央银行的借款只能用于调剂头寸、补充储备不足和资产的应急调整，而不能用于贷款和证券投资。

目前，我国商业银行向中央银行借款主要采取再贷款这一直接借款形式。今后，随着我国票据贴现市场的不断发展壮大，将逐步以再贴现取代再贷款。

（3）其他借款渠道。其主要包括：

①转贴现和转抵押。

转贴现是指商业银行将其贴现收进的未到期票据，再向其他商业银行或贴现机构进行贴现以融通资金的行为。转抵押则是商业银行把自己对客户的抵押贷款再转让给其他银行以融通资金的行为。这两种方式的手续和涉及的关系都比较复杂，受金融法规的约束比较大，因而必须有约束地、合理地使用。

②回购协议。

回购协议是指商业银行通过卖出资产组合中的证券来获得资金，在卖出证券的同时，要同买入证券者签订一定时期后重新购回证券的协议。其实质上是短期资金借贷的一种有担保的具有流动性的融资手段。与此相对应的是“逆回购协议”，买入证券者在签订协议时交割资金买回证券，并在合同期满时“再卖出”证券换回资金。

回购协议可以多种方式进行，但最常见的有两种：一种是证券的卖出与购回采用相同的价格，协议到期时以约定的收益率在本金外支付费用；另一种是购回证券的价格高于卖出时的价格，其差额就是合理收益。

回购协议市场一般为无形市场，交易通过电话进行，但也有少数交易通过一部分市场专营商进行，这些专营商大多为政府证券交易商。因而，大商业银行、政府证券交易商、实力雄厚的非银行金融机构、地方政府是回购协议市场的主要参与者。回购协议的期限一般很短，如我国规定回购协议的期限最长不得超过3个月。回购协议是发达国家央行公开市场操作的重要工具。

③国际金融市场借款。

商业银行还可通过向国际金融市场借款来弥补资金的不足。目前，最具吸引力的是欧洲货币市场，因为它是一个完全自由开放的富有竞争力的市场。欧洲货币市场由于具有以下特点，成为各国商业银行筹措短期资金的重要场所：

首先，欧洲货币市场不受任何国家的政府管制和纳税限制，如借款条件灵活、借款不限制用途等。

其次，欧洲货币市场的存款利率相对较高，放款利率相对较低，存放款利差较小。这是因为它不受法定存款准备金和存款利率最高额的限制，因此无论对存款人还是借款人都具有吸引力。

再次，欧洲货币市场资金调度灵活、手续简便，业务方式主要凭信用，短期借款一般签协议，无须担保品，通过电话或电传就可以完成。这里起决定作用的是借款银行的资信。

最后，欧洲货币市场的借款利率由交易双方依据伦敦同业拆借利率具体商定，非常灵活。

3）短期借款业务的管理

（1）短期借款的经营策略。其主要包括：

①时机选择。

商业银行在运用短期借款渠道时，要注意时机的选择问题。首先，要根据自身在一定时期的资产结构及其变动趋势来确定是否利用和在多大程度上利用短期借款渠道。其次，根据一定时期金融市场的状况，如利率的高低等来选择借款时机。最后，依据中央银行货币政策的变化来决定利用短期借款的程度。

②规模控制。

短期借款是商业银行实现流动性、盈利性目标所必需的，但并不是越多越有利，要权衡借款成本与所得收益的关系。如果利用短期借款付出的代价超过因扩大资产规模而获取的利润，则不应继续扩大借款规模，而应通过调整资产结构的办法来保持流动性或通过进一步挖掘存款潜力的办法扩大资金来源。商业银行在资产负债管理中，必须全面权衡流动性、安全性、盈利性三者的利弊得失，测算出一个适度的借款规模。

③结构安排。

商业银行的短期借款渠道很多，如何安排各种借款在短期借款总额中的比重，是重要的经营策略。从资金来源的成本结构来看，一般应尽可能多地利用一些低息借款，少利用高息借款；但在资产预期收益较高、低息借款又难以争取时，也可适当借入一些利息较高的资金。从国内外资金市场的借款成本的比较来看，如果国际金融市场的借款较国内便宜，可适当提高国际金融市场借款的比重；反之，则降低它的比重。从中央银行的货币政策来看，如央行提高再贷款率和再贴现率，此时应降低向中央银行借款的比重；反之，则可适当提高向中央银行的借款比重。

（2）短期借款的管理原则。短期借款的上述特点决定商业银行在短期借款的管理上应遵循以下原则：

一是要控制借贷金额与借贷期限，主动把握负债期限和金额，有计划地将各种短期负债的到期时间和金额分散化，以减轻流动性需要过于集中的压力。

二是要使短期借款的到期时间和金额与存款增长规律相协调，把借款控制在承受能力允许的范围之内，争取用存款增长来解决一部分借款的流动性需要。

三是要分散短期借款的借款对象和金额，通过多头拆借的办法，力争形成一部分长期占用的借款余额。

四是要保证到期借款的偿还与衔接，就要准确统计借款到期的时间和金额，事先筹措好资金，以满足流动性的需要。

3.3.2 长期借款

1）长期借款的特点和意义

长期借款是商业银行借入的需在1年以上偿还的负债。商业银行长期借款的主要形式是发行金融债券，用以满足其中长期的金融需要。在有些国家，由于商业银行被当作公司的一种类型，因而其发行的债券称为公司债券。但在我国，金融机构发行的债券统称为金融债券。商业银行将发行金融债券作为长期借款的一种主要形式，是因为金融债券与存款相比具有以下特点：

（1）筹资目的不同。

吸收存款是为了全面扩大银行的信贷资金来源总量；而发行债券则着眼于增加资金来源和满足特定用途的资金需要。

（2）筹资机制不同。

吸收存款是经常性的、无限额的，而且取决于客户的意愿；而发行金融债券则是集中性的、有限额的，且主动权掌握在银行手中。

（3）筹资效率不同。

由于债券的盈利性高，对客户的吸引力大，所以筹资效率高于存款。

（4）所吸收资金的稳定性不同。

债券具有明确的偿还期，一般不能提前还本付息，资金稳定性较存款高。

（5）资金的流动性不同。

除特定的可转让存单外，一般存款的信用关系固定在银行和客户之间，不能转让；而金融债券一般不记名，可以在广泛的二级市场上流通转让，因而比存款具有更强的流动性。

金融债券的这些特点使其对于商业银行调整资产负债结构、增强银行资金实力有着重要意义。首先，金融债券的筹资范围广泛，不受银行所在地区资金状况的限制，也不受银行自身网点和人员数量的束缚。其次，金融债券利率高、流动性强，对客户有较大的吸引力，有利于提高银行的筹资效率，而且发行金融债券筹集资金不需要缴纳存款准备金，有利于银行充分利用资金。最后，发行金融债券可募集到银行所需的长期资金，有利于银行能动地安排资金使用的期限和结构。

虽然发行金融债券拓宽了银行的负债渠道，促进了银行负债来源的多样化，但与存款相比，金融债券也有一定的局限性，如金融债券发行的数量、利率、期限都要受到管理当局有关规定的严格限制；发行金融债券要承担发行费用，筹资成本较高；债券的流动性受市场发达程度的制约等。

2）金融债券的主要种类

商业银行的金融债券按照不同的划分标准有不同的分类。

（1）按照发行债券目的的不同，金融债券可分为资本性债券和一般性债券。

资本性债券是为补充银行资本不足而发行的；一般性债券是直接为满足某些资金运用项目的需要而发行的。

（2）按照有无担保，金融债券可分为担保债券和信用债券。

担保债券是指由第三方担保并以发行者本身的财产作抵押的抵押担保债券。信用债券也称无担保债券，是完全以发行者本身的信用为保证发行的债券。商业银行特别是大银行，由于其有良好信用，一般都发行信用债券。我国银行所发行的债券都是信用债券，今后随着我国合作性和民间性的中小银行的发展，担保债券必将提上议事日程。

（3）按照债券利率是否浮动，金融债券可分为固定利率债券和浮动利率债券。

固定利率债券在债券期限内利率固定不变，持券人到期收回本金，定期取得固定利息；浮动利率债券根据事先约定的时间间隔，按某种选定的市场利率，在期限内进行利率调整。

（4）按照发行价格的不同，金融债券可分为普通金融债券、累进利息金融债券和贴现金融债券。

普通金融债券是定期存单式、到期一次还本付息的债券，期限通常在3年以上，可进入证券二级市场进行转让。累进利息金融债券是指银行发行的浮动期限式、利率与期限挂钩的金融债券，期限通常在1～5年，利率按此期限分成几个不同的等级，每一个时间段按相应的利率计付利息，将几个不同等级部分的利息相加，即为该债券的总利息。贴现金融债券是金融机构在一定时间或期限内按一定贴现率以低于债券面额的价格折价发行的债券，利息为贴现金融债券的发行价格与偿还价格的差额。

（5）按照发行范围和币种的不同，金融债券可分为国内金融债券和国际金融债券。

国际金融债券是指在国际金融市场发行的面额以外币表示的债券。国际金融债券一般分为外国金融债券、欧洲金融债券和平行金融债券。外国金融债券是指债券发行银行通过外国金融市场所在国的银行或金融机构发行的以该国货币为面值的金融债券。这类债券的基本特点是，债券发行银行在一个国家，债券的发行币种和发行市场则属于另一个国家。如我国的银行在日本发行的以日元计价的债券就是外国金融债券，其要受发行地的金融法规的管制。

欧洲金融债券是债券发行银行通过其他银行或金融机构在债券面值货币以外的国家发行并推销的债券。其主要特点是，不在任何特定的国内金融市场注册，不受市场所在国金融法规的限制；债券发行银行属于一个国家，债券在另一个或几个国家的金融市场上发行，而债券面值所使用的货币则属于第三国。如我国银行在法兰克福市场上发行的日元债券，就是欧洲金融债券。平行金融债券是发行银行为筹集一笔资金，在几个国家同时发行的债券，债券分别以各投资国的货币标价，各债券的筹资条件和利息基本相同，这实际上是一家银行同时在不同国家发行几笔外国金融债券。

3）长期借款的管理

在市场经济发达国家，由于金融法律法规比较严密，对金融债券的发行已有明确的法律规定。商业银行在发行金融债券时，只要符合法律规定，不一定非得经过严格的申报程序，有的只要向中央银行或金融监管部门备案即可。而在市场经济不发达的国家，金融法规不够严密，则必须履行严格的申报、审批程序。中国人民银行是我国金融债券发行的主管部门，凡要求发行债券的商业银行，必须逐项向中国人民银行报送有关材料，经严格审查、批准后才能发行金融债券。

（1）信用等级的评定。

各国对金融债券的信用等级的评定一般有三个标准：①盈利能力。衡量金融机构盈利能力的重要尺度是资产收益率，它是营业净收益与资产平均余额的比率，这个比率越高，金融机构盈利能力越强。②资本充足率。资本与风险资产的比率可反映资本充足程度和防御风险能力的高低。③资产质量。金融机构资产质量主要指资产损失的程度，它通常以不良资产的比率来衡量。金融债券的发行要由专门的评级机构对发行者的偿还能力作出评价，也就是债券的信用评级，目的是为债券投资者提供参考，确保投资者的利益，以保证债券市场的秩序和稳定。国际债券的信用评级不是对发行者总的资信评级，而是对发行该笔债券还本付息能力的评估，因此同一发行者在一定时间发行几笔债券，每笔债券的信用等级不一定相同。

（2）发行数额和运用范围的确定。

一般国家对商业银行发行金融债券的数量都有一定的规定，通常的做法是规定发行总额不能超过银行资本加法定准备金之和的一定倍数。对债券所筹资金的运用范围，有些国家没有明确规定，有些国家要求用于中长期放款，也有的国家规定只能用于专项投资。我国国内金融债券的发行要纳入中国人民银行的全国综合信贷计划，发行数量应控制在当年各银行偿还到期债券的数量与当年新增特种贷款之和的额度内。债券所筹资金，除偿还到期债券外，只能用于特种贷款的发放。

（3）发行价格与发行费用的确定。

金融债券的发行价格包括两方面内容：一是出售价格；二是利率。出售价格有两种选择，即面值出售和折价或溢价出售。金融债券利率有固定利率和浮动利率两种选择。在国际上，固定利率债券依其信用等级的高低大多为低价或高价发行，而浮动利率债券则通常是等价发行。我国国内的金融债券除少量贴水债券外，基本都是固定利率等价发行的债券。

债券发行银行除向投资者支付利息外，还要承担一定的发行费用，利息加发行费用构成债券的发行成本。国际金融债券的发行费用较高，它有最初费用和期间费用之分。最初费用包括承购手续费、差旅费、印刷费、上市费和律师费等。期间费用包括债券管理费、付息手续费、还本手续费和其他服务费等。

从银行经营管理的角度来看，发行金融债券是一种负债经营，它对银行筹措资金起到了一定的积极作用，但也存在一些弊端：一是容易造成超贷，从而导致信用膨胀；二是超贷效应使产生呆账的可能性增大，清偿能力减弱，容易导致银行倒闭；三是如果负债经营产生短贷长用，则会扩大固定资产投资量，缩小流动资金投资量，影响货币资金的流动性，导致整个银行系统资金周转不灵。因此，要对债券资金进行适量控制，尽可能趋利避害。

小思考 3-1

什么是金融债券？目前，我国发行金融债券的主体有哪些？

金融债券是指银行及其他金融机构所发行的债券，期限一般为3~5 年，其利率略高于同期定期存款。金融债券由于其发行者为金融机构，因此资信等级相对较高，多为信用债券。债券按法定发行手续，承诺按约定利率定期支付利息并到期偿还本金。它属于银行等金融机构的主动负债。

目前，我国金融债券的发行主体包括政策性银行、商业银行、企业集团财务公司及其他金融机构。

情境模拟 3-1

银行负债成本分析

场景：

作为一名银行员工，你认识到只有准确核定成本，才能有效地进行成本管理和资产定价，那么面对下列资料，你得出哪些有价值的信息：某银行需要筹资2 000万元，包括600万元的活期存款，700万元的定期存款与储蓄存款，300万元的货币市场借款和400万元的股权资本。活期存款的利率为4%；经营成本为2%；储蓄总成本为6%；市场借款总成本为8%；股权筹集成本为20%。假如监管当局的储备要求使银行可使用的资金减少的比例分别为：活期存款15%，储蓄存款5%，市场借款2%，股权资本0。

操作：

第一步，根据上述资料，计算银行的加权平均资本成本。

第二步，说明计算加权平均资本成本的意义：第一，纵向或横向比较本行资本成本管理情况，以便更好地实现负债管理基本目标；第二，指导贷款与选择的金融资产的价格，以保证利润目标的实现。

第三步，为贷款定价部门提供信息。

知识掌握

3.1　商业银行负债业务的作用有哪些？

3.2　商业银行传统存款负债和创新的存款业务有哪些？

3.3　简述我国商业银行存款业务的创新。

3.4　商业银行存款负债规模的影响因素有哪些？

3.5　商业银行存款负债的营销模式及定价方法的应用有哪些？

3.6　简述存款保险制度及其作用。

3.7　简述如何进行短期借款和长期借款管理。

知识应用

□ 案例分析

存款营销实战

Y实业有限公司是一家上市的民营科技企业，公司拥有资产30多亿元，投资涉及粮食收购加工、基本建设、水产品、农用助长剂等多个领域，一直是各家银行争夺的焦点。甲银行在激烈的市场竞争中，虽然也投入了较大的精力，进行了积极的营销，但由于种种原因，效果不是很好。对此，该银行的客户经理孙某并不气馁，时刻关注着这家公司的情况。

有一天，孙某在拜访一家新拓展的A公司时，听说该公司总经理晚上要去机场接北京的一个朋友。因为平时关系不错，总经理透露是北京一家投资公司的副总经理要来担任新控股的Y实业有限公司的财务总监。得到这个信息后，孙某立即展开营销工作。第一，托人办理了VIP接机手续，与A公司的总经理一起安排这位财务总监的住宿、饮食，而后邀请其游览当地的名胜古迹，并为其介绍本地的风土人情。第二，在上级行的大力支持下，收集Y实业有限公司的相关信息。第三，将Y实业有限公司与原合作银行的业务情况和本银行的业务产品进行比较，确定营销的主攻产品。第四，邀请省上级行领导登门拜访Y实业有限公司。第五，组织专人提供上门收单、送单等服务。由于营销措施到位，Y实业有限公司在甲银行的存款量大增，下属“粮食收购公司”的基本账户也开在了甲银行，并承诺将甲银行作为主办银行。

问题：

（1）孙某的营销策略对银行的重大意义是什么？

（2）孙某的做法给银行存款管理带来哪些启示？

分析提示：

（1）意义在于：首先，可以使银行吸收大量的资金存款；其次，可扩大市场份额，有利于金融产品的销售。

（2）启示包括：①相关的工作人员不能总是等客户上门存款，要走出银行找客户，开拓市场发展客户。②对资金大户，要实施个性化、适时的营销手段。③银行对企业的营销不一定要提供敞口授信，高效、精准的服务非常重要。

□ 实践训练

你作为现代人充分享受着网络时代带来的好处，而我国商业银行已紧跟网络时代的步伐开始了网络营销的实践，如何从单一的传统营销模式向多元营销模式转变是商业银行面临的重要课题。

要求：围绕“开展网络时代的存款营销”论题，写一篇不少于1 500字的论文。

第4章 现金资产的管理

学习目标

知识目标：掌握现金资产的概念及构成；了解现金资产的作用；掌握资金头寸构成及预测调度的方法；熟知现金资产管理原则。

技能目标：能够分析商业银行资金头寸并对未来资金头寸作基本预测；学会应用库存现金、存款准备金及同业存款管理的基本方法。

素质目标：通过本章的学习，培养学生稳健的经营理念；在阐述现金资产管理与银行整体战略的关系中，培养学生对长期利益的平衡与协调的能力。

引例

警惕美国银行业流动性风险向偿付风险演进

近期，美国金融市场波动加大，银行业风险加速显现。特别是，专司于创新创业企业的美国硅谷银行的股价持续暴跌，因大额亏损和大幅挤兑，在尝试出售资产和再融资失败后，硅谷银行被监管机构关闭。这是2008年金融危机以来美国金融业最大倒闭案。同时，美国签字银行、瑞士信贷等机构的风险也急剧暴露，美国及国际银行业面临较大压力。

美国银行风险加速暴露的外部原因是美联储前期以超低利率超发货币，后期实施激进加息收紧政策。为了应对新冠病毒感染，2020年3月，美联储紧急降息至零利率，并推出无限量的量化宽松政策，美联储资产规模从4万多亿美元飙升至超过9万亿美元。受多重因素的影响，美国面临20世纪80年代以来最严重的通胀压力。

为了应对通胀并维系美联储公信力，美联储持续大幅加息，仅2022年就史无前例地加息7次上涨425个基点。美联储大幅加息使得市场流动性发生改变，收益率曲线整体抬升，风险溢价大幅上涨，金融体系风险整体呈现加速累积状态。这将使得全球风险资产面临估值重构压力，高风险资产价格下跌可能会更加明显，同时，部分新兴经济体或发展中国家的币值稳定和债务稳定也可能面临重大压力。

美国银行部门资产负债期限错配和风险管理缺位是当前风险加速暴露的内在根源。美国银行部门在流动性过剩和贷款需求疲软的情况下大量购入美国国债和抵押支持债券资产，同时，负债端短期存款的比重显著上升，资产负债错配以及期限错配较为显著。比如，硅谷银行吸收大量短期存款，而2 000亿美元总资产中一半为长期债券，而现金和现金类资产占比相对较小，同时其他资产主要用于为创新企业或中小企业提供贷款及其他金融服务，收益较高但期限长，风险也较大。

硅谷银行大肆寻求规模扩张，偏好高风险业务，加上服务对象中成熟企业占比相对较小，其资产负债错配和期限错配极其严重。2022年美联储大幅加息后，包括硅谷银行在内的诸多美国银行机构没有及时或短期内较难有效调整资产负债和期限结构，这直接带来严重的流动性和挤兑风险。在美联储加息后，不少金融机构前期配置的固定收益证券面临估值下挫和账面亏损，导致资产负债表迅速恶化。

为了应对美国银行业和国际金融市场的流动性风险，3月19日，美联储联合加拿大银行、英格兰银行、日本银行、欧洲中央银行和瑞士国家银行出台美元流动性互换安排，美元互换操作从每周1次加快为每天1次，并至少持续至4月底。这个操作将强化美元流动性供给，意图平抑当前美国银行业和国际金融市场流动性风险。

值得重点关注的是，美国银行业当前虽然面临较为显著的风险，但是其面临的主要是因资产负债错配或期限错配引致的流动性风险，尚未达到资不抵债的偿付风险阶段。当前，美国银行业的风险暴露叠加其他地区金融机构风险暴露，使得国际金融市场波动加大。由于银行持有的债券资产比重加大，在储户存款撤回或投资者资产管理产品赎回等压力下，存在一种“资产卖出-价格下跌”螺旋风险。如这种螺旋不断加强，则银行业存在资产负债表严重恶化并演化为偿付危机的可能性。

从国内看，需要防范当前美联储大幅快速加息后对全球流动性以及国内流动性的短期和中期影响，要通过优化流动性供给机制保障国内金融系统特别是银行间市场流动性相对稳定。同时，需要关注美国银行业或国际银行业资产负债和期限错配风险的演进情况，着重防范偿付风险及其潜在的重大关联性、系统重要性甚至系统性金融风险。未来，美国银行业、国际银行业以及国际重要金融市场的风险可能进一步加大，市场波动可能更为剧烈，风险防范化解的任务将更加严峻。

资料来源：郑联盛.警惕美国银行业流动性风险向偿付风险演进［EB/OL］.［2023-03-22］. https：//finance.sina.com.cn/jjxw/2023-03-22/doc-imymsywc9712700.shtml.

这一案例表明：美国银行业的流动性问题提醒我们，银行尽管面临外部风险，但内部的流动性风险是其根源所在。银行需要保持足够的流动性，以应对可能出现的资金流出压力。同时，银行应加强自身管理、监管和创新能力，提高风险防范能力，以应对可能出现的各种风险和挑战。

4.1 现金资产概述

4.1.1 现金资产的概念及构成

1）现金资产的概念

现金资产是指商业银行所持有的现金及与现金等同、随时可用于支付的银行资产，是银行资产中最富有流动性的部分。它作为满足银行流动性需要的第一道防线，是非营利性的资产，从经营的观点出发，银行一般都尽可能地把它降到法律规定的最低标准，即只要不造成交易障碍，银行总是尽可能少地保留现金。如果银行把腾出的资金用于别的投资，应极可能获得收益。

因此过量的现金准备具有较高的机会成本，并且随着投资利率水平的上升而增加。但是银行现金准备过少，又会产生很大的风险。如果银行手头没有足够的现金满足储户的提款需求，就将丧失储户对银行的信任。同样，一家银行必须与中央银行和其他有业务往来的银行间保持足够的存款余额以应对存款的外流。拥有太少的现金资产对清偿能力会产生潜在的不利影响，并增加借款成本。故银行现金资产应保持一个合理适度的水平。

2）现金资产的构成

商业银行的现金资产从构成上看，一般包括以下几类：

（1）库存现金。

它是指商业银行保存在金库中的现钞（纸币）和硬币。库存现金的主要作用是用来应付客户提取现金和银行本身的日常零星开支。商业银行经营必须以满足债权人的支付要求为前提条件，因此就必须经常保持一定数额的库存现金。但由于库存现金属非营利性资产，并且保管库存现金还需要花费银行大量的防卫费用，因此从经营的角度讲，库存现金不宜保存太多，而应保持适度的规模。

（2）在中央银行的存款。

它是指商业银行存放在中央银行存款准备金账户中的存款。它包括两部分：一是法定存款准备金；二是超额准备金。

法定存款准备金是按照法定比率向中央银行缴存的存款准备金。规定缴存准备金的最初目的，是保证商业银行备有足够的资金，以应付存款人的提取，避免发生挤兑而引起银行倒闭。法定存款准备金具有强制性，商业银行必须按法律规定缴存，一般不得动用，并要定期按银行存款额的增减而进行相应调整。法定存款准备金的调整是中央银行进行宏观调控的一般性货币政策工具之一。

所谓超额准备金，有两种含义：广义的超额准备金是指商业银行吸收的存款中扣除法定存款准备金以后的余额，即商业银行可用资金；狭义的超额准备金是指在中央银行存款准备金账户中超出了法定存款准备金的那部分存款。这部分存款就好像工商企业在商业银行的活期存款一样，可以用于随时补充法定存款准备金的不足、商业银行同业清算、保证应付存款的提取和补充贷款的准备金。

因为超额准备金是商业银行随时可支用的资金，其数额的多寡直接影响商业银行的流动性供给能力和信贷扩张能力。而中央银行的法定存款准备金率之所以能够作为调节信用的手段，正是因为法定存款准备金率的变化会影响商业银行超额准备金的数额。在准备金总量不变的情况下，它与法定存款准备金之间有此消彼长的关系。当法定存款准备金率提高时，法定存款准备金增加，商业银行的超额准备金就相应减少，其流动性供给能力和信贷扩张能力随之下降；反之，法定存款准备金率下降，商业银行的流动性供给能力和信贷扩张能力就增强。因此，超额准备金是银行货币政策的中介指标，直接影响社会信用总量。

（3）托收中的现金。

它是商业银行向其他银行收取的票据款项，也称托收未达款。商业银行在为客户办理票据支付清算的过程中，会产生需要向其他付款银行托收但尚未收妥的款项，它是一笔他行占用的资金，在途时间较短，收妥后即成为存放同业存款。因此，托收中的现金是银行之间票据支付清算过程中自然形成的，它也属于非营利性资产，银行一般将其视为现金资产。

（4）存放同业存款。

它是指商业银行出于业务上的需要，存放在其他银行的存款。其目的是便利同业之间的票据清算和代理收付，以及委托代理银行提供服务。同业存款为活期存款性质，可随时支用，因而通常被视为银行的现金资产，作为其营运资金的一部分。

4.1.2　现金资产的作用

商业银行持有现金资产的作用主要是应付各种日常支出，满足银行的流动性需求。

1）保持清偿能力的需要

商业银行是以盈利为目标，以经营金融资产和负债为主要内容的综合性、多功能的特殊的金融企业。作为企业，它和其他任何企业一样，都以利润最大化为目标。这一目标要求商业银行在安排资产结构时，尽可能持有期限较长、收益较高的资产。但商业银行又是一种风险较大的特殊企业，银行的经营资金主要来源于客户的存款和各项借入资金。

从存款负债来看，由于其是商业银行的被动负债，所以存与不存、存多存少、期限长短、何时提取等主动权都掌握在客户的手中，作为银行只能无条件满足客户的需要。如果银行不能满足客户的需要，就有可能影响银行的信誉，引发存款“挤兑”风潮，甚至使银行陷入流动性危机而遭受破产的命运。商业银行借入资金还需要还本付息，否则也会影响商业银行的信誉，严重威胁银行的安全。

因此，商业银行在追求盈利的同时，还必须保持一定数量的可直接用于应付提现和清偿债务的资产，而现金资产正是为了满足银行的流动性需要而安排的资金准备。所以持有一定数量的现金资产，对于商业银行保持其经营过程中的债务清偿能力，防范银行风险尤其是支付风险，具有非常重要的意义。

2）保持流动性的需要

商业银行在经营过程中会面临复杂的经营环境。环境的变化，又会使银行各种资产负债的特征发生变化。从银行经营的安全性和盈利性的要求出发，商业银行应当不断地调整其资产负债结构，保持应有的流动性。充足而合理的流动性，意味着一家银行在正常需要资金的时候，能够以合理的成本取得立即可用的资金。也就是说，一家流动性正常的银行在需要资金的时候，手头有足够可用的资金或者是能够通过借款或出售资产等方式迅速获得所需资金。

因此，银行对流动性的要求实际上是：①要保持适当的规模。②要在银行需要资金的时候足额供给，而在不需要的时候，这部分资金最好能够有其他用途，可以为银行带来盈利。因此在保持银行经营过程的流动性方面，不仅需要银行资产负债结构的合理搭配，确保原有贷款和投资的高质量和易变现性，同时也需要银行持有一定数量的流动资产，以利于银行及时抓住新的贷款和投资机会，为吸引客户、增加盈利提供有利条件。

3）满足同业清算及同业支付的需要

每家银行都必须在中央银行或其他金融机构保持足够的现金存款余额，用以支付票据交换的差额；另外在银行间的委托代理业务中，如果银行从其代理行获取服务，也必须用现金来支付代理银行的手续费和其他服务费用。

4）满足法定存款准备金的要求

商业银行在中央银行保留活期存款，主要原因是中央银行要求商业银行保持法定存款准备金，而活期存款可作为法定存款准备金。世界上大多数国家都实行存款准备金制度，商业银行和存款机构必须按照法定存款准备金率向中央银行缴纳存款准备金、超额准备金，目的是保持银行体系的支付能力，降低商业银行的风险，并借以控制和调节商业银行乃至整个社会的货币供应量。

另外，央行要求商业银行及其他金融机构在其基层银行开立存款账户，以维持交易账户和定期存款的支付，从而控制信贷供应量，进而影响整个经济的发展。

4.2 资金头寸

4.2.1 资金头寸的概念及其构成

商业银行的资金头寸是指商业银行手头拥有的资金和款项，或者说是商业银行能够直接、自主运用的资金。它包括时点（存量）头寸和时期（流量）头寸两种。时点头寸是指银行在某一时点上的可用资金；时期头寸是指银行在某一时期的可用资金。当一家银行存入款项大于付出款项时，称为“多头”；反之，则称为“空头”或“缺头”。而银行平衡资金收支总额的过程叫“轧平头寸”或称“平盘”。

商业银行的头寸根据层次来划分，可分为基础头寸和可用头寸。

1）基础头寸

基础头寸是指商业银行的库存现金与在中央银行的超额准备金之和。库存现金和超额准备金不仅是商业银行随时可以动用的资金，而且是商业银行一切资金清算的最终支付手段。无论是客户存款的提取和转移，还是对同业和中央银行的资金清算，都须通过基础头寸来进行。

在基础头寸中，库存现金和超额准备金是可以互相转化的，商业银行从其在中央银行的存款准备金中提取现金，就增加库存现金，同时减少超额准备金；相反，商业银行将库存现金存入中央银行准备金账户，就会减少库存现金而增加超额准备金。但在经营管理中，这二者的运动状态又有所不同：库存现金是为客户提现而保持的备付金（中国人民银行曾规定商业银行必须持有 5%~7% 的备付金），它将在银行与客户之间流通；而在中央银行的超额准备金是为有往来的金融机构保持的清算资金，它将在金融机构之间流通。此外，这二者运用的成本、安全性也不一样。

基础头寸的计算公式为：

基础头寸=库存现金金额+在中央银行的超额准备金

2）可用头寸

可用头寸又称可用资金，是指商业银行扣除法定存款准备金以后还可以运用的资金，它包括基础头寸和银行存放同业的存款。法定存款准备金的减少和其他资产的增加，表明可用头寸的增加；相反，法定存款准备金的增加和其他现金资产的减少则意味着可用头寸的减少。

可用头寸的计算公式为：

$$\text{可用头寸}=\text{基础头寸}\pm\text{上级行应调入或调出的资金}\pm\text{到期同业往来清入或清出的资金}\pm\text{法定存款准备金调增或调减额}\pm\text{应调增或调减二级准备金金额(在上级行准备金)}$$

银行的可用头寸有两个层次的内容：一是支付准备金，是用于应付客户提存和满足债权债务清偿需要的头寸。有些国家的中央银行为了保证商业银行的支付能力，以备付金比率的形式规定商业银行必须持有的规模，如我国。二是可贷头寸，可贷头寸是指商业银行在某一个时期内可直接用于贷款发放和投资的资金，它是形成商业银行营利资产的基础。

可贷头寸来自商业银行在中央银行的一般性存款，但又不能等同于超额准备金。因为超额准备金必须首先满足各项资金清算的需要，只有超过银行正常周转需要的限额的部分，才可以计算可贷头寸。从数量上看，可贷头寸等于全部可用头寸与规定期限的支付准备金之差。

商业银行对头寸的预测其实就是对流动性需要量的预测，因为头寸的变化最终取决于其存贷款资金运动的变化，任何客户存款的提取和贷款的增加，都要减少头寸；相反，任何客户存款的存入和贷款的归还，都可以增加头寸。可见，银行资金来源与运用的变动，能够引起银行头寸的变动。有时也会出现这样的情况，即银行资金来源与运用的变动不影响头寸总量的变动，但会引起头寸结构的变化，例如收回或增加存放同业存款、库存现金与在中央银行超额准备金的转换等。

4.2.2 资金头寸的预测

商业银行现金资产管理的核心任务是保证银行经营过程中的适度流动性，也就是说，银行一方面要保证其现金资产能够满足现金支出需要，另一方面又要追求利润的最大化，为此，需要银行管理者准确地计算和预测资金头寸，为流动性管理提供依据。

对银行资金头寸的预测，事实上就是对银行流动性需要量的预测。流动性风险管理是商业银行每天都要进行的日常管理。商业银行的现金资产每日每时都处于变动之中，一旦发生未预料到的现金流入或流出的变动，商业银行应该立即采取防范措施，通过变现资产或筹措资金来防止出现清偿危机。积极的流动性风险管理首先要求银行准确地预测未来一定时期内的资金头寸需要量或流动性需要量。

银行资金头寸或流动性准备的变化，主要取决于银行存贷款资金运动的变化。任何存款的支出和贷款的增加，都会减少头寸；反之，存款的增加和贷款的减少则会增加银行的资金头寸。表4-1列举了会引起银行资金头寸变化的主要资金来源和资金运用项目。

表4-1　**会引起银行资金头寸变化的主要资金来源与资金运用项目**

资金来源（增加头寸）	资金运用（减少头寸）
收到贷款利息和本金	新发放贷款
变现债券及债券到期	购买债券
存款增加	存款减少
其他负债增加	其他负债减少
发行新股	收购股份

另外，银行的有些资金来源和资金运用的变化，不会影响银行头寸总量的变化，但会引起头寸结构的变化，如向中央银行缴存准备金的变化，收回或增加存放同业存款等。

表4-2是某银行资金头寸需要量的预测表。银行根据国民经济发展的有关信息，估计未来一年中每个月的存贷款变化情况和应缴准备金变化情况，并在此基础上，预测每个月的头寸（流动性）需要。

表4-2　**某银行资金头寸需要量的预测表　金额单位：百万元**

月份	存款总额	存款的变化	所需准备金的变化	贷款总额	贷款的变化	头寸剩余（+）或不足（-）
12	593			351		
		-6.0	-0.42		+5.0	-10.58
1	587			356		
		+2.0	+0.14		+3.0	-1.14
2	589			359		
		-3.0	-0.21		-3.0	+0.21
3	586			356		
		+5.0	+0.35		+9.0	-4.35
4	591			365		
		+15.0	+1.05		-8.0	+21.95
5	606			357		
		+14.0	+0.98		-12.0	+25.02
6	620			345		
		-5.0	-0.35		-15.0	+10.35
7	615			330		
		+1.0	+0.07		+11.0	-10.07
8	616			341		
		+39.0	+2.73		+0.0	+36.27
9	655			341		
		-20.0	-1.4		+20.0	-38.60
10	635			361		
		+3.0	+0.21		+14.0	-11.21
11	638			375		
		-5.0	-0.35		+11.0	-6.35
12	643			386		

注：表中的存款准备金率是按7%计算的。

从表4-2中可见，该银行在1月预计存款要下降，而贷款要上升，这一个月银行会出现现金支出大于现金收入的情况，即出现流动性缺口1 058万元。而在5月、6月、7月这三个月贷款下降较多，使得这三个月出现了较大金额的剩余头寸。从10月开始，银行贷款的现金支出又大量增加，出现支出大于收入的情况，头寸又出现不足，流动性缺口分别为3 860万元、1 121万元和635万元。

小思考 4-1

针对头寸预测表中测算的未来银行资金头寸余缺状况，银行管理者应当如何处理？

答：银行管理者应当采取措施，积极地调度头寸。当头寸过剩时，应设法将资金运用出去；而当头寸不足时，应从金融市场上筹措新的资金来满足流动性的需要。

商业银行资金头寸或流动性准备的变化，归根结底取决于银行存贷款资金运动的变化。因此，商业银行对头寸的预测，主要是预测存贷款增减数量和幅度，以正确判断未来头寸的余缺情况，进而采取相应的措施进行头寸调度。

1）存款变动趋势的预测

在存贷款的变化趋势预测中，由于存款是商业银行的被动负债，存款变化的主动权更多地掌握在客户的手中，商业银行无法直接控制存款的变化数量和趋势，但是可以摸索存款变化的规律。通常我们按其变化规律，将存款分为三类：第一类是固定期限的存款，如定期存款或存单、发行的大额金融债券等，这一类存款可以明确它的提取时间；第二类是有一定期限，但可能随时提取的存款，如定活两便、零存整取存款等；第三类是随时可能提取的存款，如活期存款。

在这三类存款中，第一类存款在银行规定的监测时间段，能够形成一个稳定的存款余额；第二类和第三类为易变性存款，是银行的监测重点，需要观测在一段时间内这一类存款最低的稳定余额，其与第一类定期负债构成银行的核心存款线，如图 4-1 所示。

在图 4-1 中，将易变性存款的最低点连接起来，就形成了核心存款线，核心存款稳定性强，正常情况下没有流动性需求，商业银行存款的流动性需求通过易变性存款曲线来反映。虽然这样的反映只是大致的，但无疑为存款需要量的决策提供了重要的依据。

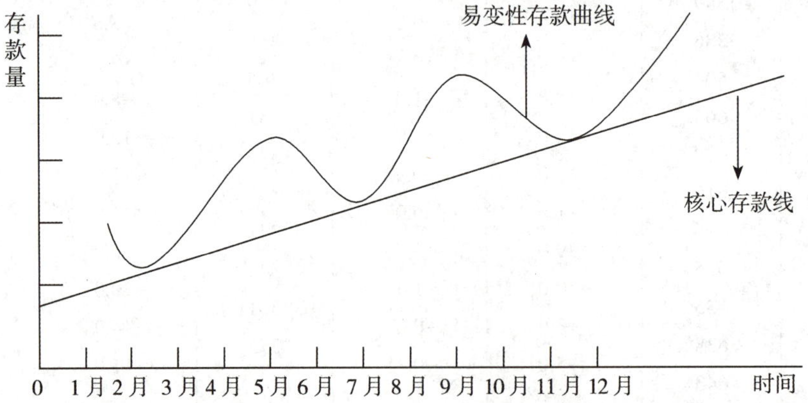

图4-1　存款需要量的变化趋势图

2）贷款变动趋势的预测

贷款需求变化和存款需求变化有所不同，商业银行只有在可用头寸供给有保证的情况下，才有可能去满足新增贷款的需求；如果没有相应的可用头寸供给，商业银行则可以延缓或拒绝贷款要求。因此，贷款需求的变化，完全可以由商业银行自身主动地加以调控。但是，在现代商业银行市场竞争的环境下，商业银行为了维护和搞好与客户的关系，也必须留有足够的可用头寸以满足客户的贷款需求。而且，商业银行贷款业务对银行流动性的影响主要体现在贷款一经发放，其主动权就在贷款客户手中。

贷款发放后，即使有贷款合同约束，贷款也不一定能够如期、如数归还，其更多地取决于客户有无还款能力和还款意愿如何，贷款本息一经拖欠，就会影响银行的资金头寸。所以从某种程度上讲，贷款对于商业银行来讲也是被动的，商业银行必须对贷款的变化作出预测，如图4-2所示。

图4-2中贷款趋势线由贷款需求的最高点连接而成，它反映了商业银行贷款需要量的变化趋势。而贷款波动曲线则在贷款趋势线以下，表示不同点上贷款需要量的变化幅度和期限，在一定时期内低于上线的贷款数，是商业银行为满足季节性和周期性变化需要而应持有的可贷头寸。

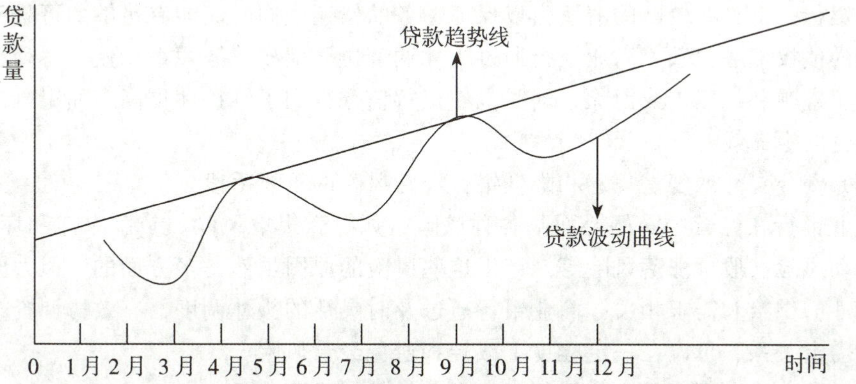

图4-2　贷款需要量的变化趋势图

3）贷款和存款的综合预测

商业银行还应综合贷款和存款的变化，进行综合预测。在一定时期，某一商业银行所需要的资金头寸量，是贷款增量和存款增量之差，可用公式表示为：

资金头寸需要量=预计的贷款增量+应缴存存款准备金增量-预计的存款增量

如果计算的结果为正数，表明银行的贷款规模呈上升趋势，商业银行需要补充资金头寸。若存款供给量不能相应增加，就需要其他渠道借款筹资；如计算的结果为负数，则情况恰好相反，表明商业银行还有剩余的资金头寸，可以通过其他渠道把富余的头寸转化为营利性资产。

拓展阅读4-1

如何预测商业银行的资金头寸？

4.2.3　资金头寸调度

1）资金头寸调度的概念

资金头寸调度，指的是在银行营运资金头寸不足（流动性供给小于流动性需求）或多余（流动性供给大于流动性需求）时，通过多种融资渠道，运用不同的融资方式，将多余的头寸调出，或拆入资金以弥补头寸的不足。由于资金头寸调度是有形的头寸调度，会引起银行营运资金数量的变化，因此，商业银行在进行资金调度时，要牢固树立资金整体营运的观念，强化一级法人意识，按照商业化原则灵活调度调剂资金，充分发挥营运资金的使用效益，实现资金安全性、流动性和效益性的最佳结合。

2）资金头寸调度的意义

（1）资金头寸调度是银行扩大业务、增强实力的基本手段。

头寸作为商业银行的一种资产，首先表现为一定的存量，存量要转化为流量，就必须进行调度。在头寸一定的条件下，善于调度的银行能有效加快资金周转的速度，业务规模也相应扩大；反之，业务规模就会缩小。同时，头寸是中央银行提供给商业银行的基础货币，是派生存款的基础。善于调度头寸的银行不但能有效地扩大基础货币，而且能协调好掌握基础货币的时间，增强派生存款的能力，提高银行的实力。

（2）资金头寸调度是维护和提高银行信誉的保证。

商业银行作为信用中介者，其经营活动表现为一系列的债权债务关系。凡善于调度头寸的银行，都具有较高的清偿力以保证债务的偿还，同时又能有足够的可贷头寸来建立适当的债权债务关系。商业银行通过头寸调度协调债权债务关系，使一系列债权债务关系能正常顺利地建立或消除，同时也使银行信誉得到了维护和提高，而银行信誉正是银行经营的生命线。

（3）资金头寸调度是规避和降低银行经营风险的重要手段。

商业银行在经营中必然要面临各种风险，如存款提取风险、贷款呆滞和坏账风险、利率波动风险、股价涨落风险等。产生这些风险的原因虽然是多方面的，但大多与银行资金头寸的供给和需求相关。商业银行通过及时灵活的头寸调度，有效协调资金头寸的供给和需求关系，可以在一定程度上减轻和避免经营风险。

（4）资金头寸调度是商业银行提高经营效益的重要途径。

有效的头寸调度能扩大银行业务和增强银行实力，而业务扩大和实力增强能带来银行收益水平的提高。凡能够及时灵活调度头寸的银行都能将非营利性资产降至安全可行的最低水平，使银行总资产中营利性资产的比重上升。商业银行盈利基础的提高，通常表示收益水平的上升。

3）资金头寸调度的原则

商业银行在调度资金头寸时，要从资金的流动性、安全性、效益性出发，遵循下列原则：

（1）保证存款支付的原则。

存款是银行营运资金的主要来源，银行要扩大营运规模，就要广泛吸收存款。客户存款的多少，不仅取决于客观经济过程中资金的变化，同时也取决于客户对银行的依赖程度。这里很主要的一个方面是银行能否及时满足客户支付存款的需要，包括客户可否随时提取现金或汇出款项。如果客户在要求支付存款时，银行因资金调度不灵，没有足够的现金以备提取，或因缺乏资金而长时间拖延汇出款项，从而影响客户的资金使用，就会引起客户对银行的不满，最终将因失去信誉而失去客户。因此，银行在调度资金时，必须将保证存款支付作为基本原则。

（2）瞻前顾后的原则。

营运资金每天都在不断地运转，头寸也经常发生变动。一般来说，为了方便头寸的计算，银行需要以营业日为基本日期，以便确定每日头寸多余状况会对当日及今后产生的影响，今后可能出现的变化也需要事先做好准备。比如，过去拆入的资金可能到期或即将到期，需要准备资金归还。再如，当日可能增加大量存款，但短期内就会转移，而近期内需要准备大量资金满足季节性贷款需要。这样，如果只是静态地分析资金供求状况，就会觉得头寸多余或不足，但从动态分析来看可能会是相反的情况。这就需要在判断资金头寸余缺，并采取调度措施时，予以通盘考虑，尽量符合一段时期资金变化规律。

（3）松紧适度的原则。

商业银行的营运资金运转不是孤立的，而是与中央银行的资金运动和其他商业银行的资金相互联系、相互影响的。因此，在调度资金时，应经常分析中央银行货币政策的变动趋势和资金市场的变化情况，以便确定本行头寸的合理松紧度。

一般来说，当市场银根较宽松时，银行可及时从市场调入头寸，并且银行可以根据客户的合理需要多发放一些贷款，少保留一些支付准备金，一旦头寸不足，可随时弥补。当市场银根趋紧时，银行必须靠自己调节平衡，多保留一些支付准备金。保持松紧适度，使银行资金运用自如，也是资金调度的一项重要原则。

4）资金头寸调度的方法及渠道

资金头寸调度包括调进和调出两个方面，无论是调进还是调出，都必须有相应的渠道。商业银行资金头寸调度的方法，可分为近期头寸调度和远期头寸调度两种。

（1）近期头寸调度。

在近期头寸调度的操作上，要求商业银行做到以下几个方面：

第一，要保持适度的支付准备金。

商业银行在中央银行的清算存款和库存现金，都是应付日常支出和清算所必需的资金，保持得过少，会引起支付准备金的不足，进而影响商业银行的流动性。但由于它们是低收益或无收益资产，保持过多，又会影响商业银行的盈利能力。

第二，选择多种渠道、多种方式调出调入资金。

调出调入资金的渠道主要有：

① 同业拆借。

任何一家经营有道的银行，都必然建立广泛的日拆性短期融资网络，在头寸紧缺时可及时拆进资金，头寸多余又可随时拆出资金。通过同业拆借，既能满足银行短期流动性的需要，又能使银行的日常周转头寸始终保持在一个适当水平，拆出资金的收益和拆入资金的成本大体相当，因此通过拆借渠道调度头寸已成为银行盈利的主要手段。

② 短期证券回购及商业票据交易。

短期证券尤其是短期国库券以及商业票据是商业银行的二级储备，也是商业银行头寸调度的主要渠道。商业银行在现金头寸不足时，可通过出售回购协议的方式，暂时卖出证券，调入资金；如现金头寸多余，则可通过购入回购协议的方式，调出资金，赚取利息。商业银行也可通过商业票据的买卖或贴现，来调度资金余缺。

③ 总行与分行之间的资金调度。

我国目前实行商业银行总行一级法人制。存款准备金的缴付与现金头寸的调度由各商业银行总行统一负责管理。因此，各商业银行的分行在现金头寸调度时，既可以在本地区的货币市场上参与同业拆借和短期证券买卖来调度头寸，也可以向总行借入资金或上缴资金。

④ 通过中央银行融通资金。

与中央银行的资金往来也是商业银行头寸调度的主要渠道之一。在商业银行资金头寸不足时，可采取再贷款和再贴现的方式向中央银行调入头寸；反之，商业银行头寸多余则直接反映为超额准备金的增加，可通过贷款和投资方式调出资金。

⑤ 出售中长期证券。

债券、股票等中长期证券是高营利性的流动资产，是商业银行为保持流动性而做的三级储备，而一年内到期的长期证券则视同短期证券而作为二级储备。商业银行中长期证券的买卖，也是一种头寸调度的渠道。当商业银行通过上述渠道仍无法弥补资金缺口时，可通过抛售中长期证券的办法调进头寸；而当银行可贷头寸充裕时，则可以选择有利的时机购进中长期证券。需要指出的是，证券投资是银行主要的营利性资产之一，银行从事中长期证券买卖的主要目的是获取盈利，头寸调度则处于从属地位，因此中长期证券买卖不应成为商业银行头寸的主要渠道。

⑥ 出售贷款和固定资产。

当银行突然遇到流动性危机，在上述所有渠道都难以弥补资金头寸的缺口时，银行还可以通过出售贷款和固定资产的方法调度头寸。西方国家商业银行对高质量的贷款通常采取回购转让的方式融通资金，对房屋、设备等固定资产则可采用出售、租赁的方式以解燃眉之急。

遗憾的是，当银行遇到信用危机和经营上的困难时，资金来源明显减少，融资条件苛刻，筹资成本上升，银行以出售贷款和固定资产的方式调进资金头寸往往得不偿失。因此，不到万不得已，商业银行的头寸调度通常不利用这一渠道。虽然银行的流动性危机往往是由客观原因造成的，但商业银行无法推脱经营管理不善的责任。

第三，应选择最佳路线和最佳时间调度资金。

资金调度存在一个在途时间，时间越长，积压的资金越多，就越会影响商业银行头寸的使用和资金周转，最终影响银行的效益。资金在途时间的长短，除了受银行系统资金划拨手段和服务质量的影响外，主要取决于所选择的调度路线和时间的长短。一般来说，商业银行调度资金应当“就近直达”。“就近”是指尽量与距离较近的地区联系，力争资金在当天进账；“直达”是指系统在调拨资金时，应避免产生中间阻塞。

第四，要加强内部各个业务部门的协调行动。

商业银行内部各个部门开展的各项业务活动都是紧紧围绕着资金这个中心来进行的，其结果也都要反映在库存现金和在中央银行超额准备金的变动上。因此，作为资金调度中心环节的计划部门的资金调度人员，应当加强与其他各部门工作人员的联系，及时了解资金在各部门的出入情况，以避免商业银行头寸严重不足或过度盈余情况的出现。

（2）远期头寸调度。

远期头寸调度是指商业银行根据一段时期以后资金变动趋势预测的情况，结合近期资金的松紧情况，作出的资金调度安排。

调度的主要方法有：

① 贷款安排。

商业银行在近期资金充裕时，要考虑一段时期以后的资金供应状况，特别是要考虑季节性因素的影响，而不能不顾期限，随意发放贷款，以致当远期资金需要量急剧上升时，贷款却因期限安排不合理而收不回来，从而导致出现流动性问题。

② 资产搭配。

这种方法适用于当市场上有多种金融资产可以选择时，商业银行将其可用资金分布在流动性和期限各不相同的多种资产上，通过资产的搭配来安排远期和近期资金的转换。这样做的目的是让商业银行随时都有流动性资产转换为可用资金，以避免可能出现的流动性危机。

拓展阅读 4-2

【全科案例】浙江农信：实时资金头寸管理

③ 意向协议。

当商业银行预测在季节性资金需求高峰，动用自身储备和利用其他筹资方式仍不足以填补资金缺口时，可采取事先与其他商业银行签订意向协议的方式，来满足流动性需求。这就要求商业银行既要有良好的信用，又要有良好的公共关系和业务协作网络。

④ 回购协议。

这种方法适用于商业银行近期头寸紧张，但预测未来某个时期头寸将比较宽松的情形。这时，商业银行可以通过回购协议暂时出售其持有的证券，等资金宽松时再将证券购回。这样做既能解决当前的流动性问题，又能获取一定的收益。

4.3　现金资产的管理

4.3.1　现金资产管理的原则

适度的流动性是银行经营成败的关键，同时也是银行盈利性与安全性的平衡杠杆。现金资产管理就是着力于对流动性需求的预测与满足，解决盈利性与安全性之间的矛盾。进行现金资产管理就是要在确保商业银行流动性需要的前提下，尽可能地降低现金资产占总资产的比重，使现金资产达到适度的规模。在现金资产管理的具体业务操作中，应当坚持以下基本原则：

1）总量适度原则

正因为现金资产具有高流动性、低盈利性的特征，故合理安排现金资产的存量结构就显得十分重要，其存量大小将直接影响盈利能力。如存量过大，机会成本太大，就会影响盈利性目标的实现；反之，如存量过小，不能满足客户的流动性需要，又必然要危及银行的正常经营。

因此，银行经营者对现金资产管理的首要目标就是适度控制存量，使银行所持有的现金资产既能满足银行正常经营的流动性需要，又不至于过多，以求通过降低机会成本而增加银行的盈利。按照最优存量管理理论，微观个体应使其非营利性资产保持在最低的水平上，以保证利润最大化目标的实现。

除总量控制外，合理安排现金资产存量结构也具有非常重要的意义。银行现金资产由库存现金、托收中的现金、同业存款和在央行存款四类资产组成。这四类资产从功能上和作用上来看，具有不同的特点，其结构合理有利于存量最优。因此，在存量适度控制的同时，也要注意其结构的内在合理性。

2）适度流量调节原则

现金资产的流量是指一定时期内现金流出流入的数量。商业银行的资金始终处于动态过程之中。随着银行各项业务的进行，商业银行的经营资金不断流进、流出，最初的存量适度状态就会被新的不适度状态所替代。商业银行必须根据业务过程中现金流量变化的情况，适时地调节现金资产流量，以确保现金资产的适度规模。

具体来说，当一定时期内现金资产流入大于流出时，商业银行的现金资产存量就会上升。此时，需及时调度资金头寸，将多余的资金头寸运用出去；当一定时期内现金资产流入小于流出时，商业银行的现金资产存量就会减少，商业银行应及时筹措资金补足头寸。

在存量适度的情况下，商业银行经营中资金不相等的流进和流出必然会破坏存量的适度性，因此唯有灵活地调节流量，才能始终保持存量的适度性。当资金流入量大于资金流出量而导致现金存量过大时，需要及时调度资金头寸，扩大对营利资产的投放量，以保持现金资产存量的适度性；相反，当资金的流出大于流入而导致现金资产减少时，就必须以较低的成本、较快的速度迅速弥补现金资产的不足。商业银行现金资产管理的核心目标就是要能始终维持对现金资产流量的灵活调节。

3）安全性原则

库存现金是银行现金资产中的重要组成部分，用于商业银行日常营业支付，是商业银行资产中唯一以现钞形式存在的资产。因此，对库存现金的管理应强调安全性原则。库存现金的风险主要来自盗窃、抢劫以及自然灾害或意外事故所造成的损失。同时，银行工作人员管理工作的失误，如清点、包装差错，或者是工作人员恶意挪用、贪污等都会带来风险。商业银行在库存现金管理过程中，必须健全安全保卫制度，全面提高工作人员职业道德和业务素质，确保资金安全。因此，加强库存现金的安全防范，保证不出差错，也是商业银行现金资产管理的一个重要目标。

4.3.2 库存现金的日常管理

银行库存现金集中反映了银行经营的资金流动性和盈利性状况。库存现金越多，流动性越强，盈利性越差。为了保证在必要的流动性前提下，实现更多的盈利，就需要把库存现金压缩到最低程度。为此，银行必须在分析影响库存现金数量变动的各种因素的情况下，准确测算库存现金需要量，及时调节库存现金的存量，同时加强各项管理措施，确保库存现金的安全。

1）影响银行库存现金的因素

（1）现金收支规律。

银行的现金收支在数量上和时间上都有一定的规律性。例如，对公出纳业务，一般是上午大量支出现金，而下午则大量收入现金。如果是回笼行处，下午班收进的现金金额，一般大于上午班付出的现金金额；如果是投放行处，则情况正好相反。在这种情况下，当天收入的绝大部分现金只能在第二天上午才能抵用。因此，一般情况下，付出现金的平均日发生额与必要的库存现金量成正比。另外，在一个年度当中，由于季节性因素的影响，有的季节银行现金收入多而支出少，而有的季节则支出多收入少。银行可以根据历年的收支状况，寻找其规律性，为资金头寸的预测提供依据。

（2）营业网点的多少。

银行经营业务的每一个营业网点，都需要一定的铺底现金。这样，银行营业网点越多，其对库存现金的需要量也就越多。因此，从一般情况来看，银行营业网点的数量与库存现金的需要量是成正比的。

（3）后勤保障的条件。

银行库存现金数量与银行的后勤保障条件也有密切关系。一般来说，如果银行后勤保障条件好，运输现金的车辆、保安充足且服务周到，则在每个营业性机构就没有必要存放太多的现金，否则就必须在每个营业网点存放较多的现金。

（4）与中央银行发行库的距离、交通条件及发行库的规定。

一般来说，商业银行营业网点与中央银行发行库距离较近，交通运输条件较好，商业银行就可以尽量压缩库存现金的规模。而中央银行发行库的营业时间、出入库时间规定也会对商业银行的库存现金产生重要影响。如果中央银行发行库的营业时间短，规定的出入库时间和次数少，势必增加商业银行的库存现金。

（5）商业银行内部管理。

除上述因素外，商业银行内部管理，如银行内部是否将库存现金指标作为员工工作业绩的考核指标，是否将其与员工的经济利益挂钩，银行内部各专业岗位的配合程度，出纳、储蓄柜组的劳动组合等，都会影响库存现金数量的变化。

2）银行库存现金规模的确定

在实际工作中，要确定一个十分合理的库存现金规模显然是比较困难的。但在理论上仍可以作一些定量分析，以便为实际操作提供理论依据或指导。

（1）库存现金需要量的匡算。

银行库存现金是其为了完成每天现金收支活动而需要持有的即期周转金。匡算库存现金需要量主要应考虑如下两个因素：

①库存现金周转时间。银行库存现金周转时间的长短受多种因素的影响，主要有：银行营业网点的分布状况和距离，交通运输工具的先进程度和经办人员的配置，进出库制度与营业时间的相互衔接情况等。

一般来说，城市银行营业网点的分布距离较近，而且交通运输条件较好，库存现金的周转时间就较短；农村银行营业网点的分布一般比较分散，相互之间的距离较远，而且交通运输条件也较差，其库存现金的周转时间就较长。库存现金是分系统按层次供给的，下级行的现金由上级行供给，因此上级行库存现金的周转时间也包含了下级行库存现金的周转时间。因而管理层次多的银行与管理层次少的银行相比，其库存现金周转时间也长一些。

②库存现金支出水平的确定。在银行业务活动中，既有现金支出，又有现金收入。从理论上讲，现金支出和现金收入都会影响现金库存。但在测算库存现金需要量时，主要是考虑作支付准备的现金需要量，因此不需要考虑所有的现金收支，而只需防止出现

收不抵支或先支后收的情况。所以，银行通常只需考虑支出水平对库存现金的影响。测算现金支出水平，一方面要考虑历史上同时期的现金支出水平；另一方面要考虑一些季节性和临时性因素的影响。

（2）最适送钞量的测算。

为了保持适度的库存现金规模，商业银行的营业网点需要经常性地调度现金头寸，及时运送现金。但运送现金需要花费一定的费用，如果这种费用过大，超过了占压较多现金而付出的成本，就会得不偿失。因此，银行有必要对运送现金的成本收益作一个比较，以决定最适合的送钞量。在这个最适合的送钞量上，银行为占用库存现金和运送钞票所花费的费用之和应当是最小的。我们可以运用经济批量法来进行测算。其公式为：

$$T = CQ/2 + AP/Q$$

其中：T为总成本；A为一定时期内的现金收入（或支出）量；Q为每次运钞数量；P为每次运钞费用；C为现金占用费率；A/Q为运钞次数；$Q/2$为平均库存现金量；AP/Q为全年运钞总成本；$CQ/2$为库存现金全年平均占用费用。

根据以上公式，用微分法来求经济批量的总成本T为极小值时的运钞量Q，即以Q为自变量，求T对Q的一阶导数$dT/dQ = C/2 - AP/Q^2$。

令导数等于零，则：

$$C/2 - AP/Q^2 = 0$$

$$Q^2 = 2AP/C$$

$$Q = \sqrt{\frac{2AP}{C}}$$

（3）现金调拨临界点的确定。

由于银行从提出现金调拨申请到实际收到现金需要一个或长或短的过程，特别是那些离中心库较远的营业网点，必须提前准备，绝不能等到现金库存用完了以后才申请调拨。同时，为了应付一些临时性的大额现金支出，也需要一个保险库存量。于是就有一个问题，即应当在什么时候在多大的库存量时调拨现金。这就是现金调拨的临界点问题。我们可以用以下公式来计算这个临界点：

现金调拨临界点=平均每天正常支出量×提前时间+保险库存量

保险库存量=（预计每天最大支出-平均每天正常支出）×提前时间

（4）银行保持现金适度量的措施。

在测算了最适运钞量和现金调拨临界点之后，银行保持适度现金库存就有了一个客观的依据。但要切实管好库存现金，使库存现金规模经常保持在一个适度规模上，还需要银行内部加强管理，提高管理水平。

①应将库存现金状况与有关人员的经济利益挂钩。

在对营业网点适度的现金库存规模作出测算的基础上，银行应将网点实际库存状况与适度库存量进行比较，并将库存现金状况与经济利益挂钩。在实践中，硬性地规定限额指标的效果不一定好，比较可行的办法是，给基层营业网点下达内部成本考核指标，并将成本考核指标与相关人员的经济利益直接挂钩。由于现金库存量的大小直接影响网点内部成本率的高低，所以这有利于促使有关人员在保证支出的前提下，主动压缩规模，实现现金库存的最优化。

②应实现现金出纳业务的规范化操作。

银行库存现金的多少，在很大程度上取决于对公出纳业务现金收支的规范化程度。因此，银行应尽可能地在对公现金出纳业务中实现规范化操作。首先，银行应尽可能开展代发工资业务，将各开户单位的工资直接以存单形式存入本行，避免每月的大量工资性现金支出；其次，要把开户单位发工资日及每天的资金支出金额均匀地排列在每一天；最后，对开户单位发放工资和其他大额现金支出应实行当天转账、次日付现的预约制度，由会计部门将每天的预约单及其金额通知出纳部门，出纳部门当天配款封包寄存，次日付现。预约起点金额可根据实际情况来决定。额度定得太低，会影响客户的日常经营活动；额度定得太高，又会增大商业银行控制库存现金的难度。掌握了客户发放工资和其他大额提现的时间和金额，就能够事先掌握绝大部分现金支出的时间和金额，对银行流动性不会产生大的冲击，又容易调剂。

③要掌握储蓄现金收支规律。

储蓄业务面对的是广大的个人存款者，可控性差，也难以人为地将现金收支规范化。但根据统计资料的分析，储蓄现金收支有很强的规律性。只要掌握了这种规律，银行便可以在保证支付的前提下，压缩备用金的库存。储蓄业务的现金收支一般具有以下规律：

一是在营业过程中，客户存取款的概率在正常情况下基本相等。也就是说，在正常情况下，不会出现大量客户取款而很少客户存款的情况，除非由于社会、经济、政治等特殊事件的发生，或遇到严重自然灾害，或本行经营情况严重恶化，客户对本行的安全性产生怀疑。因此，银行应当关心整个社会、经济和政治形势的发展变化，及时发现挤兑存款的苗头。

二是在多数情况下，上午客户取款的平均数大于下午。主要原因是人们提取大额现金购买大件商品一般都是在上午取款。这条规律告诉我们，当天的现金收入抵用现金支出具有时差，银行在每天营业开始时必须保留一定数额的备用金。

三是在一般情况下，每个月出现现金净收入和净支出的日期基本固定不变。由于储蓄资金主要来源于个人的工资收入，因此通常每月上旬客户领取工资扣除消费后会将其存入银行，表现为银行的净收入。而每月下旬，一些客户需要从银行支取现金用于消费，从而表现为银行现金的净支出。

④解决压低库存现金的技术性问题。

第一，要掌握好现金的票面结构。营业网点所处地点不同，对票面结构的要求也不同。如果票面结构不合理，也会增加现金库存量。第二，要充分发挥中心库的调剂作用。银行的中心库最好与地处中心位置、有大量现金投放网点的业务库合二为一。同时，要设专人负责全辖各业务网点的现金余缺调剂，以提高全辖现金抵用率。第三，各营业网点的出纳专柜要采取当天收现当天清点，消灭主币封包，下班前各档并捆的做法，尽可能把当天收进的现金全部用来抵用第二天的现金支出。第四，要创造条件，使储蓄所上交的现金在当日入账。第五，要将加收的残破币及时清点上缴，以减少库存现金。

⑤要在压缩现金库存所需增加的成本和所能提高的效益之间进行最优选择。

商业银行内部各营业网点现金余缺的调剂主要靠运钞车运送，因此现金调剂成本由运钞车的折旧费、维修费、燃料费、养路费、车船牌照费，以及司机、保安人员的工资与福利费用构成。现金库存的压缩效益可以用可能压缩的库存现金金额乘以商业银行全部资金的平均利差来表示。在其他因素不变的情况下，随着压缩库存现金带来的效益的提高，压缩现金的库存成本也在提高。所谓进行最优选择就是要使压缩库存现金带来的效益的提高大于成本的增加，当然现金库存的压缩是有限度的，所以在增加专门用来调运现金的车辆时，一定要考虑这个问题。

库存现金具有不同于其他现金资产的一个特点，即公众日常交易需要商业银行提供不同面额、不同形式的现钞和硬币。因此，商业银行在持有必要的库存现金的同时，还要注意保持合理的库存现金结构。

4.3.3 存款准备金管理

存款准备金是商业银行现金资产的主要组成部分。存款准备金包括两个部分：一是按照中央银行规定的比例上缴的法定存款准备金；二是准备金账户中超过法定存款准备金的超额准备金。因此，对商业银行来说，存款准备金的管理，包括法定存款准备金的管理和超额准备金的管理两个方面。

1）法定存款准备金的管理

法定存款准备金是根据商业银行存款余额，按照法定的比率向中央银行缴存的准备金。法定存款准备金起初是出于防范商业银行流动性危机的需要而建立的，发展到现代，其目的已不限于此。它已作为中央银行调节商业银行信用规模和信用能力的一个重要工具，被纳入货币政策的操作体系。

法定存款准备金管理，主要是准确计算法定存款准备金的需要量并及时上缴应缴的准备金。在西方国家的商业银行，计算法定存款准备金需要量的方法有两种：一种是滞后准备金计算法，主要适用于对非交易性账户存款准备金的计算；另一种是同步准备金计算法，主要适用于对交易性账户存款准备金的计算。

（1）滞后准备金计算法。

滞后准备金计算法是根据前期存款负债的余额确定本期准备金的需要量的方法。按照这种方法，银行应根据两周前的存款负债余额，来确定目前应当持有的准备金数量。这样银行可以两周前的7天为基期，以基期的实际存款余额为基础，计算准备金持有周应持有的准备金的平均数。表4-3列示的是滞后准备金计算法。

表4-3 滞后准备金计算法

第一周	第二周	第三周
计算基期周		准备金保持周

如某银行在8月12日（星期四）至18日（星期三）期间的非交易性账户的日平均存款余额为50 000万元，按照8%的法定存款准备金率，该行在8月12日（星期四）到18日（星期三）这一周中应保持的准备金平均余额为4 000万元。

（2）同步准备金计算法。

同步准备金计算法是指以本期的存款余额为基础计算本期的准备金需要量的方法。

通常的做法是：确定两周为一个计算期，如从8月10日（星期二）到8月23日（星期一）为一个计算期，计算在这14天中银行交易性账户的日平均存款余额。准备金的保持期从8月12日（星期四）开始，到8月25日（星期三）结束。这14天中的准备金平均余额以8月10日到8月23日的交易性账户的日平均存款余额为基础计算。

按照滞后准备金计算法计算出来的准备金需要量与按照同步准备金计算法计算出来的准备金需要量的合计，就是商业银行在一定时期需要缴纳的全部存款准备金。将这个需要量与已缴纳的存款准备金余额进行比较，如果余额不足，银行应当及时予以补足；如果已有的准备金余额超过了应缴准备金数，则应及时从中央银行调减准备金，增加商业银行的可用头寸。

知识链接 4-1　存款准备金制度的起源与内容

存款准备金制度起源于18世纪的英国，最初的主要功能是政府变相地向商业银行征税。历经美国1863年的《国民银行法》、1935年的《银行法》，准备金制度得到全球各国的普遍实施，存款准备金制度成为保证银行支付清算、控制货币供应量和稳定市场利率重要的货币政策工具。

自20世纪70年代以来，随着西方主要国家货币政策目标的调整以及金融创新活动的兴起，存款准备金率普遍大幅度下降，准备金制度重要性显著下降，其逐步演变成货币政策工具的辅助性工具。反观我国，存款准备金制度仍然是我国货币当局调整最为频繁，也是最为倚重的货币政策工具。

存款准备金制度的基本内容包括：①规定法定存款准备率。凡商业银行吸收的存款，必须按照法定比率提留一定的准备金存入中央银行，其余部分才能用于贷款或投资。

②规定可充当法定存款准备金的标的。一般只限存入中央银行的存款，英国的传统做法允许商业银行的库存现金抵充存款准备金；法国规定银行的高流动性资产（如政府债券）也可作为存款准备金的组成部分。

③规定存款准备金的计算、提存方法。一是确定存款类别及存款余额基础；二是确定缴存准备金的持有期。有的以商业银行的日平均存款余额扣除应付未付款项后的差额作为计提准备金的基础，有的以月末或旬末、周末的存款余额扣除应付未付款项后的差额作为计提基础。

确定缴存准备金的持有期一般有两种办法：一种是同期性准备金账户制，即以结算日的当期存款余额作为计提持有期；另一种是延期性准备金账户制，即以结算期以前的一个或两个时期的存款余额作为计提持有期。

④规定存款准备金的类别。其一般分为三种：活期存款准备金、储蓄和定期存款准备金、超额准备金。有的国家还规定某些特殊的准备金，中央银行一般不计付利息，实际存款低于法定准备限额的，须在法定时限内（一般是当天）补足，否则要受处罚；超过法定准备限额的存款余额为超额准备金，中央银行给予付息并允许随时提用。

2）超额准备金的管理

超额准备金是商业银行在中央银行准备金账户上超过了法定存款准备金的那部分存款。超额准备金是商业银行最重要的可用头寸，是银行进行投资、贷款、清偿债务和提取业务周转金的准备资产。商业银行在中央银行的超额准备金虽然也能获得一定的利息收入，但与其他营利资产（如贷款和投资等）相比，属于微利资产。因此，银行在超额准备金账户保留的存款不宜过多。

银行超额准备金管理的重点，就是要在准确测算超额准备金需要量的前提下，适当控制准备金规模。与法定存款准备金不同，商业银行持有的超额准备金规模不是由中央银行直接规定的，但中央银行的货币政策操作会影响商业银行持有的超额准备金。具体来讲，影响商业银行超额准备金需要量的因素主要有：存款波动、贷款的发放与收回以及其他因素，如向中央银行借款、同业拆借、法定存款准备金、信贷资金调拨及财政性存款等。

商业银行在预测超额准备金需要量的基础上，应当及时地进行头寸调度，以保持超额准备金规模的适度性。当未来的头寸需要量较大，现有的超额准备金不足以应付需要时，银行就应当设法通过诸如同业拆借、短期证券回购及商业票据交易、通过中央银行融资、商业银行系统内的资金调度以及出售其他资产等方法补足头寸，增加超额准备金；反之，当未来头寸需要量减少、现有超额准备金剩余时，则应及时寻求更佳的盈利机会用上述方法使用多余的超额准备金。

4.3.4 同业存款的管理

1）同业存款的目的

商业银行在其他银行开设活期存款账户并保有一定的存款，主要目的是支付代理银行所提供金融服务的手续费。许多商业银行由于自身条件的限制或者出于直接经办某些业务可能成本更高等原因，往往需要委托其他银行代为办理相关的金融业务。因此，接受服务的商业银行必须补偿代理银行所耗费的服务成本，并使代理银行能获得相应的收益。

通常的做法是，接受服务的商业银行必须在代理银行保持一定数额的存款，或者直接支付手续费，这是其获得金融服务而必须付出的成本。代理银行由此获得一笔可用于贷款或投资的资金，并用取得的利息收入补偿服务成本和获得利润。由于这部分存款随时可以使用，与库存现金和在中央银行的超额准备金没有什么区别，因此成为商业银行现金资产的组成部分。

按照银行现金资产管理的原则，同业存款也应当保持一个适度的量。同业存款过多，会使商业银行付出一定的机会成本；而同业存款过少，又会影响银行委托其他行代理业务的开展，甚至影响本行在同业之间的信誉。因此，商业银行在同业存款的管理中，需要准确地预测同业存款的需要量。

2）同业存款需要量的测算

一家商业银行对同业存款的需要量，主要取决于接受代理行服务的数量和项目、每项服务的收费标准、可投资余额的收益率等因素。其中，每项服务的收费标准和可投资余额的收益率往往是由接受和提供服务的商业银行双方协商确定的。接受服务的商业银行，必须比较获得服务的收益与付出的成本，以确认是否合算。

（1）使用代理行的服务数量和项目。

如前所述，银行将款项存放同业的主要目的是支付代理行代理本行业务的成本。因此，本行使用代理行服务的数量和项目，就成为影响同业存款需要量最基本的因素。如果使用代理行服务的数量和项目较多，同业存款的需要量也较多；反之，使用代理行服务的数量和项目较少，同业存款的需要量也就较少。

（2）代理行的收费标准。

在使用代理行的服务数量和项目一定的情况下，代理行的收费标准就成为影响同行存款需要量的主要因素。收费标准越高，同业存款的需要量就越大。

（3）可投资余额的收益率。

通常情况下，代理行是通过对同业存款的投资获取收益来弥补其为他行代理业务所支付的成本的，因此同业存款中可投资余额的收益率的高低，直接影响着同业存款的需要量。如果同业存款中可投资余额的收益率较高，同业存款的需要量就少一些；否则，同业存款的需要量就多一些。

情境模拟 4-1　　××商业银行头寸预测

场景：

假设你所在银行主管业务的领导让你提供银行的基础头寸数据，你如何根据下列资料（见表 4-4）提供准确的基础头寸数据？

操作：

第一步，在资料中找出基础头寸的构成项目数据。

第二步，按照如下基础头寸计算公式进行计算：

基础头寸=业务库存现金+在中央银行超额准备金存款=82+（680-390）=372（万元）

第三步，报送主管领导。

表 4-4　××商业银行的基础头寸数据　单位：万元

资金运用项目	上日末余额	资金来源项目	上日末余额
一、各项贷款	5 500		
二、在中央银行的存款准备金存款	680	一、各项存款	4 500
其中：法定存款准备金存款	390	二、同业往来	1 500
三、业务库存现金	82	其中：到期应付	120
四、同业往来	390		
其中：到期应收	110		

知识掌握

4.1 商业银行现金资产由哪些项目构成？其在商业银行的经营管理过程中起什么作用？

4.2 商业银行的头寸由哪些内容构成？

4.3 请简述如何预测商业银行的资金头寸。

4.4 商业银行资金头寸调度的意义是什么？渠道有哪些？

4.5 商业银行现金资产管理需要遵循哪些原则？

4.6 影响商业银行库存现金需要量的因素有哪些？

4.7 请简述法定存款准备金如何计算。

4.8 同业存款的主要目的是什么？

知识应用

□ 案例分析

2024 年首次超预期降准释放稳增长积极信号

1月24日，央行发布公告，自2024年2月5日起，下调金融机构存款准备金率0.5个百分点（不含已执行5%存款准备金率的金融机构），本次下调后，金融机构加权平均存款准备金率约为7.0%。其意图在于提振资本市场信心和缓解银行压力。

资料来源：佚名.2024年首次超预期降准释放稳增长积极信号［EB/OL］.［2024-01-29］.http://xinsanban.10jqka.com.cn/20240129/c654537074.shtml.

问题：此次降准对银行流动性及净息差有什么影响？

分析提示：阐述法定存款准备金与超额准备金的关系，从分析超额准备金与银行流动性的关系入手，阐述降准对银行流动性增强及净息差压力减小的意义。

□ 实践训练

库存现金是信用社金融服务不可或缺的交易内容，做好库存现金管理，是做好金融服务工作的重要保障，是管控风险、防范案件的重中之重，也是提高精细化管理水平、打造效益富社工程的重要保证。然而，目前农村信用社的库存现金管理却存在着一些问题，不尽完善，有待进一步规范。

要求：请你查阅相关资料后思考，如何在既保证备足现金用于正常业务运营，又确保现金安全的前提下做好现金的使用和管理，提高现金使用效率，压缩非生息资产占比，降低现金库管风险和业务经营风险。用不少于1 000字的文字阐述我国农村信用社库存现金管理存在的问题，并提出简要的解决对策。

第5章 商业银行贷款业务管理

学习目标

知识目标：了解商业银行贷款业务的概念、种类；了解贷款政策的内容；熟悉贷款的操作程序；掌握贷款定价的方法。

技能目标：能够熟练运用贷款程序操作完成贷款业务；能够根据具体情况选择适当的贷款定价策略。

素质目标：通过本章的学习，培养学生对问题深入分析的能力，提升其风险意识和贷款风险的评估能力。

引例

2023年末全国普惠型小微企业贷款余额超29万亿元

1月25日，国家金融监督管理总局普惠金融司司长郭武平在国新办发布会上介绍，截至2023年底，我国普惠型小微贷款余额达29.06万亿元，同比增长23.27%，比各项贷款平均增速高13.13个百分点。郭武平表示，经过10多年的发展，我国普惠金融取得了长足进步。金融监管总局不断加强监管引领，银行大多设立了专门的普惠金融部门，提高了内部考核比重，持续提升小微企业、“三农”等普惠金融重点领域的服务质效。

“去年新发放普惠型小微企业贷款的平均利率是4.78%，同比下降0.47个百分点。去年底普惠型涉农贷款达12.59万亿元，同比增长20.34%，利率也在下降。应该说，这些都是中国特色普惠金融体系的具体体现。”他表示。

郭武平表示，将按照中央金融工作会议的决策部署，落实好普惠金融大文章要求，综合小微企业、涉农主体、民营企业贷款，形成普惠信贷统一的监管口径，开展考核评估和数据披露，同时明确监管重点。

一是要求银行业金融机构聚焦小微企业和涉农主体资金需求，合理确定信贷投放节奏，力争普惠型小微企业贷款和普惠型涉农贷款这两个领域贷款的增速不低于各项贷款平均增速。

二是积极发展首贷、续贷，续贷要做到应续尽续、能续尽续，鼓励与生产经营周期相匹配的中长期贷款，推广随借随还的循环贷款，满足多样化融资需求。

三是逐步提升小微企业信用贷款比重。2023年底小微企业信用贷款占比达19.19%，同比提高2.29个百分点。今年，将继续引导银行放宽抵押物要求，加大信用贷款投放力度。

四是加强金融机构在产品销售、信息披露、收费定价等方面的行为监管，依法保护民营企业自主选择权、公平交易权。同时，加大对民营小微企业的信贷支持力度，推动民营小微企业法人贷款增速不低于各项贷款增速。加强对小微企业法人信贷的支持，提高小微企业法人贷款和户数比重。

郭武平说："我们将认真践行金融工作的政治性、人民性，着力做好普惠金融这篇大文章，努力打造又普又惠、好用不贵的中国特色普惠金融体系，更好服务实体经济和人民群众。"

资料来源：佚名.2023年末全国普惠型小微企业贷款余额超29万亿元［EB/OL］.［2024-04-03］. http：//www.ce.cn/xwzx/gnsz/gdxw/202404/03/t20240403_38957701.shtml.

这一案例表明：我国的商业银行坚持党的领导，走社会主义道路，在贷款面向的领域方面充分体现金融的人民性，突出金融的普惠性。通过贷款满足老百姓、小微企业和"三农"的合理金融需求，承担起一定的社会责任，让贷款在普惠金融中发挥重要的桥梁和纽带作用，成为促进经济发展和社会进步的重要力量。

5.1　贷款业务概述

5.1.1　贷款业务的概念

商业银行贷款是指商业银行作为贷款人按照一定的利率提供给借款人使用，并到期收回本金和利息的一种资金运用形式。贷款是商业银行的传统核心业务，也是商业银行最主要的营利资产。尽管目前商业银行的业务范围已大为扩展，中间、表外业务的比重不断提高，利润来源渠道也呈现多样化的特征，但对于大多数商业银行来说，商业贷款仍是最主要的业务活动。贷款业务之所以重要，原因是：

第一，作为间接融资渠道，银行的职责主要在于满足公众借款的需求。

第二，通过向信用可靠的人发放贷款，可建立并加强与客户的联系，增强银行出售其他服务的能力。

第三，贷款收息是银行收入的主要来源。

5.1.2　贷款业务的种类

贷款是由贷款的对象、条件、用途、期限、利率和贷款保障方式等多种因素构成的，这些因素的不同组合构成了贷款的种类。贷款种类划分有不同标准，常见的分类方法有：

1）按贷款期限分类

按贷款期限分类，商业银行贷款可以分为活期贷款与定期贷款两大类。

活期贷款又称通知贷款，即银行发放贷款时不预先确定期限，可以随时由银行发出通知收回，客户也可以随时偿还的贷款。这种贷款的主要特点是灵活、利率较低、流动性强。

定期贷款是银行按固定偿还期限发放的贷款，即在借款合同中规定的偿还期限到来之前，只要借款人没有违反借款合同的条款或行为，商业银行便不得要求借款人偿还的贷款。定期贷款按其偿还期限的长短，又可以分为短期贷款、中期贷款和长期贷款。根据《贷款通则》的规定，短期贷款系指贷款期限在1年以内（含1年）的贷款。中期贷款系指贷款期限在1年以上（不含1年）5年以下（含5年）的贷款。长期贷款系指贷款期限在5年（不含5年）以上的贷款。

2）按贷款的保障条件分类

按贷款的保障条件分类，商业银行贷款可以分为信用贷款、担保贷款和票据贴现。

信用贷款是商业银行仅凭借款人的信誉而无须借款人提供担保发放的贷款。

担保贷款是指以某些特定的财产或信用作为还款保证的贷款。担保贷款保障性强，有利于银行强化贷款条件，减少贷款的风险损失，是商业银行最主要的贷款方式。担保贷款按照担保方式的不同，又分为保证贷款、抵押贷款和质押贷款三种。

票据贴现是商业银行贷款的一种特殊方式，它是指银行应持票人（客户）的要求，以现款买进持票人持有但尚未到期的商业票据的方式而发放的贷款。票据贴现实行的是预扣利息，票据到期后，银行可向票据载明的付款人或承兑人收回票款。

3）按贷款规模分类

按贷款规模分类，商业银行贷款可以分为批发贷款与零售贷款两大类。

批发贷款也称为企业贷款，一般是指商业银行对个人、合伙人或公司为经营企业而发放的金额较大的贷款。批发贷款通常是商业银行贷款业务中的主要部分，包括工商业贷款、不动产贷款、农业贷款、对其他金融机构和政府的贷款。

零售贷款即消费者贷款，是指银行仅仅为满足个人消费目的而不是经营目的所发放的贷款，包括住房消费贷款、汽车贷款、教育贷款、医疗贷款、信用卡透支等。

4）按贷款的偿还方式分类

按贷款的偿还方式分类，商业银行贷款可以分为一次性偿还贷款和分期偿还贷款两类。

一次性偿还贷款是指借款人在贷款到期时一次性向商业银行偿还本金的贷款。这种贷款的利息可以分期支付，也可以在归还本金时一次性付清。一次性偿还贷款一般用于短期周转性贷款或金额较小的贷款。

分期偿还贷款是指借款人按预先约定的期限分次偿还本金和支付利息的贷款。商业银行中长期贷款大都采用这种方式，贷款期内分期偿还的次数、每次偿还的本金数额、利息的支付等都由借贷双方谈判决定，并在借款合同中明确规定。

5）按贷款风险等级分类法分类

按贷款风险等级分类法分类，商业银行贷款可分为正常贷款、关注贷款、次级贷款、可疑贷款和损失贷款五类，后三类合称为不良贷款。

（1）正常贷款。

借款人能够履行合同，没有足够理由怀疑贷款本息不能按时足额偿还。

（2）关注贷款。

尽管借款人目前有能力偿还贷款本息，但存在一些可能对偿还产生不利影响的因素。

（3）次级贷款。

借款人的还款能力出现明显的问题，完全依靠其正常营业收入无法足额偿还贷款本息，即使执行担保，也可能造成一定损失。

（4）可疑贷款。

借款人无法足额偿还贷款本息，即使执行担保，也要造成较大损失。

（5）损失贷款。

在采取所有可能的措施或一切必要的法律程序之后，本息仍然无法收回，或只能收回极少部分。

小思考 5-1

贷款五级分类与贷款四级分类相比，有哪些好处？

答：对于贷款五级分类，银行主要依据借款人的还款能力，即最终偿还贷款本金和利息的实际能力，确定贷款遭受损失的风险程度，其中后三类称为不良贷款。此前的贷款四级分类是将贷款划分为正常、逾期、呆滞、呆账四类。贷款五级分类是国际金融业对银行贷款质量公认的标准，这种方法建立在动态监测的基础上，通过对借款人现金流量、财务实力、抵押品价值等因素的连续监测和分析，判断贷款的实际损失程度。也就是说，贷款五级分类不再依据贷款期限来判断贷款质量，能更准确地反映不良贷款的真实情况，从而提高银行抵御风险的能力。

拓展阅读 5-1

金融机构助力科创企业跨越“死亡之谷”！

5.2 贷款政策管理

5.2.1 贷款政策的内容

贷款政策是指商业银行指导和规范贷款业务，管理和控制贷款风险的各项方针、措施和程序的总和。商业银行的贷款政策由于其经营品种、方式、规模、所处的市场环境的不同而各有差别，但其基本内容主要有以下几个方面：

1）贷款业务发展战略

银行贷款政策首先应当明确银行的发展战略，包括开展业务应当遵循的原则、银行希望开展业务的行业和区域、希望开展的业务品种和希望达到的业务开展的规模和速度。

大多数银行都将贷款业务视为其核心业务，因为贷款质量和贷款的盈利水平对实现银行的经营目标具有举足轻重的影响。所以在银行的贷款政策文件中都开宗明义地指出，贷款业务的开展必须符合银行稳健经营的原则，并对银行贷款业务开展的指导思想、发展领域等进行战略性的规划。

贷款业务发展战略，首先应当明确银行开展贷款业务应遵循的基本方针。目前，各国商业银行普遍奉行的贷款经营方针是安全性、流动性、盈利性。我国《商业银行法》规定，商业银行应遵循的经营方针是效益性、安全性和流动性。在明确了银行贷款应遵循的经营方针的基础上，应根据需要确定银行贷款发展的范围（包括行业、地域和业务品种）、速度和规模。

确定贷款业务开展的范围和规模时，既要考虑国家宏观经济政策的要求、当时经济发展的客观需要，又要考虑本行的实际能力；既不能过高地估计自己的发展能力，导致业务发展失控，增加贷款风险，也不能过低地估计自己的发展能力，束缚住自己的手脚，丧失业务发展的机会。

2）贷款工作规程及权限划分

为了保证贷款业务操作过程的规范化，贷款政策必须明确规定贷款业务的工作规程。贷款工作规程是指贷款业务操作规范化的程序。贷款程序通常包含三个阶段：第一阶段是贷前的推销、调查及信用分析阶段。这是贷款科学决策的基础。第二阶段是银行接受贷款申请以后的评估、审查及贷款发放阶段。这是贷款的决策和具体发放阶段，是整个贷款过程的关键。第三阶段是贷款发放以后的监督检查、风险监测及贷款本息收回的阶段。这一阶段是关系到贷款能否及时、足额收回的重要环节。

贷款政策文件除了规定贷款工作的基本程序外，还必须明确规定贷款的审批制度。为了使贷款管理的各个环节和岗位相互制约、共同保证贷款质量，我国明确实行"审贷分离"制度，即将上述贷款程序的三个阶段分别交由三个不同的岗位来完成，并由其相应承担由于各个环节工作出现问题而带来的风险责任。

在实行"审贷分离"制的情况下，通常将信贷管理人员分为贷款调查评估人员、贷款审查人员和贷款检查人员。贷款调查评估人员负责贷前调查评估，承担调查失误和评估失准的责任；贷款审查人员负责贷款风险的审查，承担审查失误的责任；贷款检查人员负责贷款发放以后的检查和清收，承担检查失误、清收不力的责任。

贷款审批制度的另一个重要内容是贷款的分级审批制度。由于目前我国商业银行实行的是一级法人体制，商业银行内部的贷款审批需要实行分级授权制。贷款审批的分级授权是银行根据信贷部门有关组织、人员的工作能力、经验、职务、工作实绩以及所负责贷款业务的特点和授信额度，决定每位有权审批贷款的人员或组织的贷款审批品种和最高贷款限额。

一般来说，分级授权的主要依据是贷款的金额，因为贷款给银行带来的风险直接反映在贷款金额上，金额越大、风险越大，对贷款专业知识和经验的要求也就越高。授权一般由银行董事会或最高决策层作出，自董事会到基层行管理层，权限逐级下降。

3）贷款的规模和比率控制

商业银行在贷款政策中应当为自己确定一个合理的贷款规模，这有利于银行制订详细而周密的年度贷款计划。虽然影响贷款规模的因素十分复杂，但商业银行在贷款政策中还是有必要作出相关的说明和规定。

通常，银行根据负债资金来源情况及其稳定性状况，以及中央银行规定的存款准备金率、资本状况、银行自身流动性准备金率、银行经营环境状况、贷款需求情况和银行经营管理水平等因素，来确定计划的贷款规模。这个贷款规模既要符合银行稳健经营的原则，又要最大限度地满足客户的贷款需求。

银行贷款规模是否适度和结构是否合理，可以用一些指标来衡量。其主要有：

（1）贷款/存款比率。

贷款/存款比率这一指标反映银行资金运用于贷款的比重以及贷款能力的大小。我国《商业银行法》规定，银行的这一比率不得超过75%。如果超过这一比率，表明贷款规模过大，因而风险也较大。在这一比率范围内，比率越低，说明其安全性越高，但盈利能力可能较低，增加新贷款的潜力也较大。

（2）贷款/资本比率。

贷款/资本比率反映银行资本的盈利能力和银行对贷款损失的承受能力。这一比率越高，说明银行在能收回贷款本息的前提下的盈利能力也越高，承受呆账损失的能力也越强。这一比率越低，资本盈利能力和损失承受能力也越低。我国中央银行根据《巴塞尔协议》规定的国际标准，确定商业银行资本总额与加权风险资产之比不得低于8%，核心资本与加权风险资产之比不得低于4%。

（3）单个企业贷款比率。

单个企业贷款比率是指银行的最大客户或排名前十的客户的贷款与银行资本的比率。它反映了银行贷款的集中程度和风险状况。我国中央银行规定，商业银行对最大客户的贷款余额不得超过银行资本的15%，对排名前十的客户的贷款余额不得超过银行资本的50%。在上述比率范围内，这一指标越低，说明贷款集中程度越低，按照风险分散的原则，其贷款风险程度也就越低。

（4）中长期贷款比率。

中长期贷款比率是银行发放的1年期以上的中长期贷款余额与1年期以上的各项存款余额的比率。它反映了银行贷款总体的流动性状况，这一比率越高，流动性越差；反之，流动性越强。根据目前我国中央银行的规定，这一比率必须低于120%。

4）贷款种类及地区

贷款的种类及其构成，形成了银行的贷款结构。而贷款结构对商业银行信贷资产的安全性、流动性、盈利性都具有十分重要的影响。因此，银行贷款政策必须对本行贷款种类及结构作出明确的规定。银行管理部门通常必须决定本行承贷哪几种贷款最为有利。银行在考虑了诸如贷款的风险、保持流动性、银行所要服务的客户类型、银行工作人员的能力等因素后，应在企业贷款、消费贷款、农业贷款等贷款领域中分配贷款总额。当然，受地区经济发展的制约，贷款也可能集中在某一个领域。

贷款地区是指银行控制贷款业务的地域范围。银行贷款的地区与银行的规模有关。大银行因其分支机构众多，在贷款政策中一般不对贷款地区作出限制。中小银行则往往将其贷款业务限制在银行所在城市和地区，或该银行的传统服务地区，银行在这些地区的贷款投放量往往较大，而且与当地的工商界建立了良好的往来关系。这使得银行对该地区的经济情况比较了解，对借款人的信用分析、贷款质量的跟踪检查较为方便、可靠，在该地区放款对银行来说更为安全。

5）贷款的担保

在贷款政策中，银行应根据有关法律确定贷款的担保政策。贷款担保政策一般应包括以下内容：

（1）明确担保的方式，如《中华人民共和国担保法》规定的担保方式有保证人担保、抵押担保、质押担保、留置以及定金等。

(2) 规定抵押品的鉴定、评估方法和程序。

(3) 确定贷款与抵押品价值的比率、贷款与质押品价值的比率。

(4) 确定担保人的资格和还款能力的评估方法与程序等。

在贷款政策中明确上述担保政策，是为了完善贷款的还款保障，确保贷款的安全性。

6) 贷款定价

在市场经济条件下，贷款的定价是一个复杂的过程，银行贷款政策应当进行明确的规定。银行贷款的价格一般包括贷款利率、贷款补偿性余额（回存余额）和对某些贷款收取的费用（如承担费等），因此贷款定价也不仅仅是一个确定贷款利率的过程。在贷款定价过程中，银行必须考虑资金成本、贷款风险程度、贷款的期限、贷款管理费用、存款余额、还款方式、银行与借款人之间的关系、资产收益率目标等多种因素。

对于贷款业务量较大的银行来说，贷款委员会或信贷管理部门通常根据贷款的类别、期限，并结合其他各种需要考虑的因素，确定每类贷款的价格。有些银行的信贷管理部门还将其制作成统一的价格表，供信贷员在发放常规贷款时使用或参考。有些银行不制定统一的价格表，对于同一类贷款也根据不同情况制定不同的价格。即使使用统一的价格表的银行，对于金额较大、期限较长或存款余额较多的客户，也可根据其特殊情况对价格实行上浮或下浮。

7) 贷款档案管理政策

贷款档案是银行贷款管理过程的详细记录，体现银行经营管理水平和信贷人员的素质，可直接反映贷款的质量，在一些情况下，甚至可以决定贷款的质量。贷款档案管理政策是贷款政策的重要内容，银行应该建立科学、完整的贷款档案管理制度。

一份完整的贷款档案应包括四个部分：①法律文件、信贷文件和还款记录。②贷款档案的保管责任人。信贷管理人员应该清楚所管的档案的完整程度，对所缺内容及原因作书面记录，并将其归入贷款档案。③明确贷款档案的保管地点。对法律文件要单独保管，应保存在防火、防水、防损的地方。④明确贷款档案存档、借阅和检查制度。

8) 贷款的日常管理和催收制度

贷款发放出去以后，贷款的日常管理对保证贷款的质量尤为重要，故应在贷款政策中加以规定。贷款发放以后，信贷员应保持与借款人的密切联系，定期或不定期地走访借款人，了解借款人的业务经营情况和财务状况，进行定期的信贷分析，并形成信贷分析报告存档。

同时，银行应制定有效的贷款回收催收制度。例如，在贷款还本付息到期日之前的一定时间内，应提前书面通知借款人偿还到期的贷款本息。当借款人未能按时还本付息时，银行应立即与借款人取得联系，并积极予以催收。如果借款人仍然不能还款，银行应进一步采取措施，通过上门催收、约见借款人或借款企业经理共同研究还款问题等办法，努力收回贷款本息。

9) 不良贷款的管理

对不良贷款的管理是商业银行贷款政策的重要组成部分。贷款发放以后，如在贷后检查中发现不良贷款的预警信号，或在贷款被评为关注级以下贷款时，都应当引起充分的重视。对于各种不良贷款，应当明确规定处理的程序和基本的处理方式，并根据各类不良贷款的情况以及质量等级，将监控、重组、挽救、追偿、诉讼、冲销等处理不良贷款和债权的各个环节、各程序的工作落实到具体的部门，定岗、定人、定效地防范、管理贷款风险，最大限度地维护、保全银行债权。

5.2.2 制定贷款政策应考虑的因素

银行的管理者在制定该行的贷款政策时，一般要考虑以下因素：

1）有关法律法规和国家的财政、货币政策

商业银行的贷款业务是在国家法律法规的规范下，在一定时期国家宏观经济政策的指导下开展的。在制定贷款政策时，商业银行的高层管理者，首先必须了解并掌握国家有关法律法规，熟悉国家在一定时期的财政政策和货币政策要求，使商业银行业务既合法，又合理，既体现国家法律和政策的要求，又能取得较好的经济效益。

2）银行的资本状况

商业银行的资本状况对贷款政策有重要影响。商业银行的资本构成、核心资本与附属资本的比例、资本与加权风险资产的比率、资本与总资产的比率、贷款呆账准备金与贷款的比率等都会影响银行承担贷款风险的能力。其中，实力较强、资本构成中核心资本比率较高、呆账准备金较充裕的银行，其承担风险的能力就较强；反之，如果资本实力较弱、资本结构脆弱、呆账准备金较少，银行承担风险的能力也就较低，在发放高风险贷款时应十分谨慎。

3）银行负债结构

商业银行的负债结构和负债的稳定性状况也是影响银行政策的重要因素。按照稳健经营的原则，商业银行必须根据负债的结构安排资产的结构，因此银行负债的性质、期限、利率、费用等都直接制约贷款结构的形成。在制定贷款政策时，银行管理者必须从本行负债结构状况的现实和可能性出发，合理安排贷款的期限结构、用途结构和利率结构。

4）服务地区的经济条件和经济周期

银行所在地区的经济状况对银行贷款政策有直接的影响。贷款政策文件应根据地区经济现实条件的变化，及时地体现调整后贷款的结构、投向，以确保贷款为经济服务。同时，银行贷款政策应充分考虑经济周期的影响。在经济萧条、市场不景气时，银行大量发放中长期贷款往往要承受较大的风险。在经济结构调整期，银行贷款的流向要特别注意与国家产业政策相协调。

5）银行信贷人员的素质

在制定贷款政策时，银行信贷人员的素质也是一个不容忽视的因素。信贷人员的素质包括知识水平、能力、经验、责任心等。在正常情况下，如果本行信贷人员素质较高，银行贷款业务可以更多地向具有较高风险和收益的领域拓展；反之，如果本行信贷人员总体上素质较低，那么在制定贷款政策时，不仅要对贷款各个环节的工作实施更加严格的控制，而且应尽量避免涉及高风险领域，以免由于信贷人员的知识、能力、经验不足和责任心不强，而给银行贷款带来不必要的损失。

5.2.3 贷款程序

为了保证贷款安全，任何一笔贷款，都必须遵循以下工作程序：

1）贷款申请

凡符合借款条件的借款人，在银行开立结算账户、与银行建立信贷关系之后，如果出现资金需要，都可以向银行申请贷款。借款人申请贷款必须填写“借款申请书”。“借款申请书”的基本内容包括：借款人名称、性质、经营范围，申请贷款的种类、期限、金额、方式、用途、用款计划、还本付息计划以及有关的经济技术指标等。

为便于贷款人审查贷款，借款人在递交“借款申请书”的同时，还必须提供以下资料：①借款人及保证人的基本情况及有关法律文书，如营业执照、法定代表人证明文件等；②财政部门或会计师（审计）事务所核准的上年度会计报表及申请贷款前一个月的财务报表或资产负债表；③原有不合理占用的贷款纠正情况；④自有资本和自有流动资金补充情况；⑤担保品及拟同意担保的有关证明文件；⑥贷款人认为需要提供的其他文件、证明等。

如果借款人申请中长期贷款，除了上述资料外，借款人还必须提供以下资料：①项目开工前期准备工作的情况报告；②在开户银行存入规定比例资金的证明；③经批准下达的项目开工通知书；④按规定项目竣工投资所需自有流动资金落实情况及证明材料；⑤进出口协议或合同等。

2）贷款调查

银行在接到借款人的“借款申请书”后，应指派专人进行调查。

其调查的内容主要有两个方面：

（1）关于借款申请书内容的调查。

主要调查其内容的填写是否齐全、数字是否真实、印鉴是否与预留银行印鉴相符、申请贷款的用途是否真实合理等。

（2）贷款可行性的调查。

主要调查如下四个方面：①借款人的品行，主要了解与借款人的资料有关的证明文件和批准文件；②借款合法性，主要了解借款的用途是否符合国家产业、区域、技术以及环保政策和经济、金融法规；③借款安全性，主要调查借款人的信用记录及贷款风险情况；④借款的盈利性，主要调查测算借款人使用贷款的盈利情况及归还贷款本息的资金来源等。

3）对借款人的信用评估

银行在对借款人的贷款申请进行深入细致的调查研究的基础上，还要利用掌握的资料，对借款人进行信用评估，划分信用等级。信用评估可以由贷款银行独立进行，评估结果由银行内部掌握使用；也可以由监管当局认可的有资格的专门信用评估机构对借款人进行统一评估，评估结果供各家银行有偿使用。

4）贷款审批

对于审查评估符合贷款条件的贷款申请，银行应当及时进行审批。银行要按照“分级负责、集体审定、一人审批”的贷款审批制度进行贷款决策，逐笔逐级签署审批意见并办理审批手续。为了保证贷款决策科学化，凡有条件的银行都应当建立贷款审查委员会，进行集体决策。

5）借款合同的签订和担保

借款申请经审查批准后，必须按《中华人民共和国民法典》（简称《民法典》），由银行与借款人签订借款合同。在我国，借款合同的文本由银行拟定，报中国人民银行审定后自行印刷。对于保证贷款，保证人须向银行出具“不可撤销担保书”或由银行与保证人签订“保证合同”；对于抵押贷款和质押贷款，银行须与借款人签订抵押合同或质押合同。需办理公证或登记的，还应依法办理公证和登记手续。

6）贷款发放

借款合同生效后，银行应按合同规定的条款发放贷款。在发放贷款时，借款人应先填好借款借据，经银行经办人员审核无误，并由信贷部门负责人或主管行长签字盖章，送银行会计部门，将贷款足额划入借款人账户，供借款人使用。

知识链接 5-1　　贷款发放阶段如何严格把关

在贷款发放阶段，应做到：一是认真核实客户用款手续及凭证的真实性、合法性、有效性；二是按合同规定或项目建设进度、资金到位情况发放贷款；三是严禁在未完善各项手续的情况下让企业先用贷款；四是严格监督企业按照合同用途和用款计划使用贷款。

7）贷款检查

贷款发放以后，银行要对借款人执行借款合同的情况即借款人的资信状况进行跟踪调查和检查。检查的主要内容包括：借款人是否按合同规定的用途使用贷款；借款人资产负债结构的变化情况；借款人还款能力即还款资金来源的落实情况等。违反国家有关法律法规、政策、制度和借款合同规定使用贷款的，检查人员应及时予以制止并提出处理意见。问题突出、性质严重的，要及时上报主管领导甚至由上级行采取紧急措施，以尽量减少贷款的风险损失。

8）贷款收回

贷款到期后，借款人应主动及时归还贷款本息，一般可由借款人开出结算凭证归还本息，也可由银行直接从借款人账户中扣收贷款本息。贷款到期，客观情况发生变化，借款人经过努力仍不能还清贷款的，短期贷款必须在到期日的10天前、中长期贷款在到期日的180天前，向银行提出贷款展期申请。

如果银行同意展期，应办理展期手续。每笔贷款只能展期一次，短期贷款展期不得超过原贷款期限；中长期贷款展期不得超过原贷款期限的一半，且最长不得超过3年。贷款展期后，如展期期限加上原贷款期限达到新的档次利率期限，则按新期限档次利率计息。如果银行不同意展期，或展期以后仍不能到期还款，即列为逾期贷款，银行对其应进行专户管理，并加大催收力度。

知识链接 5-2

贷款流程如图 5-1 所示。

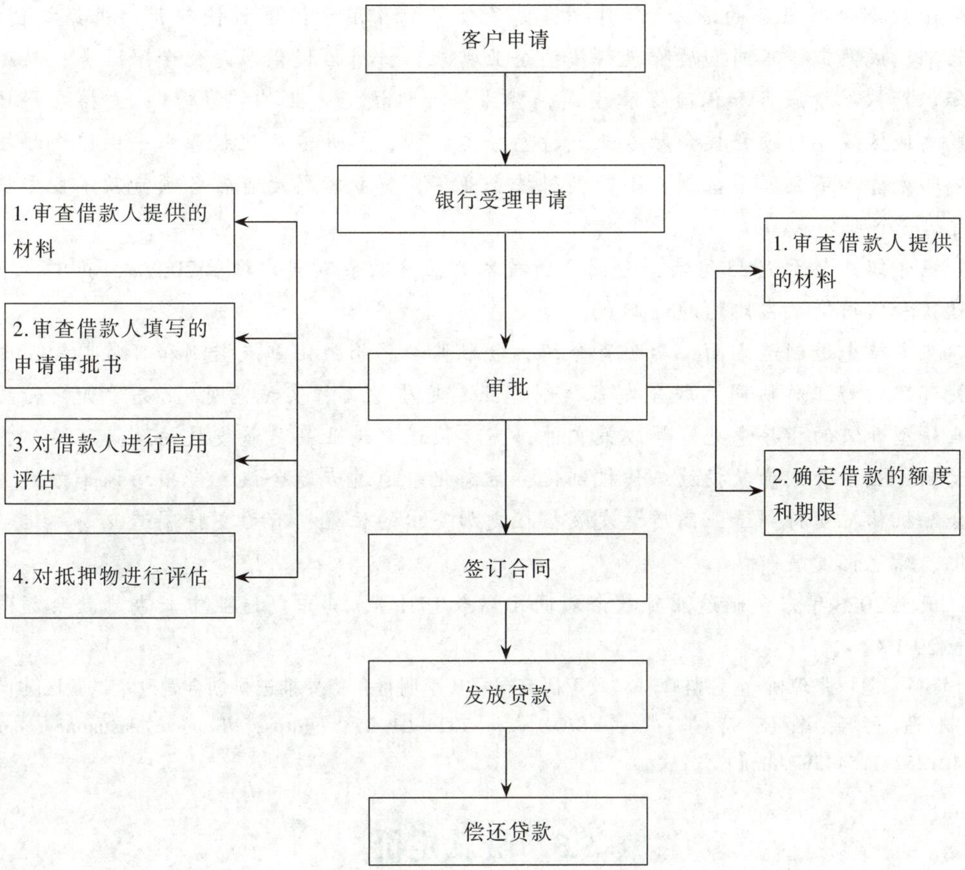

图5-1　贷款流程图

热点聚焦 5-1

金融监管总局政策研究司司长李明肖：稳妥推进科创金融改革试验区建设 深化制造业金融支持举措

金融监管总局新闻发言人、政策研究司司长李明肖 1 月 25 日在国务院新闻办公室举行的新闻发布会上表示，下一步，金融监管总局将全力做好科技金融大文章，推动完善多层次科技金融服务体系，在风险可控前提下，会同有关部门稳妥推进科创金融改革试验区建设，深化制造业金融支持举措，指导金融机构落实落细各项政策要求，不断丰富金融产品和服务，持续加大对科技创新、先进制造的支持力度，助力新质生产力发展，努力为加快建设现代化产业体系提供有力金融支撑。

他表示，金融监管总局坚持把金融服务实体经济作为根本宗旨，围绕科技创新、先进制造等重点领域，不断完善金融监管政策，引导金融机构加大金融支持力度，增强金融服务能力，切实推动经济社会高质量发展。

在支持科技创新方面，李明肖表示，金融监管总局制定印发《关于加强科技型企业全生命周期金融服务的通知》，引导将更多金融资源用于促进科技创新，根据初创期、成长期、成熟期等不同发展阶段科技型企业需求，针对性提供多元化金融服务；鼓励丰富知识产权融资服务和保险保障模式，努力提升科技型企业"首贷率"；支持在科技资源聚集地区规范建设科技金融专业或特色分支机构，提升专业化服务水平；健全科技贷款尽职免责和不良容忍机制，小微型科技企业不良贷款容忍度可较各项贷款不良率提高不超过3个百分点。

据介绍，截至2023年末，全国高新技术企业贷款余额同比增长20.2%，其中，中长期贷款和信用贷款占比均超过四成。

在支持先进制造方面，李明肖介绍，金融监管总局强化重点监测和日常监管，会同有关部门做好工作协同，联合发布《制造业卓越质量工程实施意见》《关于加快传统制造业转型升级的指导意见》等政策文件，完善促进制造业高质量发展的政策环境，推动扩大制造业中长期贷款投放工作机制化、常态化。通过专题会议、专项培训等方式，引导金融机构把支持制造业高质量发展摆在更加突出的位置，有力支持制造业高端化、智能化、绿色化发展。

截至2023年末，制造业贷款余额同比增长17.1%，其中制造业中长期贷款余额同比增长29.1%。

资料来源：张琼斯.金融监管总局政策研究司司长李明肖：稳妥推进科创金融改革试验区建设 深化制造业金融支持举措［EB/OL］.［2024-01-25］. https://finance.eastmoney.com/a/202401252972544397.html.

5.3 贷款定价

贷款是商业银行主要的营利资产，贷款利润的高低与贷款价格有直接的关系。贷款价格高，利润就高，但贷款的需求将因此而减少；相反，贷款价格低，利润就低，但贷款需求将会增加。因此，合理确定贷款价格，既能为银行取得满意的利润，又能被客户所接受，是商业银行贷款管理的重要内容。

5.3.1 贷款定价原则

1）利润最大化原则

商业银行是经营货币信用业务的特殊企业。作为企业，实现利润最大化始终是其追求的主要目标。信贷业务是商业银行传统的主营业务，存贷利差是商业银行利润的主要来源。因此，银行在进行贷款定价时，首先必须确保贷款收益足以弥补资金成本和各项费用，在此基础上，尽可能实现利润的最大化。

2）扩大市场份额原则

在金融业竞争日益激烈的情况下，商业银行要求生存、求发展，必须在信贷市场上不断扩大其市场份额。同时，商业银行追求利润最大化的目标，也必须建立在市场份额不断扩大的基础上。影响银行市场份额的因素非常复杂，但贷款价格始终是影响市场份额的一个重要因素。如果一家银行贷款定价过高，就会使一部分客户难以承受，而最终失去这部分客户，缩小银行的市场份额。因此，银行在进行贷款定价时，必须充分考虑同业、同类贷款的价格水平，不能盲目实行高价政策，除非银行在某些方面有着特别的优势。

3）保证贷款安全原则

银行贷款业务是一项风险性业务，保证贷款的安全是银行贷款经营管理整个过程的核心内容。除了在贷款审查发放等环节要严格把关外，合理的贷款定价也是保证贷款安全的一个重要方面。贷款定价最基本的要求是使贷款收益能够足以弥补贷款的各项成本。

贷款成本除了资金成本和各项管理费用外，还包括因贷款风险而带来的各项风险费用，如为弥补风险损失而计提的呆账准备金，为管理不良贷款和追偿风险贷款而花费的各项费用等。可见，贷款的风险越大，贷款成本就越高，贷款价格也应越高。因此，银行在进行贷款定价时，必须遵循风险与收益对称原则，使贷款价格反映银行承担风险所应该得到的风险报酬。

4）维护银行形象原则

作为经营信用业务的企业，良好的社会形象是商业银行生存与发展的重要基础。商业银行要树立良好的社会形象，就必须守法、诚信、稳健经营，要通过自己的业务活动维护社会的整体利益，不能唯利是图。在贷款定价中，银行应严格遵守国家有关法律法规和货币政策、利率政策的要求，不能利用贷款价格搞恶性竞争，破坏金融秩序的稳定，损害社会整体利益。

5.3.2 贷款价格的构成

一般来说，贷款价格包括贷款利率、贷款承诺费、补偿余额和隐含价格。

1）贷款利率

贷款利率是一定时期客户向贷款人支付的贷款利息与贷款本金的比率。它是贷款价格的主体，也是贷款价格的主要内容。贷款利率分为年利率、月利率和日利率。年利率是贷款利率的基本形式，通常用百分比来表示。银行贷款利率一般有一个基本水平，它取决于中央银行的货币政策和有关的法令规章、资金供求状况和同业竞争状况。

根据贷款使用情况，在具体确定一笔贷款的利率时，可以使用低于一般利率的优惠利率和高于一般利率的惩罚利率；根据确定一般利率方式的不同，贷款利率还可以分为固定利率和浮动利率。前者是指在发放贷款时确定在贷款期间不再变动的利率；后者则是指在贷款期间根据市场利率变化而实行定期调整的利率。贷款利率的确定应以收取的利息足以弥补支出并取得合理利润为依据。银行贷款所支付的费用包括资金成本、提供贷款的费用以及今后可能发生的损失等。合理的利润水平，是指应由贷款收益提供的、与其他银行或企业相当的利润水平。

2）贷款承诺费

贷款承诺费是指银行对已承诺贷给客户而客户又没有使用的那部分资金收取的费用。也就是说，银行已经与客户签订了贷款意向协议，并为此做好了资金准备，但客户实际并没有从银行贷出这笔资金。承诺费就是对这笔已作出承诺但没有贷出的款项所收取的费用。承诺费是客户为了取得贷款而支付的费用，因而是贷款价格的一部分。

银行收取贷款承诺费的理由如下：根据承诺贷款的要求，银行必须保持一定高性能的流动性资产，这就要放弃收益高的贷款或投资，使银行产生利益损失，而为了补偿这种损失，就需要借款人提供一定的费用。支付了承诺费的贷款承诺是正式承诺，当借款人需要使用贷款时，银行必须予以及时满足；否则，银行要承担法律责任。

3）补偿余额

补偿余额是应银行要求，借款人在银行保持的一定数量的活期存款和低利率定期存款。它通常作为银行同意贷款的一个条件而写入贷款协议中。要求补偿余额的理由是：客户不仅是资金的使用者，还是资金的提供者，而且只有作为资金的提供者，才能成为资金的使用者。

一方面，存款是银行业务的基础，是贷款的必要条件，银行发放贷款应该成为现在和将来获得存款的手段。另一方面，其也是银行变相提高贷款利率的一种方式，因此，它成为贷款价格的一个组成部分。补偿余额的计算分为两个部分：一部分是按实际贷款余额计算的补偿余额；另一部分是按已承诺而未使用的限额计算的补偿余额。

4）隐含价格

隐含价格是指贷款定价中的一些非货币性内容。银行在决定给客户贷款后，为了保证客户能偿还贷款，常常在贷款协议中加上一些附加条款。附加条款可以是禁止性的，即规定融资限额及各种禁止事项，也可以是义务性的，即规定借款人必须遵守的特别条款。附加条款不直接给银行带来收益，但可以防止借款人经营状况的重大变化给银行利益造成损失，因此它也可以视为贷款价格的一部分。

5.3.3 影响贷款价格的主要因素

按照一般的价格理论，影响贷款价格的主要因素是信贷资金的供求状况。然而，由于信贷资金是一种特殊的商品，其价格的决定因素就更加复杂了。通常，在进行贷款定价时，银行应当主要考虑下面六项因素：

1）资金成本

银行的资金成本分为资金平均成本和资金边际成本。资金平均成本是指每一单位的资金所花费的利息、费用额。它不考虑未来利率、费用变化后的资金成本变动，主要被用来衡量银行过去的经营状况，如果银行的资金来源构成、利率、费用等不变，银行可以根据资金平均成本来对新贷款定价。但如果银行资金来源结构、利率和费用等都处于变动状态中，它对贷款定价的意义就不大。资金边际成本是指银行每增加一个单位的可投资资金所需要花费的利息、费用额。因为它反映的是未来新增资金来源的成本，所以在资金来源结构变化尤其是在市场利率变化的条件下，将它作为新贷款定价的基础较为合适。

资金边际成本根据资金来源的种类、性质、期限等的不同而不同，每一种资金来源都会有不同的边际成本。银行通常不能按某一种资金来确定贷款价格，因而需要计算全部新增资金来源的平均边际成本。这种平均边际成本就是新增一个单位的资金来源所平均花费的边际成本。

2）贷款风险程度

贷款的期限、种类、保障程度及贷款对象等各种因素不同，贷款的风险程度也有所不同。不同风险程度的贷款，银行为此所花费的管理费用或对可能产生的损失的补偿费用也不同。这种银行为承担贷款风险而花费的费用，称为贷款的风险费用，也是贷款的风险成本。银行在进行贷款定价时必须将风险成本纳入贷款价格之中。一笔贷款的风险程度和由此而引起的银行贷款的风险费用受多种复杂因素的影响，如贷款的种类、用途、期限、贷款保障、借款人信用和财务状况、客观经济环境的变化等。所以，要精确地预测一笔贷款的风险费用显然是比较困难的。在实践中，为了便于操作，银行通常根据历史上某类贷款的平均费用水平并考虑未来各种新增因素后来确定贷款风险费用率。

3）贷款费用

商业银行向客户提供贷款，需要在贷款之前和贷款过程中做大量的工作，如进行信用调查、分析、评估，对担保品进行鉴定、估价、管理，对贷款所需的各种材料、文件进行整理、归档、保管。所有这些工作，都需要花费人力、物力。在进行贷款定价时，应将这些费用考虑进去，作为构成贷款价格的一个因素。当然，在实践中，银行贷款种类不同，所花费的贷款费用也不可能一样。为了操作方便，许多银行通常对各种贷款的收费种类及其标准作具体的规定，在确定某一笔贷款的收费时，只需按规定计算即可。

4）借款人的信用状况及与银行的关系

借款人的信用状况主要是指借款人的偿还能力和偿还意愿。借款人的信用越好，贷款风险越小，贷款价格也应越低。如果借款人信用状况不好，过去的偿债记录不能令人满意，银行就应以较高的价格和较严格的约束条件限制其借款。借款人与银行的关系也是银行贷款定价时必须考虑的重要因素。这里所指的关系，是指借款人与银行正常的业务关系，如借款人在银行的存款情况、借款人使用银行服务的情况等。那些在银行有大量存款，广泛使用本行提供的各种金融服务，或长期地有规律地借用银行贷款的客户，就是与银行关系密切的客户，在制定贷款价格时，可以适当低于一般贷款的价格。

5）银行贷款的目标收益率

商业银行都有自己的盈利目标。为了实现该目标，银行对各项资金运用都应当确定收益率目标。贷款是银行主要的资金运用项目，贷款收益率目标是否能够实现，直接影响银行总体盈利目标的实现。因此，在进行贷款定价时，必须考虑能否在总体上实现银行的贷款收益率目标。当然，贷款收益率目标本身应当制定得合理，过高的收益率目标会使银行贷款价格失去竞争力。

6）贷款供求状况

市场供求状况是影响价格的一个基本因素。贷款作为一种金融商品，自然也受这一规律的制约。这里的贷款需求是指借款人某一时期希望从银行取得贷款的数量；贷款供给是指所有银行在该时期内能够提供的贷款数量。当贷款供大于求时，贷款价格应当降低；当贷款供不应求时，贷款价格应当适当提高。

5.3.4 贷款定价方法

1）目标收益率定价法

这是根据银行贷款的目标收益率来确定贷款价格的方法。在为一笔贷款定价时，贷款主管人员必须考虑发放贷款的预期收益，即给借款人提供资金的成本、管理和收贷费用以及借款风险等。目标收益率定价法的公式如下：

税前产权资本（目标）收益率=（贷款收益-贷款费用）÷应摊产权资本

贷款收益=贷款利息收益+贷款管理手续费

贷款费用=借款者使用的非股本资金的成本+办理贷款的服务和收贷费用

应摊产权资本=银行全部产权资本对贷款的比率×未清偿贷款余额

例如：某信贷主管人员对某一公司客户以12%的年利率发放一笔100万元的贷款。借款人使用贷款的资金成本率为10%，贷款管理成本为2 000元，已使用的资金净额占分配贷款资金的8%，假定借款人使用的贷款资金净额等于未归还的贷款余额（100万元），运用上述的定价公式可得：

$$(12\%\times1\ 000\ 000-10\%\times1\ 000\ 000-2\ 000)\div(8\%\times1\ 000\ 000)\times100\%=22.5\%$$

该笔贷款的税前预期收益率为22.5%。将该收益率与银行的目标收益率相比较，若贷款收益率低于目标收益率，该笔贷款就需要重新定价。在计算中，资金成本是贷款费用中最主要的部分。大多数银行在计算资金成本时，会将债务成本和股权成本分开。在计算债务成本时，先算出新增单项资金来源的边际成本，然后算出新增全部债务的加权边际成本。其中，单项资金来源边际成本的计算公式如下：

单项资金来源的边际成本=新增利息+新增服务费用+新增购置成本+新增保险费

股权资本的边际成本可以通过红利估价模型、资本资产定价模型和股权收益率目标模型等方法计算。对于那些股票尚未上市公开交易的银行来说，通常用股权收益率目标模型来估算股权资本的边际成本。依据这种方法，股权收益率一般根据负债成本加上一定百分比来确定，并假设银行资本市场价值等于资本的账面价值。股权资本的成本通常被视作银行的目标利润，它是银行进行贷款定价时的一个重要衡量指标。

2）基础利率定价法

基础利率定价法，又称交易利率定价法。这种定价方法允许借款额超过某一最低限额（如30万元或50万元）的借款人，在几种基础利率中选择，以决定该笔贷款的利率和展期期限。最通行的基础利率是国库券利率、大额定期存单利率或银行同业拆借利率等。客户可以从银行认可的利率表中选择基础利率，也可以选择到期日，所确定的贷款利率大于同期市场利率。在到期日，经借贷双方同意，贷款可以展期。而后，客户还必须再做一次同样的选择，即再次选择基础利率和到期日。这样，在一个特定的时间里，利率是固定的，但展期利率是未知数。

如果客户希望按1年期的固定利率计算利息，他应选择能提供1年期最低利率的大额定期存单，并将其作为基础利率。在表5-1中，假定借款人认为未来利率要上升，上述决定是合算的。如果借款人认为未来利率不会上升，则选择国库券利率更为合算，因为在贷款展期时，他可以再次选择最低利率。同样，如果借款人预测未来利率将大幅下降，那么他最好选择1个月期的利率。

表5-1　某商业银行基础利率表

基础利率	到期日	标价（%）	实际利率（%）
银行同业拆借利率	3个月期	11.625	12.375
	6个月期	12	12.75
	9个月期	12.625	13.375
大额存单利率	1个月期	10.4	11.15
	2个月期	10.95	11.70
	3个月期	11.10	11.85
	6个月期	11.2	11.95
	1年期	11.65	12.4
国库券利率	13周至3个月期	9.99	10.74
	26周至6个月期	10.27	11.02

小思考 5-2

基础利率定价法与浮动利率计息是否类似？

答：从利息的分段计算看，其有相同的地方，但也有本质区别：一是分段不同，浮动利率的分段期限不是借款人可选择的，而是在合同中载明的；二是浮动利率贷款的计息基础是唯一的，而交易利率定价中可选择的利率有好几种。表5-1列示了某商业银行的基础利率。

3）成本加成定价法

这种方法也叫宏观差额定价法。它是以借入资金的成本加上一定利差来决定贷款利率的方法。这种定价法的特点在于不考虑承诺费、服务费和补偿余额等因素，贷款价格主要依据资金总成本及一定的利润目标来确定。其计算公式是：

贷款利率=贷款成本率+利率加成

其中：贷款成本率包括资金成本、贷款服务成本和营业成本；利率加成则是银行应取得的合理利润。我国商业银行目前使用的主要是这种方法。

4）优惠加数定价法和优惠乘数定价法

这两种方法是西方商业银行普遍使用的贷款定价方法。优惠加数是在优惠利率基础上加若干百分点而形成的利率。优惠乘数则是将优惠利率乘以一个系数而形成的利率。不同借款人的风险等级是不同的，银行为控制信用风险，会根据借款人的风险等级来确定该借款人所适用的优惠利率，优惠利率不同，优惠加数和优惠乘数也不同。表5-2是在不同优惠利率条件下的优惠加数和优惠乘数。

优惠加数和优惠乘数两种定价方法在概念上有些相似，但它们所得的利率标价是不同的，尤其是在优惠利率随市场利率变动而变动时，两者会有不同的变化。当利率上升时，优惠乘数利率会以更快的速度上升；反之，则以更快的速度下降。为了避免利率的剧烈波动给借贷双方带来利率风险，通常可以在协议中规定利率波动的上下限。

表 5-2 优惠加数和优惠乘数定价分析

优惠利率水平（%）	优惠加数（%）		优惠乘数（%）	
	风险等级 A（+1%）	风险等级 B（+2%）	风险等级 A（×1.1）	风险等级 B（×1.2）
6	7	8	6.6	7.2
8	9	10	8.8	9.6
10	11	12	11	12

5）保留补偿性余额定价法

这种方法是将借款人在银行保留的补偿性余额看作其贷款价格的一个组成部分，在考虑了借款人在银行的补偿性余额的数额后决定贷款利率的一种定价方法。在这种方法下，借款人补偿性余额不同，贷款利率也有所不同。

例如：假定银行正在审查一笔1年期的100万元的流动资金贷款申请，并决定承诺这笔贷款，同时以承诺额的0.5%的比率一次性收取贷款承诺费。据预测，该借款人在这1年中贷款的平均使用额度为80万元，年存款服务费为4 000元，其债务的加权边际成本为7%，贷款的风险及管理费用为5 000元，银行税前股东目标利润率为15%，贷款的资金来源中，股权与债务比为1：9，补偿余额的投资收益率为8%。下面，我们考察在不同的补偿余额水平下贷款利率的确定。

方案A假定借款人保留在账户上的可用于投资的补偿性余额为10万元，方案B假定客户保留在账户上的补偿性存款余额为6万元（假设这些补偿性余额全部为可投资资金）。在方案A中，银行要弥补贷款各项成本并获得预期的目标利润（目标利润=银行税前股东目标利润率×股权资本比率×贷款数额=12 000元），除了收取贷款承诺费5 000元和补偿性存款余额的投资收入8 000元外，还需要收取贷款利息64 000元，这样，该笔贷款的利率应是8%；在方案B中，补偿性存款余额的投资收入为4 800元，需要收取的贷款利息为67 200元，这样该笔贷款的利率应是8.4%。这说明在其他条件不变的情况下，补偿性存款余额从10万元下降到6万元，贷款利率相应地由8%上升到8.4%。

可见，借款人的补偿性余额不同，贷款的利率也不同。

5.4 贷款的信用风险管理

5.4.1 信用分析

信用分析是对债务人的道德品格、资本实力、还款能力、担保及环境条件等进行系统分析，以确定是否给予贷款及相应的贷款条件。对客户进行信用分析是银行管理贷款信用风险的主要方法，通过对客户进行信用分析，银行可以了解该客户履约还款的可靠性，从而为有针对性地加强贷款管理、防范信用风险提供依据。

借款人所具有的道德水准、资本实力、经营水平、担保和环境条件等各不相同，这使得不同的借款人的还款能力和贷款风险也不尽相同。因此，许多商业银行对客户的信用分析就集中在这五个方面，即所谓的“5C”：品格（character）、能力（capacity）、资本（capital）、担保（collateral）及环境条件（condition）。也有些商业银行将信用分析的内容归纳为“5W”因素，即借款人（who）、借款用途（why）、还款期限（when）、担保物（what）及如何还款（how）。还有的银行将这些内容归纳为“5P”因素，即个人因素（personal）、目的因素（purpose）、偿还因素（payment）、保障因素（protection）和前景因素（perspective）。借鉴国外商业银行的经验，结合我国国情，我们通常把贷款信用分析的内容分为以下五个方面：

1）借款人的品格

借款人的品格是指借款人不仅要有偿还债务的意愿，还要具备承担各种义务的责任感。所以借款人的品格是一个综合性的概念，它包括借款人的背景、年龄、经验，借款人有无不良的行为记录，借款人的阵容及合作情况，借款人的性格作风、经营管理观念及与上下级的关系等。由于借款人的品格无法计量，因而银行既可以根据过去的“记录”和积累的经验进行一系列调查，对借款人的品格进行评估，也可以通过专门的征信机构了解借款人的信用状况，以评估其品格。但评估只表明借款人的主观还款意愿，并不能表明其确实能还本付息。

结合我国情况，在评估借款人还款意愿和承担义务的责任感时，必须充分考虑我国的实际情况。如果借款人存在不良的还款记录，要进一步分析其深层原因，看其是由国家政策调整等因素造成的，还是由借款人经营管理不善、挤占挪用贷款造成的。对于前者，不能简单地归结于借款人的品格问题。

2）借款人的能力

能力是指借款人运用借入资金获取利润并偿还贷款的能力，而获取利润的大小，又取决于借款人的生产经营能力和管理水平。因此，分析、评估借款人的偿债能力，应从两个方面来考察：

一是要看企业的生产成本、产品质量、销售收入以及生产竞争力。这方面通常可以通过企业的一些经济技术指标来反映，如企业的资本比率、流动比率、设备利用率、折旧率、净值收益率、毛利和净利、销售收入增长率和生产占有率等。

二是要看企业经营者的经验和能力，特别是要分析企业主要决策者的决策能力、组织能力、用人能力、协调能力和创新能力。随着现代企业制度的建立，企业家在企业中的地位日益提高，从一定意义上讲，企业家的能力已成为企业生产经营能力的代名词。因此，从个体和群体两个方面了解企业领导班子的基本情况，对于了解并掌握企业的经营作风、管理水平和信用程度，具有重要意义。

3）借款人的资本

资本是借款人财产的货币价值，它反映了借款人的财力和风险承担能力，可作为其从银行取得贷款的一个决定性因素。同时，资本也在一定程度上反映了企业经营者的经营成就。在评估借款人资本时，要注意其账面价值与实际价值的区别，以及资本的稳定性和变现能力。

4）借款人贷款的担保

企业为贷款而提供的担保状况，也是影响贷款信用风险的一个重要因素。贷款担保的作用在于为银行贷款提供一种保护，即在借款人无力还款时，银行可以通过处分担保品或向保证人追偿而收回贷款本息，从而使银行少担风险、少受损失，保证贷款本息的安全。评价贷款的担保，要看企业提供的担保品是否适合作担保品，担保品的整体性、变现性、价格稳定性与保险，贷款保证人的担保资格、经济实力和信用状况，以及保证人担保能力是否与担保贷款额度相符等。

5）借款人经营的环境条件

这是指借款人自身的经营状况和外部环境。借款人本身的经营状况包括经营范围、经营方向、销售方式、原材料供应渠道、竞争能力和对市场的应变能力、企业生产受季节性因素影响的程度、企业的生产设备、生产能力、生产规模、技术水平、人员素质、经济效益、发展前景等。这些因素大都是借款人的可控因素。

借款人经营的外部环境是指借款人所在地区的经济发展状况。外部经营环境对借款人来讲具有不可控性，但对其经营状况有着重要影响，并视不同行业、不同企业、不同性质的贷款而有所区别。有些借款人对环境变动的敏感性强一些，有些则弱一些；期限长的贷款受环境变动的影响大一些，因而风险也大一些。所以银行在发放贷款时，必须对借款人的经营环境变动作出分析、预测，并采取必要的措施作为应变手段，以保证贷款的安全。

对借款人进行信用分析，既要进行静态分析，又要进行动态分析；既要注重定性分析，更要注重定量分析。因此，在实际的信用分析过程中，银行既需要对借款人过去的信用状况作全面的了解和分析，也要根据借款人生产经营发展的变化趋势，对借款人未来的经营状况和还款能力作出科学的预测。同时，要在定性分析的基础上，运用财务比率分析和现金流量分析等定量分析方法对借款人的财务状况和还本付息能力作出准确的估计。

5.4.2　信用分析技术

1）财务报表分析

财务报表分析主要是对资产负债表、利润表和财务状况变动表进行分析。资产负债表是反映企业财务状况的综合性报表；利润表是表示企业在一定时期内业务经营的成本、费用及盈亏状况的报表；而财务状况变动表则是表示在一定时期内企业的资产、负债、资本等的变动情况的报表。从反映企业还款能力和贷款风险的需要出发，财务报表分析的重点如下：

(1) 资产项目的分析。

资产项目包括流动资产、固定资产和无形资产三大类。银行重点分析的内容包括：

① 应收账款。

这是企业偿还短期债务的主要资金来源，也是企业流动资产中流动性仅次于现金的资产。对应收账款的分析，应着重掌握以下三点：一是应收账款的分布。应收账款集中于少数大户，其坏账的风险往往要大于应收账款分散在众多小户的风险。二是应收账款账龄的分布。应收账款账龄过长往往预示着不正常，风险一般较大。三是应收账款的抵押情况。企业应收账款有抵押出去的，应从应收账款中扣除，因为这些账款已不能作为新贷款的还款来源。

② 存货。

这是指企业购入的原材料以及在产品、半成品和产成品，是企业流动资产的重要组成部分，也是偿债的主要物质基础。银行评价企业的存货时，应重点分析以下五个方面的内容：

一是存货的规模是否合理，即按企业现有的生产能力和生产规模来衡量存货是否过量，其中重点看原材料储备是否过多，产成品是否积压。二是存货保留时间的长短。如果某种存货保留时间过长，往往表明这种存货已不适用，需要从流动资产中扣除。三是存货的流动性状况，即存货能否在市场上销售变现。流动性差、变现能力弱的存货会占压资金，形成还贷风险。四是存货有无陈旧变质风险。五是存货是否投保。

③ 固定资产。

固定资产是企业资产的一部分，可用于最后的债务清偿。当银行向企业发放中长期贷款，特别是发放以固定资产作为抵押的贷款时，其需要了解该企业固定资产的状况：一是要了解企业是否按规定提足了折旧，如果没有按规定提足折旧，表明固定资产中含有虚假成分；二是要了解企业固定资产是否全额投保，那些没有保险的固定资产不一定能给银行贷款带来安全保障；三是要了解企业固定资产的变现能力，如果企业的固定资产使用范围窄、变现能力差，那么当企业不能还本付息时，银行很难通过变现固定资产来取得还款资金。

④ 投资。

企业除了进行生产和经营外，还进行短期金融资产的投资，购买有价证券。有价证券代表企业的债权或股权，也能够给企业带来投资收入。银行分析企业的证券投资，首先要注意企业所持有的各种有价证券的合法性、流动性和盈利性，以及有价证券的期限、数额、结构是否合理。同时，要了解有价证券发行人的信用状况，从中分析可能影响企业偿债能力的财务关系或约定义务。发放以有价证券作质押的贷款，对企业证券投资的审查就更为重要了。

(2) 负债及资本项目的分析。

分析负债与资本项目的目的是了解企业的资金来源构成，借以判断企业的自身实力和银行贷款的风险。

① 负债。

企业的负债包括短期负债（流动负债）和长期负债。短期负债主要包括应付账款、应付票据、应交税费和短期借款等。对短期负债的分析包括：首先，要了解企业短期负债的数额有无漏计，如有漏计而没有发现，会造成银行对企业偿债能力的高估；其次，要了解短期负债的期限，如已过期，可能会被处以罚款。长期负债主要包括长期借款和发行的中长期债券。分析长期借款的重点是长期负债的到期日和企业偿还长期负债的安排，以正确评价企业的偿债能力。

② 资本。

资本的多少既能反映企业财力是否雄厚和债务状况的好坏，又能反映企业风险承受能力的大小。分析资本项目时，首先，要了解企业的资本是否存在虚假成分。其次，要分析企业的资本结构。对股份制企业来说，普通股资本所占比例较大的，其资本实力也比较稳定；反之，则比较脆弱。最后，要考察企业是否按规定补充自有资本。如果是独资企业，银行还要考察其企业以外的收益、资产、负债和资本状况。因为当发生经济纠纷时，这些因素都有可能影响企业的偿债能力。

（3）利润表项目的分析。

利润表反映了一定时期企业的经营成果。由于利润表属于动态报表，因而它可以弥补资产负债表只反映静态数据的不足。通过利润表，可以了解企业的经营业绩、理财成果和获利能力的大小。银行分析利润表时，首先应了解企业销售收入、销售成本、各项费用的真实性，包括对各种账户和原始凭证的核对。其次，可采取纵向和横向比较的方法，将利润表中各项指标与上年度、同行业、同等条件的其他企业进行比较。如发现企业在某一方面的费用过高或收入过低，应进一步查明原因并限期改进。

（4）财务状况变动表分析。

对企业财务状况变动表的分析，有助于银行了解企业在一定时期内营运资产的变动和企业的流动性状况。

例如，一家企业上年的销售量大幅上升，净收入增长较快，与此同时，企业的资产规模也有所扩大。为了与较高的销售水平相适应，存货相应增加，应收账款上升，固定资产投资也有所增加。如果企业用发行股票或长期债券，或增加短期借款的方式筹措资金，实现其资产的扩张，那么该企业可保持良好的流动性。倘若财务状况变动表显示当年的主要资金来源是应付账款和应付票据，那么银行应认识到该企业虽然有盈利能力，但其当年的流动性已受应付账款和应付票据债务的影响，在审查贷款时，应了解企业准备如何改善其流动性状况。

2）财务比率分析

财务比率分析是对企业财务状况的进一步量化分析。通过财务比率分析，可以了解企业的经营状况、债务负担、盈利能力，从而据此评判企业的偿债能力。银行用来进行信用分析的财务比率通常有以下四类：

（1）短期偿债能力比率。

其具体包括：

①流动比率。

它是衡量企业短期偿债能力最常用的指标。其计算公式是：

流动比率=流动资产÷流动负债

流动资产包括现金、有价证券、应收账款和存货等。流动负债包括应付账款、应付票据、短期借款、应交税费和应计费用等。流动比率表明企业的短期债务可由预期的该项债务到期前变为现金的资产来偿还的能力。流动比率因企业的经营规模和经营性质的不同而不同，一般介于1.5~2.5之间比较合适。

正常情况下，流动比率越高，偿债能力越强，债权人的债权越有保障。但也要注意，流动比率高可能是存货积压和产品滞销的结果，也可能是资金未能在生产过程中充分利用的结果。所以，银行对此应作充分的分析。

②速动比率。

它是企业速动资产与流动负债的比率，也称酸性试验比率，是考察企业资产迅速变现能力的指标。其计算公式是：

速动比率=速动资产÷流动负债

速动资产是指可以迅速变现用来偿付流动负债的那些流动资产，它一般由现金、有价证券和应收账款构成。其可以表示为流动资产减去存货。存货不包括在速动资产中，是因为在流动资产中，存货的流动性最差，且受残损变质、价格涨落和不易销售等因素的影响。速动比率比流动比率更能够反映企业的短期偿债能力。这一比率通常应保持在1以上，即每一单位的流动负债至少需要有一个单位的能迅速变现的资产作保证。

③现金比率。

为了进一步评价企业即期的偿债能力，银行还要对企业的现金比率进行分析。现金比率的计算公式是：

现金比率=（现金+等值现金）÷流动资产

公式中的现金是指库存现金和银行存款，等值现金是指企业所持有的高流动性的有价证券。现金比率越高，说明企业即期偿债能力越强。通常这一比率应保持在5%以上。

（2）盈利能力比率。

其具体包括：

①销售利润率。

这一指标反映了企业每一单位的销售额可带来的利润数。其计算公式是：

销售利润率=（销售额-税额-销售成本）÷销售额

②资产收益率。

这是反映企业每一单位的资产的盈利能力的指标。其计算公式是：

资产收益率=纯收益÷资产总额

③普通股收益率。

这是反映企业普通股股东获利程度的指标。该指标对于企业的普通股股东来说具有重要的意义，也是最能反映企业实际盈利能力的指标。其计算公式是：

普通股收益率=（扣除税款和利息后的纯收益-优先股股息）÷普通股权益额

④股票市盈率。

这是权益股票的市价与股票盈利水平的比率，它反映了投资者对该权益股票的偏好和对权益前景的信心。其计算公式是：

市盈率=每股市价÷每股盈利

（3）结构性比率。

结构性比率从不同的方面来分析、评估企业的偿债能力，具体包括：

①负债比率。

负债比率是企业负债总额与资产总额的比率，它反映了企业的负债程度。其计算公式式是：

负债比率=负债总额÷资产总额

②负债净值比率。

它是企业负债总额与企业资本净值总额的比率。其计算公式是：

负债净值比率=负债总额÷资本净值

这一比率反映企业资本承担债务的能力。由于资本净值是企业最后和可靠的清偿能力，所以这一比率越高，表明与企业资本净值相对应的负债越多，企业的负债程度越高，进而偿债的压力或负担也就越重，最后有可能因负担过重而丧失清偿能力。

③流动负债率。

这一指标反映了企业短期负债在全部负债中的比重。其计算公式是：

流动负债率=流动负债÷全部负债

这一比率越高，表明企业长期负债的负担越轻，因而对长期负债的债权越有保障。但这一比率较高也反映了企业短期负债的偿债压力相对较大，因而需要较多的流动资产作还款保证。

④流动资产率。

它是企业流动资产与总资产或总负债的比率。其计算公式是：

流动资产率=流动资产÷总资产

流动资产率=流动资产÷总负债

这两个指标都用来反映企业以流动资产偿还债务的能力。其中，流动资产与总资产的比率还反映企业的固定资产比率。在同行业内，这一比率越大，企业的资产流动性越好。流动资产与总负债的比率反映企业在不变卖固定资产的条件下以流动资产偿还债务的能力。

⑤股东权益比率。

这一指标反映股东对资产的占有率，这一比率越高，说明企业的权益实力越雄厚。其计算公式是：

股东权益比率=股东权益÷总资产

这一比率的倒数是财务杠杆倍数。其计算公式是：

财务杠杆倍数=总资产÷股东权益

这一比率反映一定量的资本能带动的资产数。这个比率越大，权益获得的杠杆收益就越多。但银行应注意，这个比率越大，同时说明企业的资本比率越低，其承担的风险也越大。因此，在进行贷款决策时，银行一般要求企业将财务杠杆比率控制在一定的范围之内。

⑥偿还能力比率。这是企业在扣除利息和税收之前的利润与借款利息之比，用来反映企业支付贷款利息的能力。这一比率越大，其偿还利息的能力也越大。该比率也称利息保障倍数。其计算公式是：

偿还能力比率=未扣除利息和税金前的利润÷（利息费用+债务本金+优先股股息+租赁费用）

（4）经营能力比率。

经营能力比率主要通过对各种周转比率的分析，来评估企业在各种业务活动中的效率及经营管理水平。其具体包括：

①资产周转率。

它是企业的销售净额与资产总额的比率。其计算公式是：

资产周转率=销售净额÷资产总额

公式中的销售净额是指销售收入减去销售退回和折扣的余额。资产周转率反映企业销售能力和全部资产的周转速度。这一比率越高，表明企业以一定的资产实现的销售收入越多，资产周转速度越快。

②固定资产周转率。

这是企业销售净额与固定资产净值之比。其计算公式是：

固定资产周转率=销售净额÷固定资产净值

这是衡量企业固定资产利用效率的财务指标，它表示每一单位销售额需要使用多少固定资产。这一比率越高，固定资产的利用率也越高。但银行在具体运用这一指标时，要注意两个问题：一是即使销售额不变，由于固定资产净值减少，周转率也会呈上升趋势。而物价上涨时，销售额自然上升，周转率也随之上升。所以固定资产使用年限越长，其周转率越高，这表明企业的设备需要更新改造。二是对不同企业的固定资产周转率进行对比分析时，由于采用不同的折旧计算方法，两个指标也会有所差别，因而不一定有可比性。

③存货周转率。

它是企业销售成本与平均存货额的比率。其计算公式是：

存货周转率=销售成本÷平均存货额

其中：

平均存货额=（年初存货额+年末存货额）÷2

存货周转率是对企业现有存货流动性的估算，是衡量企业销售能力和存货是否过多的指标，它反映企业在一定时期内存货周转或变现的速度。存货周转率用次数来表示，次数越多，即变现速度越快，偿债能力也越强。这一指标在不同行业中是有差别的，各行业都有一个合适的存货周转率，低于行业平均存货周转率，表明存货流动性较差，而存货周转次数过多，也可能表明存货不足或断档，使企业失去销售机会。另外，在分析这一指标时，还要注意计价方法对存货周转率的影响。

④应收账款周转率。

它是企业销售净额与应收账款平均余额的比率。其计算公式是：

应收账款周转率=销售净额÷应收账款平均余额

应收账款周转率反映企业应收账款的变现速度和收回赊销额的能力。这一比率越高，表明企业收账速度越快，资产流动性越强，偿债能力也越强。根据应收账款周转率，可进一步计算应收账款的账龄，即收回应收账款的平均天数，即应收账款账龄=360÷应收账款周转率，这一比率是用时间长短来衡量应收账款的周转速度和企业的收账能力。账龄越长，表明企业应收账款的周转速度越慢，企业有过多的资金滞留在应收账款上。

3）现金流量分析

在银行贷款业务实践中，人们经常会遇到这样的情况：某个盈利的企业可能因不能偿还到期贷款而面临清算，而某个亏损企业却能偿还贷款并继续维持经营。可见，判断一个企业是否能够偿还贷款，仅看其盈利能力是不全面的。通常，利润是偿还贷款的来源，但不能直接偿还贷款。偿还贷款最可靠的是现金，因此贷款人最关心的应当是企业的现金流量。所以，现金流量分析在企业信用分析中具有十分重要的地位。

（1）现金流量。

现金流量是现金流出和流入量的总称。这里的现金包括两个部分，即现金和现金等价物。现金就是指企业的现金资产，包括库存现金、活期存款和其他货币资金，但企业在使用中受到限制的存款和其他货币资金，如已办理质押的活期存款、不能随时支取的定期存款等，不包括在内。现金等价物是指企业持有的期限短、流动性强、易于转换为已知金额现金、价值变动风险很小的投资。按照《国际会计准则——现金流量表》的规定，一项投资被确认为现金等价物，其应当是在证券市场上流通的3个月以内到期的债券投资。

根据我国的会计准则，现金流量的内容可以分为3个部分，即经营活动产生的现金流量、投资活动产生的现金流量和筹资活动产生的现金流量。每一种现金流量又可以分为现金流出量和现金流入量。现金流入量与现金流出量的差额，就是现金净流量。

其中，经营活动的现金流入包括企业的销货现金收入、利息与股息的现金收入、增值税销项税款和出口退税、其他业务现金收入；经营活动的现金流出包括企业购货现金支出、营业费用现金支出、支付利息、缴纳所得税和其他业务现金支出；投资活动的现金流入包括出售证券和固定资产的现金收入及收回对外投资资本；投资活动的现金流出包括企业购买有价证券和固定资产所产生的现金支出；融资活动的现金流入包括企业取得的短期和长期贷款以及发行股票或债券的现金收入；融资活动的现金流出包括分配股利和偿还借款本金的现金支出。

（2）现金流量表的编制与分析。

现金流量表是根据企业资产负债表和利润表的有关数据来编制的，它反映了企业在一定时期内现金流量的规模、方向和结构，据此，银行可以评估企业的借款能力和财务实力。下面举例说明现金流量表的编制和分析方法。

在现金流量表中，现金来源是指所有能增加现金（或相当于现金）资产的交易，现金运用是指所有会减少现金资产的交易，现金来源必须等于现金运用。在现金流量变动表中，任何负债的增加或非现金资产的减少都是现金来源，负债的减少和非现金资产的增加都是现金运用。股票的发行或公积金的增加代表现金来源，营业收入也是现金来源，而现金支出、纳税和分红则是现金运用。现金来源与现金运用的关系见表5-3。

通过对企业的现金流量表进行测算，如果考察期该企业的现金流量大于0，说明该公司是有一定的还款能力的。判断企业现金流量是否足以偿还债务，还可以通过两个比率来衡量。这两个比率为：

表 5-3 现金来源与现金运用的关系

现金来源	现金运用
负债的增加 非现金资产的减少 发行股票 增加公积金 营业收入	负债的减少 非现金资产的增加 股票的偿付和退股 公积金的减少 现金支出 纳税 红利分配

比率一：业务中的现金流量÷（红利+到期的长期负债）

比率二：业务中的现金流量÷（红利+到期的长期负债+年初短期负债余额）

如果比率一大于1，说明目前企业的偿债能力较强；如果比率二大于1，说明企业偿付能力很强，不仅能偿付现有债务，还能举借新债。根据现金流量的计算方法，我们还可以根据需要对企业在一年中某一期间的现金流量进行计算，也可以对未来年度的现金流量进行测算，从而为估算企业短期偿债能力和未来偿债能力提供依据。

5.4.3 非财务因素分析

为了更准确地考察借款人的偿债能力，一些非财务因素对借款人的影响也是不容乐观的。非财务因素主要有借款人所处的行业、借款人经营管理水平、自然社会因素、借款人还款意愿以及银行信贷管理水平等。

1）行业风险分析

每个企业都处在某一特定行业中，每个行业都有其固有的风险，在同一行业中的企业都面对基本一致的风险。掌握了某一行业的特征、表象和风险程度，知道借款人在该行业中所处的地位和水平，就可以从行业的基本状况和发展趋势来判断借款人的基本风险。行业风险分析中考察的因素主要有：成本结构、行业的成熟度、行业的周期性、行业的盈利性、行业的依赖性等。借款人行业风险的判断见表5-4。

表 5-4 借款人行业风险的判断

行业特征	低风险	中等风险	中高风险	高风险
成本结构	低经营杠杆、低固定成本、高变动成本	固定成本与变动成本平衡	固定成本略高于变动成本	高经营杠杆、高固定成本、低变动成本
成熟度	成熟行业——销售和利润仍以合理比率增长	正在成熟的行业——摆脱了成长的主要问题； 高度成熟行业——处于衰退的边缘	新兴行业——仍迅速成长，弱的竞争者开始退出 衰退行业——销售和利润下降	新兴行业——以爆炸性的速度成长

续表

行业特征	低风险	中等风险	中高风险	高风险
周期性	不受经济周期影响	销售增长或下降较温和，能反映经济的繁荣和萧条	销售受繁荣和萧条的轻度影响	高度周期性或反周期性
盈利性	从扩张到衰退持续盈利	在衰退期持续盈利，但低于平均水平	在扩张期盈利，衰退期不盈利	扩张期和衰退期不盈利
依赖性	高度多样化的客户群和供应商	客户和供应商限于某些行业，但其中任何一个都不占有10%以上的购销额	客户和供应商限于某些行业，其中某些可以占有20%~30%的购销额	高度依赖一两个行业或客户

2）借款人经营管理风险分析

通过对借款人行业风险的分析，可对借款人所处行业整体的共性风险有所认识。但行业中的每个企业又都有其自身特点，要全面地分析借款人的偿债能力和银行贷款的风险，还需在行业风险分析的基础上，深入借款企业内部分析其经营管理风险，主要可从以下几方面进行分析：企业规模大小，所处的发展阶段，产品的多样性、重要性、差异性，市场竞争情况，企业管理经验，企业管理深度、广度以及董事会等。借款人经营管理风险的评估见表5-5。

表5-5 **借款人经营管理风险的评估**

经营特点	低风险	中等风险	中高风险	高风险
企业规模	销售量、资产、盈利和市场份额名列前茅	中等规模	销售量、资产、盈利和市场份额较小	销售量、盈利和市场份额小
发展阶段	稳步增长	趋于稳步增长——弱者被挤出市场	快速增长，但速度不是爆炸性的	以爆炸性的速度增长
产品多样性	产品多样，用途广	产品多样，用途有限	品种有限，用途也有限	产品单一，客户单一
产品重要性	常用品，需求稳定且可以预测	必需品，但可以推迟消费，需求有周期	奢侈品，市场小但稳定	极度奢侈品，市场小且不稳定
产品差异性	产品非常与众不同，没有替代品，专利有保护，信誉好	产品有些独特，替代品有限，信誉好	产品无独特之处，有一些替代品，信誉好	产品无独特之处，有许多替代品
市场竞争	没有直接的竞争对手	有一些竞争对手，但能胜过对手	面临来自大公司的轻度竞争	面临来自大公司的激烈竞争
企业管理经验	经验丰富	经历过不少行业周期	经验有限，只了解常见的行业问题	缺乏经验

续表

经营特点	低风险	中等风险	中高风险	高风险
企业管理深度	深入管理所有职能部门	有足够的管理深度	管理不够深入	管理不深入，关键岗位空缺
企业管理广度	所有部门都有有经验的管理者	只有一个关键管理人员，经验不足	一个关键部门缺乏有经验的管理者，其他管理者可以照看该部门	多个关键部门缺乏有经验的管理者，其他人无法顾及
董事会	由知名企业家组成董事会，形成有效控制	有些董事作用有限，控制作用一般	外部董事不能有效制约管理层	董事会中没有外部董事，不履行一般职责

3）自然、社会因素分析

战争、自然灾害等各种自然、社会因素均可能给借款人带来意外的风险，从而对其偿债能力产生不同程度的影响。有时，这种影响是巨大的，可以决定借款人的生死存亡。如一家企业发生一场大的火灾，首先要想到对其还款能力的影响；一家严重亏损的老工业企业可能因为城市建设或环保需要被迫拆迁，获得一大笔土地补偿款，可用以偿还逾期多年的贷款等。这类因素很多，这里不一一列举。

4）还款意愿分析

上面分析了行业风险、借款人自身的经营管理风险等，这些都是影响借款人偿债能力的非财务因素。而在现实经济生活中，有不少借款人并不是没有能力偿还贷款，而是“有钱不还”或“赖账不还”，就是所谓的还款意愿差，这是影响借款人偿债能力的一项重要的非财务因素。

诚实守信、遵纪守法是经商之道，但有的企业在经营中偷税、漏税，有的企业甚至采用提供虚假报表、隐瞒事实等不正当手段骗取银行贷款；有的企业不与银行积极配合，有意甚至恶意拖欠贷款。这些行为都反映了企业管理层的法律意识较为淡薄，道德品质存在缺陷。但也有些企业在经营上确实暗含危机，或者银行贷款管理跟不上，收贷不力，而还款意愿差只不过是一种假象或结果而已，这就需要对还款意愿差的原因进行深入分析。

还款意愿的高低可以通过对借款人的还款记录，包括本银行、其他银行、供应商等债权人的还款记录的分析进行判断。

5）银行信贷管理水平分析

实践证明，一些贷款不能及时、如数地收回，其原因并不完全在借款人一方，银行对贷款缺乏有效的管理和控制，也是重要原因之一。所以在进行贷款分析时，还要考虑银行信贷管理水平对贷款偿还的影响，其主要包括以下方面：

（1）银行违反有关法律法规发放贷款。

这类贷款由于得不到法律保护，从而影响贷款的收回，如违反国家产业政策发放的贷款、超业务范围发放的贷款、超比例发放给关系人的贷款等。

（2）违反内部贷款政策和操作规程发放贷款。

如在贷款对象、贷款期限、贷款利率、贷款担保等方面违背银行贷款政策，或未经授权、超越授权、逆程序发放贷款等，这些贷款在发放初期就留有隐患，往往有很高的风险。

（3）缺乏有效的贷款监督，影响贷款的及时、足额收回。

（4）对到期贷款催收不力。

（5）对抵押、担保等信用支持缺乏有效的控制。

（6）法律文件缺乏完整性或合法性等。

5.5 不良贷款的管理

5.5.1 贷款质量评价

贷款质量评价是在贷款分类的基础上，反映银行贷款的质量，揭示银行的内在风险。根据贷款的风险程度进行分类，即从贷款偿还的可能性出发，可将贷款分为正常、关注、次级、可疑、损失五类。1998年起，根据中国人民银行制定的《贷款风险分类指导原则》（试行），在我国开始试行贷款的五级分类标准；2002年1月起，在我国全面推行贷款五级分类。在贷款五级分类的基础上，可以通过一些量化指标来对贷款质量进行评价。常用的指标有：

1）不良贷款比率

不良贷款是次级类贷款、可疑类贷款、损失类贷款这三类贷款的总称。其比率反映银行贷款质量存在问题的严重程度，是判断银行贷款质量总体状况的主要指标之一。为了确切地反映银行不良贷款的构成情况，必须计算以下3个比率：

次级贷款比率=次级贷款÷全部贷款余额

可疑贷款比率=可疑贷款÷全部贷款余额

损失贷款比率=损失贷款÷全部贷款余额

通过这3个比率的计算，可以反映银行不良贷款的分布情况，以便找出问题所在，更准确地反映银行贷款的质量状况。

2）正常贷款比率

正常贷款比率=（正常贷款余额+关注贷款余额）÷全部贷款余额

关注类贷款属基本正常贷款，因此这一比率反映的是贷款总体的安全程度，还可以用下列两个指标更准确地予以反映：

正常贷款余额比率=正常贷款÷全部贷款余额

关注贷款余额比率=关注贷款余额÷全部贷款余额

其中：关注贷款余额与全部贷款余额之比是贷款质量变化趋势的重要预警信号，银行管理层不应简单地认为关注贷款属基本正常贷款，而放松了对该类贷款的管理，应密切注意该比率的变化，及时采取措施，防止关注贷款进一步向不良贷款发展。在理想情况下，银行贷款在各档次的分配依正常、关注、次级、可疑、损失的顺序递减，出现任何异常情况，都需要银行详细分析出现问题的原因。

3）加权不良贷款比率

加权不良贷款比率=加权不良贷款余额÷（核心资本+准备金）

该比率反映银行资本可能遭受侵蚀的程度，或银行自身消化这些损失的能力。要计算加权不良贷款余额，首先要确定各类贷款的风险权重，中国人民银行提供的参考权重指标为：正常1%、关注3%~5%、次级15%~25%、可疑50%~75%、损失100%，权重是根据贷款遭受损失的程度进行确定的。该比率越高，表明银行资本遭受侵蚀的程度就越高。

4）其他比率

其他比率主要有如下几种：

逾期贷款比率=逾期贷款余额÷全部贷款余额

重组贷款比率=重组贷款余额÷全部贷款余额

停止计息贷款比率=停止计息贷款余额÷全部贷款余额

通过这些指标可以进一步评价贷款的质量，更重要的是，银行可以根据评价结果找出问题所在，进一步提高贷款的质量管理水平。在贷款质量评价的过程中，除进行上述的贷款质量结构分析外，还需进行比较分析。可以进行动态的比较，也可以进行同业的比较，以便明确银行在贷款管理中存在的问题、自身在竞争中的地位以及未来发展趋势。

5.5.2 不良贷款产生的常见原因

不良贷款产生的原因多种多样，可从社会经济整体、借款企业和银行三个方面进行分析。

1）来自社会经济整体方面的原因

（1）经济体制转轨形成的风险。

我国经历了几十年的改革开放，虽取得了很大成就，但是经济体制改革的目标还未最终实现，现代企业制度还未完全建立，还处于计划经济向成熟的市场经济转型的后期。计划与市场的作用同时存在，在这两种作用混合交叉的情况下，注入贷款，必然会增大风险。

（2）市场变化因素形成的风险。

随着改革的深入，市场的作用逐步加大，市场变化对企业生产经营的影响也越来越大，市场竞争机制会使一些自身素质不高的企业管理者束手无策，出现决策失误，导致经营非科学化，产生风险是必然的。一般来讲，市场变化越大，贷款风险产生的可能性就越大。

（3）政治风险和不可抗力形成的风险。

还有一类重要的客观因素会造成贷款风险，那就是借款人遇到政治形势、政策的变化或遭受不可抗力的影响。政治风险除了战争、内乱等之外，还包括政治、经济政策的变化等。不可抗力是指地震、台风等自然灾害的发生而使借款人遭受巨大损失，银行贷款也受到相应的威胁。

2）来自借款企业方面的原因

借款企业的经营风险是最主要的风险成因。企业经营会受到多种因素的制约，尽管在贷款发放前，银行已经做了详细的调查和信用分析，但在贷款发放后，这些因素仍会发生变动，以至于直接影响贷款的安全，如市场供求关系发生变化，生产、销售环节出现问题等。此外，企业领导者管理水平的高低也是一个重要影响因素，其管理水平高，生产组织有条不紊，企业效益就好，贷款比较安全。此外，还有企业行为趋于短期化、企业积累机制弱化等方面的原因。

3）来自银行方面的原因

（1）财务分析的局限性。

贷款发放前，银行贷款决策最主要的依据是对借款企业的财务分析。财务分析使银行了解借款企业的财务状况、发展趋势和还款保证。但财务分析也存在局限性，因为财务分析反映的毕竟是借款企业过去的经营成果。

（2）银行自我约束机制和信贷管理机制不健全。

由于银行风险与利益机制不对称，自我约束和激励机制不健全，银行缺乏防范风险的责任感和压力感，更缺乏防范风险的有效措施，从而使贷款风险加大。

（3）信贷人员素质低下，银行贷款决策失误。

一些银行信贷人员业务素质低下，对借款企业分析不仔细，对国家经济政策、经济形势变化不了解，对企业经营的了解不全面等，都可能导致贷款决策失误，从而导致贷款风险加大。

（4）银行自身利益驱使。

高风险才能取得高收益，银行受自身利益驱使，在贷款配置上，有时会选择高风险贷款。

此外，还有贷款方式选择不当、贷款对象选择失误等原因。

5.5.3 不良贷款的控制与处理

一般来说，当银行发现贷款“发出”风险信号时，就应立即查明原因，采取有效措施，以防止贷款风险变为真实的损失。对于不同原因产生的不良贷款，银行应分别采取不同的措施。其常用措施有：

1）银行向借款企业注入一笔新的资金

通常一旦出现不良贷款，银行首先会与借款人接触，共商解决之策。有些贷款不能按时归还是由于企业经营资金或项目投资资金不足或不能及时生产出产品等原因造成的，对于这些情况，银行应充分论证，确认其产品有销路，并有较好的经济效益，这时可向借款企业注入新的资金，以帮其尽快渡过难关。

2）贷款展期

对于那些出于正当属实的客观原因而使企业不能按时偿还的贷款，银行可以适当延长期限，即办理贷款展期，但要按规定办理。

3）借新还旧

在我国，有些贷款是作为企业的铺底流动资金来使用的，这种贷款主要依靠企业补充的资本来偿还，在企业没有充足的资本补充的情况下，这部分贷款将长期被企业占用。对于这种贷款，只要企业的生产经营基本正常，银行就可以借新还旧的方式来处理。

4）银行参与企业的经营管理

对于那些因经营管理不善而使贷款风险增大的企业，银行可以要求企业允许银行有关人员参加企业的董事会或高级管理层，参与企业重大决策的制定，要求特别派驻审计员，甚至可以要求撤换或调整现有的领导班子。

5）追加贷款担保

当发现问题时，银行应查看第二还款来源的状况，如果第二还款来源，即企业提供的担保已不足以补偿贷款可能产生的损失，银行应及时要求其提供新的贷款担保。追加担保可以财产抵押或质押的方式，也可以追加保证人的方式。

6）依靠法律武器，收回贷款本息

在采取上述措施后，经银行努力催收，借款人仍不能按期归还的，银行应运用法律武器催收贷款。如果借款人无力还款，银行应依法处分贷款抵押（质押）物，或追究保证人的保证责任，处分抵押（质押）物的收入或保证人的收入以归还贷款本息。如果以上收入仍不足以偿还贷款本息，银行应当对借款人或贷款保证人提起诉讼，寻求法律解决，这时对企业进行破产清算成为必然选择，当然，这是万不得已的一种选择。

7）冲销呆账准备金

经过充分的努力，最终仍然无法收回的贷款，应列入呆账，冲销贷款呆账准备金。任何一笔贷款发放后，都有发生损失的可能。贷款呆账准备金是从银行经营收入中提取并留存的准备金，用以弥补银行贷款损失，且准备金必须维持在一定水平上。

银行在提取呆账准备金时应注意以下原则：一是及时性原则，即呆账准备金的提取应在估计贷款可能存在内在损失、贷款的实际价值可能减少时进行，而不是在损失发生或需要冲销时进行；二是充足性原则，即银行应该随时保持足够的弥补贷款内在损失的准备金。

呆账准备金有三种类型：一是按贷款组合余额的一定比例提取的普通呆账准备金；二是按贷款分类结果，对各类贷款按不同比例提取的专项准备金；三是按贷款组合的不同类型，即针对某个行业、地区等提取的特别准备金。它们之间存在一定的差别。

普通呆账准备金用于弥补贷款组合的不确定损失，具有资本性质，可计入资本基础。但是，普通呆账准备金是按贷款的总量提取的，无法反映贷款的真实损失程度，与贷款的真实质量无关。专项准备金由于是按贷款的内在损失程度计提的，它的数量与贷款的真实质量直接挂钩，因此它可以弥补贷款的损失，反映评估日贷款的真实质量。

如有一笔100万元的贷款，其中20万元为损失类贷款，按普通呆账准备金的1%提取，则应提取1万元的普通呆账准备金，显然这1万元的普通呆账准备金无法弥补20万元的已有损失；如果按专项准备金提取，应增提准备金20万元，这时相应的普通呆账准备金的数量减少到0.8万元（（100−20）×1%），但总体准备金的数量大大增加了，为20.8万元（20+0.8）。

在普通呆账准备金和专项准备金体系下，准备金的计算步骤如下：

（1）计算所需的专项准备金。

专项准备金的计算要按照贷款的分类结果，不同的贷款分类按不同的比例计提。可参考的比例为：损失类贷款100%，可疑类贷款50%，次级类贷款20%，关注类贷款5%。

（2）计算普通呆账准备金。

贷款即使正常，仍存在发生损失的可能，因此需要计提普通呆账准备金，方法是：

普通呆账准备金=（贷款总额-专项准备金）×规定比例

呆账准备金总量=专项准备金+普通呆账准备金

5.5.4　我国商业银行信贷资产的管理现状

1）我国金融机构体系的信贷资产高速增长

改革开放40多年来，我国金融机构体系的信贷资产以较快的速度增长，年平均增长速度约为21%，超过经济增长速度和物价上涨率之和5个百分点。在以间接融资为主的融资格局下，银行信贷规模的扩张是经济增长强有力的支撑，但目前，它被视作经济过热的主要根源，已引起政府和监管部门的高度关注，并采取了相应的措施。

拓展阅读5-2

揭秘商业银行不良资产传统处置模式和创新模式

在信贷资产高速增长的同时，我国银行体系内部存在严重的不均衡问题，信贷业务主要集中于国家银行体系的五大国有商业银行。根据国家金融监督管理总局公布的数据：2023年二季度末，我国银行业金融机构本外币资产总额为406.2万亿元，同比增长10.4%。其中，大型商业银行本外币资产总额为171.5万亿元，同比增长13.3%，占比为42.2%；股份制商业银行本外币资产总额为69.6万亿元，同比增长7%，占比为17.1%。

2）国有商业银行信贷资产质量存在问题

随着我国国有商业银行信贷规模的扩张和宏观经济的波动影响，不良贷款有所增加。但是近年来，我国的银行积极提升经营效率，并持续加大对不良贷款的处置，2022年，除个别银行外，工商银行、农业银行、中国银行、建设银行、交通银行的资产质量整体向好。从六大行财报看，截至2022年末，六大行不良贷款余额共计12 759.96亿元，较2021年末增加1 124.41亿元。从不良贷款率看，“工农中建交”均高于1.3%，工行、建行最高，为1.38%，但相较2021年，五家银行不良贷款率均下降；邮储银行不良贷款率低于1%，仅为0.84%，但却是唯一一家不良贷款率同比提高的银行。除去外部因素，上述情况与银行的自身经营策略、风控管理、企业文化密切相关。

3）拘于传统不良资产处置方法

从整体上看，我国银行业对不良贷款习惯使用一些传统的处理方法，如发放贷款增量稀释、利用集中清收盘活资产、内部分账经营、作为坏账核销等，这些方法虽然各有特点，但是与国际接轨的程度及创新模式的运用程度较低，其不良贷款的回收率难以达到预期。目前，有些不良资产处置的创新模式可以借鉴，如可利用资本市场化解不良资产；可联合各方力量和各种资本或通过企业并购和债务重组方式处置不良资产；还可以发挥社会中介机构作用，以业务外包方式处置不良资产。但防止不良资产产生才是根本。

如何做到呢？首先，要深化国有企业改革，真正实现国有企业经营机制的转换，保证贷款行为建立在商业运作的基础上；其次，发展资本市场是解决国有企业对银行过度依赖的重要途径之一，提高直接融资的比例可以减轻银行的贷款压力；再次，改革银行体系，加强竞争，消除垄断是提高银行体系经营效率的关键；最后，加强对银行的监管，提高监管水平，完善政府财政职能，才能最终解决银行体系不良资产的产生问题。

4）应建立和完善商业银行信贷制度

（1）应建立和完善信贷的评审与决策机制。

规范的信贷评审、决策机制包括借款企业的信用等级评估制度、审贷分离制度、分级审批制度和大额贷款的审贷委员会集体审议制度，以减少信贷投向失误，杜绝舞弊行为，最大限度地避免信贷风险。

（2）应建立和完善信贷的监控与预警机制。

贷款发放以后，要进一步落实“三查”制度，启动信贷监控机制，对借款人使用贷款及生产经营情况进行跟踪监督，督促借款人全面履行借款合同。一旦发现借款人违约或有其他问题，增加了信贷资产风险指数，就要及时发出预警信号，依法采取各种措施，将风险控制在一个合理的范围内。

（3）应建立和完善信贷风险的转移与补偿机制。

信贷风险的转移机制主要是指严格按照《中华人民共和国民法典》的规定，尽量要求借款人参加财产保险，对故意不还贷款的企业以及已破产倒闭或有债务纠纷的借款企业，通过诉讼程序依法收贷。风险补偿机制包括提高商业银行资本充足率以达到《巴塞尔协议》和我国《商业银行法》规定的要求，增强对贷款风险损失的补偿能力，以及按照谨慎性会计原则依法提足呆账准备金，并根据规定的条件和程序及时核销呆账损失。

（4）应建立和完善信贷风险责任机制。

根据责权利相统一的原则，应规范信贷工作岗位责任制，将信贷管理的每一个环节的风险责任落实到部门、岗位、个人，并建立离职审计制，以增强各类人员的责任感，确保降低贷款风险目标的实现。

5）贷款呆账准备金的管理

贷款呆账准备金是为了补偿贷款可能发生的呆账而提取的专项补偿基金。1998年以前，按年初贷款余额的1%提取；1998年后，按年末贷款余额的1%提取。凡经批准从事贷款业务的银行，都应按规定提取，计提的贷款呆账准备金计入当期损益；发生贷款呆账损失时，冲销呆账准备金，以后又收回已核销的贷款时，则增加呆账准备金，当年核销的呆账准备金在下年予以补提。需要注意的是，核销呆账并不是放弃债权，商业银行在核销呆账后，仍要通过各种努力继续催收贷款，收回已核销的贷款还要计入损益。

知识链接 5-3 银行呆账准备金提取额如何确定

呆账准备金累计提取额=年末贷款余额×1%-呆账准备金。

核销的贷款呆账应保留追索权。收回已核销贷款呆账增加呆账准备金，由此使年末呆账准备金余额超过年初贷款余额1%的部分，当年不必冲回。

1.呆账准备金的提取原则

（1）及时性原则。

它是指银行呆账准备金的提取应在估计到贷款可能存在内在损失、贷款的实际价值可能减少时进行，而不应在损失实际实现或需要冲销贷款时进行。

（2）充足性原则。

它是指银行应当随时保持足够弥补贷款内在损失的准备金。

由于损失的不可避免性，银行及时、足额提取呆账准备金就成为帮助银行保持经营稳健的有效工具。

2.呆账准备金的类型

（1）普通呆账准备金。

按照风险贷款余额的一定比例计提，这和我国现行的按照贷款总余额的一定比例（1%）提取呆账准备金是相似的。

（2）专项呆账准备金。

按照贷款分类的结果，对各类别的贷款根据其内在损失程度，按照一定的风险权重分别计提。大多数国家要求商业银行同时计提普通呆账准备金和专项准备金，我国计提此种专项准备金。

（3）特别呆账准备金。

属于针对某个地区、行业或某一类贷款的专门计提，为防范国家风险而计提的呆账准备金就属于这一类，我国计提此种准备金。普通准备金是按照贷款余额的既定比例计提的，它针对的是贷款的不确定损失。

https：//www.66law.cn/laws/169853.aspx

情境模拟 5-1

场景：

假如你参与银行的资产定价，你所在的银行对客户欲以12%的年利率发放100万元贷款，借款人使用资金的成本率是10%，贷款管理成本为2 000元，产权资本成本是8%，此笔贷款的目标收益率为25%。

请问：按上述定价标准能否实现贷款的目标收益率？若不能，怎样运用目标收益定价法重新定价？

操作：

第一步，计算出当前贷款利率下的收益率：

1 000 000×12%-1 000 000×10%-2 000÷（1 000 000×8%）×=22.5%

第二步，将计算出的收益率与目标收益率25%进行比较，因其小于目标收益率，所以需要重新定价。

第三步，重新确定贷款利率，设重新确定的贷款利率为x，则有：

$$1\,000\,000 \times x - 1\,000\,000 \times 10\% - 2\,000 \div (1\,000\,000 \times 8\%) \times 100\% = 25\%$$

求x即可。

知识掌握

5.1 常见的贷款业务的分类方法有哪些？

5.2 贷款的五级分类是根据什么划分的？划分的具体类别是什么？

5.3 简述贷款政策的含义及内容。

5.4 制定贷款政策时应考虑哪些因素？

5.5 简述商业银行贷款工作应遵循的程序。

5.6 简述商业银行贷款价格的构成及贷款价格的影响因素。

5.7 简述贷款定价的方法及在实际中的应用。

5.8 简述贷款信用综合分析的内容。

5.9 简述商业银行对贷款的信用分析的技术方法及应用。

5.10 简述商业银行对贷款的信用分析中非财务分析的内容。

5.11 如何评价贷款质量并分析不良贷款产生的原因？

5.12 试分析当前我国商业银行信贷资产管理状况及原因。

知识应用

□ 案例分析

免息购车存“隐性成本”

零首付、零利率、享优惠……五花八门的诱人贷款政策，让消费者受益的同时，也引来不少关注。为何车贷机构会不惜“赔本赚吆喝”，这里面是不是有什么消费者所不知的“秘密”？

据业内人士透露，对于打着“免息”的汽车金融贷款，虽然其表面上使消费者享受了无息的月供，但是消费者先期缴纳的贷款服务费、挂牌代办费、保险费等费用已成为贷款购车的“隐性成本”。其中，贷款服务费在很多店里也被叫作贷款手续费，4S店大多会向客户收取2 000元到上万元。记者在走访一家4S店时发现，销售人员会主动介绍店里的贷款政策，被问及相关费用时，销售人员并没有明确提出要单独收取服务费，而是把这笔3 000元左右的服务费和其他相关费用算在了一起，告诉一个总的费用价格，许多消费者没有注意便会“稀里糊涂”地略过这一项。

记者发现如果贷款购车，许多4S店会指定消费者购买车险的保险公司，部分还会指定一些消费“大礼包”，例如装具礼包、贴膜礼包等。在这些指定消费面前，消费者的议价能力很弱，通常其只能按照4S店的要求购买。

资料来源：佚名．免息购车存“隐性成本”[EB/OL]．[2018-01-11]．http://sd.chinaso.com/sy/detail/20180111/1000200033118911515634474921176300_1.html.

问题：案例中购车者缴纳的贷款服务费、挂牌代办费、保险费等费用是否属于贷款价格构成？应怎样看待贷款者对除利息外的其他费用的收取？

分析提示：属于。贷款价格的构成包括贷款利率、贷款承诺费、补偿性余额和隐含价格。

价格是银行竞争的要素之一，但是价格竞争的空间有限，所以银行应以积极的策略从提高核心竞争力入手占领市场，实现最终目标。即使想从贷款过程中获取更多收入，也应从借贷两方双赢的角度做好贷款的定价工作。

□ 实践训练

表5-6是某公司净现金流量表。

表5-6 某公司净现金流量结构表 单位：元

现金流量项目	金额
经营活动净现金流量	25 732 594.47
投资活动净现金流量	109 131 177.34
筹资活动净现金流量	36 980 489.19
净现金流量合计	171 844 261

该公司本年度红利为15 700 000元，到期的长期债务为10 082 949元，该公司年初短期债务为980 000元。

要求：根据贷款信用分析基本原理，结合上述资料分析评价该公司的贷款偿还能力。

提示：首先，求出该公司的净现金流量。

其次，根据净现金流量，求出下列比率：

比率一：业务中的现金流量÷（红利+到期的长期负债）

比率二：业务中的现金流量÷（红利+到期的长期负债+年初短期负债余额）

最后，根据比率大小评价公司的偿债能力。

第6章 商业银行证券投资管理

学习目标

知识目标：理解商业银行证券投资的目的和功能；了解商业银行证券投资的种类与内容；理解、掌握商业银行证券投资的收益与风险。

技能目标：能够准确分析商业银行资产业务的特点并选择证券投资方向；能够利用证券投资技术做好商业银行证券投资业务，保证商业银行的盈利性和安全性。

素质目标：通过本章的学习，在培养学生正确的投资观、价值观的同时，使其能够在商业银行业务进行综合考虑，并在此基础上，作出证券投资的战略选择。

引例

又有头部券商试水，“投行+商行”联动将引领银证合作新趋势？

2023年11月23日，国泰君安与上海农商银行联合发布创新综合金融服务方案，共同服务临港片区科创类企业。

记者注意到，近年来券商和银行之间的深度合作开始在行业内蔚然成风。有分析认为，银证机构之间探索“投行+商行”模式的增多，反映了在“科创金融”时代，银行和券商在资源互补、投贷联动等方面存在较大的协同空间。

国泰君安与上海农商银行构建“投行+商行”联动

11月23日，由临港新片区管委会指导、国泰君安主办的“科创金融 智汇未来”——“临港国泰君安日”暨国泰君安2024年度投资策略研讨会在上海临港新片区举行。

在此次活动中，国泰君安临港新片区分公司正式启动运营，还举行了多场战略签约仪式。

国泰君安党委书记、董事长贺青表示，设立临港新片区分公司是公司主动融入临港新片区建设的“关键落子”。未来，国泰君安将推进同业合作，携手共筑科创金融生态。坚持深化金融供给侧结构性改革，协同包括上海农商银行、上海技术交易所等在内的各类机构，组建上海科创金融服务联盟，创新构建“贷款+财顾+投资+投行+保险”联动模式，有效贯通直接融资与间接融资，更好满足临港科创企业全链条全生命周期金融需求。

今年是临港片区成立四周年，目前临港已经建设成为一片科创产业集中的热土。而科创企业的聚集也为金融服务实体经济带来了契机。

此次活动的一个重要环节是，国泰君安与上海农商银行联合发布“君鑫赋港”综合金融服务方案，推出针对临港新片区科创企业的特色产品“君鑫宝”。双方将发挥各自优势，根据临港新片区创新型产业规划，聚焦集成电路、人工智能、生物医药、新能源、新材料、绿色环保、高端装备等重点产业，创新构建“投行+商行”联动模式，共同设立“临港新片区科创企业服务白名单”，以“优先、优惠、优化”方式提供产业投资、财务顾问、承销保荐、资产配置、信贷供给，以及包括产业资源整合、政策资源对接等在内的综合金融产品服务。

“投行+商行”模式深化银证合作

虽然国内金融行业长期以来实行分业经营模式，但银行与券商之间一直不乏跨界合作。例如，券商与银行在经纪业务上的合作已经较为普遍，也是银证之间的一种传统常规合作。

不过，当前金融机构跨界合作仍存在一定局限性，其总体集中在产品代销、托管结算、互荐客户等浅层次合作，缺少企业全生命周期服务协同等深层次合作。

随着满足战略性新兴产业各类投融资需求的科创金融崛起，近年来，券商与商业银行的合作开始走实走深，能更好为企业提供全方位金融服务的“投行+商行”模式在业内方兴未艾。

业内人士向记者分析了该模式的几大特点：首先，其多是头部券商和商业银行之间的合作，券商以IPO等投行业务为牵引，可以联动银行满足融资类需求；其次，商业银行的信贷业务与券商资本市场服务，存在一定程度上的互补性；最后，两类机构的合作可以拓宽风控审视的角度。

在此模式下，券商和银行可以在过往长期合作的基础上，根据企业所处的生命周期及融资需求，打通直接融资和间接融资，涵盖股权融资和债权融资，联合为企业提供产业基金投资、引入战投、各类科创贷款、债券联合承销及投资、IPO等融资服务，供企业灵活选择。

事实上，上述深化银证合作的“投行+商行”模式在近两年内已渐渐成为证券行业积极践行的方向。

公开信息显示，年内还有多家券商与商业银行达成了此类合作。例如，日前，财通证券与瑞丰银行签署全面战略合作协议，双方将充分发挥各自优势，进一步深化研究业务、财富业务、同业业务、投行业务等多领域全方位合作，强化“金为实服务”功能，深度赋能地方经济和各类企业高质量发展。财通证券方面表示，希望双方以此次战略合作为契机，共同建立顶层设计与业务落地紧密融合的合作机制，共同探索“投行+商行”的新模式，携手构建银证合作、共创共赢的新生态。

此外，银行与券商之间的“投行+商行”合作还可以有更多的内涵。例如，今年8月，兴业证券、兴证国际与南洋商业银行、南洋商业银行（中国）有限公司在中国香港签署四方战略合作协议。据了解，此次合作的双方将利用各自在跨境业务领域的专业及渠道优势，共同深耕市场，共创发展契机，为双方客户在跨境领域的需求提供专业化特色方案。兴业证券方面表示，此次签署战略协议，将进一步推动“投行+商行”项目的联动和落地，促进双方的高质量发展。

今年5月，海通证券与兴业银行签署战略合作协议。对于此次合作，双方将在资金融通、存管及结算、投资银行、资产管理、本外币FICC、研究及交易、境外业务等领域全面深化合作关系，共同提升服务实体经济质效。

此前，某大型商业银行机构金融业务部相关负责人曾撰文指出，面对中国经济高质量发展的战略大局，银证合作绝非简单的混业经营，也非单纯的牌照互补，而是倡导商业银行与证券公司从服务实体经济、提高资源配置效率等角度出发，基于各自专业优势，通过加强在客户资源、业务推荐、共建项目、共享渠道等领域的互动互联，最终实现互惠共赢的一种商业合作模式。

从证券公司的角度看银证合作，其主要涵盖“资金”和“资源”两方面：一方面，证券公司利用商业银行“资金”优势，缓解自身融资融券、股票质押式回购等领域资金压力，扩张其“重资本”业务规模；另一方面，证券公司协同商业银行客户、营销、获客、销售、渠道等“资源”优势，更好挖掘全市场潜力，获得更多优质客户和优质项目，推动其经纪、投行、资管等“轻资本”业务的发展。

资料来源：佚名.又有头部券商试水，“投行+商行”联动将引领银证合作新趋势？[EB/OL].[2023-11-23]. https://baijiahao.baidu.com/s?id=1783354686655521190&wfr=spider&for=pc.

这一案例表明：银行业与证券业合作正在向纵深发展，这将对银行的业务拓展、服务水平提升、资源配置优化、风险管理以及市场竞争力和品牌影响力的增强具有重要的意义。

6.1　商业银行证券投资概述

6.1.1　商业银行证券投资的解释

1）商业银行证券投资的含义

商业银行证券投资是指在商业银行业务活动中，银行为增强其资产的收益性和保持相应的流动性而把资金投放于有价证券的经济行为。

证券投资是商业银行购买债券、股票等有价证券及其衍生产品，在承担一定风险的前提下，以获取利息、红利和资本利得等的投资行为。商业银行证券投资主要表现为自营业务和代客理财业务，其中代客理财业务包括公司理财业务和个人理财业务。证券投资业务作为商业银行的一项重要资产业务，其实质上属于投资银行性质的业务，是对金融产品的间接投资，而不是贷款业务，也不是直接的实业投资。

2）商业银行证券投资业务与贷款业务的区别

（1）业务性质不同。

在商业银行的资产业务中，贷款业务属于商业银行被动型的资产业务，商业银行贷款的供给量主要取决于客户对贷款的需求量，这是贷款业务的关键所在；而证券投资业务属于商业银行主动型的资产业务，商业银行主要根据自身需要投资于有价证券，进行主动型的投资决策。

（2）风险性和收益性不同。

商业银行的贷款业务能否收回贷款的本金和利息，主要取决于借款人的经营状况和经济效益。而商业银行的证券投资业务的风险是多方面的：一方面来源于被投资对象的经营状况和经济效益；另一方面来源于证券市场的供求关系等。贷款业务的收益只是利息，一般是确定的；而证券投资业务的收益包括利息、股息、红利和资本利得，所以带有一些不确定因素。

（3）流动性不同。

商业银行的贷款业务是有固定期限的，按照贷款合同中规定的支付时间，银行才可收回贷款本金和利息；而证券投资业务具有可交易的特点，因此其流动性比较好。

（4）作用不同。

在贷款业务中，银行作为债权人，有权对借款人随时进行有效的监督管理，对借款人起着重要的作用；而在证券投资业务中，由于作为债权人或股东的投资人众多，一般情况下，银行控制被投资对象的能力比较弱，所起的作用不大，被投资对象只是定期向投资人发布有关经营方面的信息或临时发布重大事件公告等。

3）商业银行证券投资业务与实业投资的区别

（1）投资主体与投资对象不同。

实业投资的投资主体是企业或政府，其主要投资于不动产和动产；而商业银行的证券投资业务的投资主体无疑是商业银行，投资的对象是有价证券。

（2）投资收益的来源不同。

实业投资的收益来源于企业的销售收入或营业收入扣除成本、费用和税金之后的利润；而证券投资业务的收益既可能来自企业的利润，也可能来自利息或买卖有价证券的资本利得等。

（3）投资的流动性不同。

实业投资的主要目的是通过经营来创造效益，很少投资后出售，故其流动性很差；而证券投资则不同。

6.1.2 商业银行证券投资的功能

商业银行证券投资的基本目标是在一定风险水平下的投资收益最大化。与此目标相一致，商业银行证券投资具有以下功能：

1）获取收益

获取收益是商业银行从事证券投资业务的重要目标，证券投资业务是商业银行除存贷款业务之外的一项重要业务。当贷款需求减弱，或者由于商业银行之间竞争激烈，使得寻找理想的放贷客户越来越困难，加大了贷款本金和利息回收的风险，导致收益降低时，银行就会将存款资金投资于有价证券，证券投资的收益包括利息收益、股利收益和资本收益。

利息收益是指银行购买一定量的有价证券后，依证券发行时确定的利率从发行者那里取得的利益；股利收益是指银行在持有公司股票期间从该股份公司取得的股息和红利；资本收益是指银行购入有价证券后，在出售或偿还时收到的价款高于购进价格的差额。

而且商业银行可以通过接受客户委托，代客进行证券投资而不承担投资风险或承担较少的投资风险，并赚取手续费。这是商业银行又一重要的获利手段。

2）风险管理

风险管理就是要降低商业银行的经营风险，将风险控制在最低的限度内，这是商业银行经营管理的重要内容。为了降低风险，行之有效的办法就是实现多元化的分散投资，而商业银行的证券投资正起到了这样的功效。

（1）证券投资是商业银行资产分散化的新选择。

如果银行的贷款风险加大，没有合适的贷款机会，银行可以将资金投资于有价证券，来回避和抵消贷款的风险损失。

（2）证券投资可有效分散商业银行的风险。

由于证券投资的品种和数量众多，投资选择的余地大，故其可以在更大程度上分散风险。

（3）自主的证券投资可降低商业银行的经营风险。

银行作为证券投资的主体，具有充分的自主性、独立性和灵活性，以及资金运用的科学性，能够降低银行的经营风险，提高银行资金的安全性。

（4）代客证券投资可使商业银行取得低风险收益。

商业银行推出大量、各种类型的理财产品，由投资人购买，商业银行按照合同的规定为投资人进行有价证券的投资，全部风险或大部分风险由投资人承担，可以使商业银行有效地减少经营风险。

3）保持流动性

流动性的高低是衡量商业银行经营稳健与否的重要标志。银行为了保证资产具有一定的流动性，一般要保留一定量的现金资产，因为现金资产无利息收入，为保持银行资产的流动性而持有过多的现金资产，往往会增加银行的机会成本，降低银行的利润。因此，商业银行的证券投资，特别是短期证券投资具有很高的流动性，可以在证券市场交易，必要时可以迅速变现，从而满足银行的流动性要求。

拓展阅读6-1

关于机构融合和金融业态格局变化的思考

4）合理避税

商业银行投资的有价证券一般有国债和地方政府债券，这类有价证券往往都有免税的优惠条件，可提高商业银行的收益。

6.2　商业银行证券投资工具

6.2.1　货币市场工具

货币市场工具是指可以在货币市场进行交易，到期期限在1年以内的金融工具或证券。它包括国库券、大额可转让定期存单、商业票据、央行票据、银行承兑汇票、回购协议、短期融资券和同业存单等。商业银行通过投资货币市场工具可以缓解长期存在的

“短存长贷”的资产错配问题，在一定程度上化解相应的金融风险；同时，可以保证资产的流动性，并获得一定的收益。

1）国库券

国库券是指由一国中央政府通过财政部以贴现方式发行的、以国家信誉支持的、期限在1年以内的短期政府债券，其所筹资金用于中央财政预算平衡后的临时性支出。由于是中央政府发行的，有国家税收作为保障，因此国库券具有安全性高、风险低、流动性强的特点。由于国库券具有高流动性，所以国库券也被称为准货币，是商业银行重要的证券投资工具，商业银行既可以直接从财政部或中央银行购买，也可以在货币市场上购买。

2）大额可转让定期存单

大额可转让定期存单是指商业银行签发的注明存款金额、期限、利率，并可以流通转让，到期后可按票面金额和规定利率提取全部本金利息的金融工具（如图6–1所示）。其利率水平略高于同等期限的定期存款利率，逾期存款不计息。早在1986年，我国便已出现大额存单业务。不过，由于大额存单业务出现了各种问题，如利率过高引发存款“大搬家”、盗开和伪造银行存单进行诈骗等犯罪活动猖獗等，1997年监管部门暂停审批银行的大额可转让定期存单发行申请，该业务陷入停滞。

图6–1　大额可转让定期存单示例

3）商业票据

商业票据是指公司为筹措资金，以贴现方式发行的短期债务凭证。这种商业信用工具既是商品交易的工具，又可作为融通资金的工具。随着金融市场的发展，这种工具的融资职能与商品交易相分离，其变成了单纯债权债务关系的融资工具，是商业银行投资工具之一。商业票据的特点有：发行成本较低，采用信用发行的方式且信用等级较高，期限通常在30天左右，对利率的变动反应灵敏，一级市场发行量大而二级市场弱等。

4）央行票据

央行票据是指中国人民银行面向全国银行间债券市场成员发行的债务工具，目的是在公开市场业务操作中，充当货币回笼的手段，同时稳定和引导利率预期。央行票据的期限一般较短，最短期限为3个月，最长为3年。随着央行票据规模的不断扩大，其对市场的影响力也在增强，现已成为商业银行流动性管理的主要工具，其对资产负债配置的作用正在加大。央行票据是中央银行调节基础货币的一项货币政策工具，目的是减少商业银行的可贷资金量。商业银行在支付认购央行票据的款项后，其直接结果就是可贷资金量减少。

5）银行承兑汇票

银行承兑汇票是指由出票人签发的、承兑银行承兑的、在指定日期无条件支付确定的金额给收款人或者持票人的票据（如图6-2所示）。承兑银行成为票据的第一债务人，出票人只负第二责任。它是一种贴现票据，有银行承兑付款担保，因此风险低，安全性高。这是银行承兑汇票流通的主要方式。

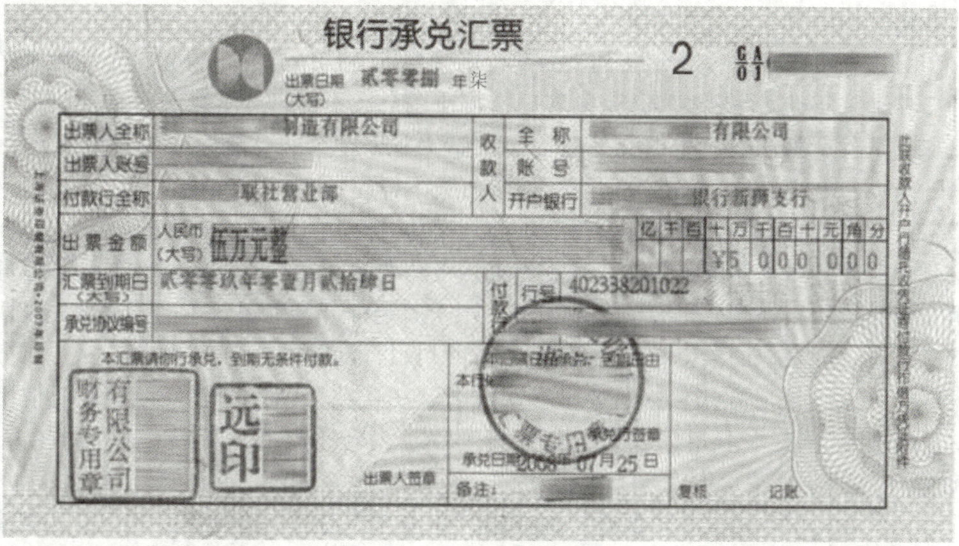
银行承兑汇票
2 GA 01 [redacted]
出票日期（大写） 贰零零捌 年柒

出票人全称	[redacted]制造有限公司	收款人	全称	[redacted]有限公司
出票人账号	[redacted]		账号	[redacted]
付款行全称	[redacted]联社营业部		开户银行	[redacted]银行新牌支行
出票金额	人民币（大写） 伍万元整		亿千百十万千百十元角分	¥5 0 0 0 0 0 0
汇票到期日（大写）	贰零零玖年零壹月贰拾肆日	付款行	行号	402338201022
承兑协议编号	[redacted]			[redacted]

本汇票请你行承兑，到期无条件付款。
财务专用章 有限公司 [redacted]
远印 [redacted]
出票人签章
本行[redacted]
承兑行签章
承兑日期 2008年07月25日
备注：[redacted]
复核 记账

图6-2 银行承兑汇票示例

《中华人民共和国票据法》第二十七条规定，持票人可以将汇票权利转让给他人或者将一定的汇票权利授予他人行使。目前，我国银行承兑汇票背书最常见的方法是在票据背面或粘单的背书栏内签章。

6）回购协议

回购协议是指卖方在出售证券时，向买方承诺在未来一定时期内以事先约定的价格再将其买回，从而使卖方获得融通资金的一种交易合约。回购协议实质上是一种短期的、以证券作为质押的借贷，回购交易的资产一般为国库券等。回购协议按期限不同，分为隔夜回购、定期回购和连续回购。隔夜回购是指卖出和买回证券相隔一天的交易；定期回购是指卖出和买回证券间隔超过一天的交易；连续回购是指连续自动生效，直至一方将其终止的隔夜回购。

回购协议的特点包括：一是安全性高。回购协议的交易是在经国家批准的规范性交易场所进行的，只有符合要求经批准的机构才可以在场内进行交易，交易的双方以出让或取得证券质押权为担保进行资金拆借，交易所作为证券质押权的监管者承担相应的责任。回购协议的标的是经货币当局批准的具有最高信用等级的有价证券。二是流动性好。回购协议的期限主要以短期为主，最长的回购期限一般也不超过一年。三是收益稳定。回购利率是市场公开竞价的结果，在一定程度上代表了一定时期的市场利率水平，市场参与者如果将沉淀资金用于证券回购交易，一般可获得高于银行同期存款利率的收益。四是利用回购协议融入的资金不属于银行的存款负债，不用缴纳存款准备金。由于大型商业银行是回购市场的主要资金需求者，因此这些银行往往利用回购市场筹集资金。

7）短期融资券

短期融资券是指具有法人资格的企业按照法定条件和程序在银行间债券市场发行和交易，并约定在一年内还本付息的有价证券。它是货币市场工具的又一创新品种。在我国，短期融资券的发行主体既有非金融企业，也有金融企业，如证券公司。

我国短期融资券发行的特征为：

（1）从发行规模看，非金融企业的发行规模要求待偿还余额不得超过企业净资产的40%；对证券公司发行规模实行余额管理，待偿还余额不得超过净资产的60%。

（2）从发行期限看，根据交易商协会指引，非金融企业一般标准期限为3个月、6个月、9个月或12个月；证券公司发行期限最长不得超过91天。

（3）从发行目的看，要求非金融企业将所募集资金用于企业生产经营活动，并在发行文件中明确披露具体资金用途，若在续期内变更募集资金用途，应提前披露；证券公司募集资金可用于补充公司流动资金，不得用于固定资产投资和营业网点建设、股票二级市场投资、为客户证券交易提供融资、长期股权投资等。

（4）从发行注册方式看，若要求一次注册，一次或分期发行，一般按企业信用发行，无须担保；若采取招标方式，则发行利率、发行价格和所涉费率以市场化方式确定。

（5）从发行对象和交易场所看，面向银行间债券市场的机构投资人发行，不对社会公众发行，只在银行间债券市场交易。

8）同业存单

同业存单是指由银行业存款类金融机构法人在全国银行间市场上发行的记账式定期存款凭证，是一种货币市场工具。银行业存款类金融机构包括政策性银行、商业银行、农村合作金融机构以及认可的其他金融机构。同业存单的投资和交易主体为全国银行间同业拆借市场成员、基金管理公司及基金类产品。同业存单可拓展银行业存款类金融机构的融资渠道，有利于规范同业业务有序发展，为银行业存款类金融机构提供有效的流动性管理手段，是稳妥推进存款利率市场化的有效途径，同时也促进了货币市场的发展。

我国同业存单的特征包括：

（1）发行备案额度实行余额管理，发行人年度内任何时点的同业存单余额均不得超过当年备案额度。存款类金融机构可以在当年发行备案额度内，自行确定每期同业存单的发行金额、期限，但单期发行金额不得低于5 000万元人民币。

（2）同业存单发行采取电子化的方式，在全国银行间市场上公开发行或定向发行。

（3）同业存单的发行利率、发行价格等以市场化方式确定。具体可参考同期限上海银行间同业拆借利率定价。

（4）公开发行的同业存单可以进行交易流通，并可以作为回购交易的标的物；定向发行的同业存单只能在该同业存单初始投资人范围内流通转让。

知识链接 6-1　　工商银行 2023 年拟发行同业存单 7 848 亿元

2月3日，《每日经济新闻》记者获悉，工商银行2023年同业存单计划发行额度为7 848亿元，是上年实际发行额度的17倍多。数据显示，2022年工商银行同业存单发行备案额度为4 000亿元，实际发行金额为454亿元。

工商银行资产、存贷款规模等连续多年全球第一。在国内银行业普遍增发同业存单的情形下，工行同业存单计划格外瞩目。

本次同业存单发行方式为公开发行和定向发行。其发行具体计划为：人民币存单发行额度为7 500亿元，外币存单发行额度为50亿美元，折合人民币348亿元。

工行表示，将在当年发行备案额度内，自行确定每期同业存单的发行金额、期限，单期发行金额不低于5 000万元人民币，发行期限主要为1个月、3个月、6个月、9个月和1年。

另外，就发行备案额度实行余额管理，年度内任何时点的同业存单余额均不超过当年计划额度。如遇市场情况重大变化，工行保留对年度同业存单发行计划调整的权利。

资料来源：金融界.工商银行2023年拟发行同业存单7 848亿元［EB/OL］.［2023-02-08］. https://www.360kuai.com/pc/939dac5d549734f8c?cota=3&kuai_so=1&sign=360_57c3bbd1&refer_scene=so_1.

6.2.2　资本市场工具

资本市场工具是指可以在资本市场进行交易，期限在1年以上的金融工具或证券。它包括中长期国债、地方政府债券、金融债券、公司债券、中期票据、股票、证券投资基金、资产证券化和混合资本债券等。

1）中长期国债

中长期国债是指中央政府发行的中长期债务凭证，其所筹措的资金主要用于平衡中央财政预算赤字。其中，中期国债期限介于1～10年之间，长期国债期限在10年以上，其均为附息债券，需定期支付利息。附息债券在票面上附有息票，息票上载明每期支付利息的金额，债券持有人每期剪下息票以兑取利息。由于此类债券的期限比较长，对利率的变化比较敏感，因此中长期国债具有一定的利率风险。

知识链接 6-2 财政部决定发行 2023 年第五期储蓄国债（电子式）

据财政部7月10日消息，为筹集财政资金，支持国民经济和社会事业发展，财政部决定发行2023年第五期储蓄国债（电子式）（国债简称：23储蓄05，国债代码：231705，以下简称“第五期”）和2023年第六期储蓄国债（电子式）（国债简称：23储蓄06，国债代码：231706，以下简称“第六期”），现就第五期和第六期（以下简称“两期国债”）发行工作有关事宜通知如下：

一、发行条件

两期国债均为固定利率、固定期限品种，最大发行总额为380亿元。第五期期限为3年，票面年利率为2.85%，最大发行额为190亿元；第六期期限为5年，票面年利率为2.97%，最大发行额为190亿元。两期国债发行期为2023年7月10日至7月19日，2023年7月10日起计息，按年付息，每年7月10日支付利息。第五期和第六期分别于2026年7月10日和2028年7月10日偿还本金并支付最后一次利息。

两期国债发行公告日至发行开始日前一日，如遇中国人民银行调整3年期金融机构存款基准利率，两期国债取消发行。发行期内，如遇中国人民银行调整3年期金融机构存款基准利率，两期国债从调息之日起停止发行，未售出发行额度由财政部收回注销。

二、销售组织

两期国债由40家2021—2023年储蓄国债承销团成员（以下简称“承销团成员”）通过网点柜台代销。中国工商银行等31家承销团成员（以下简称“网银成员”）同时通过其网上银行代销。中国工商银行等10家承销团成员（以下简称“手机银行试点成员”）同时通过其手机银行代销。承销团成员名单和初始基本代销额度比例详见附件。

2023年7月10日，网银成员通过网上银行代销两期国债的额度上限为其当期国债初始基本代销额度的40%，手机银行试点成员通过网上银行和手机银行代销两期国债的额度上限合计为其当期国债初始基本代销额度的40%；2023年7月11日至7月19日，网银成员和手机银行试点成员在其取得的代销额度内合理分配各渠道额度比例。2023年7月13日营业结束后，各承销团成员未售出的基本代销额度与中央国债登记结算有限责任公司（以下简称“国债公司”）核对一致后全部调减为零。调减出的基本代销额度纳入机动代销额度，自2023年7月14日起供各承销团成员抓取。

三、提前兑取

两期国债发行期内不得提前兑取，发行期结束后可提前兑取。提前兑取业务只能通过承销团成员营业网点柜台办理。投资者提前兑取两期国债时，承销团成员按照从上一付息日（含）至提前兑取日（不含）的实际天数和以下执行利率向投资者计付利息，即：从2023年7月10日开始计算，持有两期国债不满6个月提前兑取的，不计付利息，满6个月不满24个月的，按票面利率计息并扣除180天利息，满24个月不满36个月的，按票面利率计息并扣除90天利息；持有第六期满36个月不满60个月的，按票面利率计息并扣除60天利息。承销团成员为投资者办理提前兑取，可按照提前兑取本金的1‰向投资者收取手续费。

四、资金清算

（一）两期国债发行款项分两次上缴国家金库总库，缴款日期以到账日为准，2023年7月10日至7月14日的发行款于2023年7月17日17：00前上缴，2023年7月15日至7月19日的发行款于2023年7月20日17：00前上缴。国债发行款通过支付系统汇划时，应使用hvps.111.001.01格式报文（客户发起汇兑业务报文）。报文中“汇款人名称”栏应填写国债缴款人的名称；汇款附言应注明国债简称、缴款批次和缴款机构代码（机构代码见附件），例如：23储蓄05第一批1001。

收款人名称：中华人民共和国财政部

开户行：国家金库总库

支付系统行号（同接收行行号）：011100099992

第五期缴款账号：270—23405

第六期缴款账号：270—23406

（二）投资者提前兑取两期国债一级资金清算方式为定期清算，一级资金清算计息比照本通知“三、提前兑取”的规定执行。

（三）财政部委托国债公司办理一级资金清算的本息资金支付。

本通知未尽事宜，按照《财政部 中国人民银行关于储蓄国债（电子式）发行兑付有关事宜的通知》（财库〔2016〕56号）等有关规定执行。

资料来源：上海证券报.财政部决定发行2023年第五期储蓄国债（电子式）[EB/OL].[2023-07-11].https：//stock.cnstock.com/stock/smk_zq/202307/5089256.htm.

2）地方政府债券

地方政府债券即市政债券，是地方政府发行的，其所筹措的资金被用于地方基础设施建设和公益事业发展，如道路、学校、公园等。《中华人民共和国预算法》规定，经国务院批准的省、自治区、直辖市的预算中必需的建设投资的部分资金，可以在国务院确定的限额内，通过发行地方政府债券的方式筹措。

举债的规模，由国务院报全国人民代表大会或者全国人民代表大会常务委员会批准；省、自治区、直辖市依照国务院下达的限额举借的债务，列入本级预算调整方案，报本级人民代表大会常务委员会批准；举债应当有偿还计划和稳定的偿还资金来源，只能用于公益性资本支出，不得用于经常性支出。企业和个人取得的地方政府债券利息收入可以免征企业所得税和个人所得税。

按偿还保障方式，地方政府债券分为地方政府一般债券和地方政府专项债券。

地方政府一般债券是指省、自治区、直辖市政府（含经省级政府批准自办债券发行的计划单列市政府）为没有收益的公益性项目发行的、约定一定期限内主要以一般公共预算收入还本付息的政府债券。

在我国，地方政府一般债券采用记账式固定利率附息形式，发行利率采用承销、招标等方式确定；期限为1年、3年、5年、7年和10年；单一期限债券的发行规模不得超过地方政府一般债券年度发行规模的30%；地方政府一般债券由各地按照市场化原则自发自还，发行和偿还主体为地方政府，其本息偿还由地方征税能力作保证；各地按照有关规定开展地方政府一般债券信用评级；发行结束后，符合条件的应按有关规定及时在全国银行间债券市场、证券交易所债券市场等上市交易。

地方政府专项债券是指对有一定收益的公益性事业举借的专项债务，主要由地方政府通过发行市政债券等专项债券融资，以对应的政府性基金或专项收入偿还。地方政府应当将专项债务收支、还本付息、发行费用纳入政府性基金预算管理。

在我国，省、自治区、直辖市政府为专项债券的发行主体，具体发行工作由省级财政部门负责。市、县级政府如果需要发行专项债券，应纳入本省、自治区、直辖市专项债券规模内管理，由省级财政部门代办发行，并统一办理还本付息。经省级政府批准，计划单列市政府可以自办发行专项债券。专项债券按市场化原则在银行间债券市场、证券交易所市场等发行。

我国地方政府债券发行自2009年以来先后采取了以下三种模式：一是“代发代还”。从2008年全球金融危机爆发起，为了增强地方安排配套资金的能力和扩大政府投资的能力，2009年，国务院批准由财政部代发2 000亿元地方政府债券，从发行到还本付息都由财政部代办。二是“自发代还”。从2011年起，国务院批准上海等几个省市试点在国务院批准的额度内自行发行债券，但仍由财政部代办还本付息。三是“自发自还”。2014年，国务院批准了上海等十个省市试点地方政府债券自发自还。这些地方政府不仅自行发行债券，还直接向投资人支付本金和利息。

3）金融债券

金融债券是指金融机构法人按照法定程序在全国银行间债券市场发行的、按约定还本付息的有价证券。金融机构法人包括在中国境内设立的政策性银行、商业银行、企业集团财务公司及其他金融机构。金融机构须经中国人民银行核准方可发行金融债券。

我国发行金融债券的特征为：

（1）发行主体为金融机构法人。

（2）发行方式为在全国银行间债券市场公开发行或定向发行。

定向发行的金融债券只能在认购人之间进行转让。发行可以采取一次足额发行或限额内分期发行的方式。

（3）应由具有债券评级能力的信用评级机构进行信用评级。

金融债券发行后，信用评级机构应每年对该金融债券进行跟踪信用评级。

（4）可采用协议承销、招标承销等承销方式。

承销人应为符合条件的金融机构，招投标发行应通过中国人民银行债券发行系统进行。

4）公司债券

公司债券也称为企业债券，它是指企业为筹集资金，依照法定程序对外发行、约定在一定期限还本付息的有价证券。由于市场变幻莫测，发行债券的企业经营状况有较大差异，因此公司债券的信用风险较大，利率较高。为了保障商业银行证券投资的安全，许多国家的法律法规都明确规定了发行债券的企业资格条件，且只允许商业银行投资信用等级在投资级以上的公司债券。

在我国，公司债券的发行和交易需依据中国证监会2015年1月颁布并施行的《公司债券发行与交易管理办法》获得核准，而企业债券的发行需要依据国家发展和改革委员会2004年6月发布的《国家发展改革委关于进一步改进和加强企业债券管理工作的通知》获得批准。

我国的公司债券发行应当符合以下规定：

(1) 公司的生产经营符合法律、行政法规和公司章程的规定，符合国家产业政策。

(2) 公司内部控制制度健全，内部控制制度的完整性、合理性、有效性不存在重大缺陷。

(3) 经资信评级机构评级，债券信用级别良好。

(4) 公司最近一期未经审计的净资产额应符合法律、行政法规和中国证监会的有关规定。

(5) 最近三个会计年度实现的年均可分配利润不少于公司债券一年的利息。

(6) 本次发行后累计公司债券余额不超过最近一期期末净资产额的40%；金融类公司的累计公司债券余额按金融企业的有关规定计算。

(7) 为公司债券提供担保的，应当为连带责任保证，且保证人资产质量良好；设定担保的，担保财产权属应当清晰，尚未设定担保或者采取保全措施的，其担保财产的价值经有资格的资产评估机构评估不得低于担保金额。

5) 中期票据

中期票据是指具有法人资格的非金融企业依据相关规定和程序在银行间债券市场按照计划分期发行的，约定在一定期限还本付息的有价证券。联合资信评估有限公司研究报告显示，2014年度，我国有551家发行人共发行中期票据711期，发行规模共计9 368.40亿元。中期票据发行期数、发行规模和发行家数较2013年均大幅增长，增幅均在33%以上。2014年中期票据发行量同比大幅增长，除受到2013年同比基数较小的影响外，主要是由监管部门对发行主体的限制有所放开以及融资成本的下降所致。

我国发行中期票据的特征为：

(1) 发行主体应是非金融企业。

(2) 发行规模要求其待偿还余额不得超过企业净资产的40%。

(3) 发行期限为一年以上；从已发行的中期票据看，大多数发行期限集中在3～5年。

(4) 发行利率通常为固定利率，也有采用浮动利率的情况。发行利率的高低取决于发行人的信用评级结果、投资人的认购意愿和发行时的市场资金状况等多种因素。

(5) 发行注册方式采用一次注册，一次或分期发行，一般按企业信用发行，无须担保。

(6) 募集资金应用于企业长期生产经营活动，并在发行文件中明确披露具体资金用途，如果在存续期内欲变更募集资金用途，应提前披露。

6）股票

股票是指股份公司发行的证明股东权利、索取股息的书面法律凭证，它包括普通股股票和优先股股票。商业银行投资股票的主要目的包括：一是通过购买股票获得股利收益；二是通过股票的买卖获取股票的差价，即资本利得；三是通过购买股票，参与或控制该企业的经营活动，扩大市场份额和提高市场竞争力。

由于投资股票的风险相对较大，股票投资的收益不稳定，股票价格的波动性大，为了银行经营的安全性，其对待股票投资普遍比较谨慎。在金融业实行分业管理的国家，监管当局通常严格限制银行投资股票。

1997年6月，中国人民银行颁布并施行的《关于禁止银行资金违规流入股票市场的通知》中规定："严格禁止银行资金通过各种方式违规流入股市，防范金融风险。"2009年7月，中国银监会颁布并施行的《中国银监会关于进一步规范商业银行个人理财业务投资管理有关问题的通知》明确规定："理财资金不得投资于境内二级市场公开交易的股票或与其相关的证券投资基金。理财资金参与新股申购，应符合国家法律法规和监管规定。理财资金不得投资于未上市企业股权和上市公司非公开发行或交易的股份。"

而从2007年5月开始，商业银行代客境外理财业务境外投资范围有所放宽，《关于调整商业银行代客境外理财业务境外投资范围的通知》（以下简称《通知》）规定："商业银行发行投资于境外股票的代客境外理财产品时，需满足六个条件：

一是所投资的股票应是在境外证券交易所上市的股票；二是投资于股票的资金不得超过单个理财产品总资产净值的50%，投资于单只股票的资金不得超过单个理财产品总资产净值的5%；三是单一客户起点销售金额不得低于30万元人民币（或等值外币）；四是客户应具备相应的股票投资经验；五是境外投资管理人应为与中国银监会已签订代客境外理财业务监管合作谅解备忘录的境外监管机构批准或认可的机构；六是商业银行应选择在与中国银监会（现国家金融监督管理总局）已签订代客境外理财业务监管合作谅解备忘录的境外监管机构监管的股票市场进行股票投资。

《通知》还规定，商业银行发行投资于境外基金类产品的代客境外理财产品时，应选择与中国银监会已签订代客境外理财业务监管合作谅解备忘录的境外监管机构所批准、登记或认可的公募基金。"

7）证券投资基金

证券投资基金是一种利益共享、风险共担的集合证券投资方式，即基金公司通过发行基金单位，集中投资人的资金，由托管人托管、基金管理人管理和运用资金，从事股票、债券等金融工具投资，并将投资收益按基金投资人的投资比例进行分配的一种间接投资方式。在美国，其称为共同基金，具有集合投资、分散风险、独立运作和专家管理的特点。根据不同标准，可以将证券投资基金划分为不同种类。如根据基金单位是否可以赎回，基金可分为封闭式基金和开放式基金。封闭式基金和开放式基金的比较见表6-1。根据组织形态的不同，基金可分为公司型基金和契约型基金等。

表6-1 封闭式基金和开放式基金的比较

项目	封闭式基金	开放式基金
交易场所	沪、深证券交易所	基金管理公司或银行等代销网点，部分基金可以在交易所上市交易
存续期限	固定	不固定
规模	固定额度，一般不能增加发行	不固定，但有最低规模要求
赎回限制	在期限内不能赎回	可以赎回
价格	主要由市场供求关系决定	依据基金的资产净值而定
分红方式	现金分红	除现金分红，还可以再投资分红
投资策略	能充分运用资金进行长期投资，以取得长期经营绩效	应注重流动性等风险管理，进行长期投资受到一定限制，基金管理人应具有更高的投资管理水平
信息披露	单位资产净值每周至少公告一次	单位资产净值每个开放日进行公告

资料来源：中国银行业从业人员资格认证办公室．个人理财［M］．北京：中国金融出版社，2010.

8）资产证券化

资产证券化是指将缺乏流动性但其未来现金流可预测的资产集合、建池，以资产池内资产所产生的现金流作为偿付基础，通过风险隔离、信用增级和资产重组等技术处理，在资本市场上发行资产支持证券的结构融资过程。目前，国内的资产证券化有信贷资产证券化和企业资产证券化两种。

我国资产证券化的特征为：

（1）产品存续期一般根据基础资产的期限确定。

（2）信贷资产证券化适用于商业银行、政策性银行、资产管理公司、汽车金融公司等金融机构的信贷资产；企业资产证券化适用于大型公司或机构类客户的债权类或收益权类资产项目，如水电气资产、路桥港口收费权、融资租赁资产等。

（3）对发起机构，可以优化其资产结构、改善负债情况、降低融资成本、实现表外融资；对投资者，可以为其提供多样化投资产品。

（4）发行利率根据证券评级、期限和市场状况等确定。

（5）发行信贷资产支持证券必须经中国人民银行核准，在全国银行间债券市场上发行和交易；证券公司办理企业资产证券化业务，应当经中国证监会批准，并在证券交易所转让。

（6）应聘请具有评级资质的资信评级机构，对资产证券化业务进行持续信用评级。

9）混合资本债券

混合资本债券是指商业银行为补充附属资本发行的、清偿顺序位于股权资本之前但列在一般债务和次级债务之后、期限在15年以上、发行之日起10年内不可赎回的债券。它是一种混合资本工具，同时兼有一定的股本性质和债务性质，但比普通股和债券更复杂。

混合资本债券的特征为：

（1）规定发行人的赎回权。

期限在15年以上的，发行之日起10年内不得赎回。自发行之日起10年后，发行人具有一次赎回权，若发行人未行使赎回权，可以适当提高混合资本债券的利率，但投资者不得提前回购本期债券。

（2）规定利息递延条款。

混合资本债券到期前，如果发行人参照最近一期经审计的财务报告计算的核心资本充足率低于4%，则发行人可以延期支付利息；如果最近一期经审计的资产负债表中盈余公积与未分配利润之和为负，且最近12个月内未向普通股股东支付现金股利，则发行人必须延期支付利息。在不满足延期支付利息条件时，发行人应立即支付欠息及欠息产生的复利。

（3）安排受偿顺序。

当发行人清算时，混合资本债券本金和利息的清偿顺序列于发行人一般债务和长期次级债务之后，优先于发行人的股权资本。

（4）投资者暂停索偿权。

混合资本债券到期时，如果发行人无力支付清偿顺序在本期债券之前的债务，或发行人偿付本期债券将导致无力偿付受偿顺序在本期债券之前的债务，则本期债券的持有人应暂停索偿权。在此情形下，发行人可以延期支付本期债券的本金和全部应付利息。本期债券到期时，发行人延期支付债券本金和所有应付利息的，应事先得到国家金融监督管理总局批准并报中国人民银行备案。

拓展阅读6-2

银行理财资金有望持续向资本市场“搬家” 产品投研能力为破局发力点

（5）规定发行方式。

混合资本债券可以在全国银行间债券市场公开发行，也可以定向发行，但均应进行信用评级。在混合资本债券存续期内，信用评级机构应定期或不定期地对混合资本债券进行跟踪评级。

（6）限定募集资金用途。

依据适用的法律，并获监管部门的批准，混合资本债券可用于充实发行人的资本基础，补充附属资本，提升资本充足率。

6.3 商业银行证券投资收益与风险

6.3.1 商业银行证券投资的收益

案例分析 6-1

海南：银行系省市两级联动债转股基金成功落地

2023年12月29日，海南交汇股权投资基金完成中国基金业协会备案。该基金规模为10亿元，由交银金融资产投资有限公司（以下简称“交银投资”）与海南自由贸易港建设投资基金、海口市高质量发展建设投资基金共同出资，交通银行海南省分行担任托管行。

据了解，该基金是由银行系子公司担任基金管理人，联动省、市两级政府引导基金发起设立的债转股基金。由交银资本管理有限公司（以下简称“交银资本”）担任管理人，海口金控资本管理有限公司担任普通合伙人。

交银投资成立于2017年，成立至今已累计投放债转股项目111个，投资金额超700亿元，名下管理的基金规模达180亿元，通过股权投资有效支持实体经济发展。其本次在海南设立的基金，主要将投向新能源、新材料、节能环保、生物医药、高效农业等重点领域，通过市场化债转股方式支持海南省内重点产业和市场主体成长发展。

资料来源：佚名.海南：银行系省市两级联动债转股基金成功落地［EB/OL］.［2023-12-30］. http://hq.news.cn/20231230/871c044391944f53916858cb0e9bffa3/c.html.

问题：案例中，银行系债转股基金落地对银行有何有益之处？

分析提示：首先，银行系债转股基金落地对于优化资源配置、促进企业改革、改善企业经营状况以及提高银行资产质量等方面都具有重要意义。其次，案例中提到基金是由银行系子公司担任基金管理人，故可以充分发挥其在资源整合、风险管理、品牌信誉、业务协同和创新等方面的优势，为投资者提供更加优质和专业的服务。最后，在政府引导下的证券投资业务为商业银行拓宽了提高效益的渠道。

商业银行证券投资的收益体现为证券利息收入、股利收入、再投资收入、资本收益、提供证券服务的手续费及证券经销商和做市商获得的投标差价等形式。我们这里讲的证券投资收益主要是利息收入、股利收入和资本收益。衡量其证券投资收益水平的指标包括票面收益率、当前收益率、到期收益率、持有期收益率和股利收益率等。

1）票面收益率

票面收益率即名义收益率或息票率，是指债券票面上标明的固定利率，是债券年利息与债券面额的比率。

而附息债券在票面上并没有注明收益率，但附有息票。附息债券的票面收益率为息票的利息与债券面额的比率。例如，一张1 000元面额的附息债券，息票上载明每期支付利息50元，则该债券的票面收益率为5%。

还有些债券既没有载明票面收益率，也未注明利息额，而是通过贴现方式发行，即预先扣除应付利息，到期按面额兑现。这类债券的票面收益率的计算，是用债券的票面金额与购买价格的差额除以购买价。

［例6-1］一张1 000元面额的债券，期限为1年，发行价为950元，到期按面额兑现，求债券的票面收益率。

该债券的票面收益率=（1 000−950）÷950×100%=5.26%

应该注意的是，使用票面收益率时，并没有考虑投资人在债券到期之前将其卖出的可能。所以，虽然票面收益率的计算比较简单，但并不是非常科学。

2）当前收益率

当前收益率即直接收益率，是指债券的票面利息与买入债券的实际价格的比率。

［例 6-2］银行以950元的价格买入一张1 000元面值、票面利率为6%的债券，求债券的当前收益率。

该债券的当前收益率=1 000×6%÷950×100%=6.32%

当前收益率仅仅反映的是投资人的投资成本所带来的票面利息收益，而没有考虑债券的资本损益，它不能全面地反映投资人的实际收益。

3）到期收益率

到期收益率是指投资人在证券市场上购买的已发行并持有至到期的债券的年平均收益率，其收益包括利息收益和资本损益。到期收益率的计算分为两种情况。

（1）息票债券的到期收益率。

计算公式：$Y_m = \frac{C + (V - P_0)/n}{P_0} \times 100\%$

其中：Y_m为债券到期收益率；C为债券年利息；V为债券面额；P_0为债券买入价；n为债券到期年限。

［例 6-3］某债券面额为1 000元、期限为5年，票面利率为10%，发行买入价为950元，求该债券的到期收益率。

债券到期收益率 $= \frac{1000 \times 10\% + (1000 - 950) \div 5}{950} \times 100\% = 11.58\%$

（2）一次性还本付息债券的到期收益率。

计算公式：$Y_m = \frac{[V(1 + in_1) - P_0] \div n_2}{P_0} \times 100\%$

其中：Y_m为债券到期收益率；i为债券的票面利率；V为债券面额；P_0为债券买入价；n_1为债券自发行至期满的年限；n_2为债券持有年限。

4）持有期收益率

持有期收益率是指买入证券后持有一段时间，在证券到期之前将其卖出而得到的收益率。它包括债券和股票等持有期收益率。

（1）债券持有期收益率。

计算公式：$Y_h = \frac{C + (P_1 - P_0) \div n}{P_0} \times 100\%$

其中：Y_h为债券持有期收益率；C为债券年利息；P_1为债券卖出价；P_0为债券买入价；n为债券持有年限。

［例 6-4］某债券面额为1 000元，期限为5年，票面利率为10%，买入价为950元，到第3年末以995元的价格转让，求该债券持有期收益率。

债券持有期收益率=［1 000×10%+（995-950）÷3］÷950×100%=12.11%

（2）股票持有期收益率（股票投资收益率）。

计算公式：股票持有期收益率$= \frac{D + (P_1 - P_0)}{P_0} \times 100\%$

其中：D为股利；P_1为股票卖出价；P_0为股票买入价。

5）股利收益率

股利收益率是指股份公司以现金形式派发的股利与该公司的股票买入价格的比率。该指标可以用来预测未来可能的股利收益率。

［例6-5］以每股20元买入某公司股票，持有1年获得现金股利1.80元，计算其股利收益率。

$$股利收益率 = \frac{1.80}{20} \times 100\% = 9\%$$

6.3.2 商业银行证券投资的风险

商业银行证券投资是一种比较复杂、带有一定风险的投资活动。因此，不仅要对商业银行证券投资的收益有明确的认识，而且必须对证券投资的风险有所了解。商业银行证券投资的风险是指商业银行所投资证券的预期收益变动的可能性及变动幅度；或者说，是商业银行所投资的证券不能获得预期收益甚至本金遭受损失的可能性。根据证券投资的风险能否通过证券组合投资来消除，商业银行证券投资的风险可分为系统风险和非系统风险两大类。

1）系统风险

系统风险是与证券市场的整体运动相关联的，往往会使整类证券产生价格波动。这类风险因其来源于企业外部宏观因素变化而对证券市场整体产生影响，这种因素以同样的方式给证券市场所有证券的收益带来影响，无法通过采用投资组合的方法来抵消或减少风险，因此，也称为不可分散风险。系统风险包括政策风险、市场风险、利率风险、汇率风险、购买力风险和不可抗力及意外事件风险等。

（1）政策风险。

政策风险是指商业银行在证券投资运作过程中，因遇到财政政策、货币政策、产业政策、地区发展政策等国家宏观政策和证券市场相关法律法规、政策发生变化，导致证券市场价格发生波动，可能影响证券投资运作等正常进行，从而导致证券投资收益降低，甚至本金损失所产生的风险。

国家任何政策的出台，都可能造成证券市场上证券价格的波动。政府的经济政策对国家的经济发展有着十分重要的作用。在现代经济生活中，经济政策从多个方面影响证券投资。政府的产业政策会给不同企业股票的市场价格变动带来不同的影响。财政政策将直接影响国债的发行规模，而国债的发行量以及市场价格水平同股票价格又有着十分明显的联动效应。税收政策通常从上市公司企业所得税与股票投资所得税征收两方面影响股市。金融管理政策是证券市场最敏感的一个影响因素，严格的管理法规有助于市场交易的正常进行，法律法规不健全可能为不正当交易提供契机。

此外，政策的连续性与稳定性也至关重要，随意发布重大信息必然会造成市场的不正常波动。例如，我国在1992年国库券发行的1年多以后，突然宣布给3年期和5年期两个券种实行加息和保值贴补，导致092和192国库券价格暴涨；1995年5月，证券监管部门又突然宣布暂停国债期货交易，使现券市场价格暴跌，特别是092国库券，跌幅达10%以上。

要减轻政策风险的影响，应加强对国内外政治经济形势的研究，关注金融市场上可能出现的突发事件，加强对政府的证券市场政策的理解，避免证券市场过度投机和过多泡沫的出现。一旦出现这种状况，投资者应分外理智和冷静。

（2）市场风险。

市场风险是指证券市场行情周期变动而引起的风险。这种行情变动不是指证券价格的日常波动和中级波动，而是指证券行情长期趋势的改变。它是证券投资中最常见，也是最普通的风险。这种风险来自市场买卖双方供求不平衡引起的价格波动，这种波动使得商业银行在投资到期时可能得不到投资决策时所预期的收益，甚至会有本金损失。商业银行投资于证券市场，而证券市场价格因受到经济因素、政治因素、投资者心理和交易制度等各种因素的影响而产生波动，从而导致证券投资收益水平发生变化，产生风险。

市场风险主要体现在经济的周期性波动会给投资者带来较大风险。从理论上看，证券市场是国民经济的晴雨表，随着经济运行的周期性变化，证券市场的收益水平也呈周期性变化，商业银行证券投资的收益水平也会随之变化，从而产生风险。一般认为，现代市场经济中的经济周期大体包含四个阶段：复苏、繁荣、危机和萧条。

在经济复苏和繁荣时期，社会总需求、总投资旺盛，经济增长率上升，就业率和个人收入水平也有较大的提高，与此同时，证券市场筹资与投资十分活跃，证券投资收益看好。然而，在经济萧条，特别是危机时期，由于社会经济活动处于停滞不前甚至萎缩和倒退状态，经济秩序不稳定，证券市场也必然受到冲击。这样就可能出现资金需求减少，市场交易规模随之缩小，而股票价格大幅波动并呈现跌势，商业银行的证券投资实际收益下降，甚至出现亏损。世界各国经济发展过程中，经济过热与经济紧缩交替出现，在一定程度上也造成了股票市场的周期性波动。

为减轻市场风险的影响，一是要认清市场变动趋势并顺势而为，选择正确的投资策略；二是要选择大企业和业绩优良的企业进行投资，因为这类企业对客观经济环境变化的承受能力和适应能力较强。

（3）利率风险。

利率风险是指金融市场利率的波动会导致证券市场价格和收益率的变动，从而影响证券投资收益率的变动而带来的风险。利率直接影响债券的价格和收益率，从而影响企业的融资成本和利润。商业银行将资金投资于债券和股票，其收益水平可能会受到利率变化的影响。

利率风险对不同证券的影响是不同的。利率风险是固定收益证券的主要风险，特别是债券的主要风险，利率风险对长期债券的影响大于短期债券。当市场利率上升时，债券价格下跌，使持有债券的商业银行遭受损失。因此，对于商业银行购买的债券来说，其离到期日的时间越长，则利率变动的可能性越大，其利率风险也相对越大。

减轻利率风险影响的办法是：商业银行在预见利率将要提高时，应减少对固定利率债券的持有，特别是对长期债券的持有；反之，亦然。

（4）汇率风险。

汇率风险是指由于外国货币与本国货币之间的汇率变动造成证券投资收益发生变化

而带来的风险。汇率与证券投资风险的关系主要体现在三个方面：

一是本国货币升值有利于以进口原材料为主从事生产经营的企业，不利于产品主要面向出口的企业。因此，投资者看好前者，看淡后者，这就会引发股票价格的涨落，而本国货币贬值的效应正好相反。二是对于货币可以自由兑换的国家来说，汇率变动也可能引发资本的输出与输入的变动，从而影响国内货币资金和证券市场的供求状况。三是投资于外国发行、我国香港地区发行或我国以外币发行的有价证券（如在上海证券交易所和深圳证券交易所上市的B种股票和我国商业银行的外币理财产品等），除了承担与其他证券一样的风险以外，还要承担货币兑换的风险。

（5）购买力风险。

购买力风险又称通货膨胀风险，是指通货膨胀、货币贬值，使商业银行的证券投资产生实际收益水平下降的风险。证券投资收益主要表现为现金形式，而现金可能因为通货膨胀因素而使其购买力下降，从而使商业银行证券投资的实际收益下降。实际收益率可用下面的公式简单计算：

实际收益率=名义收益率-通货膨胀率

社会货币资金的供给总量是决定证券市场供求状况和影响证券价格水平的重要因素，当货币资金供应量增长过猛、出现严重的通货膨胀时，证券的价格也会随之发生变动。一般的浮动利率债券和短期债券所受的影响要小些，而长期的固定利率债券、股票等证券受到的影响要大些，而且不同程度的通货膨胀对证券价格有两种截然不同的影响。

在通货膨胀的初期，企业的房地产、机器设备等固定资产的账面价值因通货膨胀而水涨船高，物价上涨不但使企业的存货能很快以高价售出，而且可以使企业从以往低价购入的原材料上获利，名义资产增值与名义盈利增加自然会使企业股票的市场价格上涨。同时，预感到通货膨胀可能会加剧的人们，为保值也会抢购股票，从而刺激股价短暂上扬。

当通货膨胀持续上升一段时期以后，它便会使股票价格的走势逆转，并给投资者带来负效益，使公司资产虚假增值显露出来，新的生产成本因原材料等价格上升而提高，企业利润相应减少，于是投资者开始抛出股票，转而寻找其他金融资产保值的方式，所有这些都将使股票市场需求萎缩，供大于求，股票价格自然也会显著下降。同时，严重的通货膨胀还会使投资者持有的股票贬值，导致其抛售股票得到的货币收入的实际购买力下降。

（6）不可抗力及意外事件风险。

不可抗力及意外事件风险是指自然灾害、金融市场危机、战争或国家政策变化等不能预见、不能避免、不能克服的不可抗力事件或系统故障、通信故障、证券投资市场停止交易等意外事件的出现，可能对证券的成立、投资、兑付、信息披露、公告通知等造成影响，商业银行将面临收益甚至本金遭受损失的风险。这种风险是商业银行所必须承担的，且剧烈程度和时效性因事而异。

热点聚焦 6-1

第一家因疫情倒闭的银行诞生了

疫情给全球经济带来了巨大冲击。日前，美国有着百年历史的银行 The First State Bank 宣布破产，成为疫情后首家倒闭的银行。

一家于纳斯达克上市的金融服务公司 MVB Financial 在一份声明中称，旗下全资子公司 MVB Bank 收购了西弗吉尼亚州一家银行的存款和部分资产，后者被监管部门（美国联邦存款保险公司）宣布破产。

资料来源：佚名．第一家因疫情倒闭的银行诞生了［EB/OL］．［2020-06-16］．https：//www.sohu.com/a/402772274_479565.

2）非系统风险

非系统风险是指只对某个行业或个别公司的证券产生影响的风险，它通常是由某一特殊的因素引起的。这种风险来自企业内部的微观因素，与整个证券市场的价格不存在系统、全面的联系，而只对个别或少数证券的收益产生影响。

非系统风险是可以抵消回避的，因此又被称为可分散风险或可回避风险。它包括信用风险、经营风险、财务风险、操作和管理风险、提前偿还的风险等。

（1）信用风险。

信用风险又称违约风险，是指证券发行人在证券到期时未还本付息而使投资者遭受损失的风险。易于产生信用风险的证券有公司债券、外国债券和优先股股票。同样，普通股也存在信用风险。

投资者回避信用风险最好的办法是以社会上权威的信用评级机构对证券所进行的评级分类为标准，对证券进行选择和投资组合。在国际上，权威证券信用评级机构有标准普尔评级服务公司（Standard&Poor's）、穆迪投资服务公司（Moody）和惠誉国际信用评级有限公司（Fitch）；我国有中诚信国际信用评级有限责任公司、大公国际资信评估有限公司、联合资信评估有限公司、上海远东资信评估有限公司和上海新世纪资信评估投资服务有限公司等。信用等级高的证券，其信用风险就小；反之，亦然。

知识链接 6-3

中长期债券评级标准见表6-2，短期债券评级标准见表6-3。

表 6-2 中长期债券评级标准

评级机构	高品质债券	投资级债券	次标准级债券	投机级债券
标准普尔	AAA、AA	A、BBB	BB、B	CCC、CC、C、D
穆迪公司	Aaa、Aa	A、Baa	Ba、B	Caa、Ca、C
中国公司		AAA、AA、A、BBB		BB、B、CCC、CC、C

表 6-3　**短期债券评级标准**

等级		标准普尔标准	中国标准
A	A-1	清偿能力强	信用程度绝对可靠、获利水平极高、产品销售前景相当光明、偿债能力强
	A-2	清偿能力好	信用程度可靠、获利水平高、产品销售前景光明、偿债能力较强
	A-3	清偿能力尚可	信用程度较可靠、获利水平尚可、产品销售前景一般、有偿债能力
B		目前有偿债能力，但存在不确定因素，可能有损清偿能力	信用程度尚可靠、种种原因导致亏损、产品销售尚可、偿债能力较差
C		无法保证债务的清偿	信用程度一般、存在经营性亏损、产品滞销、无偿债能力
D		已有违约情况发生	

资料来源：中国就业培训技术指导中心．信用管理师基础知识［M］．北京：中国劳动社会保障出版社，2007.

（2）经营风险。

经营风险是指目标公司的决策人员与管理人员在经营管理过程中出现失误而导致公司盈利水平发生变化从而导致投资者预期收益下降，甚至企业倒闭，其股票清盘退市或公司债券本金和利息不能兑付，投资者遭受巨大损失的风险。

公司经营的业绩直接影响证券的市场价格和投资者的收益。影响公司经营状况的因素较多，由公司内部因素和外部因素两方面构成。内部因素主要有：一是项目投资决策失误；二是不重视技术创新和新产品研究开发，导致产品竞争力下降；三是不开拓新市场，使得市场占有率下降；四是防范各种风险的意识淡薄；五是员工素质不高，管理水平薄弱等。

外部因素是公司以外的客观因素，主要有：一是行业竞争加剧；二是经济周期的影响；三是宏观经济政策的影响等。外部因素对不同行业、不同企业的影响程度不同。如果商业银行所投资的上市公司经营不善，其股票价格可能下跌，或者能够用于分配的利润减少，使商业银行证券投资收益下降。虽然商业银行可以通过投资多样化来分散这种非系统风险，但不能完全避免。

（3）财务风险。

财务风险是指公司财务结构不合理、融资不当而导致投资者预期收益下降的风险。

企业在生产经营过程中，资金来源有两个方面：一是自有资金，包括通过发行股票所筹集的股本、公司发行股票的溢价部分等所形成的资本公积、从公司净利润提取的盈余公积以及未分配利润等积累资金；二是负债资金，包括通过商业银行筹集借贷资金、发行公司债券以及商业信用所形成的债务。

导致财务风险的因素主要包括：一是资产负债比例过高，债务压力过重，导致公司无法偿还所发行债券的本金和利息，也可能使分配给公司股东的红利减少，甚至因公司亏损而分配不到红利。二是资产与负债的期限错配，流动资产占用长期借贷资金，使财务成本加大；长期投资或固定资产投资占用短期借贷资金，一旦资金供应链断裂，易造成短期债务压力。三是流动负债与长期负债之间的债务结构不合理，短期债务占比过高，导致所面临的短期偿还债务的压力较大。

（4）操作和管理风险。

在同一个证券市场上，不同投资者投资的结果可能会截然不同，有的盈利丰厚，有的亏损累累，这种差异很大程度上是源于投资者自身的一些问题。操作风险是指不完善或有问题的内部程序和信息科技系统、操作人员差错或舞弊，以及外部事件造成损失的风险。它包括法律风险，也就是商业银行在证券投资过程中，违反国家法律法规的风险，但不包括策略风险和声誉风险。

管理风险是指商业银行在资金管理运作过程中，从业人员的知识、经验、判断、决策、技能等，会影响其对信息的占有以及对经济形势、证券价格走势的判断，从而影响资金的收益水平；其管理手段和管理技术等因素的变化也会影响资金收益水平。

商业银行应当建立与其业务性质、规模和复杂程度相适应的操作风险管理体系，有效地识别、评估、监测和控制操作风险。操作风险管理体系应包括以下基本要素：一是董事会的监督控制；二是高级管理层的职责；三是适当的组织架构；四是操作风险管理政策、方法和程序；五是计提应对操作风险所需资本的规定。

（5）提前偿还的风险。

一些证券在发行时规定了发行人可提前收回证券的条款，这就有可能发生证券在一个不利于证券持有人的时刻被发行人收回的风险。市场利率一旦低于证券利率，收回证券对发行人有利，这种状况使作为证券持有人的商业银行面临着不对称风险，即在市场利率升高时，其承担了证券价格下降的所有风险；但在市场利率降低和证券价格升高时，其未能获得价格上涨的好处。

6.3.3 商业银行证券投资风险与收益的关系

证券投资的风险与收益有着密切的关系，证券风险越大，投资收益发生损失的可能性就越大，但同时商业银行作为投资人要求证券发行人支付的收益也就越多；证券风险越小，投资收益发生损失的可能性就越小，但同时证券发行人支付给投资者的收益也就越少。因此，一般说来，证券投资的收益与其风险之间存在着正相关的关系。收益与风险并存，承担风险是获取收益的前提；收益是风险的成本和报酬。证券投资的风险与收益可以用以下公式表示：

预期收益率=无风险收益率+风险补偿

预期收益率是投资人承受各种风险应得的补偿。无风险收益率是指投资人将资金投资于某一没有任何风险的投资对象所得到的利率。实际上，没有任何风险的理想证券是不可能存在的，因此鉴于可能出现各种风险，应使投资人得到一定补偿。投资人为了获取高收益，就要冒较大的风险。于是，我们得出以下结论：

（1）对于同一类型的债券，长期债券的利率比短期债券的利率高。

因为长期债券的利率受到的市场利率变化的影响可能会比短期债券的利率所受到的影响大，两者之间利率的差额就是对利率风险的补偿。

（2）不同类型债券的利率不同。

通常在债券期限相同的情况下，国债的利率最低，其他依次是地方政府债券、金融债券、企业债券。债券的信用等级越高，其利率就越低；反之，亦然。这是对信用风险的补偿。

（3）在通货膨胀严重时期，发行的债券采用浮动利率。

这是对购买力风险的补偿。在债券存续期内，通货膨胀越严重，债券利率就越高。

（4）股票的收益率一般比债券的收益率高。

因为发行股票的公司所面临的经营风险、财务风险和市场风险要比债券大，投资人应得到相应的补偿。

6.4 商业银行证券投资组合

6.4.1 证券投资组合的含义

证券投资组合由两种或两种以上的有价证券组成，如各种股票、债券、存款单等，是投资人所持有的各种有价证券的总称。

证券投资组合的目的是通过对不同种类与期限的证券的搭配来降低投资风险，增加投资收益，以维持资产的流动性。目前，发达国家的商业银行在证券方面的投资占其总资产的比例为25%左右，在我国商业银行，该比例一般介于15%~35%之间。

6.4.2 商业银行证券投资组合的原则

1）与商业银行流动性需求相配合的原则

第一，为满足流动性需求，要求商业银行的证券投资组合能够及时变现。第二，各种证券的到期期限要与计划中的现金需求相吻合，以满足商业银行未来的现金需要。第三，随时调整其投资组合的到期期限，使之能够满足中央银行的标准，能迅速变现成为现金资产，减少法定准备金额。

2）满足商业银行抵押担保资产需求的原则

国库券的持有量应达到一定的标准。因为在发达国家，政府在商业银行的财政账户存款通常都要求商业银行有相应的资产作抵押；同时，这也是为了满足金融机构间融资的需要，如美国实行用100%的有价证券作抵押的货币发行制度等。

3）分析证券投资组合风险的原则

一是分析商业银行贷款组合的风险。若贷款组合风险较大，则证券组合的风险应相对小一些，以保证商业银行整体风险在可接受的范围内。二是分析商业银行管理人员的专业能力。当证券投资专业管理资源不足时，应减少证券投资组合，或者利用外部专业管理资源，但要比较成本收益。

4）保持商业银行资本与资产比例的原则

若资本充足，可增加证券投资以提高商业银行的经营收益；若资本不足，就应当比较增资扩股的成本与额外投资的收益。当投资收益大于增资扩股成本时，商业银行应认真考虑增资扩股；当投资收益小于增资扩股成本时，商业银行应减少投资组合。

5）纳税考虑的原则

商业银行应仔细研究各种会计上合法避税的方法。例如，有些证券投资收入免税，但这些收入一般会降低商业银行的营业收入。

6）投资风险分散的原则

证券投资组合的风险分散，表现为证券分布于不同国家、地区和行业，分布于不同证券市场，不同种类证券和不同发行人证券的配置等方面。例如，美国商业银行证券投资组合的比例为：联邦机构证券占41.3%；国库券占26.7%；免税证券占13.2%；外国债券和公司债券占11.2%；现金和其他准备金占7.6%。

6.4.3 证券投资组合的策略

证券投资组合管理是一种以实现证券投资组合整体风险-收益最优化为目标，选择纳入投资组合的证券种类并确定适当权重的活动。证券投资组合管理的目的是要在风险一定的条件下，实现资产收益最大化；或者是要在资产收益一定的条件下，实现风险的最小化。制定商业银行证券投资组合的策略时，需要考虑确定证券组合的规模、持有证券的类型与质量，还要考虑证券期限政策与战略，即长期证券和短期证券如何进行组合投资，因为不同期限的证券投资对商业银行的盈利、流动性和所承受的风险都具有直接影响。

1）资产配置策略

资产配置是资产管理的重要环节。资产配置策略基于商业银行的投资目标、风险承受力等，平衡投资组合的股票、债券和现金等可投资品种的风险收益，减少市场波动对组合的影响。不同的资产配置策略体现了不同投资组合不同的投资风格。商业银行将判断宏观经济周期所处的阶段，并依据经济周期理论，结合对证券市场的系统性风险以及未来一段时期内各类资产风险和预期收益率的评估，制定资金在股票、债券和现金等资产之间的配置比例和调整原则。

2）期限分离策略

证券组合投资应重点满足商业银行的流动性需要，在资金运用安排上以流动性需要为优先进行考虑，应将商业银行资产按流动性状况分为若干层次，分别实现不同的目标。

（1）短期投资策略。

短期投资策略是指商业银行将其绝大部分的投资资金投放在短期证券上，当商业银行需要资金时，可以迅速将短期证券卖出以补充现金储备。这种投资策略的优点在于具有高度的灵活性和流动性；缺点是收益率较低，可能对商业银行的利润增长不利。因此，这种策略一般仅仅被流动性需求高的小型商业银行所采用。

（2）长期投资策略。

长期投资策略是指商业银行将其绝大部分的投资资金投放在长期证券上，以获取较高的收益。但是这种投资策略缺乏流动性和灵活性，商业银行在需要资金时，可能难以转让这些长期证券，或者是在转让时资本损失较大。因此，采用此类投资策略的商业银行通常在货币市场上具有很强的筹资能力，或者其他的流动性供给比较充足。

（3）杠铃期限投资策略。

杠铃期限投资策略是商业银行将资金分成两部分进行投资：一部分资金投资在流动性好的短期证券，另一部分资金投资于高收益的长期证券，而对中期证券基本不投资或很少投资，如图6-3所示。

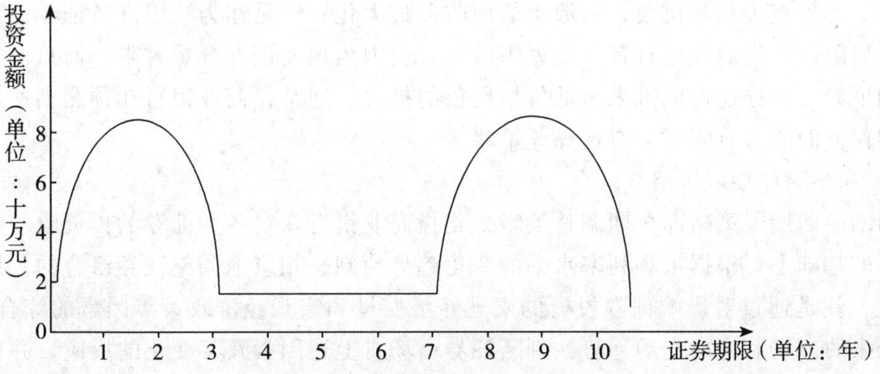

图6-3 杠铃期限投资策略

在这种投资策略中，对短期和长期证券期限的选择及两者在投资组合中比重的确定，应当根据利率的走势、证券行情的变化和证券变现能力等因素决定，适时进行调整。当市场利率上升时，长期证券的价格会下降，而到期的短期证券的再投资收益会相应增加；反之，短期证券的收益会减少，而这时商业银行所持有的长期证券的价格会上涨。短期证券的期限通常在3年（或更短期限）以内，长期证券的期限则为7年（或更长期限）以上。

这种投资策略的优点在于有利于实现流动性、灵活性和收益性的高效结合，比短期投资策略和长期投资策略更具优势；缺点在于采用这种策略时，商业银行对证券投资管理人员的投资经验要求较高，其必须能够准确判断市场利率的变化趋势，而且银行还要以支付一定操作成本为代价，对证券的投资组合进行必要的调整。

（4）子弹型投资策略。

子弹型投资策略可以说是一种极为偏激的投资策略，是指将资金集中投入到中等期限的证券中。子弹型投资策略的实质是规避短期证券利率频繁波动带来的风险的同时，也兼顾了证券的流动性。可以说，子弹型投资策略是一种攻守兼备的投资策略。

3）梯形期限投资策略

梯形期限投资策略即等距离到期投资组合，是指根据商业银行资产组合中分布在证券上的资金量，首先确定证券投资可接受的最长期限，然后将这些资金以相同比例投资在不同期限（直到可接受的最长期限截止）的同质证券上；当第一年的证券到期后，所收回的资金再用于购买所确定的最长期限的证券，以此类推，使整个证券投资组合的期限结构保持不变。这种投资策略在由到期的证券提供流动性的同时，基本可以保证获得稳定的平均收益，但不如杠铃期限投资策略收益高。

例如：某商业银行拟投资国债5亿元，其等额购买1年、2年、3年、4年、5年期等有着不同期限的国债。当1年期国债到期后，将收回的本金1亿元用于再购买新的5年期国债；此时，原有2年期国债变成1年期，原有3年期国债变成2年期，以此类推，加上新购买的1亿元5年期国债，该商业银行仍持有5亿元、1～5年期国债的等额投资。

梯形期限投资策略具有优点和缺点。其优点表现在：一是操作简便，无须进行频繁的证券交易；二是不必经常观察和预测市场利率的变化，避免预测失误造成损失；三是可规避利率波动带来的风险，获得平均投资收益率。其缺点有：一是机会成本高，灵活性不够，容易丧失获利机会，一般不能使收益最大化；二是作为二级准备证券，其变现能力有局限性，当商业银行资金出现短缺时，会因为短期证券数量有限，而只能选择出售长期证券，这样还可能带来压低价格出售的损失。通常，商业银行在预测利率波动的能力和保值的能力有限时，应选择此策略。

4）利率周期期限策略

利率周期期限策略即久期调整策略，是指商业银行在对各类证券的投资收益曲线进行分析的基础上，根据市场利率水平的变化趋势预判，相应地调整证券组合的久期。具体地说，就是通过对影响证券投资的宏观经济变量和宏观经济政策等因素的综合分析，预测未来的市场利率的变动趋势，判断证券市场对上述因素及其变化的反应，并据此积极调整证券组合的久期。

当预测市场利率上升时，应适度缩短证券投资组合平均剩余期限，即减持剩余期限较长的证券，增持剩余期限较短的证券，以降低证券投资组合整体净值损失的风险；在预测市场利率处于上升周期转折点并逐渐下降时，应将大部分证券转换成长期证券；当预测市场利率下降时，应相对延长证券投资组合平均剩余期限，增持较长剩余期限的证券，以获取超额收益；当市场利率下降至周期的转折点时，商业银行应再次将证券投资组合换成以短期证券为主。

其特点是可以最大限度地利用利率波动，采用主动与富有进取性的投资策略，获得高净利息收益，但前提条件是商业银行证券投资管理人员必须准确地预测市场利率周期。另外，这种策略要求通过比较频繁的交易来进行短期和长期证券之间的转换，所以其交易成本比较高。

总之，商业银行应根据自身能力和金融市场的具体情况，综合考虑证券品种的收益性、流动性和风险特征，在保证商业银行资产安全性和流动性的基础上，决定采用哪种证券投资策略，力争为商业银行创造更多收益。

6.4.4 证券投资（组合）预期收益与风险的测度

无论是单一证券投资，还是证券组合投资，都需要考察其预期的收益与风险，证券预期收益与风险主要由以下指标计算得出：

1）期望收益率

证券投资的预期收益率往往是不确定的，表现为一个随机变量，因此可以将期望收益率作为对预期收益率的最佳估计。期望收益率是指持有单一证券或组合投资证券期望在未来一定时期所能获得的收益率。证券投资未来的实际收益很可能偏离期望收益。

（1）单一证券的期望收益率。

单一证券的期望收益率是对各种可能状况下的收益率的概率加权，可用公式表示为：

$$E(R)=\sum_{i=1}^{n}(P_i \cdot R_i)\times 100\%$$

其中：$E(R)$为期望收益率；P_i为第i种可能收益率发生的概率；R_i为第i种可能收益率；n为可能性的数目。

［例6-6］假设未来一定时期的经济运行情况会以不同的概率出现萧条、衰退、正常和繁荣四种情况。在每种情况下，投资于某证券的可能收益率也不同，见表6-4。计算该证券的期望收益率。

表6-4　证券收益概率分布

经济状况	概率	A证券可能收益率	B证券可能收益率
萧条	25%	−20%	5%
衰退	10%	10%	20%
正常	35%	30%	−12%
繁荣	30%	50%	9%

根据表6-5的数据，计算A证券的期望收益率$E(R_A)$为：

$$E(R_A)=-20\%\times 25\%+10\%\times 10\%+30\%\times 35\%+50\%\times 30\%=21.5\%$$

（2）证券组合的期望收益率。

证券投资组合的期望收益率就是构成组合的各个证券的期望收益率的简单加权平均数。于是，可以得到证券组合期望收益率的计算公式：

$$r_p=\sum_{i=1}^{n}[W_i \cdot E(R_i)]$$

其中：r_p为证券投资组合的期望收益率；R_i为证券i的期望收益率；W_i为在第i种证券上的投资比例；n为证券组合中的证券总数。

［例6-7］接［例6-6］，假设将资金的60%投资于A证券，其余的40%投资于B证券，计算A、B两种证券投资组合的期望收益率。

$E(R_A)=21.5\%$

$E(R_B)=5\%\times 25\%+20\%\times 10\%-12\%\times 35\%+9\%\times 30\%=1.75\%$

该证券投资组合的期望收益率$r_p=60\%\times 21.5\%+40\%\times 1.75\%=13.6\%$

2）标准差

标准差反映了不同证券投资风险的大小。标准差σ越大，其所对应的概率分布的离散程度也就越大，可能发生的收益率就越偏离期望收益率，预期收益实现的可能性就越小，发生投资损失的可能性就越大；反之，亦然。单一证券的投资风险由标准差σ来表示，其公式为：

$$\sigma = \sqrt{\sum_{i=1}^{n}\{P_i \cdot [R_i - E(R_i)]^2\}}$$

其中：σ为标准差；P_i为各个可能收益率出现的概率；R_i为各个可能的收益率；$E(R_i)$为期望收益率。

［例6-8］依据［例6-6］和［例6-7］中的有关数据，计算A和B两种证券的标准差。

首先，计算A证券的标准差：

$\sigma_A = 26.70\%$

同理，B证券的标准差的计算结果为：

$\sigma_B = 10.85\%$

由此可见，A证券的标准差比B证券高，说明A证券比B证券的风险大。

3）协方差和相关系数

（1）协方差的计算。

证券投资组合的风险不是简单地等于各个证券的风险以投资比例为权数的加权平均数，因为两个证券的风险具有相互抵消的可能性。协方差就是将证券投资组合中各证券的可能收益率与其期望收益率之间的离差之积乘以相应情况出现的概率，然后将其相加，所得总和就是该证券投资组合的协方差。协方差可以用符号σ_{AB}或$C_{ov}(R_A, R_B)$表示。其公式为：

$$\sigma_{AB} = \mathrm{Cov}(R_A,\ R_B) = \sum_{i=1}^{n}\{P_i \cdot [R_{Ai} - E(R_A)] \cdot [R_{Bi} - E(R_B)]\}$$

其中：i为资产所处的某一种状态；P_i为某一状态i发生的概率；R_{Ai}为第一种资产在i状态的可能收益率；R_{Bi}为第二种资产在i状态的可能收益率；$E(R_A)$为第一种资产的期望收益率；$E(R_B)$为第二种资产的期望收益率。

协方差的正负值可以反映投资组合中两种证券之间不同的相互关系。如果协方差为正值，表明两种证券的收益的变动趋势一致，即一种证券的收益率高于期望收益率，则另一种证券的收益率也高于期望收益率。如果协方差为负值，则表明两种证券的收益有相互抵销的趋势，即一种证券的收益率高于期望收益率，则另一种证券的收益率低于期望收益率。

［例6-9］依据［例6-6］和［例6-7］中的有关数据，计算A和B两种证券构成的投资组合的协方差。

σ_{AB}=25%×（-20%-21.5%）×（5%-1.75%）+10%×（10%-21.5%）×（20%-1.75%）+35%×（30%-21.5%）×（-12%-1.75%）+30%×（50%-21.5%）×（9%-1.75%）

=-0.0032

从计算结果可以看出，A和B两种证券构成的投资组合的协方差为负值，表明两种证券的收益呈反方向变动关系。

（2）相关系数的计算。

相关系数也是表示两种证券收益变动相互关系的指标，是协方差的标准化。相关系数可以用符号ρ_{AB}或$Corr(R_A, R_B)$表示。其公式为：

$$\rho_{AB} = Corr(R_A, R_B) = \frac{\sigma_{AB}}{\sigma_A \times \sigma_B}$$

相关系数总是介于-1和+1之间，当取值为-1时，表示A和B两种证券的收益变动完全负相关；当取值为+1时，表示完全正相关；当取值为0时，表示完全不相关；当取值为负数时，表示负相关；当取值为正数时，表示正相关。这有利于判断证券之间收益变动相关性的大小。

4）β系数

β系数是指某种证券的收益率和证券市场组合收益率的协方差，再除以证券市场组合收益率的方差，即单一证券风险与整个证券市场组合风险的比值。其公式为：

$$\beta_I = \frac{Cov(R_i, R_M)}{\sigma^2(R_M)}$$

β系数是衡量单一证券对市场组合变动的反应程度的指标。它说明某种证券的风险与市场组合风险之间的关系。如果β值等于1，说明该证券的风险与市场组合风险程度一致；如果β值大于1，表明该证券的风险大于市场组合风险；如果β值小于1，则表明该证券风险小于市场组合风险；如果β值等于0，则表明该证券没有风险。

6.4.5 证券投资组合管理的主要步骤

1）证券投资组合目标的确定

商业银行建立并管理一个证券投资组合，首先必须确定证券投资组合应达到的目标。证券投资组合的目标不仅是构建和调整证券资产组合的依据，同时也是考核证券投资组合管理业绩好坏的基准。总体而言，证券投资组合的目标包括两个方面的内容：一是收益目标，包括保证本金的安全，获得一定比例的资本回报以及实现一定程度的资本增长；二是风险控制目标，包括对资产流动性的要求以及最大损失范围的确定。

确定证券投资组合目标时，商业银行必须综合考虑各种制约条件和偏好，并且还应考虑证券市场发展的阶段，以及各个时期的政治、经济和社会环境等。

2）证券投资组合的构建

证券投资组合的构建是实施证券投资组合管理的核心步骤，直接决定证券投资组合效益和风险的高低。证券投资组合的构建过程一般包括如下环节：

（1）界定证券投资组合的范围。

商业银行的证券投资组合主要包括债券、股票等。近年来，国际上证券投资组合已出现综合化和国际化的趋势。

（2）分析和判断各个证券类型的预期回报率及风险。

在分析和比较各证券投资收益和风险的基础上，根据商业银行的目标来选择证券进行组合投资。

（3）确定各种证券资产在证券投资组合中的权重。

这是构建证券投资组合的关键步骤。

3）证券投资组合的调整

证券市场是复杂多变的，每种证券的预期收益和风险，都要受到多种内在和外在因素变动的影响。为了满足既定的证券投资组合目标要求，必须选择恰当时机，对证券投资组合中的具体证券品种作出必要的调整，包括增加有利于提高证券投资组合效益或降低证券投资组合风险的证券品种，剔除不利于提高其效益或降低其风险的证券品种。

4）证券投资组合资产业绩的评估

这是证券投资组合管理的最后一环，是对整个证券投资组合资产收益与风险的评价。评价的对象是证券投资组合整体，而不是其中的某个或某几个证券资产；评价的内容不仅包括收益的高低，还包括风险的大小。

从长期看，证券投资组合的四个步骤是循环往复的，一个时期证券投资组合的绩效评估反过来又是确定新的时期证券投资组合目标的依据。

情境模拟 6-1

场景：

假设你参与了某商业银行的一项投资决策，该银行拟投资某一长期国债，面值为1 000元，期限为10年，息票率为10%，发行价格为900元。

请问：

（1）该银行在发行时买入并持有至到期，是否可行？

（2）该银行如果在发行时买入，而在第5年末以950元卖出，对银行是否有利？

操作：解决第一个问题的操作如下：

第一步，根据到期收益率计算公式，计算到期收益率；

第二步，与期望收益率进行比较后决定是否投资。

解决第二个问题的操作如下：

第一步，根据持有期收益率计算公式，计算持有期收益率；

第二步，银行找出适合的参照收益率，进行比较后作出最后判断。

知识掌握

6.1 商业银行的证券投资业务与贷款业务的区别有哪些？

6.2 商业银行证券投资的功能有哪些？

6.3 商业银行证券投资所使用的金融工具有哪些？

6.4 试述各种债券的特征。

6.5 试述商业银行证券投资业务的风险。

6.6 试述商业银行证券投资组合的原则。

6.7 简述如何测度证券投资的风险。

6.8 试述商业银行证券投资组合管理的主要步骤。

知识应用

□ 案例分析

混业经营趋势下 银行如果拿到券商牌照 对金融业影响几何？

在2020年6月28日晚间，证监会新闻发言人在回应证监会计划向商业银行发放券商牌照时表示，证监会已关注到媒体报道证监会计划向商业银行发放券商牌照的消息，目前没有更多的信息需要向市场通报。但其表示，发展高质量投资银行是贯彻落实国务院关于资本市场发展决策部署的需要，也是推进和扩大直接融资的重要手段。与五年前相比，现在的回应中新增“推进和扩大直接融资”的提法，其背后隐含的信息有所不同。业内人士表示，目前我国社会融资仍以间接融资为主，债务风险较大，直接融资占比较低，尤其是股权融资，其在社融中占比不超过7%，2020年4月占比仅有6.05%。因此，在未来去杠杆的市场背景下，直接融资替代间接融资是大势所趋，而做大股权融资是大方向。

资料来源：佚名．混业经营趋势下 银行如果拿到券商牌照 对金融业影响几何？［EB/OL］．［2020-07-06］．https：//new.qq.com/rain/a/20200706A05P4B00.

问题：根据案例，结合我国国情阐述银行经营证券投资业务的意义。

分析提示：结合宏观经济、金融形势和混业经营的发展趋势，从收益性、风险性和流动性等方面进行阐述。

□ 实践训练

假设你投资了甲、乙两张到期一次还本付息债券，甲债券是5年期，面值是1 000元，票面利率为8%，你以993元从市场买入，持有4年半后以998元的价格卖出；乙债券是3年期，面值是500元，票面利率为7%，你以496元从市场买入，一直持有至到期，请比较两张债券的收益。

要求：列出计算过程。

第7章 商业银行中间业务管理

学习目标

知识目标：理解商业银行中间业务与表外业务的关系；掌握中间业务的概念及特点；理解、掌握各类中间业务的特点及管理要点。

技能目标：能够清楚阐述中间业务与表外业务的区别与联系；能够准确区分不同类别中间业务的特点；能够结合商业银行具体实际应用所学的管理手段。

素质目标：通过本章的学习，培养学生树立服务意识和客户至上的理念，并注重对学生的创新精神和团队协作能力的培养。

引例

建行：中间业务面临挑战 力争年底理财、信托等收入降幅边际收窄

10月26日，建设银行首席财务官生柳荣在该行2023年第三季度业绩发布会上回应贝壳财经记者提问时表示，目前来看，股债汇市场波动性持续增加，叠加减费让利政策相继出台，收入增长面临一定压力，这也是全行业共同面临的挑战。但伴随消费市场持续恢复、企业盈利边际回暖、经济复苏持续向好，这些都为中间业务发展带来了机遇。

与此同时，建行主动推动结构优化、加强风险管理，力争年底理财、信托等收入降幅边际收窄。下一步，建行将继续推动中间业务向轻资产轻资本转型，寻找业务发展“第二曲线”。

据介绍，今年以来，建行在落实减费让利、支持实体经济的前提下，主动推动业务转型，收入总量保持稳健。前三季度，建行实现手续费及佣金净收入949亿元，与上年同期相比略有增长。

资料来源：姜樊.建行：中间业务面临挑战 力争年底理财、信托等收入降幅边际收窄［EB/OL］.［2023-10-26］.https：//www.163.com/dy/article/II0FEADJ0512D3VJ.html.

这一案例表明：中间业务相对传统的息差而言资本占用更少，逐渐成为银行发力的重点之一。在利率市场化持续推进中，银行对利息收入的依赖被迫改变，息差空间受到挤压，提升中间业务收入，通过精细化管理及推动业务转型来提升盈利能力，或是每一家商业银行面临的新考验。

7.1 商业银行中间业务概述

为了更清楚地了解商业银行的业务性质和业务类型，本书采取了对中间业务和表外业务分别进行分析的方式。而对中间业务和表外业务的划分，目前存在着许多完全不同的观点，本书主要是基于以下观点对中间业务和表外业务进行划分的：

首先，中间业务多是与商业银行的资产负债业务相伴而生、长期存在的，而表外业务则是近一二十年来随着国际业务的发展、国际金融市场的新变化和现代电信技术的迅猛发展而发展起来的。

其次，在中间业务的办理中，商业银行在大多数情况下仅仅是中间人，不承担非代理过程中的任何风险，而表外业务是一种或有资产及或有负债，它的存在对商业银行的资产负债表有潜在影响，因而商业银行是要承担风险的。

最后，两种业务之间也有小部分的重合，如信用证业务和信用卡业务，就可以说既是中间业务，又是表外业务。

7.1.1 商业银行中间业务的概念及特点

商业银行的中间业务是指商业银行在资产业务和负债业务的基础上，不运用自己的资金，而是凭借自身在机构、信誉、技术、设备及人员等多方面的优势，以中间人的身份替客户办理相关委托事项、提供相关金融服务并收取手续费的业务。其特点有：

1）以接受客户委托的方式开展业务活动

商业银行办理中间业务，通常是以接受客户委托的方式进行的，在客户需要的时候为其提供金融服务，从中收取一定的服务费。商业银行在这里扮演的只是一个中间人的角色，其既不动用自身资金，也不承担非代理过程中的任何风险，同商业银行从事贷款、购买政府和企业债券等自营业务是完全不同的。

2）风险较小

商业银行的中间业务是按照客户的要求办理的，具有委托代理的性质，其一般不使用商业银行自身的资金，不会引起商业银行资产负债表的变化。因此，总体来说，风险较小。

3）金融监管部门对其实施的管理较松

这主要是由于中间业务的风险较小。

4）收益主要来自手续费

商业银行在办理中间业务时，通常是以收取手续费的方式获得收益。手续费是商业银行在办理中间业务过程中所耗费的各种形式的劳动（包括物化劳动和活劳动）的补偿及合理收益。

5）发展的时间较长

如前所述，中间业务多是与商业银行的资产负债业务相伴而生、长期存在的。

7.1.2 商业银行中间业务的分类

商业银行中间业务按功能和形式划分，可分为结算类中间业务、代理类中间业务和咨询顾问类中间业务三大类。

1）结算类中间业务

结算类中间业务是指由商业银行为客户办理因债权债务关系引起的、与货币支付和资金划拨有关的收费业务。结算类中间业务按服务对象所处的区域来划分，可分为同城结算、异地结算和国际结算；按结算工具来划分，可分为商业汇票结算、银行汇票结算、银行本票结算、支票结算、银行卡结算和电子数据交换结算等；按结算方式来划分，可分为汇款、托收和信用证等。

2）代理类中间业务

代理类中间业务是指商业银行接受客户委托、代为办理客户指定的经济事务、提供金融服务并收取一定费用的业务，包括代理政策性银行业务、代理中央银行业务、代理商业银行业务、代收代付业务、代理证券业务、代理保险业务和其他代理业务。租赁和信托业务也属于代理类中间业务。

3）咨询顾问类中间业务

咨询顾问类中间业务是指商业银行依靠自身在信用、人才、信誉等方面的优势，收集和整理有关信息，并通过对这些信息以及银行和客户资金运动记录的分析，形成系统的资料和方案提供给客户，以满足其业务经营管理或发展需要的业务活动。此类业务具体包括企业信息咨询、资产管理顾问、财务顾问和现金管理等。

7.2 租赁和信托业务

当代发达国家综合经营的大型商业银行无不重视租赁和信托业务的拓展，租赁和信托业务成为其代理类业务中的一种。目前在中国，由于实行严格的分业经营，商业银行还不能经营典型的租赁和信托业务。

7.2.1 租赁业务

1）租赁业务的概念

租赁是指由出租人投资购置设备等租赁物件，在保留设备所有权的条件下，将设备的使用权出租给承租人使用，并定期向承租人收取租金的经济行为。

2）租赁业务的主要类型及内容

（1）融资性租赁。

融资性租赁也称金融租赁，是指出租人按照协议或合同的约定，出资购置由承租人选定的设备等租赁物件，租给承租人长期使用，并向承租人收取租金的租赁形式。融资性租赁是现代租赁中最重要的一种形式。其主要特点有：

第一，一般涉及出租人、承租人和供货商三方当事人，签订两个合同，即出租人与供货商签订购买合同，出租人与承租人签订租赁合同。

第二，租赁期限与设备耐用年限基本相同，由此造成租赁支付具有完全支付性或全额清偿以及租赁物在会计处理上要纳入承租人的资产负债表。租赁支付的完全支付性或全额清偿是指出租人只通过一个租赁合同期即可收回全部或大部分投资。租赁物在会计处理上要纳入承租人的资产负债表则是会计核算的基本原则之一——实质重于形式的原则所要求的。

所谓实质重于形式的原则是指会计核算应当按照交易或事项的实质和经济现实进行，不应当仅仅将它们的法律形式作为会计核算的依据。虽然从法律形式来讲，融资性租赁的承租人并不拥有租赁物的所有权，但是由于租赁合同中规定的租赁期相当长，接近于租赁物的使用寿命，并且租赁期结束时承租人有优先购买租赁物的选择权，因此从经济实质来看，承租人能够控制其创造的未来经济利益，故会计核算上，将以融资租赁方式租入的租赁物确认为承租人的资产而纳入其资产负债表。

第三，租赁合同不可中途解约。若在某些情况下，租赁合同实在无法继续履行，只能终止或解除，这时，承租人要按合同规定付清全部租金。

第四，承租人具有对租赁物件的选择权，并且要承担与租赁物有关的设备缺陷、技术落后等风险并负责租赁物的维护、保养等。

第五，租期结束时，承租人可以退租、续租或留购。

(2) 经营性租赁。

经营性租赁也称服务性租赁或管理租赁、操作租赁，是指出租人向承租人短期租出设备等租赁物，在租期内由出租人负责设备的安装、保养、维修、纳税、支付保险费和提供专门的技术服务等。经营性租赁适用于那些需要专门技术进行保养、技术更新较快或使用频率不高的设备。其主要特点有：

第一，租赁关系简单，只涉及出租人和承租人两个当事人，只签订一个合同，即出租人和承租人签订的租赁合同。

第二，经营性租赁是一种短期租赁，由此造成其租金具有不完全支付性以及其租赁物在会计处理上不纳入承租人的资产负债表。所谓租金的不完全支付性是指出租人对每一个承租人所收回的租金只是其全部投资的一部分，要通过多次出租才能收回全部投资。

第三，租赁合同可以中途解约。

第四，租赁物的选择由出租人决定，租赁物无法出租时的损失也由出租人承担，出租人除了向承租人提供租赁物件外，还要负责租赁物的安装、保养、维修、纳税、支付保险费和提供专门的技术服务等，租金也高于融资性租赁。

第五，在租期结束时，承租人可以退租或续租。

(3) 杠杆租赁。

杠杆租赁也称衡平租赁或代偿贷款租赁，是指出租人一般只需提供占全部租赁物金额20%~40%的投资，其余部分的资金则以出租的租赁物为抵押，向银行等金融机构贷款取得。杠杆租赁主要用于资本密集型设备的长期租赁，如飞机、输油管道、工厂、石油钻井平台、卫星系统等。

（4）转租赁。

转租赁是指先由出租人从租赁公司租进设备等租赁物，然后再租给承租人的租赁方式。转租赁涉及第一出租人、第二出租人即第一承租人、第二承租人、设备供应商四个当事人，签订购货合同、租赁合同、转租赁合同三个合同。其中：购货合同由第一出租人与设备供应商签订，租赁合同由第一出租人与第一承租人签订，转租赁合同由第二出租人即第一承租人与第二承租人签订。

（5）售后租赁。

售后租赁也称回租，是指承租人将自有的物件出卖给出租人，同时与出租人签订一份融资租赁合同，再将该物件从出租人处租回的租赁形式。售后租赁涉及商业银行和企业两个关系人，签订买卖合同和租赁合同两个合同。其中：商业银行既是买主又是出租人，而企业则既是卖主又是承租人。售后租赁是一种紧急融资方式，当企业急需资金时，可利用这种方式把固定资产变为流动资金，同时又不影响资产的使用，还可提前收回折旧和利润。

7.2.2 信托业务

1）信托业务的概念及特点

信托业务是指商业银行接受客户的委托，代为经营管理和处理指定的财产并收取手续费的业务。信托业务的主要当事人有委托人、受托人和受益人三个。委托人是指设定信托的人，即信托财产的所有人。具有完全民事行为能力的自然人、法人或者依法成立的其他组织均可成为委托人。委托人可以是一人，也可以是数人。

受托人是指接受委托完成信托财产管理处理等事务的人。受托人必须是具有完全民事行为能力的自然人或法人。受益人是指享有信托受益权的人。受益人可以是自然人、法人或者依法成立的其他组织。委托人可以是受益人，受托人也可以是受益人，但受托人不得是同一信托的唯一受益人。信托业务的主要特点有：

（1）信托财产的所有权发生转移。

信托关系存在后，委托人便将信托财产过户到受托人的名下，由受托人依约进行经营管理和处理。

（2）信托财产具有独立性，受托人对信托财产实行分别管理，单独核算。

信托财产的独立性具体表现在以下三个方面：第一，信托财产与委托人未设立信托的其他财产相区别。第二，信托财产与本来就属于受托人所有的财产（以下简称“固有财产”）相区别。第三，受托人经营管理和处理信托财产所产生的债权，不得与受托人固有财产产生的债务相抵销；受托人经营管理和处理不同委托人的信托财产所产生的债权债务，不得相互抵销。

（3）受托人必须以受益人的利益为管理和营运的出发点和归宿。

信托的目的是保护受益人的利益，受托人必须忠实而努力地予以践行，而不能以自身利益最大化为目标，受托人自身可以获得的只是约定的信托报酬。

（4）受托人不承担委托人指定目的下的风险，而是由委托人自负盈亏。

受托人按照委托人指定的目的和意愿经营管理和处理信托财产，并按实际结果核算，发生的收益归受益者享有，发生的亏损也由委托人或受益人承担。受托人赚取约定的信托报酬，不承担损失风险。

2）信托业务的种类及内容

（1）证券投资信托。

证券投资信托是指个人、企业或团体将投资资金委托给商业银行代为进行证券投资，最后将投资收益和本金归还给受益人的信托。

（2）动产或不动产信托。

动产或不动产信托是指商业银行接受大型设备或财产所有者的委托，以融通资金为目的的信托。其收入主要是转让或出租动产或不动产的收入或租金。

（3）公益信托。

公益信托是指个人或团体以发展公益事业为目的，将捐赠或募集的资金所形成的基金委托给商业银行代为投资和管理，并根据委托人的指令将收益支付给受益人的信托。

7.3 国内结算业务

7.3.1 结算业务概述

1）结算业务的含义和种类

商业银行的结算业务是指由商业银行为客户办理因债权债务关系引起的、与货币支付和资金划拨有关的收费业务。我国商业银行的结算业务几经修改和完善，已经形成了一套包括银行汇票、商业汇票、银行本票、支票和信用卡等结算工具和汇兑、托收承付和委托收款三种结算方式在内的较为完整的结算体系。

2）结算的原则

我国商业银行及其单位和个人客户在办理结算的过程中，都必须遵循以下结算原则：

（1）恪守信用、履约付款。

该原则要求，商业银行及其单位和个人客户必须有信誉，讲求职业道德，遵守有关法规和结算制度。收款方应严格按合同及时提供货物或劳务，付款方应按照合同足额及时支付货款，商业银行应严格执行结算制度，准确及时地办理结算。

（2）谁的钱进谁的账，由谁支配。

该原则要求，商业银行在办理结算的过程中，必须保护客户资金的所有权和自主支配权不受侵犯。客户在商业银行的存款受法律保护，客户委托商业银行把钱转给谁，商业银行就应该把钱转进谁的账户。商业银行维护开户客户存款的自主支配权，即谁的钱就由谁自主支配使用。除国家法律规定外，商业银行不代任何单位查询、扣款，不得停止客户存款的正常支付。

（3）银行不垫款。

商业银行为客户办理结算时，只负责将结算款项从付款人账户划转到收款人账户，不承担任何垫付款项的责任。付款人交存足够款项后才能支付，收款人收妥款项后才能支用。

7.3.2 主要的结算工具

1）银行汇票

银行汇票是出票银行签发的，由其在见票时按照实际结算金额无条件支付给收款人或者持票人的票据。银行汇票按是否能直接支取现金，可以分为转账银行汇票和现金银行汇票两种。申请人或收款人为单位的，不能申请现金银行汇票；申请人和收款人均为个人的，可以申请现金银行汇票。由于出票人和付款人都是商业银行，所以银行汇票一般多在商业银行的票汇业务中使用。

银行汇票的主要规定如下：

（1）单位和个人异地或同城各种款项的结算，均可使用银行汇票。

（2）银行汇票主要用于异地间的款项结算，如果同城使用银行汇票，则必须有另一具备办理银行汇票资格的，与出票行同属一个系统的银行方可办理。

（3）银行汇票的出票和付款，全国范围内只限于中国人民银行和参加“全国联行往来”的各商业银行机构办理。跨系统银行签发的转账银行汇票的付款，应通过同城票据交换将银行汇票和解讫通知提交给同城的有关银行审核支付后抵用。代理付款人不得受理未在本行开立存款账户的持票人向单位直接提交的银行汇票。

（4）银行汇票的付款人为出票银行。银行汇票的代理付款人是代理本系统出票银行或跨系统签约银行审核支付汇票款项的银行。

（5）签发银行汇票必须记载有关要素事项。欠缺要素事项的，汇票无效。

（6）银行汇票可以用于转账，填明“现金”字样的银行汇票可以用于支取现金，但申请人和收款人必须均为个人，而且银行汇票上必须注明代理付款人名称。出票行不得为单位签发现金银行汇票。

（7）银行汇票一律记名。银行汇票背书转让时，以不超过出票金额的实际结算金额为准，但填明“现金”字样的银行汇票不得背书转让。

（8）银行汇票的提示付款期限为自出票日起1个月。持票人超过付款期限提示付款的，代理付款人不予受理。

（9）银行汇票的实际结算金额不得更改，更改实际结算金额的银行汇票无效。

（10）出票行为个人签发的填明“现金”字样并填明代理付款银行的银行汇票遗失，可以由失票人通知签发行或代理付款行挂失止付。

（11）银行汇票出票行在票据上的签章，应为该行的汇票专用章和法定代表人或其授权经办人的名章，不符合该规定的，票据无效。

（12）银行汇票的出票金额（含实际结算金额）、出票日期和收款人名称不得更改，更改的票据无效。

（13）持票人向银行提示付款时，必须同时提交银行汇票和解讫通知，缺少任何一联，银行不予受理。

（14）在银行开立存款账户的持票人向开户银行提示付款时，应在汇票背面签章。银行审查无误后办理转账。

（15）未在银行开立存款账户的个人持票人，可以选择任何一家银行机构提示付款。提示付款时，应在汇票背面签章，并提交身份证件及复印件备查。银行审查无误后，以持票人的姓名开立应解汇款及临时存款账户，该账户只付不收，付完清户，不计付利息。

（16）银行汇票的实际结算金额低于出票金额的，其多余金额由出票银行退交申请人。

（17）持票人或者申请人因汇票超过付款提示期限或者其他原因要求退款时，应将银行汇票和解讫通知同时提交到出票银行，并出具单位证明或个人身份证件，经审核无误后才能办理。缺少解讫通知要求退款的，出票银行应于银行汇票提示付款期满1个月后才能办理。

2）商业汇票

商业汇票是出票人签发的，委托付款人在指定日期无条件支付确定的金额给收款人或者持票人的票据。商业汇票必须承兑。根据承兑人的不同，商业汇票分为商业承兑汇票和银行承兑汇票。

（1）商业承兑汇票。

商业承兑汇票是由付款人或收款人签发，经付款人承兑，在指定日期无条件支付确定金额给收款人或者持票人的票据。付款人在商业承兑汇票正面签署“承兑”字样并加盖预留银行印鉴后，将商业承兑汇票交给收款人。付款人应于商业承兑汇票到期前将票款足额交存其开户银行，银行于到期日凭票将款项从付款人账户划转给收款人或贴现银行。付款人对其所承兑的汇票负有到期无条件支付票款的责任。

如果汇票到期，付款人的银行存款不足以支付票款，银行将不承担付款责任而只负责将汇票退给收款人，由收付双方自行处理。同时，银行对付款人按照签发空头支票的有关罚款规定，处以罚款。

（2）银行承兑汇票。

银行承兑汇票是指由付款人出票并向其开户行提出承兑申请，经银行审查后同意承兑的商业汇票。使用银行承兑汇票进行结算时，由承兑申请人持银行承兑汇票和购销合同向其开户银行申请承兑。银行按照有关政策的规定对申请进行审查，符合承兑条件的，银行即可与承兑申请人签订承兑契约，并在汇票上签章，用压数机压印汇票金额后，将银行承兑汇票和解讫通知交给承兑申请人转交收款人，承兑银行将按票面金额的一定比例向承兑申请人收取手续费。

收款人或被背书人应在银行承兑汇票到期时，将银行承兑汇票、解讫通知，连同进账单送交开户银行办理转账。汇票到期前，承兑申请人应将票款足额交存其开户银行。如果汇票到期日承兑申请人未能足额交存票款，承兑银行应向收款人或贴现银行无条件履行支付责任，同时根据承兑契约对承兑申请人执行扣款，并对未扣回的承兑金额罚息。

当商业汇票的收款人或被背书人需要资金时，可持未到期的银行承兑汇票并填写贴现凭证，向其开户银行申请贴现。贴现银行需要资金时可用未到期已贴现的银行承兑汇票向央行申请再贴现，也可向其他银行申请转贴现。

商业汇票的主要规定如下：

（1）签发商业汇票应以合法的商品交易为基础。禁止签发、承兑和贴现无商品交易的商业汇票，严禁利用商业汇票拆借资金和套取银行贴现资金。

（2）商业汇票一律记名，允许背书转让。票据出票人或承兑人在汇票上记载“不得转让”字样的，该汇票不得背书转让。需要保证的，保证人必须在汇票或粘单上记明保证人名称、日期等。

（3）商业汇票付款期限，由交易双方商定，但最长不得超过6个月。如属分期付款，应分别签发若干张不同期限的汇票。

（4）商业汇票的出票金额、日期和收款人名称不得更改，更改的票据无效。

（5）商业汇票的提示付款期限为自汇票到期日起10天内，超过提示付款期限的银行承兑汇票，持票人开户银行不予受理。超过提示付款期限的商业承兑汇票在向承兑人作出说明后，可向承兑人请求付款。

（6）商业承兑汇票由银行以外的付款人承兑，银行承兑汇票由银行承兑。

（7）付款人承兑商业汇票不得附有条件，承兑附有条件的，视为拒绝承兑。

（8）银行承兑汇票的承兑银行应按照比例向出票人收取承兑手续费。

（9）银行承兑汇票的承兑权限按上级行的贷款审批授权执行。每张汇票承兑金额不得超过1 000万元。

（10）禁止出售、承兑、贴现空白银行承兑汇票。

（11）银行承兑汇票的承兑行在票据上的签章，应为该行的汇票专用章和法定代表人或其授权经办人的名章。

（12）商业汇票可以转让背书，但票据被拒绝承兑、拒绝付款或者超过提示付款期的，不得背书转让；背书不得附有条件，附有条件的，所附条件不具备票据上的效力。商业承兑汇票的收款人或持票人委托其开户银行提示付款的，应做成委托收款背书，未按此规定办理的，开户银行不予受理。

知识链接 7-1　　银行承兑汇票和商业承兑汇票的区别

银行承兑汇票和商业承兑汇票主要有以下三方面的区别：第一，承兑人不同。银行承兑汇票的承兑人是银行，商业承兑汇票的承兑人一般是企业。第二，直接付款人不一样。银行承兑汇票是承兑银行付款，商业承兑汇票是承兑的企业付款。第三，当出票的企业不能偿付票据资金时，风险承担情况不同。商业承兑汇票的出票人和承兑人不能付款时，企业只能通过诉讼等方式收回票据款，收回的可能性很低。而银行承兑汇票的出票企业不能偿付票据资金时，银行仍然要承担第一性付款责任。

3）银行本票

银行本票是银行签发的，承诺自己在见票时无条件支付确定金额给收款人或者持票人的票据。按照金额是否固定，银行本票可分为不定额银行本票和定额银行本票。不定额银行本票是指凭证上的金额栏是空白的，签发时根据实际需要填写金额，并用压数机压印金额的银行本票。不定额银行本票可以分为转账银行本票和现金银行本票。转账银行本票只能用于转账，注明“现金”字样的可以用于支取现金。定额银行本票是指凭证上预先印有固定面额的银行本票。定额银行本票的面额为1 000元、5 000元、10 000元和50 000元。

银行本票的主要规定如下：

（1）银行本票的提示付款期限自出票日起最长不得超过2个月，超过提示付款期限的银行本票，代理付款银行不予受理。

（2）银行本票在同一票据交换区域内允许背书转让，但填明“现金”字样的银行本票不得背书转让。

（3）银行本票没有金额起点和最高限额。

（4）银行本票小写金额必须为压数机压印金额。

（5）银行本票的签发行在票据上的签章，应为该行的本票专用章加其法定代表人或其授权经办人的名章。

（6）现金银行本票的申请人和收款人必须均为个人。

（7）在银行开立存款账户的持票人向开户银行提示付款时，应在银行本票背面“持票人向银行提示付款签章”处签章，签章须与预留银行签章相同。未在银行开立存款账户的个人持票人，持注明“现金”字样的银行本票向出票银行支取现金时，应在银行本票背面签章，记载本人身份证件名称、号码及发证机关。

（8）银行本票丧失，失票人可以凭人民法院出具的享有票据权利的证明，向出票银行请求付款或退款。

（9）银行本票的金额、日期、收款人名称不得更改，更改的票据无效。

（10）银行本票见票即付。

银行本票结算具有以下优点：

（1）使用方便。

我国现行的银行本票使用方便、灵活。单位、个体经济户和个人不管是否在银行开户，他们之间在同城范围内的所有商品交易、劳务供应以及其他款项的结算都可以使用银行本票。收款单位和个人持银行本票可以办理转账结算，也可以支取现金，同样也可以背书转让。银行本票见票即付，结算迅速。

（2）信誉度高，支付能力强。

银行本票由银行签发，并于指定到期日由签发银行无条件兑付，因而信誉度很高，一般不存在得不到正常支付的问题。其中，定额银行本票由中国人民银行发行，各大国有商业银行代理签发，不存在票款得不到兑付的问题；不定额银行本票由各大国有商业银行签发，由于其资金实力雄厚，因而一般也不存在票款得不到兑付的问题。

4）支票

支票是出票人签发的、委托办理支票存款业务的银行在见票时无条件支付确定的金额给收款人或持票人的票据。支票分为现金支票、转账支票和普通支票。支票上印有“现金”字样的，为现金支票，现金支票只能用于支取现金；支票上印有“转账”字样的，为转账支票，转账支票只能用于转账；支票上未印有“现金”或“转账”字样的，为普通支票，普通支票既可以用于支取现金，也可以用于转账。在普通支票左上角划两条平行线的划线支票，只能用于转账，不得支取现金。

支票的主要规定如下：

（1）单位和个人在同一票据交换区域内的各种款项结算，均可使用支票。

（2）支票的提示付款期限。

支票的提示付款期限为自出票日起10天内，超过提示付款期限提示付款的，银行不予受理。持票人可以委托开户银行收款或直接向付款人提示付款。用于支取现金的支票仅限于向付款人（出票人开户银行）提示付款。

（3）支票的填写。

签发支票应使用碳素墨水或墨汁填写，中国人民银行另有规定的除外。支票的出票人预留银行印鉴是银行审核支票付款的依据。银行也可以与出票人约定使用支付密码，作为银行审核支付支票金额的条件。

（4）支票的金额、日期和收款人名称不得更改，更改的票据无效。

（5）禁止签发空头支票。

对签发空头支票或签章与预留银行签章不符的支票，银行将对出票人处以票面金额5%但不低于1 000元的罚款；持票人有权要求出票人赔偿占支票金额2%的赔偿金。

（6）存款人领购支票的规定。

存款人领购支票时，必须填写“中国××银行业务收费凭证”并签章，签章应与预留银行的签章相符。存款账户结清时，必须将全部剩余空白支票交回银行注销。

（7）出票人在付款人处的存款足以支付支票金额时，付款人应当在见票当日足额付款。

（8）支票的付款人为支票上记载的出票人开户银行。

支票的出票人为在经中国人民银行当地分支行批准办理支票结算业务的银行机构开立可以使用支票的存款账户的单位和个人。

5）信用卡

信用卡是指商业银行向个人和单位发行的，凭以向特约单位购物、消费和向银行存取现金且具有消费信用的特制载体卡片。

信用卡的基本规定如下：

（1）信用卡按使用对象，分为单位卡和个人卡；按信誉等级，分为金卡和普通卡。信用卡发卡银行可根据申请人的资信程度，要求其提供担保，担保的方式可采用保证、抵押或质押。发卡银行应建立授权审批制度，信用卡结算超过规定限额的，必须取得发卡银行的授权。

（2）单位卡账户的资金一律从其基本存款账户转账存入，不得交存现金，不得将销货收入存入其账户；个人卡账户的资金以其持有的现金存入或以其工资性款项及属于个人的劳务报酬收入转账存入。严禁将单位的款项存入个人卡账户。持卡人可持信用卡在特约单位购物、消费，单位卡不得用于10万元以上的商品交易、劳务供应款项的结算，且一律不得支取现金。

（3）信用卡允许善意透支，个人卡每笔透支额以2万元为上限，月透支余额不得超过5万元；单位卡每笔透支额以5万元为上限，月透支余额不得超过10万元或其综合授信额度的3%；透支利率一律以日息万分之五计，按月收单利，透支期限最长为60天。

小思考 7-1

为什么要限制信用卡协议透支业务？

答：协议透支实际上是一种短期贷款，发卡行搞协议透支，主要出于以下目的：一是摆脱贷款规模的限制。在《信用卡业务管理办法》颁布前，没有明确的法规规定信用卡透支纳入贷款规模，因而发卡行利用协议透支来扩大贷款规模。二是获得高利率收入。协议透支期限较短，利率却大大高于同期贷款利率。三是沉淀存款。客户利用信用卡账户进行协议透支，其账户往往会出现一定的余额，有利于增加客户在信用卡发卡行的存款。四是拉拢客户。透支协议往往是以客户在发卡行开立基本账户，或由发卡行以该行信用卡代发工资、代理缴费等为交换条件的。

《信用卡业务管理办法》通过对信用卡透支限额及期限的限定，通过对单位卡账户的种种限制，如透支不能用于经营业务，透支的数额不能超过法定的限额，透支的利息和透支的时间期限也不能超过法定的限额等措施，规范了信用卡市场，有效地避免了信用卡的协议透支问题，减少了发卡行的损失，使信用卡业务向更规范化的方向迈进了一大步。

资料来源：朴明根．银行经营管理学［M］．北京：清华大学出版社，2007.

7.3.3 结算方式

1）汇兑结算方式

汇兑是汇款人委托银行将其款项支付给收款人的结算方式。汇兑分电汇和信汇两种，由汇款人选择使用。电汇是汇款人委托银行用拍发电报的方式通知汇入行付款的一种结算方式。信汇是汇款人委托银行用邮寄凭证的方式通知汇入行付款的一种结算方式。

汇兑的有关规定如下：

（1）单位和个人各种款项的结算，均可使用汇兑结算方式。

（2）签发汇兑凭证必须记载下列事项：必须标明“信汇”或“电汇”字样，无条件支付的委托，确定的金额，收款人名称，汇款人名称，汇入地点、汇入行名称，汇出地点、汇出行名称，委托日期，汇款人签章。汇兑凭证上欠缺上列记载事项之一的，银行不予受理。

（3）汇兑凭证上记载收款人为个人的，收款人需要到汇入银行领取汇款，汇款人应在汇兑凭证上注明“留行待取”字样；信汇凭收款人签章支取的，应在信汇凭证上预留其签章。

（4）汇款人确定不得转汇的，应在汇兑凭证“备注”栏注明“不得转汇”字样。

（5）汇款人和收款人均为个人，需要在汇入银行支取现金的，应在信汇、电汇凭证的“汇款金额”大写栏，先填写“现金”字样，后填写汇款金额。

（6）对开立存款账户的收款人，汇入银行应将汇给其的款项直接转入收款人账户，并向其发出收账通知。

（7）未在银行开立存款账户的收款人，凭信汇、电汇的取款通知或“留行待取”的字样，向汇入银行支取款项时，必须交验本人的身份证件或需要的其他证件，银行审核无误后，以收款人的姓名开立应解汇款及临时存款账户，该账户只付不收，付完清户，不计付利息。

（8）汇款人对汇出银行尚未汇出的款项可以申请撤销；汇款人对汇出银行已经汇出的款项可以申请退汇。转汇银行不得受理汇款人或汇出银行对汇款的撤销或退汇。

（9）汇入银行对于收款人拒绝接受的汇款，应立即办理退汇。对于向收款人发出取款通知，超过2个月无法交付的汇款，汇入银行应主动办理退汇。

2）委托收款结算方式

委托收款是收款人委托银行向付款人收取款项的结算方式。

委托收款的主要规定如下：

（1）单位和个人凭已承兑商业汇票、债券、存单等付款人债务证明办理款项的结算，均可以使用委托收款结算方式。

（2）委托收款在同城、异地均可以使用。

（3）收款结算款项的划回方式，分邮寄和电报两种，由收款人选用。

（4）签发委托收款凭证必须记载要素事项。欠缺要素事项之一的，银行不予受理。

（5）委托收款以银行为付款人的，银行应当在当日将款项主动支付给收款人；以单位为付款人的，银行应及时通知付款人，付款人应于接到通知的当日书面通知银行付款（如付款人提前收到由其付款的债务证明，应通知银行于债务证明的到期日付款）。付款人在接到通知日的次日起3日内（遇法定节假日顺延）未通知银行付款的，视同付款人承诺付款，银行应于付款人接到通知日的次日起第4日（法定节假日顺延。如债务证明未到期，则应于债务证明到期日）上午开始营业时，将款项划给收款人。

（6）银行在办理划款时，付款人存款账户不足支付的，应通过被委托银行向收款人发出到期未付款项通知书。

（7）付款人审查有关债务证明后，对收款人委托收取的款项需要拒绝付款的，可以在接到付款通知日的次日起3日内办理拒绝付款。

（8）在同城范围内，收款人收取公用事业费可以使用同城特约委托收款，但必须具有收付双方签订的经济合同，由付款人向开户银行授权，并经开户银行同意，报经人民银行批准。

3）托收承付结算方式

托收承付是根据购销合同由收款人发货后委托银行向异地付款人收取款项，由付款单位向银行承认付款的结算方式。

托收承付的主要规定如下：

（1）使用托收承付结算方式的收款单位和付款单位，必须是国有企业、供销合作社以及经营管理较好，并经开户银行审查同意的城乡集体所有制工业企业。

（2）办理托收承付结算的款项，必须是商品交易，以及因商品交易而产生的劳务供应的款项。代销、寄销、赊销商品的款项，不得办理托收承付结算。

（3）收付双方使用托收承付结算必须签有符合《民法典》的购销合同，并在合同上订明使用托收承付结算方式。

（4）收付双方办理托收承付结算，必须重合同、守信用。收款人对同一付款人发货托收累计3次收不回货款的，收款人开户行应暂停收款人向该付款人办理托收；付款人累计3次提出无理拒付的，付款人开户行应暂停其向外办理托收。

（5）收款人办理托收，除另有规定外，必须具有商品确已发运的证件（包括铁路、航运、公路等运输部门签发的运单，运单副本和邮局包裹回执）。

（6）托收承付结算每笔的金额起点为10 000元。新华书店系统每笔的金额起点为1 000元。

（7）托收承付结算款项的划回方法分邮寄和电寄两种，由收款人选择使用。

（8）签发托收承付凭证必须记载要素事项。欠缺要素事项之一的，银行不予受理。

（9）付款人货款的承付方式有验单付款和验货付款两种，由收付款双方协商选用，并在合同中明确规定。验单付款的承付期为3天，从付款人开户银行发出承付通知的次日算起（承付期内遇法定节假日顺延）。验货付款的承付期为10天，从运输部门向付款人发出提货通知的次日算起。

（10）付款人在承付期内，未向银行表示拒绝付款，银行即视作承付，并在承付期满的次日（遇法定休假日顺延）上午银行开始营业时，将款项主动从付款人的账户内转出，按照收款人指定的划款方式，划给收款人。

（11）付款人在承付期满日银行营业终了时，如无足够资金支付货款，其不足部分即为逾期未付款项，按逾期付款处理。付款人开户银行对付款人逾期支付的款项，应当根据逾期付款金额和逾期天数，按每天5‰计算逾期付款赔偿金。

拓展阅读7-1

突破传统跨境支付多重难题 央行数字货币桥项目兼顾“隐私”和“效率”

4）信用证结算方式

信用证结算方式是国际结算的一种主要方式，但经中国人民银行批准经营结算业务的商业银行总行，以及经商业银行总行批准开办信用证结算业务的分支机构，也可以办理国内企业之间商品交易的信用证结算业务。

信用证结算方式的具体内容详见第8章。

热点聚焦 7-1

交行上海市分行落地大宗商品贸易区块链结算业务

近日，交行上海市分行通过“TradeGo区块链平台”为一家央企成功办理大宗商品贸易单据区块链传输模式下的跨境结算业务，该笔业务的成功落地为交通银行以数字化渠道服务国家外贸高质量发展再添新绩。

对接国际高标准经贸规则，推动无纸化贸易发展，不断提升贸易便利化水平是国家外贸高质量发展的核心要求。近年来，交行首创性开发上线了基于“国际贸易单一窗口”平台的海运费境内外汇划转支付产品；陆续对接IQAX eBL、TradeGo、ESS等多个跨境电子单证平台；推出与国家外汇局区块链管理平台对接的全线上化融资产品“外贸贷”，缓解了中小外贸企业“融资难、融资烦”的问题。

据介绍，在近洋运输场景下，区块链平台更可凸显其传输效能高的优势，避免“货到港、等提单”等情况，可以有效降低贸易商的额外成本，提升财务管理效益。

下一阶段，交行上海市分行将持续推进数字技术与实务场景的融合，以“务实、高效”为核心目标，不断优化系统层面的自动化操作，综合提升对商贸主体的服务效能。

资料来源：周到.交行上海市分行落地大宗商品贸易区块链结算业务［EB/OL］.［2023-12-26］. https：//fund.eastmoney.com/a/202312262944180868.html.

7.4　代理与信息咨询业务

7.4.1　代理业务

1）代理业务的概念

代理业务是指商业银行接受客户委托、代为办理客户指定的经济事务、提供金融服务并收取一定费用的业务。

2）代理业务的种类及内容

（1）代理政策性银行业务。

代理政策性银行业务是指商业银行接受政策性银行委托，代为办理政策性银行因服务功能和网点设置等方面的限制而无法办理的业务，包括代理贷款项目管理等，并从中收取代理手续费。

（2）代理中央银行业务。

代理中央银行业务是指根据政策、法规应由中央银行承担，但由于机构设置、专业优势等方面的原因，由中央银行指定或委托商业银行承担的业务，主要包括财政性存款代理业务、国库代理业务、发行库代理业务、金银代理业务等。

（3）代理商业银行业务。

代理商业银行业务是指商业银行之间相互代理的业务，主要是代理资金清算业务。商业银行作为代理行即代理其他金融机构进行资金清算的商业银行，其职责是：要求委托行按照代理行清算系统操作手册进行操作，以确保规范操作；当委托行有违反协议行为，可能危及资金安全时，有权停止对有关业务信息的发送，直至终止委托代理关系；根据国家有关规定和双方达成的委托代理协议，收取相关业务费用；保证委托行资金汇划信息在发送和接收过程中准确无误，汇划资金及时到账；向委托行提供办理资金汇划的清算点软件及业务操作手册，负责软件的维护及升级工作。

（4）代收代付业务。

代收代付业务是指商业银行利用自身的结算便利，接受客户的委托代为办理指定款项收付的业务。目前，我国商业银行代理收付业务的品种繁多，但大致可归纳为两大类，即代缴费业务和代发薪业务。代缴费业务是商业银行代理收费单位（邮电、供电、供气、供水等部门）向其用户收取费用的一种转账结算业务。代发薪业务是指商业银行受国家机关、行政事业单位及企业的委托，通过其在银行开立的活期储蓄账户，直接向本单位职工发放工资的业务。

（5）代理证券业务。

拓展阅读7-2

“报行合一”后银保合作走向何方?

代理证券业务是指银行接受委托办理的代理发行、兑付、买卖各类有价证券的业务，还包括接受委托代办债券还本付息、代发股票红利、代理证券资金清算等业务。此处的有价证券主要包括国债、公司债券、金融债券、股票等。

（6）代理保险业务。

代理保险业务是指商业银行接受保险公司的委托代其办理保险业务。代理保险业务一般包括代售保单业务和代付保险金业务。

知识链接7-2

中国银保监会办公厅关于印发
《商业银行代理保险业务管理办法》的通知

（银保监办发〔2019〕179号）内容节选

第一章　总则

第一条　为加强对商业银行代理保险业务监督管理，保护消费者合法权益，促进商业银行代理保险业务规范健康发展，根据《中华人民共和国保险法》《中华人民共和国商业银行法》《中华人民共和国银行业监督管理法》等有关法律、行政法规，制定本办法。

第二条　本办法所称商业银行代理保险业务是指商业银行接受保险公司委托，在保险公司授权的范围内，代理保险公司销售保险产品及提供相关服务，并依法向保险公司收取佣金的经营活动。

本办法所称保险销售从业人员，是指为商业银行销售保险产品的人员。

第三条　商业银行经营保险代理业务，应当符合中国银保监会规定的条件，取得《保险兼业代理业务许可证》（以下简称《许可证》）。

第四条　商业银行和保险公司开展保险代理业务合作，应当本着互利共赢、共同发展、保护消费者利益的原则，共同促进商业银行代理保险业务的持续健康发展。

第五条　商业银行应当充分发挥销售渠道优势，保险公司应当充分发挥长期资产负债匹配管理和风险保障的核心技术优势，在商业银行代理保险业务中大力发展长期储蓄型和风险保障型保险产品，持续调整和优化商业银行代理保险业务结构，为消费者提供全面的金融服务。

第六条　商业银行经营保险代理业务应当遵守法律、行政法规和中国银保监会有关规定，遵循平等、自愿、公平和诚实信用的原则。

第七条　中国银保监会根据《中华人民共和国保险法》《中华人民共和国商业银行法》《中华人民共和国银行业监督管理法》和国务院授权，对商业银行代理保险业务履行监管职责。

中国银保监会派出机构在授权范围内履行监管职责。

第二章 业务准入

第八条 商业银行经营保险代理业务，应当具备下列条件：

（一）具有中国银保监会或其派出机构颁发的金融许可证；

（二）主业经营情况良好，最近2年无重大违法违规记录（已采取有效整改措施并经中国银保监会及其派出机构认可的除外）；

（三）已建立符合中国银保监会规定的保险代理业务信息系统；

（四）已建立保险代理业务管理制度和机制，并具备相应的专业管理能力；

（五）法人机构和一级分支机构已指定保险代理业务管理责任部门和责任人员；

（六）中国银保监会规定的其他条件。

资料来源：中国银保监会. 中国银保监会办公厅关于印发《商业银行代理保险业务管理办法》的通知［EB/OL］.［2019-08-28］. http: //www.gov.cn/xinwen/2019-08/28/content_5425215.htm.

案例分析 7-1

全省首笔银保合作碳汇质押贷款落地高邮

日前，在人民银行扬州市分行的推动下，全省首笔银保合作类碳汇质押贷款成功落地高邮，将专项用于清水潭省级湿地公园稳定修复工作，为高邮“江苏绿心”生态建设提供有力金融支持。

清水潭旅游度假区位于高邮城北郊，总面积为13.8平方公里，是省级湿地公园、水利风景区、生态旅游示范区。稳定湿地数量和质量，提升湿地碳汇能力，需要有效的信贷资金支持，但景区因缺乏固定资产作为抵押物而面临融资难题。

得知这一消息，人民银行扬州市分行及时与辖区银行机构对接并进行多轮探讨，成功指导地方法人农商行以景区7 215亩湿地的碳汇预期收益权作质押，向高邮市清水潭旅游投资开发有限公司发放贷款100万元，利率3.7%。

此次，清水潭旅游度假区凭借生态系统碳汇价值不仅获得了信贷支持，还引入了“保险托底”，在全省首创“银保合作”模式，通过配套购入湿地碳汇遥感指数综合保险，以应对自然灾害造成湿地范围内碳汇减损的不确定性，有效实现绿色信息汇聚共享，降低金融机构的业务创新成本。在贷后管理方面，银行将对湿地碳汇能力进行动态监测，实现对质押品价值变动的银保信息共享，有效探索对新型生态环境类权益质押的价值评估模式，积极探寻“生态价值”到“经济价值”的转换密码，持续引导绿色金融产品服务创新。

资料来源：崔昊.全省首笔银保合作碳汇质押贷款落地高邮［EB/OL］.［2023-10-26］.https: //cj.sina.com.cn/articles/view/5675440730/152485a5a02001muek.

问题：商业银行和保险公司为什么展开合作？其常见的合作方式是什么样的？在

业务的发展过程中，其遇到了哪些问题？

分析提示：(1) 从银行拓展中间业务的意义上，阐述银行和保险公司合作的必要性。(2) 银行保险的发展模式有四种，即分销协议模式、战略联盟关系模式、合资模式、金融控股集团模式。(3) 存在的问题包括分业经营的制度性制约、银行和保险各自系统的问题、没有构建统一的信息技术平台。

(7) 其他代理业务。

其他代理业务包括代理财政委托业务、委托贷款和代理其他银行银行卡收单业务等。

7.4.2 信息咨询业务

1）信息咨询业务的概念和特点

信息咨询业务是指商业银行从事的以出售和转让客户需要的信息以及有偿提供智力服务为主要内容的中间业务。商业银行在长期的经营过程中积累了大量的经济数据和资料，因而可以满足客户对各方面有关信息的咨询需要。此外，商业银行还以行业特有的专门知识、技能和经验，接受客户的委托，借助科学的手段和方法，为客户提供各种智力服务。信息咨询业务的主要特点有：

(1) 为商业银行经营管理服务和为社会服务的双重性。

(2) 以信用和资金以及相关联的项目为主要内容。

(3) 通过咨询更好地为商业银行和社会服务，提高商业银行的社会知名度和声誉。

(4) 咨询业务是在信息系统的基础上建立的，并且是信息系统的重要组成部分。

2）信息咨询业务的主要种类及内容

(1) 项目评估。

项目评估是指商业银行根据客户的要求，对拟投资项目建设的必要性、可行性及其成本、效益进行全面评审与估价，从而为客户的投资决策提供重要依据，同时为商业银行的信贷业务提供决策依据。项目评估是降低投资风险、优化资源配置及提高投资效益的重要手段。

(2) 企业信用等级评估。

企业信用等级评估是指商业银行对企业的信用度进行评定的业务。企业信用等级评估须借助一系列评估指标的测算和分析，评估的指标体系一般由偿债能力指标、负债能力指标、盈利能力指标、经营能力指标和周转能力指标几个部分组成。评定的级别从高到低有AAA、AA、A、BBB、BB、B、CCC、CC、C共9个等级。企业信用等级评估是促进企业改善经营管理、提高经济效益的外部动力，也是商业银行信贷择优的前提。

(3) 资信咨询。

资信咨询是指商业银行以中间人的身份，以公平、公正的态度，对企业的资质和信用度作出客观的评价，以满足企业了解生产经营活动中交易对方的资信程度的需要。这里的资质是指企业的资金、技术、经营管理等条件，而信用度则是指企业在经济交往中履行承诺、讲求信誉的程度。

（4）企业管理咨询。

企业管理咨询是指商业银行根据企业的要求，委派专门人员在调查研究的基础上，运用科学的方法，对企业经营管理中存在的问题进行定性和定量分析，提出切合实际的改善企业经营管理状况的建议，并在实施过程中进行指导的业务。

7.5 银行卡业务

7.5.1 银行卡业务概述

银行卡是商业银行向社会发行的具有消费信贷、转账结算、存取现金等全部或部分功能的信用支付工具。一般说来，银行卡的功能主要包括以下几个方面：

1）转账结算功能

持卡人在特约商户购物消费之后，无须以现金付款，只要递交银行卡进行转账结算即可。这减少了社会现金货币的使用量，节约了社会劳动。

2）提款功能

持卡人可以24小时在同城或异地的ATM（自动取款机）上提取现金，既给持卡人提供了更多的方便，又具有较强的安全保密性能。

3）汇兑功能

对于已实现异地联网的银行卡，持卡人可直接用卡在外地的商场、酒店内购物与消费，也可以在外地的ATM上支取现金，而不必携带大量现金。

4）透支功能

经发卡行同意，信用卡的持卡人在一定限额之内可以超过存款额进行消费和取款。实质上，这是发卡行向顾客提供的短期贷款。

5）储蓄功能

银行卡和普通的存折、存单一样具有储蓄功能。不仅如此，银行卡持卡人还可以在发卡行的所有营业网点办理存款，不受储蓄网点的限制，大大方便了持卡人的储蓄活动，满足了现代人方便、快捷的生活需求。

7.5.2 银行卡的分类及含义

1）按是否具有透支功能，银行卡可分为信用卡和借记卡

信用卡是具有透支功能的银行卡。按是否向商业银行交存备用金，信用卡又可分为贷记卡和准贷记卡两种。贷记卡是指由商业银行授予持卡人一定的信用额度，持卡人可在授予的信用额度内透支的一种银行卡。准贷记卡是指持卡人须先按发卡银行的要求交存一定金额的备用金，当备用金不足支付时，方可在发卡银行规定的信用额度内透支的银行卡。

借记卡是一种无透支功能的银行卡。尽管其不具有透支功能，但同样具有购物消费、转账结算和存取现金等银行卡的基本功能。

2）按发卡对象不同，银行卡可分为单位卡和个人卡

单位卡也称商户卡，是发卡银行发放给单位持卡人的银行卡。在我国，凡在中华人

民共和国境内的金融机构开立基本存款账户的单位均可申领单位卡。单位卡可申领若干张。单位卡由单位申领并由其承担用卡的一切责任，但实际上单位卡也是由具体的个人使用的，持卡人资格由申领单位法定代表人或其委托的代理人书面指定或注销。

个人卡是发行给个人使用的银行卡。凡具有完全民事行为能力的公民均可申领个人卡。个人卡由个人申领并由其承担用卡的一切责任。

3）按载体材料不同，银行卡可分为磁卡和智能卡（IC卡）

磁卡即表面贴有或内部嵌有磁条纹码或磁带的银行卡。磁条或磁带中记载着持卡人账号、有效期、发卡银行等有关信息资料，使用时必须由专门的读卡设备读出其中所存储的数据信息。目前发行的银行卡绝大多数是磁卡。

智能卡是在银行卡中嵌入IC芯片的新一代银行卡。由于IC芯片中含有中央处理器、存储器和操作系统，其好似一台微型电脑，持卡人身份的认证、消费额度的授权、资料的加密和电子签章都可以独立完成，从而大大减少了对银行电脑主机资源的占用，降低了通信费用。因此，智能卡越来越被发卡银行看好。

知识链接 7-3　　银行芯片卡小常识

芯片卡，又称IC卡，是指以芯片为交易介质的卡。芯片卡不仅支持借贷记、电子现金、电子钱包、脱机支付、快速支付等多项金融应用，还可以应用于金融、交通、通信、商业、教育、医疗、社保和旅游娱乐等多个行业领域，真正实现一卡多能，为客户提供更丰富的增值服务。

芯片卡具有安全性和多应用性的特点。芯片卡通过先进的芯片加密技术，支持非接触的脱机交易方式，能够有效防止银行卡被复制等金融欺诈事件，使用户用卡更加安全、放心。除了可以实现银行卡的全部金融功能，芯片卡还可以同时支持多个行业的应用，例如商户会员、电子票务、电子礼券等。不同行业的应用在卡片中独立存在，互不干扰，并可以根据需要随时增减行业应用种类及数量，真正实现一卡多能。

金融IC卡是现代信息技术与金融服务高度融合的工具，其采用芯片技术与金融行业标准，可兼具银行卡、保障卡、管理卡等多重功能，具有安全性、便利性、标准性和可扩展性等优点。央行经反复论证，实施了银行卡从磁条卡向金融IC卡迁移的战略，该项工作呈现良好的发展势头，工商银行、农业银行、中国银行、建设银行、交通银行、邮政储蓄银行及部分全国性股份制商业银行和城市商业银行已开始发行金融IC卡。

资料来源：作者根据相关资料整理。

4）按持卡人地位不同，银行卡可分为主卡和附属卡

主卡持卡人是债权债务的法律承担人。

附属卡是从属于主卡而存在的，其用卡过程中发生的一切债务都由主卡持卡人负责偿还。个人卡的主卡持卡人可以为其配偶及年满18周岁的亲属申领附属卡，附属卡最多不得超过两张，主卡持卡人有权要求注销其附属卡。

5）按发行主体多寡不同，银行卡可分为单名卡和联名（认同）卡

单名卡是指仅由商业银行作为发卡机构发行的银行卡。

联名（认同）卡是指商业银行与其他一个或若干个机构合作发行的银行卡。其中，联名卡是指商业银行与国内外一些信誉程度高、实力强大的大型知名企业（集团）合作发行的银行卡。持卡人在使用联名卡时，除享有一般银行卡的功能外，还享有发卡银行与商户提供的一些特别奖励与优惠。联名卡的这种运作方式将持卡人与银行卡商户联系得更加紧密，同时也有利于发卡机构使用更灵活多样的促销手段，吸引更多的持卡人用卡消费；认同卡是指商业银行为支持社会公益事业的发展，满足特定消费群体的心理需要，与非营利的大型社会团体（基金会、校友会、宗教协会等）及部门合作发行的银行卡。认同卡的持卡人限定为该范围内的成员。认同卡对持卡人的优惠很少，但强调该组织的共同利益。

7.5.3　信用卡的主要用途

1）购物消费

购物消费是指信用卡的持卡人可以在受理信用卡的特约商户处凭卡进行消费结算。购物消费是信用卡最基本、最原始的用途。

2）提取现金

持卡人凭卡可以在发卡机构的全国各银行网点提取现金，或者到发卡银行提供的联网自动取款机上进行全天候的取款。

3）资信凭证

信用卡一般是发卡机构根据申请者的社会地位、经济实力、消费能力、信用等级等标准来发放的，并按照持卡人的资信水平划分为不同的等级，信用卡还具有信用购买的功能。因此，信用卡在很多场合都可以作为持卡人身份地位的象征，及资信程度的体现。例如，白金卡、金卡等级的信用卡通常具有很多高级别的附加值服务，包括 VIP 服务、全球机场贵宾礼遇、特约商户折扣等。

情境模拟 7-1

场景：

中国建设银行“房易安”交易资金托管业务

房屋作为百姓生活必需品和最重要的资产之一，其交易的合法性、安全性一直受到社会各界的广泛关注。尤其在二手房交易过程中，买卖双方委托房屋中介代收代付交易资金，给一些不规范的中介机构以挪用之机，侵害了买卖双方的利益。为加强对市场的监督管理，保护房屋买卖双方的合法权益，政府出台了建立存量房交易资金监管的制度要求。市场急需找到既保障房屋交易便捷，又保障买卖双方资金安全的方法。

针对这一现状，建设银行率先推出专业的房屋交易资金托管业务——“房易安”，为房屋买卖双方、政府房地产监管机构和房屋经纪机构等提供安全、方便

的资金管理渠道。为给客户提供更加方便快捷的托管服务，建设银行“房易安”不断拓展服务范围、完善产品功能、升级系统技术，使客户可以更加安全地交易房产，更加简便地获取住房贷款，同时也可以减少其担保费等费用支出。

操作：

“房易安”交易资金托管业务的服务对象包括二手房交易双方、一手房买卖双方、房屋经纪机构、政府房屋管理部门等。

其客户办理流程如下：首先需要填写房易安子账户开立通知书，然后在银行柜台开立房易安子账户。再通过现金、转账等方式存入交易资金，交易资金按约定条件划入指定账户后，将计息销户。

值得注意的是，地方不同，规定也会有所不同，因此客户在申请办理以上产品和服务时，以中国建设银行当地分行有关规定为准。

知识掌握

7.1 什么是融资性租赁和经营性租赁？它们各有哪些特点？

7.2 什么是商业银行的信托业务？信托业务有哪些特点？

7.3 什么是银行承兑汇票？如何使用？

7.4 什么是“第三方存管”？如何办理和使用？

知识应用

□ 案例分析

从连接到共生，商业银行重塑 App 核心竞争力

随着金融服务线上化的不断推进，商业银行通过APP提供数字化客户服务的目标从获取增量流量转向激活存量用户价值。

一直以来，商业银行APP是线上服务与线下网点的“连接器”。随着云原生等数字化技术不断打破边界，在场景拓展和生态协同的趋势下，APP如今已转变为银行与资讯提供商、互联网渠道方、场景服务商等合作伙伴资源能力共享共生的平台。

21世纪资管研究院梳理各大上市银行近年财务报告时发现，在开放银行生态下，银行不仅聚焦于业务场景和活动获客，而且进一步开放API接口，引入合作商户、上线相关小程序，使金融客户服务向平台化、SaaS化转型。

全场景金融服务深度融合

随着互联网流量红利见顶，手机银行APP已经进入存量客户运营时代。在“以客户为中心”的目标下，银行将金融服务能力与用户生活、生产场景深度融合，从而降低了金融服务的门槛，使金融服务无处不在。

通过梳理各大上市银行近期财报发现，头部商业银行正在逐步实现“全场景”的金融服务覆盖。如交通银行围绕面向市民的政务APP，形成“支付+钱包”的解决方案，为市民提供缴费、查询等生活服务。截至2022年6月末，交行信用卡“买单吧APP”金融场景使用率和非金融场景使用率分别为83.78%和51.47%。

光大银行则是通过强化“手机银行+云缴费”双APP协同，打造“理财、社保、缴费、贷款一站通”服务新模式。

浦发银行也在今年第三季度推出手机银行APP11.8版本，其深耕用户财富场景建设和服务体验提升，完善了商超、出行、医保、征信查询等民生类应用，为用户提供全场景服务。

过去商业银行业务场景拓展集中于信用卡的线上线下场景营销，随着双碳战略的推进，笔者注意到目前多家银行聚焦绿色低碳场景，一方面为个人开通碳账户，提高用户参与度；另一方面接入新能源等绿色低碳场景，与信用卡、贷款等业务形成协同。

技术打破场景边界

在金融与非金融场景的不断融合中，随着数字化技术的发展，场景的边界被打破。一方面，银行核心系统的分布式架构转型与云原生转型，使得创新技术应用与系统研发升级的灵活性和伸缩性进一步提升；另一方面，银行通过API接口实现生态合作伙伴间的技术开放与共享。

基于分布式转型架构，在一体化运营与全渠道协同方面，企业微信提供了线上协同经营的展业方式。

中信银行在半年报中指出，构建以客户为中心、多边开放的一体化运营及全渠道协同平台，赋能内外部机构通过中信银行APP等渠道协同开展数字化运营。试点推进“APP+AI+企业微信”的大众客户集中、批量、线上协同经营模式。

基于自身数字化能力的提升，头部银行已启动金融服务的平台化、SaaS化转型。

作为“零售之王”，招商银行2022年半年报显示，招行以API（应用程序编程接口）赋能合作商户，为零售客户提供更多样化的服务，从而提升客户体验。截至2022年6月末，招商银行APP开放API接口211个，累计上线小程序2 701个，引入合作商户724家。

招行APP团队相关领导指出，零售端的APP建设是一座“冰山”，冰山之上是用户可感知的界面和场景、功能交互，但同时必须重视“冰山之下”的数字基础能力建设，如数字化中台、数字化风控等，进一步提高业务侧效率，提高数字生产力。

平安银行在2022年半年度报告中指出，平安口袋银行APP在服务零售端，持续升级零售开放银行中台能力，通过金融SaaS化服务实现“赋能经营，共助实体”，并深化平安口袋银行APP智能化平台布局，推动场景嵌入、链式经营。

资料来源：李览青.从连接到共生，商业银行重塑APP核心竞争力［EB/OL］.［2022-12-22］. https：//finance.sina.com.cn/money/bank/bank_hydt/2022-12-22/doc-imxxnimq0893218.shtml.

问题：分析商业银行重塑APP核心竞争力与中间业务的关系。其如何在中间业务的拼夺中获胜？

分析提示：（1）阐述中间业务的特点；（2）通过提升用户体验、拓展数字化服务、实施精准营销、生态圈建设和创新业务模式等方面阐述重塑APP核心竞争力与中间业务的关系；(3) 分析金融科技时代中间业务的种类和获利点，阐述银行应如何应对。

□ 实践训练

利用传统金融领域的资源优势，依托现代信息科技设计一种新型的中间业务。

要求：阐述其业务特性及可操作性。

第8章 商业银行表外业务管理

学习目标

知识目标：了解商业银行表外业务产生和发展的原因；掌握表外业务的含义及特点；熟知各类表外业务内容及管理要点。

技能目标：能够由表外业务的特点分析阐述表外业务发展的根本原因；能够准确描述各种表外业务的特点及管理要点。

素质目标：通过本章的学习，从表外业务潜在的风险阐述中强化学生的风险意识；在表外业务创新中引导学生关注市场动态和新技术的应用，进而激励学生勇于探索、积极进取。

引例

中国银保监会制定发布《商业银行表外业务风险管理办法》

为进一步加强商业银行表外业务风险管理，适应新形势下商业银行表外业务发展出现的新变化和新趋势，中国银保监会对《商业银行表外业务风险管理指引》(银监发〔2011〕31号，以下简称《指引》)进行了全面修订，形成了《商业银行表外业务风险管理办法》(以下简称《办法》)。

2011年3月，原银监会发布《指引》，对商业银行表外业务进行了规范。近年来，随着表外业务的快速发展，《指引》已滞后于表外业务的监管与管理需要，亟待更新和完善。为规范表外业务发展，防范化解金融风险，金融管理部门借鉴国际经验，结合我国银行业实际，针对各类具体表外业务陆续制定了一系列监管制度规定，涵盖了传统表外、理财、代理代销等各类业务。

《办法》是在系统梳理已有制度规则的基础上，为进一步加强表外业务的全面风险管理进行的统领性、综合性规范。《办法》扩展了表外业务定义范围，增加了新兴表外业务类型，构建了全面、统一的表外业务管理和风险控制体系，理顺了各类表外业务的风险本质、法律关系和对应管理要求，有利于引导商业银行规范发展表外业务，有效防范化解金融风险。

《办法》共六章47条，包括总则、治理架构、风险管理、信息披露、监督管理及附则等部分，强调商业银行应按照管理全覆盖、分类管理和风险为本的原则建立健全表外业务风险管理体系，加强表外业务风险管理，规范开展表外业务，并加强外部监管。

资料来源：作者根据有关资料整理。

这一案例表明：表外业务已经成为商业银行获取利润主要业务之一。由于缺乏产品设计及操作的风险意识和管控制度，表外业务创新拓展会产生风险隐患。《商业银行表外业务风险管理办法》的发布，有助于银行规范风险管理、提升声誉形象、增强竞争力、促进业务创新和提高盈利能力。银行应该认真执行上述表外业务风险管理办法，加强风险管理，提高业务质量和效益。

8.1 表外业务概述

8.1.1 表外业务的含义及特点

表外业务是指商业银行所从事的在业务发生时不影响商业银行的资产负债总额和结构，但是在一定条件下可能转化为商业银行的资产或负债，能够为商业银行带来可观的业务收入或减少风险的那些业务，也称“或有资产”和“或有负债”业务。其特点有：

1）灵活性强

这主要是指商业银行在表外业务活动中，可以多种身份和多种方式参与其中，既可以在表外业务中充当中间人，也可以直接作为交易者进入市场。

2）风险较大，风险种类繁多

商业银行在办理表外业务时，不需要直接运用自己的资金。但当客户根据银行的承诺要求资金交付或约定的或有事件发生时，潜在的或有资产和或有负债就会变成现实的贷款发放或资金的收付，并反映在商业银行的资产负债表上。所以，商业银行从事表外业务的风险较大。另据巴塞尔委员会的定义，表外业务中包含的风险有信用风险、市场风险、流动性风险、筹资风险、国家风险、结算风险、运作风险、定价风险、经营风险和信息风险等，可谓种类繁多。

3）规模庞大，交易集中

由于现行的金融法规对表外业务一般不要求或只要求较少的资本，这就赋予了表外业务较高的杠杆率，即其只需要缴纳较少的保证金就能从事巨额的交易活动。表外业务中的大部分项目都具有“以小博大”的功能，因此从事表外业务的机构以大银行、大公司居多，有的表外业务甚至需要多家银行共同参与才能完成。

4）透明度低，监管难度大

商业银行所从事的表外业务不列入资产负债表，使得表外业务的规模和质量得不到真实有效的反映。这无形中加大了包括监管当局、股东和债权人等在内的外部人员对银行整体经营状况进行了解的难度，即使是银行内部的管理人员，也很难对表外业务的固有风险进行客观的评估和分析，从而弱化了对银行经营活动的监督与控制。而表外业务多是或有资产和或有负债，在金融市场动荡日趋频繁的情况下，商业银行的表外业务随时都有可能转化为表内业务，这会增加银行经营的难度，甚至造成银行的巨额亏损和破产倒闭。

5）收益既来自手续费，也来自直接盈利

商业银行开展表外业务的初衷并不仅仅是获取手续费和佣金收入，更是为了转移或防范经营风险并盈利。这一点在商业银行开展的各项金融衍生业务中表现得尤为明显。

6）发展的时间较短

如第7章所述，表外业务是近一二十年以来随着国际业务的发展、国际金融市场的变化和现代电信技术的迅猛发展而发展起来的。

8.1.2 表外业务的分类

按照业务性质的不同，表外业务可分为四类，即担保或类似的或有负债、承诺类表外业务、与利率和汇率有关的或有项目和资产证券化。

1）担保或类似的或有负债

此类业务是指商业银行以证人和保人的身份接受客户的委托，对国内外的企业提供信用担保服务的业务，当委托人不能履行义务时，商业银行必须代行职责。其具体包括商业信用证、备用信用证、承兑汇票、货物偿还担保、有追索权的债权转让背书和对分支机构的财务支持等。

2）承诺类表外业务

承诺是指商业银行承认并按照约定在特定时间或时段内完成某项或者某几项业务的许诺。一般来说，承诺可分为不可撤销承诺和可撤销承诺两类。不可撤销承诺是指商业银行不经客户同意不得私自撤销的、具有法律约束力的承诺；可撤销承诺是指附有客户在取得贷款前必须履行的特定条款，在商业银行承诺期间及实际贷款期间一旦发生客户信用等级降低的情况，或客户没有履行特定条款，则商业银行可以撤销的承诺。

有些可撤销承诺的协议对双方不具有法律约束力。即使是不可撤销承诺，其协议中也有可能有允许商业银行在特定条件下终止协议的条款，这种条款称为实质反向改变（Material Adverse Change）条款，可以使商业银行在客户的财务状况发生实质性逆转时，免除提供贷款责任。主要的承诺类表外业务有贷款承诺和票据发行便利。

3）与利率和汇率有关的或有项目

与利率和汇率有关的或有项目主要是指20世纪80年代以来与市场价格有关的金融衍生工具交易。之所以将其定义为衍生，是因为这类金融工具是以股票、债券等资产为基础派生而来的，本身并不能独立存在。目前，主要的金融衍生工具包括远期利率协议、金融期货、金融期权和金融互换等。

4）资产证券化

资产证券化是指将一组流动性较差的贷款或其他债务工具进行一系列的组合，将之包装，使该组资产在可预见的未来所产生的现金流保持相对稳定，在此基础上配以相应的信用增级，提高其信用质量或评级后，将该组资产的预期现金流的收益权转变为可在金融市场上流动、信用等级较高的债券型证券的技术和过程。通过这种方式，商业银行可以将原来必须持有至到期的贷款转化为适销对路的证券资产，所以资产证券化实际上是商业银行的一种融资方式。

小思考 8-1

如何区分表外业务与中间业务?

答：中间业务分为狭义的中间业务和广义的中间业务。狭义的中间业务，就是《商业银行中间业务暂行规定》所称的中间业务，是指在分业经营的原则下，“不构成商业银行表内资产、表内负债，形成银行非利息收入的业务”。广义的中间业务包括狭义的中间业务和真正意义上的表外业务。

二者的联系是：二者都不在商业银行的资产负债表中反映，二者有的业务也不占用银行的资金，银行在当中发挥代理人、被客户委托的作用；收入来源主要是服务费、手续费、管理费等。其区别是：中间业务更多地表现为传统的业务，而且风险较小；表外业务则更多地表现为创新的业务，风险较大。这些业务与表内业务一般有密切的联系，在一定条件下还可以转化为表内业务。中间业务适用备案制；表外业务则适用审批制。

8.1.3 表外业务产生和发展的原因

1）经济发展的客观需要

随着经济往来的高度复杂化，商业银行客户的融资意愿和需要日益多样化，他们对商业银行产品的设计和服务质量都有很高的要求。商业银行必须在传统业务之外延伸和发展表外业务，才能满足客户的需要。

2）金融市场竞争加剧的结果

融资证券化、利率自由化、证券市场国际化、金融业务自由化等一系列放松金融管制的举措使银行同业之间、银行与非银行金融机构之间的竞争日趋激烈，特别是非银行金融机构，其利用新颖而富有竞争力的金融工具与银行展开了对资金来源和信贷市场的争夺。为了增强自己的竞争力，商业银行突破了传统的业务范围，不断开辟新的业务领域，从而使表外业务迅速扩张。

3）为了规避资本管制，增加盈利来源

1988年7月通过的《巴塞尔协议》，要求商业银行在1992年底前最低资本充足性比率达到8%。这一方面起到了保护商业银行经营安全的作用；另一方面也限制了商业银行表内业务的发展和盈利水平的提高。商业银行为了维持自己的盈利水平，纷纷设法规避资本管制给商业银行经营带来的限制，表外业务由此获得了大力发展。表外业务可以在不动用商业银行资产、不增加商业银行负债的前提下，为商业银行带来丰厚的非利息收入，再用获得的巨额收益来补充资本，从而达到不扩大商业银行资产而增加资本的目的。

4）规避风险的需要

20世纪80年代的金融自由化浪潮导致利率和汇率的波动日趋频繁和剧烈，对各种金融产品投资的风险不断加大。面对这些前所未有的利率风险和汇率风险，金融市场上规避风险的需求异常强烈，从而推动了金融衍生工具等表外业务的产生和发展。

5）科技进步的推动

20世纪80年代以来，科学技术的进步，特别是计算机技术和信息处理技术的飞速发展在许多领域引发了深刻变革，金融业也身处其中。数据处理电子化、资金划拨电子化、信息传递网络化乃至电子银行与网络银行的出现，都为商业银行表外业务的发展提供了可能性和广阔的空间。

8.2 担保或类似的或有负债

8.2.1 商业信用证

1）商业信用证的含义及特点

商业信用证是开证行根据申请人的要求和指示，向受益人开立的载有一定金额，在一定的期限内凭规定的单据在指定的地点付款的书面保证文件。商业信用证具有以下特点：

（1）开证行承担独立的第一性的付款责任。

作为一种银行信用，开证行以自己的信用作出付款保证，对受益人承担第一性的付款责任，并且这种第一性的付款责任是独立的。其具体表现为：商品卖方可以直接找开证行凭单取款，而不必先找商品买方。而且不管商品买方是否支付，只要商品卖方向开证行提供了符合信用证条款要求的单据，开证行就必须付款。

（2）商业信用证是一项独立自主的文件。

所谓独立性是指虽然商业信用证的开立以买卖合同为依据，但商业信用证一旦开出就成为独立于买卖合同的另一种契约，不受买卖合同的约束，各当事人的责任和权利以商业信用证条款为准，而与买卖合同条款无关。所谓自主性是指对商业信用证内容的解释、判断只需根据它所涉及的文字处理，而不必参考买卖合同等其他文件，即使商业信用证中含有对买卖合同等其他文件的任何援引，银行也不受其约束。

（3）商业信用证是一种纯粹的单据业务。

在商业信用证业务中，各方当事人所处理的是单据，而不是与单据有关的货物、服务或其他行为。只要商品卖方向议付行提交了表面上符合商业信用证规定的单据，议付行就必须承担付款责任，而不管货物的实际情况、当事人的行为及单据的真伪。反之，如果货物与商业信用证相符而单据不符合信用证条款，议付行也有权拒付。此外，议付行对非单据化的要求可以忽略不计。可见，商业信用证项下实行的是单据“严格符合的原则”，即要求“单证一致”“单单一致”。

2）商业信用证的种类

信用证按不同方式可划分为不同种类：

（1）按是否附有单据，商业信用证可分为跟单信用证和光票信用证。

跟单信用证是指开证行凭跟单汇票或仅凭单据付款的信用证。目前所使用的信用证绝大部分是跟单信用证。光票信用证是指开证行仅凭不附单据的汇票付款的信用证，或汇票仅附有非货运单据（如发票、垫款清单）的信用证。贸易结算中的预支信用证和非贸易结算中的旅行信用证都是光票信用证。

（2）按开证行是否可以撤销，商业信用证可分为不可撤销信用证和可撤销信用证。

不可撤销信用证是指信用证一经开出，在其有效期内，未经受益人及各有关当事人的同意，开证行不得片面修改和撤销的信用证。根据《跟单信用证统一惯例》，不注明“可撤销”字样的信用证即作为不可撤销信用证处理。由于不可撤销信用证对受益人较有保证，因而目前使用最多的就是这种信用证。

可撤销信用证是指开证行对所开信用证不必征得受益人或有关当事人同意即有权随时撤销和修改的信用证。可撤销信用证应注明“可撤销”字样。由于可撤销信用证并未使商品卖方真正得到付款保证，故商品卖方一般不接受这种信用证，这种信用证也就较少使用。

（3）按是否请求另一银行保证兑现，商业信用证可分为保兑信用证和不保兑信用证。

保兑信用证是指开证行开出信用证后，又请另一家银行对该信用证加具保兑，即保证对符合信用证条款规定的凭证履行付款义务。信用证经过保兑后，就由开证行和保兑行两家银行对信用证承担第一性的付款责任。这种具有双重保证的信用证对商品卖方最为有利。不保兑信用证是指未经保兑的信用证。当开证行资信好并且成交金额不大时，一般都使用不保兑信用证。

（4）按付款期限，商业信用证可分为即期信用证和远期信用证。

即期信用证也称付款信用证，是指开证行或付款行收到符合信用证条款的跟单汇票或单据后，立即履行付款义务的信用证。由于即期信用证能使商品卖方收款迅速且安全，有利于资金周转，因而被广泛使用。远期信用证是指开证行或付款行收到符合信用证条款的跟单汇票或单据后，不立即付款，而是等到汇票到期时才履行付款义务的信用证。

（5）按受益人对信用证的权利可否转让，商业信用证可分为可转让信用证和不可转让信用证。

可转让信用证是指信用证的第一受益人可以把信用证的全部或部分权利转让给另一个或数个受益人的信用证。不可转让信用证是指受益人不能将信用证的权利转让给他人的信用证。凡信用证中未注明“可转让”者，即为不可转让信用证。

（6）按一些特别条款的规定，商业信用证可分为预支信用证、循环信用证、对开信用证和背对背信用证。

预支信用证是指允许商品卖方装货交单之前预先支取货款的信用证，通常由开证行授权通知行向受益人预付信用证金额的全部或一部分，开证行保证偿还并负担利息。循环信用证是指信用证全部或部分金额在被使用之后能够重新恢复到原金额而再被利用，直至达到规定次数或规定的总金额为止的信用证。循环信用证适用于大额的、长期合同下的分批交货，通常可按时间或金额循环。

对开信用证是指以交易双方互为开证申请人和受益人、金额大致相等的信用证。两证可同时互开，也可先后开立。对开信用证一般用于来料加工、补偿贸易和易货贸易。背对背信用证又称转开信用证、第二信用证，是指受益人以自己为申请人，要求原证的通知行或其他银行以原证为基础，另开一张内容相似的以实际供货人为受益人的新信用证。背对背信用证的开立通常是为了中间商转售他人货物，从中获利，或两国不能直接办理进出口贸易时通过第三方来沟通贸易。

（7）按议付方式，商业信用证可分为公开议付信用证、限制议付信用证和不得议付信用证。

议付信用证是指信用证的开证行在信用证中邀请其他银行（不是作为付款行）买入汇票与单据的信用证。其中，公开议付信用证也称自由议付信用证，是指允许任何银行作为议付行的议付信用证；限制议付信用证也称指定议付信用证，是指限制由某一银行议付的议付信用证；不得议付信用证则是指不许议付的信用证。

案例分析 8-1

国内信用证项下买方代付业务操作流程图如图 8-1 所示。

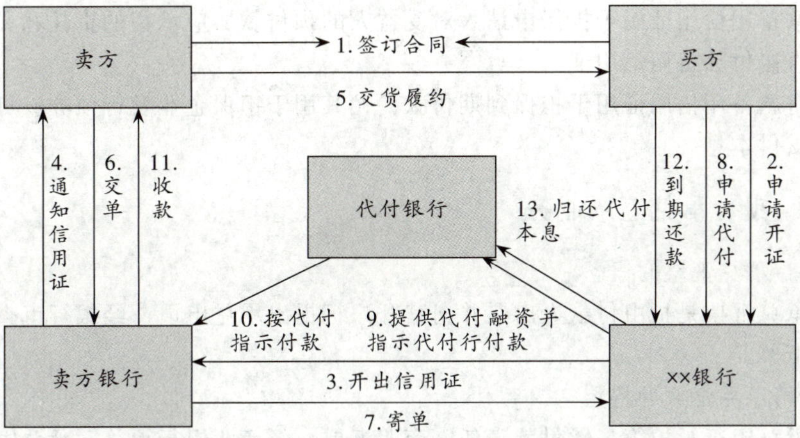

图8-1 国内信用证项下买方代付业务操作流程图

问题：如何理解国内信用证业务？

分析提示：国内信用证业务属于表外业务。结合本案例内容谈谈此业务对银行的有利之处和风险点。

8.2.2 备用信用证

1）备用信用证的概念

备用信用证是指开证行根据开证申请人的请求对受益人开立的承诺承担某项义务的凭证。

2）备用信用证与一般跟单信用证的区别

（1）备用信用证的使用范围比跟单信用证广泛。

跟单信用证只能用于商品买卖，而备用信用证不仅可以用于商品买卖，还可用于投标担保、履约担保、贷款担保、还款担保等多方面的业务。

（2）备用信用证常常是备而不用的文件。

备用信用证的开证行承担的是第二性的付款责任，即只有当开证申请人不履行其义务时，受益人才要求开证行付款。而如前所述，跟单信用证的开证行承担的是第一性的付款责任。

(3) 备用信用证的付款行凭受益人提供的开证申请人已经违约的证明书付款。跟单信用证的付款行凭受益人提供的单据付款。

3) 备用信用证的种类

(1) 履约备用信用证。

履约备用信用证用于担保履行责任而非担保付款，包括对申请人在基础交易中违约所造成的损失进行赔偿的保证。

(2) 投标备用信用证。

投标备用信用证用于担保申请人中标后执行合同的责任和义务。

(3) 预付款备用信用证。

预付款备用信用证用于担保申请人对受益人的预付款所应承担的责任和义务。

(4) 直接付款备用信用证。

直接付款备用信用证用于担保到期付款，尤其用于担保企业发行债券或订立债务契约时到期支付本息。

8.2.3 银行承兑汇票业务

1) 银行承兑汇票的概念

银行承兑汇票是指由付款人出票并向其开户行提出承兑申请，经银行审查后同意承兑的商业汇票。

2) 银行承兑汇票的特点

(1) 承兑银行承担第一性付款责任。商业汇票一经商业银行承兑，承兑银行便成为商业汇票的主债务人，承担到期无条件付款的义务。

(2) 商业银行承兑时不能以得到相等的对价为前提，而是通过承兑协议，取得出票人于汇票到期前交存票款的承诺，实质上是承兑银行为出票人提供银行信用。

(3) 承兑银行对出票人有追索权。银行承兑汇票到期时，若出票人未足额交存票款，承兑银行也必须履行无条件付款的义务，但对其垫付的部分资金，承兑银行有权按有关规定对出票人进行追索。

小思考 8-2

银行承兑汇票在企业的实际经济交往中有哪些促进作用?

答：银行承兑汇票在企业的实际经济交往中有以下促进作用：首先，大多数企业的流动资金都是很有限的，使用银行承兑汇票可以借用银行信用，延缓实际支付资金的时间，提高了资金的利用效率和企业的经营绩效。

其次，对于接受银行承兑汇票的企业而言，由于银行承兑汇票有银行作后盾，当企业需要资金时能够得到及时的贴现，使接受企业既通过商业信用扩大了销售，又加快了生产资金的流动。

最后，由于我国实际的商业信用环境较差，如果单纯依靠商业信用，很难使没有经常业务往来的企业依靠相互之间的信用进行交易，银行承兑汇票促进了企业的商业交往，扩大了贸易。

8.3 承诺类表外业务

8.3.1 贷款承诺

1）贷款承诺的含义

贷款承诺是指商业银行向客户作出的在未来一定时期内按商定的条件随时向该客户提供贷款的承诺。这里所说的“商定的条件”通常包括贷款的金额、期限、贷款利率的计算方式以及贷款的使用方向等。

贷款承诺是典型的含有期权的表外业务。在客户需要资金融通时，如果市场利率高于贷款承诺中规定的利率，客户就会要求商业银行履行贷款承诺；如果市场利率低于贷款承诺中规定的利率，客户就会放弃使用贷款承诺，而直接以市场利率借入所需资金。因此，客户拥有选择权。对于商业银行来说，则是为客户提供了一种选择权，使其在未来一段时间内可以从商业银行获得所需要的贷款。因此，商业银行要向客户收取一定的费用。

贷款承诺在贷款被正式提取之前属于商业银行的表外业务，一旦商业银行履行了贷款承诺，这笔业务就转化为表内业务。

2）贷款承诺的具体业务形式

（1）信用额度。

信用额度是指商业银行与客户达成可撤销非正式合约，同意在一定时期内给予客户不超过融资额度的贷款，一般不向客户收取手续费。尽管如此，商业银行为维护信誉和巩固与客户的关系，一般都会满足客户的要求。

（2）备用信用额度。

备用信用额度是指商业银行与客户达成不可撤销正式合约，商业银行将根据协定的信贷额度、期限、利率等满足客户的贷款要求。只要不超过总的信用额度，客户在协议期限内可以多次提取贷款，一次提取贷款并不失去对剩余承诺在剩余有效期内的使用权利。而一旦开始偿还贷款，即使偿还发生在承诺到期之前，已偿还了的部分便不能被再次提取。备用信用额度的期限一般也不超过1年。

（3）循环信用额度。

循环信用额度同样是不可撤销的正式合约，同样需要明确规定信用额度、期限和利率等。商业银行要在约定的时间向客户提供贷款，客户可在协议期限内多次使用贷款。与备用信用额度不同的是，只要客户在某一时点的贷款总额不超过信用额度，即使是已经偿还的部分，客户仍然可以再次提取。循环信用额度属于一种中期贷款承诺，协议期限一般为3~5年。

8.3.2 票据发行便利

1）票据发行便利的概念

票据发行便利是一种中期的（一般期限为5~7年）、具有法律约束力的循环融资的承诺。根据这种承诺，客户（票据发行人）可以在协议期限内周转性发行短期票据，承诺包销的商业银行则依照协议购买发行人未能按期售出的短期票据或向其提供等额的银行信贷。

2）票据发行便利的种类

票据发行便利根据有无包销，可分为包销的票据发行便利和无包销的票据发行便利两大类。包销的票据发行便利又可分为循环包销便利、可转让的循环包销便利和多元票据发行便利。

（1）包销的票据发行便利。

①循环包销便利。

循环包销便利是票据发行便利的最早形式。在这种形式下，包销的商业银行有责任承包推销当期发行的短期票据。如果借款人的某期短期票据推销不出去，承包银行有责任自行向借款人提供所需资金（其金额等于未如期售出票据的金额）。

②可转让的循环包销便利。

可转让的循环包销便利是指包销人在协议有效期内，可以随时将其包销承诺的所有权利和义务转让给另一家机构。这种转让，有的需要经借款人同意，有的则无须经借款人同意，完全根据所签的协议而定。

③多元票据发行便利。

多元票据发行便利允许借款人以更多、更灵活的方式提取资金。它集短期预支条款、摆动信贷、银行承兑票据等提款方式于一身，使借款人无论在选择提取资金的期限上，还是在选择提取何种货币方面，都获得了更大的灵活性。

拓展阅读8-1

邮储银行携手天津市中小企业信用融资担保中心助力“三农”市场主体发展

（2）无包销的票据发行便利。

顾名思义，无包销的票据发行便利就是没有“包销不能售出的票据”承诺的票据发行便利。无包销的票据发行便利出现的最根本的原因，是采取这种形式的借款人往往是商业银行的最高信誉客户，它们完全有信心凭借其自身的信誉售出全部票据，而不需要商业银行的承诺包销支持，从而为自己节省一笔包销费用。近年来所安排的票据发行便利中，更多的是部分或全部没有包销承诺的。

8.4 与利率和汇率有关的或有项目

8.4.1 远期利率协议

1）远期利率协议的概念

远期利率协议是一种远期合约，买卖双方商定将来一定时间段的协议利率，并指定一种参照利率，在将来清算日按规定的期限和本金数额由一方向另一方支付协议利率和参照利率之间差额利息的贴现金额。

远期利率协议建立在交易双方对未来一段时间利率的预测存在差异的基础上。通常，远期利率协议的买方预测未来一段时间内利率将上升，因此期望现在就把利率水平确定在自己愿意支付的较低水平——协议利率上。如果未来利率果真上升，其将从卖方获得差额利息收入；如果未来利率下降，其将向卖方支付差额利息。相反，远期利率协议的卖方则预测未来一段时间内利率将下降，因此希望现在就把利率水平确定在自己愿意接受的较高水平——协议利率上。如果未来利率果真下降，其将从买方获得差额利息收入；如果未来利率上升，其将向买方支付差额利息。

2）远期利率协议的特点

（1）远期利率协议的使用范围较小，通常只有信誉卓著、实力雄厚的大银行和大公司才能进行这种交易。

（2）远期利率协议是一种私下交易，而不是在交易所进行的公开交易，保密性好。

（3）成本低。在大多数情况下，买卖双方无须支付保证金就可成交，因此其成本低廉。

（4）远期利率协议是一种非标准化的合约，灵活性大，风险管理的效果较好。远期利率协议在交易的币种、金额、协议利率、期限和交割期等方面都极具灵活性，风险管理者可以根据自己的需要制定相应的远期利率协议，以较好地规避利率风险。

（5）远期利率协议的信用风险大，价格风险也大。

（6）远期利率协议的目的是避险保值或赚取投机利润。

8.4.2　金融期货

1）金融期货的概念

金融期货是指在有组织的市场以公开竞争的方式，买卖在未来某一标准交割日期，根据合约价格交割标准数量的某种金融商品的标准化合约。金融期货有货币期货、利率期货和股票价格指数期货三种。

2）金融期货的特点

（1）金融期货交易是在有组织的具体的市场上进行的。

（2）金融期货合约是一种标准化合约。该合约对交易的币种、金额、交割期等都有严格而且具体的规定，并且其交易价格是在有形的市场上通过公开竞价即拍卖的方式形成的。

（3）金融期货交易的参与者可以是任何按规定缴存保证金的金融机构、企业、公司，甚至个人。

（4）金融期货交易须按交易金额的一定百分比缴存保证金。

（5）金融期货交易的信用风险小，价格风险大。

（6）金融期货交易的目的是避险保值或赚取投机利润。

8.4.3 金融期权

1）金融期权的概念

金融期权是指合同的买方付出一定的期权费后，获得在未来某一特定时点以协定价格买入或卖出约定数量的某种金融商品的权利，或者放弃这种买卖权利，让合同自动作废，而合同的卖方获得期权费并承担金融商品价格波动风险的交易。

2）金融期权的利弊

（1）金融期权对期权买卖双方的益处。

金融期权对期权买方的益处主要有：第一，投资少，潜在收益大，即有所谓的杠杆作用。第二，既可以用来避险保值，也可以用来赚取投机利润，有相当的灵活性。金融期权对期权卖方的益处主要有：第一，可以从金融期权交易中收取期权费。第二，场外金融期权的卖方，也可以利用对冲交易防范风险。

（2）金融期权对期权买卖双方的不利之处。

金融期权对期权买卖双方最大的不利之处是风险大。金融期权买方面临的最大风险是信用风险，即买方到期履约，卖方是否有能力履约。金融期权卖方面临的最大风险是市场风险，即金融期权到期时，如果市场变动对卖方很不利，那么其亏损数额是很大的。

3）金融期权的种类

（1）根据买进和卖出的性质，金融期权可分为买入期权、卖出期权和双向期权。

买入期权又称看涨期权，是指期权的买方具有在约定期限内按约定价格买入一定数量金融商品的权利。金融期权的买方之所以买入看涨期权，是因为其预期这种金融商品的价格在近期内将会上涨。卖出期权又称看跌期权，是指期权的买方具有在约定期限内按约定价格卖出一定数量金融商品的权利。金融期权的买方之所以买入看跌期权，是因为其预期这种金融商品的价格在近期内将会下跌。

双向期权是指期权的买方既享有在约定的期限内按约定价格买进一定数量金融商品的权利，又享有在约定期限内按同一约定价格卖出某一金融商品的权利。对于买入双向期权者来说，只要价格有波动，就可以行使权利从中获利。但双向期权的卖出者坚信价格变化不会很大，所以才愿意卖出这种权利，获得一定的期权费。

（2）根据金融期权合约所规定的履约时间的不同，金融期权可分为欧式期权和美式期权。

欧式期权只能在期权到期日执行，既不能提前，也不能推迟。美式期权则可以在期权到期日或到期日之前的任何一个营业日执行。

（3）根据金融期权的交易场所，金融期权可分为场内期权和场外期权。

场内期权又称交易所交易期权，是指在集中性的金融期货市场或期权市场进行交易的金融期权合约，它是一种标准化的合约。场外期权又称柜台式期权，是指在非集中性的交易场所进行交易的金融期权合约，它是一种非标准化的合约。

知识链接 8-1　　我国的权证及其种类

权证是一种专业投资人博弈的工具，其复杂的交易规律与价格换算公式以及一天之内无数次买入卖出才可获利最大化的交易方式，均不适合普通投资者。

1）权证的含义

权证实质上反映的是发行人与持有人之间的一种契约关系。持有人向权证发行人支付一定数量的价款之后，就从发行人那里获取了一种权利，即持有人可以在未来某一特定日期或特定期间内，以约定的价格向权证发行人购买或者出售一定数量的资产，并且持有人有权决定是否行使这项权利，而发行人仅有被执行的义务。因此，为获得这项权利，投资者（持有人）需付出一定的代价（权利金）。

2）权证的种类

根据权利的行使方向，权证可以分为认购权证和认沽权证。认购权证相当于西方发达国家的“看涨期权”或“买入期权”，认沽权证相当于西方发达国家的“看跌期权”或“卖出期权”。

（1）买入认购权证。

如果投资者看好上市公司的后市表现，应买入认购权证。

例如，某认购权证可在到期后以5元行权价买入股票，当个股的市场价格在行权期为7元，高于行权价时，投资者便可以5元买入个股，然后在市场上以市价7元卖出以赚取差价；但如果相关个股市场价格在行权期为4元，低于行权价，投资者以5元买进，4元卖出还要再亏一笔，因此其只能放弃行权，认购权证的购买资金也就随之“打了水漂”。

（2）买入认沽权证。

如果投资者看淡上市公司的后市表现，则应买入认沽权证。

例如，某认沽权证可在到期后以5元行权价卖出股票，当个股的市场价格在行权期为3元，低于行权价时，投资者可以从市场上以3元买入个股，然后以行权价5元卖给发行人，从中赚取差价；但如果相关个股市场价格在行权期为6元，高于行权价，投资者以6元买进、5元卖出还要再亏一笔，因此其只能放弃行权，认沽权证的购买资金也将血本无归。

8.4.4　互换业务

1）互换的概念及特点

互换是两个或两个以上的交易对手根据预先制定的规则，在一段时期内交换一系列款项的支付活动。这些款项由本金、利息、收益和价格支付流等组成，可以是一项，也可以是多项，以达到多方互利的目的。互换具有以下三个特点：

（1）灵活性较大，能很好地满足交易双方的保密要求。

这主要是因为互换是一种场外交易活动。

（2）可保持债权债务关系不变。

互换作为企业间债务的交换，真正处理的只是债务的经济方面，而对原债权债务人之间的法律关系没有任何影响。这是互换业务的主要特点。

（3）能较好地限制信用风险。

由于互换业务是交易双方之间基于一份成交的合同，相互交换资金，所以一旦一方当事人停止了支付，另一方当事人也可以不履行义务，这就在一定程度上控制了单个协议的信用风险。

2）互换的种类

（1）货币互换。

货币互换是指互换双方按约定的汇率和时间交换不同货币的本金，并在合约规定的时间内以即期汇率支付利息（以互换后得到的货币币种计价），到期按最初约定的汇率换回原来的货币本金，或在规定的时间内分期摊还本金。常见的货币互换有固定利率货币互换、固定-浮动利率货币互换和浮动利率货币互换三种。

固定利率货币互换是互换业务中最重要的一种形式。固定利率货币互换的期初和期末都有本金的互换，并且交易双方按固定利率相互交换支付利息。在互换的开始，合同双方按当期汇价互换本金，并且决定两种货币本金的利率和将来到期日重新换回本金的汇率。然后就是一系列的利息交换，在合同到期日，双方按合同确定的汇价把本金互换回来。

固定-浮动利率货币互换是在互换过程中，互换的一方承担按固定利率支付利息的义务，同时，另一方承担按浮动利率支付利息的义务。浮动利率货币互换的互换双方在期初、期末交换不同货币的本金，期中进行不同货币的浮动利率互换。

（2）利率互换。

利率互换是指交易双方按照约定以某一数量的名义本金为基础对不同性质的利率进行互换。利率互换一般是在同种货币间进行的，并且交易双方始终都不交换本金，而仅仅交换利息支付款项，本金在利率互换中只是象征性地起计息基础的作用。

利率互换有息票利率互换、基础利率互换和交叉货币利率互换三种。息票利率互换是同种货币的固定利率与浮动利率之间的互换；基础利率互换是以一种参考利率的浮动利率来交换另一种参考利率的浮动利率；交叉货币利率互换是一种货币的固定利率与另一种货币的浮动利率的交换。

热点聚焦 8-1

阿根廷央行：已与中国扩大货币互换协议 金额350亿人民币

据路透社 1 月 8 日报道，阿根廷央行 1 月 8 日表示，阿根廷和中国已正式扩大货币互换协议，将使阿根廷增加其枯竭的外汇储备。

阿根廷央行在声明中称："此次扩大货币互换协议将强化已有 1300 亿元人民币的外汇储备，并将获得额外 350 亿元人民币，用于补偿外汇市场的操作。"

路透社表示，阿根廷政府需要重建外汇储备，以支付贸易成本和未来的债务偿还。此外，增加外汇储备是阿根廷与国际货币基金组织（IMF）达成重大债务协议的一个关键目标。

阿根廷央行和中国央行在 2020 年签署了高达 1300 亿元人民币的货币互换协议，这使得人民币占阿根廷外汇储备的 40% 以上。阿根廷总统费尔南德斯去年 11 月宣布了这一扩大协议，他表示扩大的金额约为 50 亿美元（约合 330 亿人民币）。

中国是阿根廷第二大贸易伙伴，仅次于巴西，也是阿根廷第二大出口目的地。

去年以来，阿根廷央行不仅进行了大幅的加息，还在外汇市场上抛售了大量美元以捍卫本币，导致外汇储备持续下降，这使得比索兑美元汇率跌至历史低点。阿根廷央行去年 11 月 4 日发布的市场预期调查报告显示，2022 年该国通胀率将达 100%。

资料来源：王世纯．阿根廷央行：已与中国扩大货币互换协议 金额 350 亿人民币［EB/OL］．［2023-01-09］．https：//cj.sina.com.cn/articles/view/1887344341/707e96d502001c1il.

8.5 资产证券化

8.5.1 资产证券化的概念及发展

1）资产证券化的概念

资产证券化是指将一组流动性较差的贷款或其他债务工具进行一系列的组合，将之包装，使该组资产在可预见的未来所产生的现金流保持相对稳定，在此基础上配以相应的信用增级，提高其信用质量或评级后，将该组资产的预期现金流的收益权转变为可在金融市场上流动、信用等级较高的债券型证券的技术和过程。

具体来说，资产证券化就是发起人把其持有的不能随时变现的、流动性较差的资产，分类整理为一批批资产组合转移给特殊目的载体，再由特殊目的载体以该资产作为担保发行资产支持证券，收回购买资金的一个技术和过程。

2）资产证券化的发展

总体看来，资产证券化在全世界范围内呈现出强劲的增长势头。

美国因为其金融深化程度最高、市场容量最大并成功地扩展了资产证券化技术而成为世界资产证券化发展历史的缩影。20 世纪 30 年代经济危机之后，美国国会通过立法建立了数家为抵押提供资金或担保的机构，这些机构为后来构建流动的抵押证券市场提供了支持；20 世纪 70 年代，资产证券化在美国的住宅抵押贷款市场正式启动；20 世纪 80 年代中期，信用卡贷款证券化，使美国的资产证券化市场取得了飞速发展；20 世纪 80 年代后期，应收账款证券化，使美国资产证券化市场得到了进一步发展；现在，美国的证券化资产已遍及商业贷款、信用卡应收账款、汽车贷款、租赁应收款、消费品分期付款、学生贷款、不良贷款等非常广泛的领域。

欧洲是全球第二大资产证券化市场。20 世纪 80 年代中期，资产证券化在欧洲出现，其标志是英国发行了欧洲第一笔抵押贷款支持证券。此后，资产证券化在欧洲得到了迅猛发展。就资产证券化发展的类型而言，除了抵押支持证券占据较大份额以外，抵押债务权益证券（CDO）作为一个重要的品种，在欧洲证券化市场也占有重要的地位，这是欧洲市场与美国市场的一个较大差别。

从企业债券和贷款到项目融资款、ABS（资产支持证券）、REITs（房地产投资信托），再到优先级债券和新兴市场债券，CDO的基础资产范围不断扩大，几乎无所不包。就国别而言，英国由于在市场环境和法律制度上与美国相似，具有开展资产证券化的比较优势，因此在欧洲证券化市场中规模最大，发展也最快。而类似法国、德国和意大利等国家，由于其属于大陆法系，传统上以间接融资为主，因此证券市场并不发达，在发展上稍显落后。

资产证券化比较活跃的市场还包括加拿大、澳大利亚等。

亚洲地区的资产证券化从1995年兴起，至今已在日本、韩国、中国香港和台湾等国家和地区迅速发展。

8.5.2 资产证券化的作用

1）增强资产的流动性，提高资本使用效率

资产证券化最基本的功能是提高资产的流动性。商业银行可以通过资产证券化将贷款出售获得现金，或者以贷款为担保发行债券进行融资。不管通过哪种方式，资产证券化都可以使得拥有贷款等流动性差的资产的主体将流动性较低的贷款变成具有高流动性的现金，从而为它们提供一条新的解决流动性不足问题的渠道。而资产流动性的提高又意味着资本利用效率的提高，因为资产证券化在不增加负债的前提下使得商业银行获得了资金，促进了资金的周转，从而提高了资本的利用效率。

2）促进商业银行更为有效地进行资产负债管理

由于商业银行通常采用以短贷长的方式来降低经营成本、增加收入，资产与负债之间这种时间上的不匹配非常容易使商业银行蒙受利率风险损失。资产证券化则可以使商业银行将利率风险较高的资产证券化，从而降低高利率风险资产的比例，或者通过发行贷款抵押债券（这类债券的期限通常比存款的期限长）来延长负债的期限，改善资产负债管理。

3）获得低成本的多种资金来源

首先，资产证券化使得融资成本降低。传统的融资方式一般是以借款方的整体信用为担保的，但是资产证券化却是以资产的信用为担保的。资产证券化可以通过真实出售和破产隔离的机制设计，再辅以信用增级等手段，使得发行的证券的信用级别独立于借款方的信用级别，大大提高证券的信用级别。信用级别的提高必然使得投资者的要求回报率降低，所以融资成本就得到了节约。另外，资产证券化的信息披露要求相对较低。因为资产证券化只需要对进行证券化的资产的信息进行披露，而无须对借款人的所有财务状况进行披露，所以信息披露要求就相对较低，因此融资成本也进一步降低。

其次，资产证券化拓宽了融资渠道。由于资产证券化可以使证券的信用级别高于原借款人的整体信用级别，因此原来可能因为信用级别不够而无法融资的借款人也可以获得融资的机会，这就使公司的融资渠道得到了拓宽。

4）有效管理资本充足率

资本充足率是衡量商业银行是否稳健运行的一项重要指标，各国监管机构都对资本充足率设定了标准。由于贷款的风险权重往往高于证券的风险权重，因此商业银行可以通过购买证券化的资产而非贷款，或通过将某些贷款证券化来减少监管当局对其资本的要求。

5）分散风险，达到风险的最佳防控

资产证券化过程可以将各种风险重新组合，并分配给那些能够并且愿意接受这些风险的主体，从而达到风险–收益分配的帕累托改进。虽然资产证券化主要是为了转移信用风险，但是对于流动性风险、利率风险、汇率风险、早偿风险等，也能够通过适当的设计得到转移。

6）增加收入来源

目前，存贷息差呈现逐渐减小的趋势，这会对商业银行的收入造成很大的影响。而资产证券化的实行，使得商业银行可以通过提供相关服务收取费用，增加新的收入来源，以此应对存贷业务日益激烈的竞争。商业银行在资产证券化过程中提供的服务项目主要包括：为证券化基础的贷款集合提供还款担保；从贷款集合的借款人处收集偿还款并监督这些借款人的经营状况；为建立证券化的贷款组合提供咨询服务；承诺当贷款集合向证券投资者付款出现临时性资金困难时，提供流动资金支持；充当证券包销商，提供包销服务。

拓展阅读8-2

"商行+投行"双轮驱动商业银行对公业务转型

8.5.3　资产证券化的运作程序

1）确定基础资产并组建资产池

商业银行在分析自身融资需求的基础上，通过发起程序确定用来进行证券化的资产。

2）成立特殊目的信托机构

由于贷款支持的证券期限往往长达30年，因此需要成立专门的机构由其负责贷款集合的设置，并对借款人进行监督。商业银行将准备证券化的资产卖给这种专门的机构，由后者负责完成证券化业务。

3）资产转移

基础资产从发起人——商业银行的手中转移给特殊目的信托机构。资产转移的一个关键问题是，这种转移必须是真实出售，其目的是实现基础资产与发起人之间的破产隔离，即在发起人破产时，发起人的债权人对已转移的基础资产没有追索权。

4）信用增级

为吸引投资者并降低融资成本，必须对作为资产证券化最终产品的资产支持证券进行信用增级，以提高所发行证券的信用级别。

5）信用评级

由信用评级机构审查贷款和评估贷款质量，并向投资者公布最终评级结果。审查贷款的内容包括平均利率、平均期限、贷款文件、还款状况、地理分布和提前还款可能性。评级过程中还需要考虑抵押品的特征，评估银行的贷款服务能力，包括业务质量和管理系统、拖欠和取消抵押品赎回权的经历、包销标准、收回贷款系统和贷款质量控制程序。信用等级越高，表明证券的风险越低，从而发行证券的成本越低。

6）确定证券形式，选择包销机构并确定贷款的购买价格

根据主要销售对象确定直接的抵押证券或抵押衍生证券为证券形式，选择证券承销商去承销，可以采取公开发售或私募的方式，还要根据包销机构销售证券的能力和风险确定贷款的购买价格。

7）支付对价

特殊目的信托机构从证券承销商那里获得发行现金收入，然后按事先约定的价格向发起人支付购买基础资产的价款，此时要优先向其聘请的各专业机构支付相关费用。

8）管理资产池

特殊目的信托机构要聘请专门的服务商来对资产池进行管理。一般地，发起人会担任服务商，这种安排有很重要的实践意义。发起人比较熟悉基础资产的情况，并与每个债务人建立了联系。而且，发起人一般都有管理基础资产的专门技术和充足人力。当然，服务商也可以是独立于发起人的第三方。这时，发起人必须把与基础资产相关的全部文件移交给新服务商，以便新服务商掌握资产池的全部资料。

9）清偿证券

按照证券发行时说明书的约定，在证券偿付日，特殊目的信托机构将委托受托人按时、足额地向投资者偿付本息。利息通常是定期支付的，而本金的偿还日期及顺序就要因基础资产和所发行证券的偿还安排的不同而异。当证券全部偿付完毕后，如果资产池产生的现金流还有剩余，那么这些剩余的现金流将被返还给交易发起人，资产证券化交易的全部过程也随即结束。

知识掌握

8.1 什么是商业信用证？它有哪些特点？

8.2 备用信用证与一般跟单信用证有什么区别？

8.3 什么是银行承兑汇票？它有哪些特点？

8.4 什么是贷款承诺？它有哪些具体的业务形式？

8.5 什么是票据发行便利？它有哪些种类？

8.6 什么是资产证券化？它有哪些作用？

知识应用

□ 案例分析

浦发银行助力携程集团成功发行 2023 年首期 ABS（资产证券化业务）

日前，浦发银行成功助力携程集团落地旗下金融产品携程小贷拿去花第 1 期 ABS 业务（资产证券化业务）。浦发银行借助自身综合金融服务优势，为本市文旅企业的发展提供了坚实的保障，也为促进消费复苏、提振经济发挥积极作用。

据悉，本次ABS发行，携程集团募集资金将继续用于支持旅游市场消费，为商务、家庭等各类出游需求及机票、酒店、票务预订等多种产品提供资金支持。

2023年以来，旅游消费市场迅速回暖，携程集团各项业务也逐步恢复。浦发银行在获悉集团为促进业务发展而确定了此次ABS具体发行安排后，第一时间成立了涉及多部门的项目工作小组。在最短时间内，顺利完成了前期储架准备、报价、放款，为携程集团此次首单ABS的成功发行保驾护航。

截至2023年2月末，浦发银行在上海地区文化旅游类贷款余额为144亿元，其中超过90%均为2020年后发放。在此期间，该行先后支持了一批文旅行业重大投资项目，向文旅产业主体提供固定资产贷款、流动资金贷款以及并购贷款。

资料来源：杨硕.浦发银行助力携程集团成功发行2023年首期ABS（资产证券化业务）[EB/OL].[2023-04-10].https：//cj.sina.com.cn/articles/view/6824573189/196c6b90502001m9le.

问题：什么是资产证券化？资产证券化的作用有哪些？如何操作？

分析提示：结合上面阐述的资产证券化的相关内容解答。

□ 实践训练

对某一银行表外业务进行调研。

要求：谈谈该行在开展表外业务方面存在的问题。不少于500字。

第9章 商业银行资产负债综合管理

学习目标

知识目标：了解商业银行资产负债管理理论的演变；理解掌握资产负债管理方法；熟知商业银行的经营管理原则。

技能目标：能够阐述商业银行经营管理理论演变过程中所对应的管理方法；能够结合案例分析资产负债综合管理方法的应用。

素质目标：通过本章的学习，学生不仅能够掌握资产负债综合管理的专业知识，也会懂得商业银行的资产负债管理关乎社会经济的稳定和可持续发展，由此培养学生的社会责任感，从而提升学生的职业责任和社会责任意识。

引例

兴业银行：大力发展绿色金融 服务中国式现代化

近年来，兴业银行顺势而为、创新引领，努力发挥绿色金融“头雁效应”，在服务经济社会绿色低碳转型中持续擦亮“绿色银行”名片，连续5年获评明晟ESG境内银行业最高评级，以绿色金融高质量发展谱写中国式现代化新篇章。

稳步构建绿色资产负债表。服务实体经济是金融业的天职和宗旨。商业银行资产负债结构必须动态匹配经济社会发展需求、产业结构变迁。兴业银行顺应经济结构绿色化、低碳化发展趋势，坚持先立后破、稳中求进，做好绿色金融与转型金融有效衔接，统筹支持传统产业绿色改造升级和绿色新兴产业发展壮大，开拓新能源、新能源汽车新赛道，助力高碳行业低碳转型，循序渐进构建绿色资产负债表。

截至2023年末，兴业银行绿色金融融资余额为1.89万亿元，较2023年初增长17%，其中，绿色贷款余额为8 103亿元，较年初增长27%，不良贷款率为0.41%，既为我国经济社会绿色低碳转型贡献了积极力量，也推动了自身资产负债表重构，培育了发展新动能新优势。

深化绿色金融供给侧结构性改革。坚持用改革创新的办法，提高供给结构对需求变化的适应性。兴业银行着力推进体制改革，将绿色金融部与战略客户部合署，强化绿色经营理念与行业客户生产经营的紧密结合，让绿色理念融入各行各业，绿色金融服务更多客户，目前，拥有绿色金融客户5.71万户，较2023年初增长14%。

着力优化产品结构，持续推动绿色银行建设，形成了涵盖绿色信贷、绿色债券、绿色信托、绿色租赁、绿色基金、绿色理财等的全方位、多元化绿色金融服务体系，建立健全“降碳、减污、扩绿、碳金融”系列专业产品体系，绿色贷款余额、绿色债券承销规模均保持同业领先。着力探索数字运营，开发上线“双碳管理平台”，涵盖企业碳账户、个人碳账户、集团运营碳管理功能板块，已为1 700多家企业客户创建“碳账户”，并基于企业碳账户落地了部分碳减排挂钩、碳资产质押业务，个人碳账户开户16万户。着力推动标准建设，先后参与制定国内《绿色信贷指引》《绿色贷款专项统计制度》《绿色银行评级方案》《环境权益融资工具》等一系列绿色金融政策与标准。

服务降碳减污协同增效。兴业银行坚持把降碳减污协同增效作为促进经济社会发展全面绿色转型的总抓手，把握重点、精准发力，巩固减污优势。重点支持水资源与固废两个细分领域，2023年相关绿色金融融资规模达4 195亿元，较2023年初增长10%。持续发力降碳，成立碳金融研究院，实施“绿色金融人才万人计划”，持续提升专业能力，加大对清洁能源与储能、新能源汽车、绿色公共出行、工业节能减排等的支持力度，助力产业绿色低碳转型。

降碳领域绿色金融融资规模达10 649亿元，占比为56%，较2023年初提升了8个百分点。发挥市场作用，积极参与全国碳市场建设，持续完善碳金融服务，创新推出以碳汇、碳排放权等为抵质押的融资产品。推进零碳运营，率先采纳联合国气候变化框架公约“立即实施气候中性”倡议，践行绿色低碳运营理念，制定自身“碳中和”目标和路线图，开展集团碳盘查、碳核查，构建生态友好型银行。

前瞻防范应对气候风险。兴业银行坚持把系统观念贯穿于应对气候变化、服务经济社会绿色低碳转型全过程，妥善处理发展和减排、整体和局部、长远和短期目标的关系，守住不发生系统性金融风险的底线。强化全面风险管理，将ESG与气候风险纳入全面风险管理体系，明确“三道防线”职责分工，科学制定23个敏感行业ESG授信政策，将ESG与气候风险因素融入投融资业务风险管理全过程。

探索开展压力测试，加强行业研究，识别、关注、评估重点高碳行业转型风险，积极探索气候风险压力测试，防范高碳资产价值重估风险，提升气候风险管理前瞻性。统筹推动安全降碳，坚持有保有压、有进有退，统筹平衡好“两高”行业信贷管控与能源安全，既杜绝“一刀切”“运动式”减碳，也着力防范新能源产业因为非理性繁荣引发的风险，有序调整优化信贷结构，确保平稳过渡。

资料来源：佚名.兴业银行：大力发展绿色金融 服务中国式现代化［EB/OL］.［2023-01-31］.https：//k.sina.com.cn/article_5675440730_152485a5a02001nqeb.html.

这一案例表明：银行能在资产负债综合管理实践中融入绿色金融理念，从资产负债结构构建、融资、贷款等方面坚持绿色理念，体现出银行的社会责任感，其不仅促进了经济、社会和环境的可持续发展，也推动了生态文明建设。

9.1 商业银行资产负债管理概述

9.1.1 商业银行资产负债管理理论的演变

随着不同历史时期经营环境的变化以及商业银行自身业务的拓展、业务种类的创新，西方商业银行的资产负债管理理论也随之不断发展变化，至今已经历了资产管理理论、负债管理理论和资产负债综合管理理论三个阶段。

1）资产管理理论

资产管理理论是以商业银行资产的流动性为侧重点的一种管理理论，通过对商业银行资产负债表上资产的各个项目进行组合，即对现金、证券和贷款等资产进行最佳搭配，以增加资产的流动性、安全性和盈利性。

资产管理理论盛行自第一家现代商业银行——英格兰银行，其建立于20世纪60年代。在这一时期，由于商业银行处在稳定发展阶段，整个银行业并不存在激烈的竞争。非银行金融机构量小力薄，金融资产单一，市场化程度低；企业与居民的金融意识不强，金融资产的选择性差，对银行的融资及保值增值的依赖性强。

在这种金融形势下，商业银行不愁没有资金来源，企业存款、居民储蓄存款成为其稳定、主要的资金来源。况且，存款的主动权掌握在客户手中，商业银行管理起不了决定作用，因而是被动的；而资金运用的主动权却掌握在商业银行的手中，银行可以主动地安排自己的资金运用、资产结构。于是，资产管理理论应运而生。资产管理理论又经历了商业贷款理论、资产转移理论和预期收入理论三个不同的发展阶段。

(1) 商业贷款理论。

商业贷款理论又称真实票据理论，产生于西方商业银行发展初期。这种理论认为，由于商业银行的大多数存款是活期存款，客户随时有可能提取，因此商业银行的资产业务应主要集中于以真实票据为基础的短期自偿性贷款，即工商业流动资金贷款，这样才能保持资产的高流动性，进而确保不会因为流动性不足而给商业银行带来经营风险。

商业贷款理论强调银行资产的流动性和安全性，强调商业银行经营的稳健性，这在很大程度上保证了商业银行经营活动的安全性。而且，由于这种理论以真实商品交易为基础，它能使银行信贷资金的投入随商品交易的变化而自动调节，即当社会生产规模扩大、商品交易增加时，银行信贷会自动增加；当生产规模缩小、商品交易减少时，银行信贷会自动减少，这样既不会产生通货膨胀，也不会产生通货紧缩。但商业贷款理论没有把贷款需求的多样化、存款的相对稳定性、贷款清偿的外部制约条件等因素充分地考虑进去，这不仅制约了银行业务的延伸，而且也使短期贷款的清偿机制显得过于单一。

同时，由于商业银行发放贷款完全依据商品需求而自动调节，因此在经济景气时，银行信贷会自动膨胀并刺激物价上涨；反之，在经济不景气时，银行信贷会自动收缩，这无疑加剧了经济的波动。

知识链接 9-1 真实票据理论产生背景

真实票据理论源于亚当·斯密于1776年发表的《国民财富的性质和原因的研究》一书，盛行于20世纪20年代以前。其资产管理理论缘于：一是当时的金融市场不发达，应急举债措施不完善；二是商业银行可以选择利用的金融资产太少。该理论提出，银行的资金来源主要是同商业流通有关的活期存款，为了保证随时偿付提存，银行必须保持较多的流动资产，因此只宜发放短期的与商品流通相联系的商业贷款。

这种贷款必须以真实的票据为抵押，一旦企业不能偿还贷款，银行即可根据票据处理有关商品。根据这一理论，银行不能发放长期贷款。在自由竞争资本主义条件下，真实票据理论对于银行经营的稳定起到了一定作用。其缺陷在于，缺乏对于活期存款相对稳定性的正确认识，限制了活期存款的相对稳定性对商业银行发放长期贷款的作用。

（2）资产转移理论。

资产转移理论又称资产转换能力理论，产生于第一次世界大战以后西方国家金融市场不断发展和完善的历史背景下。这种理论认为，商业银行保持资产流动性的最好办法是购买那些可以随时出售的资产，如政府发行的短期债券等。其一方面缓解了依靠发放短期自偿性贷款保持流动性的压力，可腾出一部分资金做长期放贷；另一方面又可减少持有非营利的现金资产，将一部分现金转为有价证券。因此，不仅保证了流动性，还增加了银行收益，更好地解决了流动性和盈利性的矛盾，并促成了商业银行二级准备金制度的形成。

同时，商业银行资产业务范围的迅速扩大，也加速了证券市场的发展。但是，在实践中，银行一方面难以确定短期证券的合理持有量；另一方面，它使商业银行资产的流动性、盈利性对金融市场的依赖性加强，从而使商业银行经营的稳定性相对减弱。

（3）预期收入理论。

第二次世界大战以后，资本主义经济的迅速发展带来了多样化的资金需求，不仅短期贷款有增无减，长期固定资产贷款也大量涌现，同时以房屋贷款和汽车贷款为主的长期消费贷款的需求也迅速增长，加之商业银行与其他非银行金融机构竞争的加剧，迫切需要商业银行开拓业务经营领域。预期收入理论在这种情况下应运而生。这种理论认为，商业银行资产的流动性取决于借款人的预期收入。如果一项贷款的预期收入有保证，即使期限较长，银行仍然可以接受，即只要预期收入有保证，商业银行不仅可以发放短期商业贷款，也可以发放中长期贷款，还可以发放非生产性的消费贷款。

预期收入理论找到了商业银行资产流动的经济动因，这是商业银行经营管理理论的一个重大进步。同时，预期收入理论促进了贷款形式的多样化，增强了商业银行的竞争力，加深了银行对经济的渗透和控制。但由于客观经济条件的变化或突发事件的发生，借款人将来收益的实际情况往往与银行预期有一定的差距，甚至相差甚远，这种情况在长期贷款中表现得尤为突出，因此以这种理论为依据发放贷款，常常会增加银行的信贷风险。

2）负债管理理论

负债管理理论是主张商业银行通过灵活地调剂负债来实现资金流动性的一种管理理论，其主张商业银行通过发展主动型负债，扩大筹集资金的渠道和途径，从而保持银行资金的流动性。此理论不仅强调怎样以合理的价格获得资金，也重视如何有效地使用资金，特别是如何满足贷款需求。

负债管理理论盛行于20世纪五六十年代。当时，世界经济发展进入“黄金时代”，社会对资金的需求急剧上升，而在商业银行间的竞争日趋激烈、众多非银行金融机构和各种基金茁壮成长、通货膨胀日益普遍以及各国政府对商业银行的存款利率实行管制的新形势下，商业银行却面临资金来源的不足。

为了维持与客户的良好关系，满足客户对贷款的需求，商业银行必须寻找和开辟新的资金来源以增强放贷能力。而当时金融创新的出现为商业银行扩大资金来源提供了可能性，西方各国存款保险制度的建立和发展，也激发了商业银行的冒险精神。在这种情况下，负债管理理论应运而生。负债管理理论先后经历了银行券理论、存款理论、购买理论和销售理论4个阶段。

（1）银行券理论。

银行券理论是一种最古老的负债管理理论。在银行发展的初期，人们将金银或铸币存入银行，银行据此开出一张支付凭证，允诺持票人可凭此支付凭证取得票面数额的金银或铸币，这种支付凭证就是银行券，也称为银行钞票。显然，银行券背后有贵金属资产作后盾，不过后来发展为不必以100%的贵金属资产作后盾。银行发行的银行券便成为银行的负债。

尽管现代商业银行已不再拥有银行券负债，但是银行券理论对于当今商业银行的负债管理仍具有一定的现实意义，那就是负债的适度性，即商业银行发行负债凭证时，要有一定比例的货币兑现准备，以保证能够按契约要求兑付现金或转账支票。根据银行券理论所衍生的负债管理的政策，中央银行应通过存款准备金制度来控制货币。

（2）存款理论。

自从中央银行的产生使商业银行失去了发行银行券的权利以后，存款理论便在通货比较稳定、经济持续增长的背景下占据着负债管理理论的正统地位。该理论认为，存款是商业银行最重要的资金来源，是商业银行开展资产业务的基础；存款是存款者放弃货币流动性的一种选择，作为报酬，商业银行应向存款者支付一定的存款利息，存款仅是银行成本支出的渠道，而绝不是收入盈利的来源。

该理论还认为，存款者的意向是决定存款能否形成的主动因素，商业银行只能被动地顺应这种意向；存款的安全性是存款者和商业银行共同关注的焦点问题，存款者最担心存款能否如期兑现以及兑现时是否贬值，银行最担心是否会发生挤兑，导致银行信誉受损甚至破产倒闭；银行的资金运用，尤其是长期贷款和投资，必须限制在存款的稳定性沉淀余额内，以免造成流动性危机；存款可分为原始存款和派生存款。

受存款理论影响，一系列有助于促进存款稳定性的银行管理制度诞生了，如存款保险制度、最后贷款人制度、存款利率限制制度等。同时，存款理论的盛行也反映出银行经营战略的重点被定位于资产管理方面。

（3）购买理论。

购买理论是20世纪六七十年代，在西方主要国家面临着“滞胀”的巨大压力下兴起的，标志着银行负债经营战略思想的重大转移。该理论认为，银行对于负债并非消极被动和无能为力，银行完全可以主动地负债，主动地购买外界资金，变被动的存款观念为主动的借款观念，变消极地付息负债为积极地购买负债。

购买理论对于促进商业银行更加积极主动地吸收资金、推进信用扩张与经济增长以及增强商业银行的竞争能力都具有积极的意义。但购买理论也容易助长商业银行片面扩大负债、盲目竞争、加重债务危机和通货膨胀，不利于中央银行货币政策的制定和执行。

同时，商业银行在资金购买过程中面临着利率风险和资金可得性风险。利率风险是指货币市场利率的频繁波动导致商业银行借入资金的成本变化，进而影响商业银行盈利的可能性；资金可得性风险是指当商业银行最需要借入资金的时候，资金供应者因担心被卷入风险或出于同业竞争的考虑而不愿向困境中的商业银行提供流动性资金的可能性。

（4）销售理论。

销售理论是在20世纪80年代金融改革和金融创新风起云涌、金融竞争和金融危机日益加深的条件下兴起的一种负债管理理论。该理论不再单纯地着眼于资金，而是立足于服务，即将市场营销学应用于商业银行的经营管理中，认为商业银行是制造金融产品的企业，应根据不同客户的不同需求，设计开发新的金融产品，并努力将这些产品推销出去，在其力所能及的限度内为各方面客户提供满足其特殊需要的金融服务的同时，获得所需资金和应有的报酬。

销售理论的销售观念不局限于商业银行的负债，也涉及商业银行的资产，银行在设计一种金融产品时，需要将两个方面联系起来，即适当地利用贷款和投资手段的配合来达成资金的吸收。销售理论反映了金融业和非金融业的彼此竞争和相互渗透，标志着商业银行正朝着功能多样化和复合化即“金融百货公司”的方向发展，但销售理论也暗含着许多新的不确定因素。

3）资产负债综合管理理论

资产负债综合管理理论认为，商业银行单纯依靠资产管理或负债管理难以实现安全性、流动性和盈利性的均衡，只有根据经营环境的变化，运用各种手段对资产和负债进行综合计划、控制和管理，保持总量和结构的均衡，才能在保证流动性和安全性的前提下，实现盈利的最大化。资产负债综合管理理论的基本原理如下：

（1）规模对称原理。

规模对称原理是指商业银行的资产规模与负债规模的相互对称、统一平衡。但必须注意，这种对称是一种实质性的、积极的和动态的平衡。所谓实质性的平衡，是指商业银行的资产总量与其真实性资金来源的平衡。若一家商业银行采取占用联行汇差、欠缴法定存款准备金、限制客户提取存款等手段扩大资金来源，增加贷款发放，就账面来看是平衡的，但实质上不是平衡的，因为这些负债并不是商业银行正常的资金来源，是不稳定的，它意味着银行超负荷运转，超越了自身的承担能力。所谓积极的和动态的平衡，是指建立在合理的经济增长基础上的平衡。也就是说，若经济发展对商业银行的资金需求旺盛，贷款和证券投资的风险较小，商业银行就应采取多种办法筹集资金。

（2）结构对称原理。

结构对称原理与规模对称原理一样，是一种动态的资产结构与负债结构的相互对称和统一平衡。长期负债用于长期资产，短期负债一般用于短期资产，短期负债中的长期稳定部分亦可用于长期资产。同时，可根据经济条件和经营环境的变化来调整资产结构，以保证安全性、流动性和盈利性的最佳均衡。

（3）目标替代原理。

目标替代原理认为，商业银行经营的“三性”原则中存在一种共同的东西——效用，它们的效用之和就是商业银行的总效用。因此，可以对这三个目标进行比较和相加，也可使它们互相替代，即流动性和安全性的降低，可以通过盈利性的提高来补偿，这使商业银行的总效用不变；反过来，盈利性的下降也可以通过流动性或安全性的提高来补偿，从而不至于降低商业银行的总效用。

明确了这个原理，在经营实践中就不必固守某一个目标，单纯根据某一个目标（如利润）来考虑资产分配，而应将安全性、流动性和盈利性结合起来进行综合平衡，力图使总效用最大，以保证商业银行经营目标的实现。

（4）分散化原理。

分散化原理是指商业银行的资产要在种类和客户两个方面进行适当分散，以降低信用风险，减少坏账损失。

资产负债综合管理理论产生于20世纪70年代后期。无论是资产管理理论，还是负债管理理论，在保持商业银行安全性、流动性和盈利性的均衡协调方面都有一些偏颇。资产管理理论过于强调资产的安全性与流动性，在一定条件下以牺牲盈利为代价，这不利于商业银行的发展与经济的增长；负债管理理论尽管较好地解决了流动性与盈利性之间的矛盾，且能促进商业银行的发展，但由于“借短放长”，导致商业银行的经营风险增大。

因此，在20世纪70年代后期金融市场利率大幅上升且波动加剧，商业银行倒闭现象增加的新形势下，商业银行不得不寻找新的方法解决上述“三性”之间的矛盾，资产负债综合管理理论便应运而生。

商业银行的资产负债综合管理是商业银行经营方式的一次重大变革，它保留了资产管理和负债管理的精华，使商业银行业务管理日臻完善。第一，它增加了商业银行抵御外界经济动荡的能力。资产负债综合管理从资产负债的总体上协调资产与负债的矛盾，并建立了一整套科学的防御体系，使商业银行可根据市场变化，随时对其资产负债结构进行调整，从而增加了商业银行抵抗风险的能力。

第二，资产负债综合管理有助于降低商业银行“借短放长”的风险。利率自由化导致筹资成本提高，迫使商业银行减少冒险性的放款和投资，采取更为谨慎的态度选择优质资产。

当然，资产负债综合管理也存在一些缺陷，主要表现在：第一，资产负债综合管理促使金融工具不断增加和创新，使商业银行间的竞争更加激烈，从而导致商业银行倒闭数量增加。第二，不利于金融监管机构对商业银行的监管。金融管制放松、技术进步促使金融创新工具不断涌现，使得商业银行业务日益多样化、复杂化。尤其是表外业务的迅速发展，使得金融监管机构在风险测定方面面临更多的困难。这一切都加大了金融监管机构的监管难度，提高了监管成本。第三，由商业银行存款利率自由化引起的放款利率的提高，使企业的投资成本提高，某种程度上阻碍了经济的发展。

9.1.2 商业银行的经营管理原则

商业银行是经营货币信用业务的特殊企业。这包括两层含义：首先，商业银行是企业。这决定了商业银行和普通企业一样，都是以获取利润为经营目标的。其次，商业银行又是有着特殊的经营对象、经营方式和资金构成的特殊企业。这决定了商业银行必须在保证资金流动性和安全性的前提下追求盈利目标。因此，商业银行经营管理应遵循流动性、安全性和盈利性这“三性”原则。

1）流动性原则

流动性是指商业银行能够随时应付客户提存、满足必要贷款需求的能力。这包括两方面的内容：一是资产的流动性，即商业银行的资产在不发生损失的情况下迅速变现的能力；二是负债的流动性，即商业银行能以较低的成本随时获得所需资金的能力。

为保持流动性，一方面，商业银行必须通过加强负债管理，力求负债结构合理并保持多样化的筹资渠道和具有较强的筹资能力，以尽可能低的成本随时筹措所需的资金；另一方面，商业银行要保持适量的现金资产和合理的二级储备（如流动性强的短期证券），注意根据负债规模及期限构成安排资产规模与期限结构，使两者尽可能相匹配。同时，要努力提高资产质量，保证贷款到期收回本息以增加商业银行的现金流量。

案例分析 9-1

某商业银行流动性方案选择

某商业银行在20××年初预测在同年4月会出现季节性贷款高峰，需要在此之前准备1 000万元的流动性资金。为此，该商业银行的管理人员设计了两种筹资方案。

方案一：将同年2月底到期收回的贷款400万元用于购买一个月的国库券，在3月下旬发行300万元的3个月的大额定期存单，在4月初，利用证券回购协议在市场筹集余下的300万元。

方案二：将3月中旬到期收回的贷款200万元用于同业拆出，以便4月随时利用，在3月下旬发行500万元3个月的大额定期存单，在4月初，利用证券回购协议在市场筹集200万元，余下的100万元用同业拆借的方式拆入。

问题：该商业银行应如何实施流动性管理？

分析提示：首先对以上两种方案筹资过程中的各种成本（包括发行费用、办公费用、利息支出、保险费等）进行测算，然后比较其优劣。银行通常应选择成本较低的筹资方案，若成本相差不多，则应从每种资金获取的可靠性和难易程度等方面加以考虑。

资料来源：吴念鲁. 商业银行经营管理［M］. 北京：高等教育出版社，2004.

2）安全性原则

安全性是指商业银行避免或减少资产损失、保证资金安全的程度。

坚持安全性原则，要求商业银行在保持资本充足性和适当比例的高流动性资产的同时，必须注意选择贷款对象，加强对借款客户的信用分析和项目评估，严格贷款审批制度，采取适宜的贷款方式、方法保障按期收回贷款本息；商业银行必须合理安排资产规模和结构，强化自我约束，建立资产风险的防范、控制、分散、转移和补偿机制。

3）盈利性原则

盈利性是指商业银行在整个经营管理过程中获取利润乃至利润最大化的要求。

商业银行的盈利主要取决于资产收益、其他收入和经营成本 3 个因素。资产收益又受到资产规模和资产结构的影响。在利率水平一定的条件下，资产规模越大，有更多的资金运用生利，就能取得越多的收益，但资产规模的扩大要受到负债规模的制约。就资产结构看，商业银行的资产有营利资产和非营利资产之分，即使是营利资产，也有不同的收益率。其他收入（手续费、服务费等）与中间业务、表外业务的发展情况密切相关。

经营成本的高低则主要取决于筹资成本和管理费用支出，其中，负债构成的不同将影响利息支出的大小，从而形成不同的筹资成本，对商业银行的盈利水平产生不同的影响。因此，提高盈利水平，就要在保证资金流动性和安全性的前提下，在扩大负债规模的基础上扩大资产规模；合理配置资产结构，增加营利资产的比重。同时，要注意在多种筹资方式、筹资渠道之间进行比较、选择，以尽可能低的成本吸收更多的资金，并努力降低管理费用支出。商业银行还应充分利用自身所拥有的各项资源（如人才、资金、机构网络、信息、技术等），积极开展中间业务和表外业务，以增加其他收入。

4）“三性”原则之间的关系及协调

商业银行经营管理的“三性”原则之间既有相互统一的一面，又有矛盾的一面。

（1）“三性”原则之间的统一性。

一般来说，商业银行的流动性和安全性呈正相关关系，流动性较大的资产，风险就小，安全性就高；反之亦然。保持适度的流动性是商业银行发展业务、获取盈利的基础，通过积极、灵活的流动性管理策略，商业银行能获取更多的盈利机会；而商业银行盈利水平高，能够提高银行的信誉和市场竞争力，便于商业银行从市场获得更多的资金以保持流动性。盈利性与安全性也有相一致的一面。盈利必须以资金的安全为前提，没有安全性，资金本息不能收回，盈利性也就失去了保障；但盈利又是弥补资产损失的来源，要保证资金的安全，就必须有盈利。

（2）“三性”原则之间的矛盾性。

“三性”原则之间的矛盾性集中表现为流动性、安全性与盈利性之间的矛盾。从资产方面说，盈利性与安全性和流动性之间呈反方向变动，盈利性较高的资产，时间一般较长，风险相对较高，因此流动性与安全性就比较差；反之，资产流动性越强，安全性越高，盈利性就越低。就存款负债而言，在利率一定的条件下，当活期存款在存款总额中所占比重较大时，存贷款的利差扩大，商业银行的盈利性较高，但商业银行的流动性需求压力却增加了，商业银行必须保持较高比例的现金资产以应付提存需求。

同时，在出现高通货膨胀率或商业银行信誉不佳等情况时，活期存款的提取更加频繁，甚至可能出现挤兑现象，商业银行将面临更大的流动性风险。相反，当定期存款所占比重变大时，存贷款的利差缩小，筹资成本上升，商业银行收益水平将下降，而商业银行的流动性需求压力则相对较小，安全性相对较高。

（3）“三性”原则之间关系的协调。

商业银行在经营管理过程中，要全面协调“三性”之间的关系，审时度势，既应照顾全面，又需有所侧重。例如，在经济繁荣时期，由于银行的资金来源充足，因而银行应首先考虑的是盈利性，流动性、安全性次之。在经济不景气时期，由于企业贷款的还款风险加大，因而银行应将流动性和安全性放在首位，获取盈利应居于次要位置。在银行持有较多流动性、安全性好，但盈利性差的资产的情况下，银行就应首先考虑盈利性，设法增加如中长期贷款之类的盈利性较好资产的比重，反之亦然。

案例分析 9-2

泰国专家：硅谷银行关闭凸显美金融系统脆弱性

泰国开泰银行高级副总裁蔡伟才日前接受新华社记者采访时表示，硅谷银行关闭事件暴露美国银行业存在的风险，间接影响不可低估。若不能及时有效解决，其影响范围将不断扩大，可能引发系统性风险。

蔡伟才认为，尽管硅谷银行在业务规划以及内部管理等方面存在问题，但引发此次危机的外部原因在于美联储为抑制通胀持续激进加息，导致硅谷银行持有的债券等金融资产价格不断下跌，出现巨额账面损失。

他说，美联储激进加息对银行利润造成挤压是主要问题，虽然目前来看硅谷银行事件导致全球金融危机的可能性较小，但其间接影响不可低估。

“主要是投资者信心受损。”他说，虽然美国政府试图安抚投资者，但该事件暴露出美银行业存在风险。根本问题如果无法及时、有效地解决，可能引发系统性风险。如何恢复投资者信心、检讨相关金融政策、健全银行业监管条规，是美国当局需要认真思考的问题。

资料来源：王亚光.泰国专家：硅谷银行关闭凸显美金融系统脆弱性［EB/OL］.［2023-03-18］. https：//world.gmw.cn/2023-03/18/content_36438445.htm.

问题：从硅谷银行事件中，我们认识到银行的脆弱性有哪些。

分析提示：从银行高负债经营的天然脆弱性、负债资产的期限错配和内在运行模式进行分析。

9.2　商业银行的资产负债管理方法

9.2.1　资产管理方法

1）资金总库法

资金总库法起源于商业银行创建初期，在20世纪“大萧条”时期被广泛应用。该方法不考虑商业银行资金来源的不同特性，将商业银行所有不同种类、期限的资金来源汇成一个资金库，看作单一的资金来源而加以运用，而资金库的大小不是由银行的决策而是由外部市场因素（如企业活动、人口增长、货币政策）所决定的。并且，资金总库法在运用资金的过程中，严格按照资产流动性的高低，即法定准备金、留存准备金、贷款、证券投资、固定资产的先后顺序来分配资金。其具体步骤如下：

（1）保证充足的第一准备金。

第一准备金包括库存现金、在中央银行的存款、同业存款及托收中的现金等，主要用来满足法定存款准备金的需求、日常营业中的付款和支票清算需求，以及意外提存和意外贷款的需求等。

（2）保证第二准备金。

第二准备金主要由短期公开市场证券构成，如短期政府债券、金融债券和银行承兑票据等，主要用来满足可兑现的现金需求和其他现金需求（如未预料到的存款提取和贷款需求）。第二准备金中证券的平均期限由各银行自行确定，互不相同，大多低于一年，通常不超过三年，且违约风险低，其市场价值对利率的敏感性弱。

（3）贷款。

银行拥有了充足的流动性之后，其余资金就可以用于满足客户的信贷需求，并为商业银行提供主要的盈利来源。

（4）长期有价证券。

银行在满足了信贷需求后所剩余的资金可用于购买长期公开市场证券，一方面可以获得一定收益，另一方面可以改善银行的资产结构，达到分散地区风险、行业风险的目的。此外，即将到期的证券也是第二准备金的一个重要来源。资金总库法为银行资金的分配提供了一般原则，但也具有明显的缺陷：

首先，该方法虽然强调资金运用于各项资产的先后顺序，但对于资金运用于各项资产的比例却没有一套科学的计算方法，需靠银行决策者根据不同的经济环境具体判断确定，主观性较强。

其次，该方法没有具体分析不同资金来源对流动性需求有所差异的现象，也忽略了贷款组合中由还本付息而形成的连续不断的资金流所带来的流动性，因而常有保留较多高流动性资产的倾向。而流动性与盈利性是此消彼长的关系，所以这种做法相应降低了银行的盈利水平。

最后，该方法忽视了一个事实，那就是提高资产的盈利能力才是提高流动性和安全性的根本保障。

2）资金分配法

资金分配法产生于20世纪60年代，是为弥补资金总库法忽视不同资金来源对流动性需求有所差异的缺陷而产生的。当时储蓄存款和定期存款比活期存款增长要快，而前两者对流动性的要求比后者要低，在此情形下，将银行的各类资金来源看作单一的资金来源已不现实，资金分配法便应运而生。资金分配法将银行的各类资金来源区别看待，认为银行所需要的流动性的数量与其获得的资金来源有直接的关系，银行应根据不同资金来源的流动性和法定准备金的要求，确定银行的资产分配。

活期存款的法定准备金要求最高，周转速度最快，因而这类资金更多地分配于第一准备金和第二准备金，仅将很小的比例（长期稳定余额）用于贷款和公开市场长期证券投资。储蓄存款和定期存款的稳定性较好，周转速度较慢，主要用于第二准备金、贷款及公开市场长期证券投资。次级票据和债券没有准备金要求，其偿还或再融资要经过多年，因而这类资金适合分配给长期贷款、公开市场长期证券投资和固定资产。股本的流动性最小，资金周转速度为零，主要用于发放长期贷款及公开市场长期证券投资。

资金分配法的主要优点是通过流动性和资金周转速度这两个指标把资产和负债有机地联系起来，使两者在规模和结构上保持一致，减少了投资于高流动性资产的数量，相应扩大了投资于长期资产的资金规模，从而提高了银行的盈利水平。

这种方法也存在一些缺点：首先，该方法把资金周转率而不是存款变化的实际情况作为确定流动性的依据，并继续忽略贷款组合中由还本付息而形成的连续不断的资金流所带来的流动性，结果造成对流动性需求的高估并进而降低银行的盈利性。其次，该方法没有考虑存款和贷款的季节性变化以及合理的贷款需求对银行流动性的要求。最后，该方法假定资产决策与负债决策相互独立。

3）线性规划法

线性规划法是大型商业银行使用最多的方法，从20世纪70年代开始用于银行的资产管理。该方法通过建立线性规划模型来解决银行的资产分配问题，其基本做法是先确定资产管理目标，然后根据各种资产与目标的关系建立目标函数，再确定对各种目标函数的限制因素，最后根据目标函数与约束变量求出线性规划模型的解。

线性规划法为银行的资产管理从定性分析到定量分析的转变和两者的结合提供了新的思路和手段，使银行资产组合策略的制定具有更高的精确度。当然，这种方法也存在一些不足之处：

第一，银行对约束条件值的估计可能在短期内有大幅的波动，从而使方程组的优化解前后大相径庭；第二，用以建立模型的各种数据的质量往往并不可靠；第三，一些非量化因素如银行职员的业务能力与素质等，基本没有考虑；第四，为反映经济环境的变化而对目标、约束条件和参数进行相应的调整往往成本高昂；第五，如果预测不准，这种方法的有效性将大打折扣。此外，许多银行发现很难将线性规划模型与决策结合起来。

9.2.2 负债管理方法

1）准备金头寸负债管理

准备金头寸负债管理又称钱桌负债管理，是指商业银行用短期借入资金来抵补准备金，以满足存款提取和贷款增加时的流动性需要。

准备金头寸负债管理在提高资金使用效率、增加商业银行预期收益的同时，缓解了商业银行因准备金减少而带来的流动性不足，从而缓解了对商业银行经营带来的冲击。但是，这种方法也存在借入资金成本不能确定和有可能借不到资金等风险。而且如果借入资金的成本过高，就会影响此方法对增加预期收益的作用。此外，市场无序时，银行可能根本无法获得资金。如果银行绩效下降、财政困难被外界所知，也可能给它借入资金带来困难。

2）贷款头寸负债管理

贷款头寸负债管理又称总体化负债管理，是指密切管理包括各种负债在内的全部负债的过程，既通过不同利率取得借入资金，以扩大银行贷款；又通过延长银行负债的平均期限，减少存款的可变性，从而降低银行负债的不确定性。因其是持久扩大银行的资产负债规模，所以也称为真正负债管理或纯粹负债管理。运用该方法的动机是扩大收益资产和获得由此带来的利润。要使该方法得到成功运用，前提条件是银行能获得弹性供给的资金来源，这就需要市场上有足够数量的参与者和资金。

从西方发达国家的情况来看，商业银行准备金头寸负债管理和贷款头寸负债管理通常通过以下方法借入资金：发行可转让大额定期存款单、发行债券、同业拆借和向中央银行借款。

9.2.3 资产负债综合管理方法

20世纪80年代后，利率敏感性缺口管理和持续期缺口管理共同成为西方商业银行防范利率风险的资产负债管理方法。而随着金融创新和金融工程的发展，利率期货、利率期权和利率互换等金融衍生工具的出现为商业银行有效防范利率风险提供了新的有效手段，因此它们也作为对上述两种资产负债管理方法的补充而被西方商业银行广泛采用。其他先进的资产负债管理方法还有风险价值、压力测试和资产负债比例管理等。

1）利率敏感性缺口管理

利率敏感性缺口管理是商业银行根据对利率波动趋势的预测，相机调整利率敏感资金的配置结构，以规避利率风险或从利率风险中提高利润水平的管理方法。

所谓利率敏感资金，是指在一定时期内到期或根据协议按市场利率定期重新定价的资产和负债，即利率敏感资产和负债。利率敏感性缺口是指利率敏感资产与利率敏感负债的差额，反映银行资金的利率风险暴露情况。

当银行资金配置处于零缺口时，利率敏感资产等于利率敏感负债，利率风险处于“免疫”状态；当银行资金配置处于正缺口时，利率敏感资产大于利率敏感负债，处于利率敞口的这部分资金使得银行在利率上升时获利，利率下降时受损；当银行资金配置处于负缺口时，利率敏感资产小于利率敏感负债，处于利率敞口的这部分资金使得银行在利率上升时受损，利率下降时获利。

如果银行难以准确预测利率走势，采用零缺口资金配置是比较安全的；如果银行有能力预测利率变动趋势，而且比较准确，这时可以主动采用利率敏感资金配置技术。在不同时期采用不同的缺口策略，可以获得更高的收益率。

当预期市场利率上升时，银行可以构造资金配置的正缺口，使利率敏感资产大于利率敏感负债，从而使得更多的资产可以按照不断上升的利率重新定价，扩大净利息差额率；当预期市场利率下降时，银行可以构造资金配置的负缺口，使利率敏感资产小于利率敏感负债，从而使得更多的负债可以按照不断下降的利率重新定价，减少成本，扩大净利息差额率。

在利率波动的环境中，对于浮动利率资产和浮动利率负债配置所带来的利率缺口风险，利率敏感性缺口管理可以对其在一定范围内进行控制和管理。然而，固定利率的资产和负债并非没有风险，在市场利率发生波动时，其市场价值也会有升有降，这或者使银行资产在变现时产生资产损失，或者导致银行的权益净值发生变化，使股东财富受损。

另外，要想准确预测利率走势尤其是短期利率走势比较困难，而且即使银行准确地预测了利率的走势，银行对利率敏感资金缺口也只有有限的控制，因为当银行与客户对利率走势预测一致时，客户对金融产品的选择与银行愿意提供的正好相反，使银行的目的不能实现。

2）持续期缺口管理

持续期缺口管理就是银行通过综合考虑资产和负债的持续期缺口并进行调整的方式，来控制和管理在利率变动中，由总体资产负债配置不当给银行带来的损失。

持续期是指以金融工具每期的现金流量现值为权数，对每期的时间进行加权平均所得到的平均值。它是对银行市场价值（或收益）与利率变动之间弹性的衡量。金融工具的持续期越长，对利率的变动就越敏感，所承担的利率风险也就越大；反之则越小。

持续期缺口管理与利率敏感性缺口管理相似，只不过前者的目标是股权价值最大化，而后者则侧重于净利息收入的最大化。在持续期缺口管理中，也有两种策略：一种旨在通过对缺口值的调整增加银行股权价值，在利率上升时缩小正缺口值，而在利率下降时扩大正缺口值；另一种则旨在保持银行股权价值的相对稳定，采取零缺口或微缺口的方式避免利率风险。

持续期缺口管理与利率敏感性缺口管理相比是一种更为先进的利率风险计量方法。因为如前所述，利率敏感性缺口管理侧重于计量利率变动对银行短期收益的影响，而持续期缺口管理则能更准确地估计利率变化对银行资产负债价值及银行净值的影响程度，并且通过对持续期缺口的管理，有可能使商业银行的净资产对利率波动具有免疫特性。

拓展阅读9-1

利率市场化政策对商业银行利差会产生什么影响？

持续期缺口管理存在以下缺陷：首先，持续期计算方式复杂，必须获得资产、负债未来现金流量的数值，而这些数值不一定能取得。此外，还必须获得用于贴现的利率，这一利率的选取更为困难。其次，持续期缺口管理暗含了一个前提，那就是不存在长短期利率的差异，即当利率变化时，不同期限的利率发生同种程度的变化。而研究表明，这种情况是罕见的。因此，使用持续期来分析商业银行资产、负债和净值的利率敏感性就可能产生偏差。

案例分析 9-3

假设A银行是一家新近开业的商业银行，其资产和负债项目的价值均为市场价值，利息按年复利计算。A银行的资产负债简表见表9-1。

表9-1 A银行的资产负债简表 金额单位：百万美元

资产	市值	利率	持续期	负债、股本	市值	利率	持续期
现金	100			1年定期存款	520	9%	1年
3年期贷款	700	14%	2.65年	4年定期存单	400	10%	3.49年
9年期国债	200	12%	5.97年	总负债	920		2.08年
				股本	80		
总计	1 000		3.05年		1 000		

$$3\text{年期贷款的持续期}=\frac{98\div1.14+98\times2\div1.14^2+798\times3\div1.14^3}{700}=2.65\text{（年）}$$

$$9\text{年期国债的持续期}=\frac{24\div1.12+24\times2\div1.12^2+\cdots+24\times8\div1.12^8+224\times9\div1.12^9}{200}$$

$$=5.97\text{（年）}$$

$$4\text{年期定期存单的持续期}=\frac{40\div1.1+40\times2\div1.1^2+40\times3\div1.1^3+440\times4\div1.1^4}{400}=3.49\text{（年）}$$

资产的持续期=（700÷1 000）×2.65+（200÷1 000）×5.97=3.05（年）

负债的持续期=（520÷920）×1+（400÷920）×3.49=2.08（年）

持续期缺口=3.05-（920÷1 000）×2.08=1.14（年）

预期年净利息收入=700×0.14+200×0.12-520×0.09-400×0.10=35.20（百万美元）

现在，假设银行所有项目的市场利率在签订契约之后上升了1%，此时A银行资产、负债以及持续期的变动见表9-2。

表9-2 利率上升1%后A银行的资产负债简表 金额单位：百万美元

资产	市值	利率	持续期	负债、股本	市值	利率	持续期
现金	100			1年定期存款	515	10%	1年
3年期贷款	684	15%	2.64年	4年定期存单	387	11%	3.48年
9年期国债	189	13%	5.89年	总负债	902		2.06年
				股本	71		
总计	973		3.00年		973		

银行资产市场价值增量=-27.00百万美元

银行负债市场价值增量=-18.00百万美元

银行股本净值市场价值增量=-9.00百万美元

资产的持续期=（684÷973）×2.64+（189÷973）×5.89=3.00（年）

负债的持续期=（515÷902）×1+（387÷902）×3.48=2.06（年）

持续期缺口=3.00-（902÷973）×2.06=1.09（年）

预期年净利息收入=684×0.15+189×0.13-515×0.10-387×0.11=33.10（百万美元）

问题：请分析该银行的持续期缺口值及利率变化对其收益的影响。

分析提示：由此可见，当银行保持的持续期缺口为正时，利率上升会使银行资产、负债以及股本净值的市场价值降低。为使银行股本净值免遭利率波动带来的不利影响，银行可以采取使持续期缺口接近于零的策略。在本案例中，银行既可以通过把总资产的持续期缩短1.14年，也可以把总负债的持续期延长1.14年，这样就可以把持续期缺口调整为零，银行也就对利率波动实现完全“免疫”。

9.3 资产负债比例管理

9.3.1 资产负债比例管理的含义

资产负债比例管理是对资产和负债之间的组合关系，通过比例的形式进行科学的、及时的协调，正确处理控制风险与增加收益的关系，在保证资金使用的流动性、安全性的前提下，获得尽可能多的盈利。资产负债比例管理既是商业银行自律的措施，也是人民银行监管商业银行的基本方法。

9.3.2 资产负债比例管理的必要性

随着我国金融业市场化程度和开放程度的不断提高，资产负债比例管理方法在我国商业银行的运用将不断深入。

1）有利于商业银行转换机制，增强自我约束、自我发展的能力

长期以来，由于我国实行计划经济管理模式，经济增长方式习惯于粗放经营，银行在资金管理上实行供给制，偏重贷款规模的扩张，使得资金占用多、周转慢、效益差、风险大的问题日益严重，导致银行在经营和发展上面临很大困难。实行资产负债比例管理是转换经营机制的重要办法之一。

2）有利于中国人民银行加强宏观调控

中国人民银行执行国家货币信贷政策，需要建立灵敏的传导机制。资产负债比例管理可以使中国人民银行对执行的货币信贷政策进行有效的传导。因此，它是人民银行执行货币信贷政策的微观基础。

3）有利于商业银行开展公平竞争和金融秩序的稳定

现代金融业的发展使各商业银行之间既存在相互合作的关系，又是各有特色的竞争对手。因此，有必要规范各商业银行的经营行为，防止不规范的竞争，而资产负债比例管理则是一种科学的约束方式，在这种约束方式下进行经营，有利于创造公平竞争的环境，保持稳定的金融秩序。

4）有利于我国商业银行与国际惯例接轨，参与国际竞争

资产负债比例管理是国际上商业银行通用的管理方法。我国商业银行只有按国际通用的资产负债管理方法进行经营管理，并逐步达到《巴塞尔协议》的要求，才能在国际金融舞台上占有一席之地。

9.3.3 我国资产负债比例管理的内容

早在1994年，中国人民银行就根据我国的实际情况，制定了适合我国商业银行发展的资产负债比例管理的指标和规定。几经修订，我国现行的商业银行资产负债比例管理以2005年底中国银监会制定的商业银行风险监管核心指标为基本准则。商业银行风险监管核心指标分为三个层次，即风险水平类指标、风险迁徙类指标和风险抵补类指标。

1）风险水平类指标

风险水平类指标包括流动性风险指标、信用风险指标、市场风险指标和操作风险指标，其以时点数据为基础，属于静态指标。

（1）流动性风险指标。

流动性风险指标衡量商业银行流动性状况及其波动性，包括流动性比例、核心负债比例和流动性缺口率，按照本币和外币分别计算。流动性比例为流动性资产余额与流动性负债余额之比，衡量商业银行流动性的总体水平，不应低于25%。核心负债比例为核心负债与负债总额之比，不应低于60%。流动性缺口率为90天内表内外流动性缺口与90天内到期表内外流动性资产之比，不应低于-10%。

（2）信用风险指标。

信用风险指标包括不良资产率、单一集团客户授信集中度、全部关联度三类指标。不良资产率为不良资产与资产总额之比，不应高于4%。该项指标为一级指标，包括不良贷款率一个二级指标。不良贷款率为不良贷款与贷款总额之比，不应高于5%。

单一集团客户授信集中度为最大一家集团客户授信总额与资本净额之比，不应高于15%。该项指标为一级指标，包括单一客户贷款集中度一个二级指标。单一客户贷款集中度为最大一家客户贷款总额与资本净额之比，不应高于10%。全部关联度为全部关联授信与资本净额之比，不应高于50%。

（3）市场风险指标。

市场风险指标衡量商业银行因汇率和利率变化而面临的风险，包括累计外汇敞口头寸比例和利率风险敏感度。累计外汇敞口头寸比例为累计外汇敞口头寸与资本净额之比，不应高于20%。具备条件的商业银行可同时采用其他方法（比如在险价值法和基本点现值法）计量外汇风险。利率风险敏感度为利率上升200个基点对银行净值的影响与资本净额之比，指标值将在相关政策出台后根据风险监管实际需要另行制定。

（4）操作风险指标。

操作风险指标衡量由于内部程序不完善、操作人员差错或舞弊以及外部事件造成的风险，表示为操作风险损失率，即操作造成的损失与前三期净利息收入加上非利息收入平均值之比。银监会将在相关政策出台后另行确定有关操作风险的指标值。

2）风险迁徙类指标

风险迁徙类指标衡量商业银行风险变化的程度，表示资产质量从前期到本期变化的比率，属于动态指标。风险迁徙类指标包括正常贷款迁徙率和不良贷款迁徙率。

（1）正常贷款迁徙率。

正常贷款迁徙率为正常贷款中变为不良贷款的金额与正常贷款之比，正常贷款包括正常类和关注类贷款。该项指标为一级指标，包括正常类贷款迁徙率和关注类贷款迁徙率两个二级指标。正常类贷款迁徙率为正常类贷款中变为后四类贷款的金额与正常类贷款之比，关注类贷款迁徙率为关注类贷款中变为不良贷款的金额与关注类贷款之比。

（2）不良贷款迁徙率。

不良贷款迁徙率包括次级类贷款迁徙率和可疑类贷款迁徙率。次级类贷款迁徙率为次级类贷款中变为可疑类贷款和损失类贷款的金额与次级类贷款之比，可疑类贷款迁徙率为可疑类贷款中变为损失类贷款的金额与可疑类贷款之比。

3）风险抵补类指标

风险抵补类指标衡量商业银行抵补风险损失的能力，包括盈利能力指标、准备金充足程度指标和资本充足程度指标。

（1）盈利能力指标。

盈利能力指标包括成本收入比、资产利润率和资本利润率。成本收入比为营业费用加折旧与营业收入之比，不应高于45%；资产利润率为税后净利润与平均资产总额之比，不应低于0.6%；资本利润率为税后净利润与平均净资产之比，不应低于11%。

（2）准备金充足程度指标。

拓展阅读9-2

新形势下商业银行资产负债管理的新思考

准备金充足程度指标包括资产损失准备充足率和贷款损失准备充足率。资产损失准备充足率为一级指标，为信用风险资产实际计提准备与应提准备之比，不应低于100%；贷款损失准备充足率为贷款实际计提准备与应提准备之比，不应低于100%，属于二级指标。

（3）资本充足程度指标。

资本充足程度指标包括核心资本充足率和资本充足率。核心资本充足率为核心资本与风险加权资产之比，不应低于4%；资本充足率为核心资本加附属资本与风险加权资产之比，不应低于8%。

情境模拟 9-1

场景：

假设你参与银行决策，你所在的银行有1亿元的资金，这些资金可用作贷款（X_1）和二级储备，即短期证券（X_2），贷款收益率为10%，短期证券收益率为8%，不考虑成本。再假设银行管理短期资产的流动性标准为投资资产的25%，即短期证券与总贷款的比例至少为25%。你能否用线性规划法决定银行的最佳资产组合。

操作：

第一步，建立目标函数。如设定该银行资产管理的目标为利润最大化，则目标函数为：$\max(Y)=0.10X_1+0.08X_2$，表示各种营利资产对银行总盈利的贡献。

第二步，确定约束条件。总量约束条件为：$X_1+X_2\leqslant 10\,000$万元，表明银行的贷款与短期证券的组合受资金来源总量的制约。流动性限制为：$X_2\geqslant 0.25X_1$，表明用来作为二级储备的短期证券必须大于或等于总贷款的25%，以符合流动性标准。非负限制条件为：$X_1\geqslant 0$与$X_2\geqslant 0$，表明银行的贷款和短期证券不可能为负数。

第三步，求出线性规划模型的解。在第一个约束条件下，按此比例扩大资产组合数量，经多次验证，可以得出符合第二、第三两个条件的最佳资产组合为贷款8 000万元，短期证券2 000万元，将它们代入目标函数，得出：

总收益 $Y=0.10\times 8\,000+0.08\times 2\,000=960$（万元）

知识掌握

9.1　什么是资产负债综合管理理论？它的基本原理有哪些？

9.2　商业银行经营管理应遵循的基本原则是什么？如何做到“三性原则”的协调统一？

9.3　什么是利率敏感性缺口管理？如何进行利率敏感性缺口管理？

9.4　什么是持续期缺口管理？如何进行持续期缺口管理？

9.5　简述资产负债比例管理及我国资产负债比例管理的内容。

知识应用

□ 案例分析

利率市场化对商业银行资产负债管理的挑战与机遇

目前，银行同业拆借利率、票据市场转贴现利率、债券回购利率、二级市场利率、国债与政策性金融债的发行利率都已经实现了市场化。经过2004年对商业银行贷款利率上限和存款利率下限的放松，我国在存贷款利率市场化方面也已顺利实现“存款利率管上限、贷款利率管下限”的阶段性目标。

利率市场化对商业银行来说，是机遇，也是挑战，从商业银行资产负债管理来说，有利于商业银行主动管理资产负债。利率市场化以后，利率会出现不同程度的波动，商业银行将承担因利率敏感性资产和利率敏感性负债的价值变动不一致而引起的资产负债期限结构不匹配的经营风险。这会促使商业银行在进行资产负债管理时采用更灵活的手段，当利率敏感性资产和利率敏感性负债出现缺口时，商业银行可以采用调整价格的手段，间接影响利率的浮动，保证银行的收益水平。

资料来源：作者根据相关资料整理。

问题：分析利率市场化后会给银行带来什么样的资金缺口模式。商业银行实施利率风险管理的策略是什么？

分析提示：利率市场化后会给银行带来利率敏感性缺口和持续期缺口。商业银行可相应地采取利率敏感性缺口管理和持续期缺口管理方法进行利率风险管理。（简要说明两种管理方法的要点）

□ 实践训练

中国银监会2017年第15次主席会议通过了《商业银行流动性风险管理办法》，自2018年7月1日起施行。

要求：再次修订的《商业银行流动性风险管理办法》比较大的变动是什么？意义又是什么？请通过查阅文件和相关资料予以简要阐述。500～800字。

第10章 商业银行风险管理

学习目标

知识目标：了解商业银行的产生与发展风险管理概况；掌握商业银行面临的风险环境和风险类别；明确商业银行风险管理的内涵及目标；熟知风险管理程序及内部控制要点；掌握风险管理的原理、方法。

技能目标：能够根据风险管理程序及内部控制要点分析商业银行风险管理存在的问题；能够灵活运用风险管理的原理和方法对商业银行风险管理建言献策。

素质目标：通过本章的学习，重在学生风险意识的培养；强化学生的合规意识；在履行风险管理程序时，学会与人沟通、协作、配合；将商业银行风险管理的重要性内化为自身的行为准则，以构建良好的金融生态环境。

引例

金融监管总局刘志清：推动银行保险机构将数字化风控工具嵌入业务流程

今日，国务院新闻办公室举行新闻发布会，国家金融监督管理总局新闻发言人、统计与风险监测司负责人刘志清在会上表示，当前，以互联网、大数据、云计算、人工智能、区块链为代表的数字技术飞速发展，正深刻改变着人类社会的生产生活方式。中央金融工作会议提出做好“五篇大文章”，其中就包括数字金融。国家金融监督管理总局对此高度重视，采取了一系列工作措施大力推动数字金融发展，积极引导金融行业数字化转型。

例如，鼓励银行保险机构在小微、绿色、“三农”、科创、国际贸易等重点业务领域不断丰富数字金融产品和服务；持续跟踪前期发布的《关于银行业保险业数字化转型的指导意见》的落地实施，分阶段推进金融数字转型目标任务，促进机构之间数字化转型经验交流；支持大型机构充分调动集团内部资源，在市场化、法治化原则下向中小金融机构输出风控工具和技术，帮助中小金融机构提高风险管理水平。

刘志清表示，在金融机构和监管部门的共同努力下，金融行业数字化转型进程不断加快，服务实体经济质效显著提高。“我们将持续加强监管引领，多措并举做好数字金融这篇大文章，引导金融机构提升服务质效，全面加强风险管理。”

一是持续推动银行业保险业数字化转型。开展数字化转型评估工作并将其纳入银行保险机构信息科技监管评级中，引导金融机构加强顶层设计和统筹规划，科学制定发展战略，加大资源要素投入，实现经营管理和服务变革。

二是增强数字赋能成效。充分调动金融机构积极性和主动性，不断优化数字金融产品和服务，做好科技创新、先进制造、绿色发展和中小微企业等重点领域的金融支持，有效降低企业融资成本；同时，积极拓展互联网移动终端等服务渠道，通过数字手段触达传统金融服务难以覆盖的客群，持续提高金融服务的普惠性和可获得性。

三是提升行业风险防控能力。推动银行保险机构将数字化风控工具嵌入业务流程，充分运用数字化能力提高风险管理和内控合规水平。

四是加强网络安全和数据安全风险监管。推动银行保险机构提高网络安全风险的日常监测和应急处置能力，有效保护数据安全和客户信息，强化数字生态场景下的科技外包风险管理。

五是规范数字创新，守住风险底线。要求银行保险机构建立稳健的业务审批流程，对新产品、新业务、新模式带来的技术和业务逻辑变化进行评估，确保新技术投产运用的审慎性和合规性，牢牢守住数字化转型过程中的风险底线。

资料来源：佚名.金融监管总局刘志清：推动银行保险机构将数字化风控工具嵌入业务流程［EB/OL］.［2024-01-25］.https：//fund.eastmoney.com/a/202401252972681788.html.

这一案例表明：随着金融科技的发展，金融机构的数字化转型体现在服务及管理的各个方面，其中数字化风控是银行实现数字化转型和提升风险管理水平的重要手段。通过数字化风控的应用，银行能够更好地应对复杂多变的市场环境，提升风险控制能力和核心竞争力。

10.1 商业银行风险与风险管理概述

银行业属于高风险的行业，商业银行的经营对象为货币资金，由于经营的特殊性，商业银行除了面临一般企业的风险外，还有其特殊的风险，如商业银行由于债务人偿债能力的不确定性、存款流动的不确定性和利率的不确定性而需要承担各种类型的风险。商业银行需要针对各种风险产生的原因、性质等进行控制和管理。因此，如何管理风险、防范风险，则是其最基本乃至最重要的一个问题。

10.1.1 商业银行风险环境与风险类别

1）商业银行风险环境

商业银行面临的风险主要来源于所处的风险环境。银行是经营货币这种特殊商品的特殊行业，它的基本经营业务遍及社会的各个领域。上自国家宏观经济政策，下至客户的存贷行为，以银行业为代表的金融业已经成为联系一国宏微观活动的核心枢纽和反映经济、政治变动趋势的重要晴雨表。随着国际经济一体化的推进、各国金融管制的放松和现代化电子技术的广泛应用，金融自由化、全球化趋势使银行业与国际经济以及政治越来越密切相关。其中，把银行业所处的国内、国际政治经济环境称为宏观风险环境。

作为金融企业的商业银行，不仅身处变幻莫测的宏观风险环境，而且也面临风险因素日益增多、内容日益复杂的微观经营环境。特别是20世纪80年代以来，国际化商业银行一方面处于更广阔的市场范围，另一方面也面临更严峻的风险环境。

1978年美联储放弃利率而改以货币供应量为货币政策的中介目标之后，利率出现了前所未有的剧烈波动。1973年布雷顿森林体系垮台，主要发达国家货币实行自由浮动，汇率从此变幻不定。从20世纪70年代末80年代初开始，汇率、利率的价格波幅显著增大，商业银行的经营环境更加不确定，风险陡增。

下面分别从宏观和微观两个角度具体分析商业银行面临的种种风险因素。

（1）宏观风险环境。

国家宏观金融政策、宏观经济条件、金融监管、国家经济政策、国际经济环境等环境因素决定了商业银行面临的宏观风险的大小。

①国家宏观金融政策。

中央银行的金融政策将决定货币供应量，其变化程度不仅影响实际物价水平，而且影响存款人的通货膨胀预期。国内货币供应量失控，物价飞涨，可能造成存款人挤提风潮，严重威胁银行的经营安全。中央银行贴现率、回购协议利率、优惠利率的调整会影响全社会利率的走向，存贷款市场利率的意外变动将影响商业银行的成本和收益。

②宏观经济条件。

经济波动的周期性也是商业银行面临的一大风险因素。经济状况良好时，大多数银行存贷两旺，资金周转快、收益高；经济不景气时，银行往往由于贷款客户所在行业的市场萧条，致使坏账增加，收益降低，甚至资金周转不灵而被接管或者宣布破产。商业银行风险管理是否全面、稳健、高效，往往在经济萧条时期体现出来。风险管理水平较低的商业银行可能因经受不住萧条的打击而破产、倒闭。

③金融监管。

金融监管当局为了实现安全性、稳定性和结构性这三大目标，必须加强对商业银行的监管，各国金融监管当局监管的方式、力度和效果等构成了商业银行主要的风险环境因素。

④国家经济政策。

国家经济政策不可避免地引起经济活动中投资总量、投资结构、行业分布、外汇流动的变化，这些都会通过银行的客户间接影响银行的盈利和安全。特别是一国的对外贸易政策，例如国际贸易协定的签署和双边、多边进出口安排，将极大地影响国内相关产业的兴衰，进而对以该产业内企业为主要客户的商业银行产生深远的影响。经济和政治有千丝万缕的联系，尤其在对外贸易上，银行业的经济敏感性常常来自它的政治敏锐性，如北美自由贸易圈和欧洲统一大市场的建立将引发相关地区银行业的大调整。

⑤国际经济环境。

进入20世纪80年代以后，全世界从对立、革命、战争时期转入以和平与发展为主题的新阶段。许多发展中国家，包括中国在内，纷纷敞开国门，积极参与国际经济，从而使世界各国之间的经济、贸易、资金往来更加密切。发达国家向发展中国家的资本输出、中东石油国向石油进口国的资本流动、发达国家之间的资金融通和转移，一般都通过国际化商业银行和国际金融市场来实现。

随着商业银行对金融市场的参与程度和国际化趋势的加深，国家风险成为商业银行面临的主要风险之一。20世纪80年代的国际债务危机彻底粉碎了商业银行关于“国家不可能破产”的一贯信条，把国家风险毫不留情地呈现在银行家面前。而国家风险又与借款国在国际经济中所处的地位，借款国进出口产品结构，借款国国内经济、财政、货币政策等因素有关，错综复杂的国际经济环境加大了国际化商业银行的风险。

（2）微观风险环境。

从微观风险环境角度讲，同业竞争加剧、利率和汇率的波动、表外业务及或有负债、银行内部管理等因素影响了商业银行的经营，加大了商业银行风险。

①同业竞争加剧。

从20世纪80年代各国取消各种金融管制以来，银行面临的同业竞争环境有以下特点：

一是银行之间原有的业务分割、地域分割被打破，原本拥有的垄断地位被大幅削弱，银行不得不与本国、国外的银行展开本土金融业务和国际金融业务的竞争。

二是银行业与证券业的界限不再泾渭分明，证券业间接地涉足银行业务，使商业银行的竞争对手增加。

三是市场波动、管制放松和先进的电子技术使证券市场一方面鼓励银行的大客户从高成本贷款转向以发行证券为主要形式的直接融资，另一方面吸引银行的存款者从低息的存款转向高收益证券投资。其结果是商业银行腹背受敌，银行业务风险增大。

②利率的波动。

货币市场和资本市场是商业银行经营的两个主要领域。短期和长期利率对商业银行有举足轻重的作用，原因在于银行的主要收入来源仍然是存贷利差。现代商业银行存、贷款业务的计息方法有固定利率和浮动利率两种，浮动利率固然可以使商业银行减少利率风险，但如果存贷计息方法不配套，也可能使银行陷入窘境。在市场利率下跌时，以高额固定利率吸收存款，以浮动利率发放贷款，或者在市场利率上升时，以浮动利率吸收存款，而在市场利率低点发放固定利率贷款，都可能增加银行经营成本，降低银行的盈利水平，危及银行安全。

③汇率的波动。

随着全球经济一体化和各国政策的相应调整，今天各发达国家的国内金融市场已经与国际金融市场相互渗透、相互结合，共同构成全球一体化的国际金融业，其中作为各种货币兑换比率的汇率更是大出风头，成为金融业关注的焦点。1973年以后，世界范围内的浮动汇率制使汇率波动日益剧烈。金融业的自由化和国际化促使商业银行业务迅速向国际拓展，其经营对象也由一种货币转为多种货币并重，瞬息万变的汇率给商业银行风险管理增添了新的风险。

④表外业务及或有负债。

20世纪80年代金融创新的一大趋势就是商业银行积极开展表外业务，使银行或有负债大量增加。表外业务下形成的或有负债往往意味着银行在未来承担信贷风险，这种风险从20世纪80年代以来已经成为商业银行的主要风险之一。但由于不记入财务报表、不受主管部门监管、有关风险发生的不确定性强等原因，或有负债的风险管理容易被银行经营者忽略。

⑤银行内部管理。

银行内部经营不善，内部人员或内外勾结的贪污、欺诈、蒙骗等犯罪行为也给银行带来惊人损失。

案例分析 10-1

罚没3亿！恒大爆雷后，银行的罚单终于来了

银行的罚单，终于来了。

3亿罚款，但要我说，还是罚轻了（见表10-1）。

表 10-1 金融监管总局2023年12月1日公布的主要罚单情况

机构	机构罚没金额	高管处罚情况
中信银行	22 475.18 万元	4 人
农业银行	·2 710.9738 万元	—
建设银行	3 791.879382 万元	3 人
民生银行	—	2
渤海银行	—	1
宁波银行	620 万元	2
兴银理财	1 240 万元	—
阳光财险	430 万元	9
陆家嘴国泰人寿	241 万元	8
人保资管	2 400 万元	4
中邮人寿	147 万元	4
合众资管	430 万元	5
光大永明资管	140 万元	5
人保健康	35 万元	3
国寿投资	30 万元	1
合计	32 531.033182 万元	

这个事还要从恒大爆雷说起，其暴露了金融系统违规放贷的问题，也让很多人看清了爆雷真正的根源。现在，监管终于对银行动手了（见表10-2）。

表 10-2 国家金融监督管理总局行政处罚信息公开表

行政处罚决定书文号	金罚决字〔2023〕15 号
被处罚当事人	中信银行股份有限公司
	一、违反高管准入管理相关规定 二、关联贷款管理不合规 三、绩效考核不符合规定 四、重大关联交易信息披露不充分 五、统一授信管理不符合要求 六、内审人员配置不足 七、案件防控工作落实不到位 八、贷款风险分类不准确 九、并购贷款“三查”失职 十、违规发放并购贷款收购保险公司股权 十一、发放大量贷款代持本行不良 十二、流动资金贷款业务未严格执行贷款“三查”要求 十三、贷款资金用作归还本行理财融资

资料来源：作者根据有关资料整理。

问题：恒大爆雷反映银行经营管理中存在哪些问题?

分析提示：结合上述的风险因素进行剖析。

2）商业银行风险的类别

银行业是一个有着较高风险的行业，商业银行在其经营过程中面临各种各样的风险，其中主要有信用风险、利率风险、流动性风险、汇率风险、投资风险、资本风险、竞争风险和经营风险等。

（1）信用风险。

信用风险是指债务人不能或不愿归还到期债务而使债权人蒙受损失的可能性。信用风险存在于一切信用活动中，信用风险是信用活动的产物，只要存在债权债务关系，就必然存在信用风险。信用风险主要存在于银行的贷款业务中。同时，银行证券投资、同业拆借等资产业务也有信用风险，各种表外业务同样存在信用风险。信用风险不仅存在于国内银行业务中，而且还存在于国际银行业务中。当一个国家作为借款人时，债权银行就面临一种特殊的信用风险，即国家风险。

信用风险是银行面临的最主要的风险，是造成银行亏损甚至倒闭的主要原因。我国五大国有商业银行长期以来形成不良资产是由于其承担了企业相当大的信用风险，这也是近年来我国有些银行出现全行性亏损的主要原因。

（2）利率风险。

利率风险是指由于市场利率变化而使银行蒙受损失的可能性。在国际金融市场上，利率经常变化，特别是在实行市场经济的国家，利率经常随市场上的资金供求波动。利率波动会引起银行资产负债价值的变化，当银行资产负债期限不对称、利率形式不同或利率变动幅度不一样时，银行就会面临利率风险。

（3）流动性风险。

流动性风险是指商业银行没有足够的现金来满足客户取款需要和未能满足客户合理的贷款需求或其他即时的现金需要而引起的风险。该风险将导致银行出现财务困难，甚至破产。

流动性风险是传统的商业银行的主要经营风险之一，当银行掌握的可用于即时支付的流动资产不足以满足支付需要时，就会使银行丧失清偿能力。商业银行作为存款人和借款人的中介，手中留有的可随时应付支出需要的流动资产只是其负债总额的一小部分，如果商业银行的大批债权人同时主张债权，银行就可能面临流动性风险。流动性风险危险性较大，严重时甚至会置商业银行于死地。

（4）汇率风险。

汇率风险是指各国货币之间汇率的波动可能会使商业银行的资产在持有或者运用过程中蒙受意外损失。具体来说，汇率变动可能会加重银行外币债务负担，也可能使银行的某种外币资产相对于本币或另一种外币的价值减少。

（5）投资风险。

投资风险是商业银行因受未来不确定性的变动的影响而使其投入的本金和预期收益产生损失的可能性。

投资风险取决于商品市场、货币市场、资本市场、不动产市场、期货和期权市场等多种市场行情的变动情况。按商业银行投资内容划分，投资风险包括证券投资风险、信托投资风险和租赁投资风险等。银行投资，特别是证券投资，不仅带来了投资风险，而且使银行业务多样化，增强了总资产的流动性。因此，投资风险对银行总风险影响巨大，是风险分析和控制的重要部分。

（6）资本风险。

商业银行的资本风险是指商业银行清偿债务能力方面的风险。该类风险的大小说明了银行资本的耐力程度。银行的资本愈充足，它能承受违约的能力就愈大。但是，银行的资本风险下降，盈利性也会随之下降。

商业银行的资本构成了其他各种风险的最终防线，资本可作为缓冲器而维持其清偿能力，保证银行继续经营。随着金融自由化的进展，世界各国银行间的竞争加剧，银行的经营风险普遍加大，在这种情况下，加强资本风险管理尤为重要。

（7）竞争风险。

竞争风险，是指金融界激烈的同业竞争造成银行客户流失、贷款质量下降、银行利差缩小，从而增大银行总风险，威胁银行安全的可能性。例如大量银行为谋求高额利润涌入管制较少的欧洲货币市场，激烈的竞争使欧洲货币的存贷利差大幅下降。最危险的是，激烈的竞争使利差到了不能反映真实风险的地步，不仅损害银行的正常利润，而且降低银行应付风险损失的能力，使之更加脆弱，不堪重击。

（8）经营风险。

经营风险，是指商业银行在日常经营中由各种自然灾害、意外事故引起的风险，一般属于静态风险，风险结果是可以预计的、一定的，甚至严重的经济损失。其原因包括火灾、银行遭劫、通信线路故障、计算机失灵、高级管理人员乘坐的飞机失事、银行日常工作差错等。这些风险的发生概率一般可以准确地估计，可以通过保险和职员日常风险教育等风险管理方式来防范和处理。

10.1.2 商业银行风险管理概述

1）商业银行风险管理的概念与风险管理的产生

商业银行风险管理是指商业银行在筹集和经营资金的过程中，对商业银行风险进行识别、衡量和分析，并在此基础上有效地控制和处理风险，用最低成本来实现最大安全保障的科学方法。或者说，商业银行风险管理是指通过系统和规范的方法对商业银行经营管理活动中的各种风险进行识别、估计、处理、预测、回避、分散或转移经营风险，从而减少或者避免经济损失，保证资金安全的行为。

该定义包含以下几层意思：

（1）商业银行风险管理的主体是商业银行，管理程序由风险的识别、衡量、分析、控制和决策环节所构成，通过计划、组织、指导和管理等过程，综合、合理地运用各种科学方法来实现其目标。

（2）商业银行风险管理以选择最佳风险管理技术为中心，体现了成本与效益的关系。商业银行应从最经济合理的角度来处置风险，当成本与效益之间出现矛盾时，商业银行可根据自身发展的不同要求，在两者之间进行权衡置换，制定出与之相匹配的风险管理决策。

（3）商业银行风险管理，有狭义和广义之分。前者研究商业银行系统内部风险的产生和控制；后者则研究系统外部风险对商业银行经营的影响和控制。商业银行风险管理包括狭义和广义风险管理两部分内容，即商业银行研究的风险包括了经营过程中可能遇到的全部风险。

风险管理产生于20世纪30年代，作为一门管理科学，在第二次世界大战之后，特别是20世纪60年代以后，随着西方经济黄金时代的到来而迅猛发展起来。它得到各国经济理论界和实际经济管理部门的高度重视和广泛运用。

在银行体系中，不仅基层、微观的实际业务部门以商业银行风险管理为经营管理的重点，而且高层、宏观的金融管理当局也毫无例外地视商业银行的风险暴露程度和风险管理水平为主要的监管对象。20世纪80年代以来，金融自由化和经济全球化提升了商业银行经营环境的风险程度，致使不少大银行损失惨重，即使尚未到安全性岌岌可危的地步，其至少已经元气大伤。

2）商业银行风险管理的意义

商业银行风险管理对经济发展有着十分重要的意义。

（1）商业银行风险管理能增强金融体系的安全性。

商业银行是金融体系的主体，商业银行经营管理得当，能对经济发展起到重要的促进作用；相反，如果商业银行经营管理不善，不仅不利于经济发展，而且个别银行经营管理不善甚至倒闭会波及其他银行，会影响社会公众对整个金融体系的信心，严重的还会酿成金融危机。

正因为如此，各国金融监管当局对商业银行实行严格的监管，商业银行自身也大都积极地实行风险管理，采取稳健的，即“安全第一”的经营方针。商业银行在增强自身安全的同时，也促进了金融体系安全的提高，避免出现商业银行倒闭的“多米诺骨牌效应”。

（2）商业银行风险管理能增强商业银行的竞争力。

银行竞争优势包括资金优势、人才优势、技术优势和管理优势，其中，管理优势非常重要。银行风险管理通过回避、分散、转移、控制风险，能将风险给银行造成的损失降到最低，增加银行盈利，从而提高银行信誉和安全性，促进银行经营管理水平的提高，最终增强银行的竞争力。

（3）商业银行风险管理能促进商业银行国际化经营。

《巴塞尔协议》要求国际银行的资本充足率不低于8%，其中，核心资本充足率不低于4%。《巴塞尔协议》这一国际性文件已被国际银行界普遍接受，资本充足率这一综合性指标，已成为一条大多数银行进行国际化经营必须遵循的基本准则。

在资本充足率中，风险资产总额处于分母的位置，通过减少分母来实现资本充足率的要求被称为“分母决策”。而要实施“分母决策”，就必须加强银行资产的风险管理，通过对资产的风险识别、估价、控制和处置，降低资产风险，从而降低风险资产总额，达到提高资本充足率的目的，最终促进银行的国际化经营。鉴于此，我国对银行业加强了风险管理。

3）商业银行风险管理的目标

商业银行风险管理的目标是通过处置和控制风险，防止和减少损失，使商业银行的正常经营活动获得最大的安全保障。换句话说，风险管理的目标就是以最小的机会成本保证银行处于足够安全的状态。具体来讲，它包括两方面内容：

一是在风险损失产生以前，为了保障其自身的经营安全，商业银行通过有效的风险管理，以最低的损失控制费用来获取控制风险的最佳效果；二是在风险损失产生之后，为尽快地弥补损失，商业银行通过各种补救措施，使自身不至于因各种风险的产生而危及生存，最终确保盈利目标的顺利实现。

党的二十大报告提出：“深化金融体制改革，建设现代中央银行制度，加强和完善现代金融监管，强化金融稳定保障体系”。这一表述及报告中对金融领域的相关要求，对商业银行经营管理有着重要的指导作用。持续推进国有金融企业改革是党的二十大后党和国家的重点工作之一。强化国有金融企业风险管控能力一直是国有金融企业改革和管理提升的重点方向之一。由于金融国有企业金融风险的传染性强，所以应对风险管控提出更高的要求。基于商业银行在金融企业中的主体地位，风险管控的意义更为重大。

10.2 商业银行风险的识别与估测

商业银行的经营风险是由许多不确定因素引发的，如何从不确定的宏微观环境中识别可能给商业银行带来意外损失的风险因素，并以定量和定性的方法加以确定，构成了风险管理的前提。银行通过对尚未发生的潜在的各种风险进行系统归类和实施全面的分析研究，能够揭示潜在风险及其性质，对特定风险发生的可能性和造成损失的范围与程度进行估测，并采取相应方法加以处置，其构成了风险管理的主要内容。

10.2.1 商业银行的风险识别

风险识别，就是在商业银行周围纷繁复杂的宏、微观风险环境和内部经营环境中识别出可能给商业银行带来意外损失的风险因素。风险识别是风险管理的第一步，也是最重要的一步，因为风险识别为以后的风险分析、评价、控制等确定了方向和范围。

识别风险的方法有很多，但是每一种方法都有其适用范围，各有优缺点。在实际操作中究竟应采用何种方法，应根据具体情况而定。通常综合运用多种方法，才能收到良好的效果。

1）财务报表分析法

在商业银行的经营管理中，最直接、最方便的风险识别工具就是银行的财务报表。以下几种财务报表分析法，可以通过评估商业银行过去的经营绩效，衡量目前的财务与经营状况，预测未来发展趋势，进而找出可能影响银行未来经营的风险因素。

（1）比较分析法。

比较分析法是用本期报表与前期报表或同时期其他可比银行的财务报表，就各个科目在绝对数、绝对数的增减变动、百分比增减变动、比率增减变动等各方面作详细的比较，以确定风险因素。

（2）趋势分析法。

趋势分析法即选择某一时期为基期，计算以后每一期中各科目对基期对应科目的趋势百分比，进而判断银行未来业务开展、风险承担、盈利能力等方面的发展趋势，并分析影响这些趋势发展的各种不确定性因素。

（3）共同比分析法。

共同比分析法是指分析财务报表中个别科目占总资产、总负债或毛利的百分比，继而判断是否存在异常现象，并寻找原因。

（4）比率分析法。

比率分析法是指计算财务报表中某些科目的数值比率，如流动比率、速动比率、现金比率、负债比率、资金流量比率等，继而识别影响银行营运资金、资金运用效率、获利能力等的因素。

（5）特定分析法。

特定分析法是指通过编制财务状况变动表，考察资金流动的充足性与通畅性，分析银行经营成本、业务量和利润的关系，并探索其变动原因。

2）风险树搜寻法

风险树搜寻法是一种被广泛使用且十分有效的风险监测方法。它主要是利用图解的形式将大的风险化解成各种小的风险，或对各种引起风险的原因进行分解。由于分解后的图形呈树枝状，分解越细树枝就越多，因而称其为风险树搜寻法。它可以将商业银行面临的主要风险分解成许多细小的风险，也可以将产生风险的原因一层又一层地分解，排除无关的因素，从而准确找到对银行经营真正产生影响的风险及其原因。该方法简单、明确，能够比较迅速地发现存在的问题，使用领域也比较广泛。

3）德尔菲法

德尔菲法又称专家意见法，是由美国著名投资咨询公司兰德公司于20世纪50年代提出来的。德尔菲是传说中古希腊阿波罗神殿所在地，以此来命名，表示集中众人智慧进行准确预测。其具体流程为：商业银行风险管理人员首先制订一套调查方案，确定调查内容，然后以匿名方式反复征询专家的意见。

专家们根据调查表所列问题并参考相关资料后独立提出的意见，然后由风险管理人员对每一轮意见进行汇总整理，再将不同的意见及其理由作为参考资料发给每个专家，供他们再次作出分析判断，并提出新的论证。如此多次反复，专家们的意见最终趋于一致，而最终结论的可靠性也越来越大。德尔菲法突破了传统数量分析的限制，为合理地制定决策开启了新的思路。

4）古德曼法

古德曼法又称筛选-监测-诊断法。1976年，古德曼提出了一个风险识别监测三元素顺序图，所以这种方法以他的名字命名。古德曼法是借助筛选、监测和诊断三个紧密相连的环节进行反复循环来识别监测商业银行风险的一种方法。其具体流程为：

第一步是筛选，主要是由银行风险管理人员对内部和外部的各种风险因素进行分类，并确定哪些因素会直接引发经营风险，哪些因素暂时不会引发经营风险，哪些因素还需进一步观察才能作出判断。通过筛选，可以排除干扰，将注意力集中到一些可能导致重大风险的因素上。第二步是监测，根据筛选的结果来观测、记录和分析，以掌握各种风险因素的活动范围及其变化趋势。第三步是诊断，通过对风险症状与可能起因之间关系的分析和评价，对可疑的起因进行排除，真正达到识别、监测风险的目的。

5）专家预测法

专家预测法是以专家为索取信息的对象，组织各个领域专家运用专业方面的经验和知识，通过对过去和现在发现的问题进行综合分析，从中找出规律，对发展前景和风险大小作出判断。专家预测法的最大优点是，在缺少足够统计数据和原始资料的情况下，可以对预测对象的未来状况作出有效的推测。

运用专家预测法，可以对银行经营活动中潜在风险的性质和可能引起风险的因素进行比较准确的判断。专家预测法分为个人评估法和专家会议法两种。个人评估法是指依靠专家对预测对象未来的发展趋势和状况作出专家个人的判断。专家会议法是指以会议的形式，邀请有关专家参加并利用专家积累的知识、经验和能力对预测对象未来的发展趋势及状况作出判断的一种方法。

10.2.2 商业银行的风险估价

风险的估价是现代风险管理的核心内容，也是商业银行进行风险管理的难点之一。它是指通过一定的数理技术手段，对风险发生的可能性进行量化，得到由于某些风险因素而导致在给定收益条件下损失的数额或在给定损失条件下收益的数额的过程。银行风险的估价或计量有以下几种主要方法：

（1）客观概率法。

银行在估计某种经济损失发生的概率时，如果能够获得足够的历史资料，用以反映当时的经济条件和经济损失发生的情况，则可以利用统计的方法计算出该种经济损失发生的客观概率（可见客户和自身历史数据资料的重要性）。

（2）主观概率法。

主观概率法是银行选定一些专家，并拟出几种未来可能出现的经济条件提交给各位专家，由各位专家利用有限的历史资料，根据个人经验对每种经济条件发生的概率和每种经济条件下银行某种业务发生经济损失的概率作出主观估计，再由银行汇总各位专家的估计值进行加权平均，根据平均值计算出该种经济损失的发生概率。

（3）统计估值法。

利用统计方法和样本资料，可以估计风险平均程度（样本期望值）和风险分散程度（样本方差）。估计方法可以采用点估计或区间估计。点估计是利用样本来构造统计量，再将样本值代入估计量求出估计值。但是由于样本的随机性，这样的估计值不一定就是待估参数的真值。作为更容易操作的风险估值，可采用区间估计来解决它的近似程度、误差范围和可信程度。区间估计用来表达在一定可信程度上，某种风险发生的条件区间。

（4）假设检验法。

对未知参数的数值提出假设，然后利用样本提供的信息来检验所提出的假设是否合理，这种方法称为假设检验法。像统计估值法一样，假设检验法通用于事件发生规律稳定、历史资料齐全的风险概率估计。

（5）回归分析法。

回归分析法是通过建立间接风险与直接风险因素之间的函数关系，来估计直接风险因素的方法。

（6）涉险值法（Value at Risk，VaR）。

涉险值是指在正常的市场环境和给定的置信水平下，某项资产或交易在给定的时间区间内的最大期望损失（超过平均损失的非预期损失）。VaR是一种利用概率论与数理统计来估计风险的方法。它综合考虑了风险来源的敞口和市场逆向变化的可能性，在传统风险估计技术的基础上前进了一步。近年来，许多国家金融监管当局和金融行业协会都认为VaR是一种较理想的风险测定方法。测算涉险值的方法主要有：德尔塔-正态法、历史模拟法、压力测试法和结构性蒙特卡罗模拟法等。

（7）压力试验与极值分析法。

压力试验是测量市场环境因素发生极端不利变化时，金融机构资产组合的损失大小，包括识别那些会使金融机构产生致命损失的情景，并评估这些情景对金融机构的影响。极值分析（Worst Sinaria）则是通过对收益值历史统计记录的概率分布的尾部进行统计分析，从另外一个角度估计极端市场条件下金融机构的损失。这两种方法是对正常市场情况下VaR的补充。

小思考 10-1

风险估价的实质是什么？风险的量化管理是否可以替代风险管理中的定性分析？

答：风险估价的实质包括：一是给出某一风险发生的概率；二是揭示这一风险可能

带来的损失规模。

风险管理中风险量化的主流趋势是不可逆转的，但不能由此否定风险定性分析的重要性。首先，对量化指标必须做一些基本假设，这会产生低估风险的可能。其次，除风险量化之外，必要的定性分析是不可缺少的。最后，风险量化管理技术只适用于那些可以量化的风险，而一些无形风险的估计则必须依赖定性分析。因此在商业银行的风险管理实践中，定性分析和定量分析往往是结合在一起使用的。

10.3 商业银行的风险处理与控制

10.3.1 商业银行风险对策的选择原则

商业银行风险评价的目的是选择风险对策，而风险对策的选择首先要确定选择原则。商业银行常用的风险对策选择原则有：

（1）优势原则。

优势原则是指在可采取的方案中，利用比较优势，剔除劣势方案。

（2）期望值原则。

期望值原则是指在可采取的方案中，选取益损值的期望值较大的方案。例如，甲、乙两种方案的益损情况估计见表10-3。

表 10-3 不同方案的益损情况对比表

状 态	概 率	益损值	
		甲方案	乙方案
A1	0.7	40	70
A2	0.2	20	30
A3	0.1	−10	−50

甲方案的期望值为：

$$40\times0.7+20\times0.2-10\times0.1=31$$

乙方案的期望值为：

$$70\times0.7+30\times0.2-50\times0.1=50$$

因此，应选择益损值的期望值较大的乙方案。

（3）最小方差原则。

最小方差原则是指在可采取的方案中，选取益损值的方差较小的方案。

如上例，甲方案益损值的方差为：

$$(40-31)^2\times0.7+(20-31)^2\times0.2+(-10-31)^2\times0.1=249$$

乙方案益损值的方差为：

$$(70-50)^2\times0.7+(30-50)^2\times0.2+(-50-50)^2\times0.1=1\ 360$$

方差越大，说明实际发生该方案的益损值偏离期望值的可能性越大，从而方案的风险越大。因此，在上述例子中应选择方差较小的甲方案。在实际工作中，经常会出现按照期望值原则与最小方差原则选择结论不一致的情况。如何处理这种矛盾，则属于对风险和效益的多目标抉择问题。

（4）最大可能原则。

最大可能原则是指当一种状态发生的概率显著地大于其他状态时，则将其视为肯定状态，根据这种状态下各方案益损值的大小进行决策。在上例中，状态A1发生的概率最大，若按最大可能原则，应选择乙方案。

（5）满意原则。

满意原则是定出一个足够满意的目标值，将各备选方案在不同状态下的益损值与此目标相比较，益损值达到或优于这个目标且概率最大的方案即为当选方案。

10.3.2　商业银行的风险处理与控制的方法

银行必须根据风险管理的不同阶段和各种风险的不同特点，以及风险发生概率和其对收益影响的不同程度，采取相应的风险防范与控制策略，据此消除、化解和补偿风险，尽可能减少损失，提高收益。具体来说，可以采用的风险处理策略包括：

1）风险回避策略

（1）风险回避策略的含义。

风险回避策略是指商业银行对可能出现的风险采取避开的方法。它主要是在风险较大，且难以化解、补偿，甚至会造成亏损经营的情况下采用。

（2）风险回避的原则。

①避重就轻的投资选择原则。

在诸种可供选择的投资项目中，选择风险小的项目，避免风险大的项目。

②收硬付软和借软贷硬的币种选择原则。

对将要收入或构成债权的项目选用汇价稳定的“硬”货币，而对将要支付或构成债务的项目选用汇价明显趋跌的“软”货币。但该策略的运用是以能准确预测汇率变动方向为前提的，因为如果预测失误，则会使银行遭受更大的损失。

拓展阅读10-1

直面银行“周期性”，专家聚焦经济周期弱敏感资产

③扬长避短、趋利避害的债务交换原则。

两个或多个债务人依据各自不同的优势，通过金融机构互相交换所需支付债务本息的币种或利率种类水准，达到取长补短的避险目的。

④资产结构短期化原则。

通过资产的短期化来避免因期限过长而给银行带来的利率风险、汇率风险、通货膨胀风险、流动性风险等。短期化资产结构的好处是既有利于增强流动性以应对信用风险，又有利于利用利率敏感性调整资产负债或利率定价来处理市场风险。

2）风险分散策略

对难以回避而必须承担的风险采取分散策略，是一种普遍应用的方法。如西方的谚语所表明的“不要把所有的鸡蛋放在同一个篮子里”。分散策略的目的在于通过实现资产结构的多样化，尽可能选择多种多样的、彼此相关程度较小的资产进行搭配，使风险

资产扩散，以降低整个资产组合中的风险，确保资金的安全性、流

分散策略具体可以通过以下六个方面得以实现：

化。

贷给一个企业或投向一种证券，把单项资产与总资产的比例限制在一

定范 样可避免大额资产风险产生时给银行带来的巨额损失。

（2）行业投向分散化。

尽可能避免出现将信贷资产过于集中地投向某一行业，使其行业风险过于集中。

（3）地区投向分散化。

不同的地区有不同的经济结构、发展速度和质量效益，信贷资产地区投向的分散化可以达到地区经济优势与银行风险相互抵消的目的。

（4）客户对象分散化。

尽量将银行资产占用在不同的借款企业和不同的证券上，避免出现大额借款客户或大额证券投资造成对银行经营的巨大冲击。

（5）资产占用方式的分散化。

根据银行资金状况和授信对象的情况选择不同的贷款方式和投资方法，如信用放款、质押放款、抵押放款、担保放款、银团放款、联合放款、票据贴现等。

（6）资产其他形式的分散化。

银行应拥有不同期限的资产、不同利率水平的资产、不同政府管理的资产等，分散策略的实施应以银行规模经营为前提，应当是总量大规模和个量小规模的统一。

3）风险转嫁策略

风险的转嫁策略属于风险的事前控制，它是在采取风险分散策略后仍有足够大的风险存在时采用的方法。一般来说，银行利用合法交易和业务手段将风险转嫁给他方的方法有：

（1）通过贷款的浮动利率政策和抵押放款方式将风险转嫁给借款人；

（2）通过担保方式将风险转嫁给担保人；

（3）通过资产的出售与转让，将风险转嫁给接受资产的机构；

（4）通过提前或推迟结算，转嫁汇率风险；

（5）通过外汇买卖，转嫁外汇风险等。

4）风险消缩策略

如果风险转嫁仍然不能有效地控制风险，银行应考虑在自身经营中消除或缩小风险。常见的消缩风险的交易形式有：

（1）套期交易。

在期货市场上买进与现货市场数量相等但交易方向相反的期货合约，以期在未来某一时间卖出（买进）期货合约而补偿因现货市场价格变动所带来的实际价格风险。

（2）掉期交易。

在进行某项业务时，分别在期限、证券种类、发行地点或交易对象某一方面，做一笔方向相反的业务，金额上可以对等，也可以不对等。通过这种逆向式策略达到缩小潜在风险的目的。

（3）期货交易。

当前签订合约并按约定利率或汇率在将来某个时间结算的交易。无论利率、汇率变动产生怎样的风险和收益，交易双方均不承受。当然，其中一方消除了风险，另一方则失去了收益。

（4）期权交易。

交易双方按约定利率或汇率就将来某一时点是否买卖某种证券或外汇达成交易契约。期权买方以给付卖方一笔保险费的方式获得这种权利。

5）风险补偿策略

对于已经产生或者是即将产生的风险，银行需要采取补偿策略来消除真正的风险损失。其具体方法有：

拓展阅读10-2

银行国别风险管理优化：贷款承诺和财务担保纳入计提

（1）将风险报酬计入价格。

在定价时除考虑一般的投资报酬率和货币贬值率因素外，还要将风险报酬因素考虑进去。这样的价格一旦成交，风险损失就预先得到了补偿。

（2）采取预备性的补偿措施。

包括订立抵押条款和担保条款。当发生风险损失时，通过对抵押品或担保品的处置得以补偿。

（3）参加保险。

通过保险赔款使造成的资产风险得到补偿。

（4）建立专项准备金。

包括贷款呆账准备金、利息呆账准备金、投资呆账准备金等，当发生风险损失时，通过呆账准备金予以补偿。

10.4　商业银行内部控制的基本内容与方法

内部控制是商业银行为实现经营目标，通过制定和实施一系列制度、程序和方法，对风险进行事前防范、事中控制、事后监督和纠正的动态过程和机制。建立和健全商业银行内部控制机制是提高商业银行防范经营风险能力、保障商业银行安全稳健运行的关键。

为此，2002年9月18日，中国人民银行发布了《商业银行内部控制指引》（以下简称《内控指引》），对商业银行内部控制提出了一系列指导意见，为商业银行加强内部控制提供了法律依据。2004年12月，中国银监会发布《商业银行内部控制评价试行办法》（以下简称《内控办法》），以规范和加强对商业银行内部控制的评价。2006年12月8日，中国银行业监督管理委员会第54次主席会议通过《内控指引》，2007年7月3日公布，自公布之日起施行。

10.4.1　商业银行内部控制要素

根据《内控指引》的规定，商业银行内部控制应当包括以下五个要素：内部控制环境、风险识别与评估、内部控制措施、信息交流与反馈、监督评价与纠正。《内控指引》第7～30条对这五个方面提出了明确的基本要求。

1）内部控制环境

（1）应从企业内部治理结构的完善方面来强化内部控制制度的环境建设。

①商业银行应当建立良好的公司治理以及分工合理、职责明确、报告关系清晰的组织结构，为内部控制的有效性提供必要的前提条件。

②商业银行董事会、监事会和高级管理层应当充分认识自身对内部控制所承担的责任。

董事会负责审批商业银行的总体经营战略和重大政策，确定商业银行可以接受的风险水平，批准各项业务的政策、制度和程序，任命高级管理层，对内部控制的有效性进行监督；董事会应当就内部控制的有效性定期与管理层进行讨论，及时审查管理层、审计机构和监督部门提供的内部控制评估报告，督促管理层落实整改措施。

高级管理层负责执行董事会批准的各项战略、政策、制度和程序，建立授权和责任明确、报告关系清晰的组织结构，建立识别、计量和管理风险的程序，并建立和实施健全、有效的内部控制，采取措施纠正内部控制存在的问题。

监事会在实施财务监督的同时，负责对商业银行遵守法律规定的情况以及董事会、管理层纠正损害银行利益的行为进行监督。

（2）应从企业精神与文化方面突出内部控制环境建设。

商业银行应当建立科学、有效的激励约束机制，培育良好的企业精神和内部控制文化，从而创造全体员工均充分了解且能履行职责的环境。

2）风险识别与评估

（1）商业银行应当设立履行风险管理职能的专门部门，制定并实施识别、计量、监测和管理风险的制度、程序和方法，以确保风险管理和经营目标的实现。

（2）商业银行应当建立涵盖各项业务、全行范围的风险管理系统，开发和运用风险量化评估的方法和模型，对信用风险、市场风险、流动性风险、操作风险等各类风险进行持续的监控。

（3）商业银行应当对各项业务制定全面、系统、成文的政策、制度和程序，并在全行范围内保持统一的业务标准和操作要求，避免因管理层的变更而影响其连续性和稳定性。

（4）商业银行设立新的机构或开办新的业务时，应当事先制定有关的政策、制度和程序，对潜在的风险进行计量和评估，并提出风险防范措施。

（5）商业银行应当建立内部控制的评价制度，对内部控制的制度建设、执行情况进行定期的回顾和检讨，并根据国家法律规定、银行组织结构、经营状况、市场环境的变化进行修订和完善。

3）内部控制措施

（1）商业银行应当明确划分相关部门之间、岗位之间、上下级机构之间的职责，建立职责分离、横向与纵向相互监督制约的机制。涉及资产、负债、财务和人员等的重要事项发生变动时，均不得由一个人独立决定。

（2）商业银行应当根据不同的工作岗位及其性质，赋予其相应的职责和权限，各个岗位应有正式、成文的岗位职责说明和清晰的报告关系。关键岗位应当实行定期或不定期的人员轮换和强制休假制度。

（3）商业银行应当根据各分支机构和业务部门的经营管理水平、风险管理能力建立相应的授权体系，实行统一的法人管理和法人授权。授权应适当、明确，并采取书面形式。

（4）商业银行应当利用计算机程序监控等现代化手段，锁定分支机构的业务权限，对分支机构实施有效的管理和控制。下级机构应当严格执行上级机构的决策，在自身职责和权限范围内开展工作。

（5）商业银行应当建立有效核对、监控的制度，定期对各种账证、报表进行核对，对现金、有价证券等有形资产及时进行盘点，对柜台办理的业务实行复核或事后监督把关，对重要业务实行双签制度，对授权、授信的执行情况进行监控。

（6）商业银行应当按照规定进行会计核算和业务记录，建立完整的会计、统计和业务档案，妥善保管，确保原始记录、合同契约和各种报表资料的真实、完整。

（7）商业银行应当建立有效的应急制度，在各个重要部位、营业网点等发生供电中断、火灾、抢劫等紧急情况时，应急措施应当及时、有效，确保各类数据信息的安全和完整。

（8）商业银行应当设立独立的法律事务部门或岗位，统一管理各类授权、授信的法律事务，制定和审查法律文本，对新业务的推出进行法律论证，确保每笔业务的合法和有效，维护银行的合法权益。

（9）商业银行应当实现业务操作和管理的电子化，促进各项业务的电子数据处理系统的整合，做到业务数据的集中处理。

4）信息交流与反馈

（1）商业银行应当实现经营管理的信息化，建立贯穿各级机构、覆盖各个业务领域的数据库和管理信息系统，做到及时、准确地提供经营管理所需要的各种数据，并及时、真实、准确地向中国人民银行报送监管报表资料和对外披露信息。

（2）商业银行应当建立有效的信息交流和反馈机制，确保董事会、监事会、高级管理层及时了解本行的经营和风险状况，确保每一项信息均能传递给相关员工，各个部门和员工的有关信息均能顺畅反馈。

5）监督评价与纠正

（1）商业银行的业务部门应当对各项业务的经营状况和例外情况进行经常性检查，及时发现内部控制存在的问题，并迅速予以纠正。

（2）商业银行的内部审计部门应当有权获得商业银行的所有经营信息和管理信息，并对各个部门、岗位和各项业务实施全面的监控和评价。

（3）商业银行的内部审计应当具有充分的独立性，实行全行系统的垂直管理。下级机构内部审计负责人的聘任和解聘应当经上级机构内部审计部门同意，总行内部审计负责人的聘任和解聘应当经董事会或监事会同意。

（4）商业银行应当配备充足的、业务素质高、工作能力强的内部审计人员，并建立专业培训制度，每人每年确保一定的离岗或脱产培训时间。内部审计力量不足的，应当将审计任务委托给社会中介机构。

（5）商业银行应当建立有效的内部控制报告和纠正机制，业务部门、内部审计部门和其他人员发现的内部控制的问题，均应当有畅通的报告渠道和有效的纠正措施。

案例分析 10-2

浦发银行北京分行积极开展清廉金融文化建设月活动

近日，浦发银行北京分行积极组织开展以“学习贯彻党的二十大精神，书写首都清廉金融文化新篇章”为主题的清廉金融文化建设月活动，持续打造“敬业有为 清廉有我”清廉金融文化，积极营造风清气正的工作氛围。

为推进清廉金融文化建设工作走实走深，浦发银行北京分行作出专项部署，以形式多样、全员参与的活动，引导全体党员干部员工筑牢思想道德防线，使清廉金融文化入脑入心。

为扩大清廉金融文化的辐射面，浦发银行北京分行统一设计制作清廉金融文化主题海报及宣传折页，通过全辖90余家营业网点的电子宣传屏等进行宣传展示，同时开展清廉文化主题微视频集中展播，进一步扩大清廉金融文化的社会影响力。

在对外宣传的同时，浦发银行北京分行积极加强对员工的廉洁教育。其中，青年员工以“反腐倡廉树新风，时代青年担重任”为主题拍摄微视频，并在全行范围内宣传播放，引导员工保持廉洁、脚踏实地、守住初心，发挥廉洁文化在广大青年员工中的教育、示范作用。

为缅怀和传承革命先驱的廉洁操守和优良传统，浦发银行北京分行组织基层党支部纪检委员走进北大红楼，参观“光辉伟业 红色序章”主题展览，追溯红色记忆。员工们在参观学习后纷纷表示，“深刻体会到伟大建党精神的新时代内涵，并将进一步坚定理想信念，打牢思想基础。”

清廉金融文化建设月活动开展以来，全行形成学廉、知廉、崇廉、践廉的良好氛围。浦发银行北京分行相关负责人表示，构建清廉金融文化，在于提高金融人自我修养，提升自律意识，夯实制度根本和文化根基，打造整体合规氛围。

资料来源：佚名.浦发银行北京分行积极开展清廉金融文化建设月活动［EB/OL］.［2023-12-06］.https：//www.163.com/dy/article/ILA7PTSC0514R9NP.html.

问题：案例中的清廉金融文化建设月活动是否关系到商业银行内部控制？内部控制包括哪些要素？

分析提示：是。结合教材中阐述的内部控制要素的内容进行简述。

10.4.2 商业银行内部控制的目标与原则

1）内部控制目标

根据《内控指引》第三条的规定，商业银行内部控制目标有四个：

（1）遵循目标。

确保国家法律规定和商业银行内部规章制度的贯彻执行。

这是商业银行内部控制的第一目标。银行业是高风险行业，对风险的有效防范与控制要求其必须合规合法经营，而合规合法经营则应严格贯彻执行各项规章制度，这是商业银行安全运行的前提和基础。

（2）运作目标。

确保商业银行发展战略和经营目标的全面实施和充分实现。

注重长期稳定发展的商业银行都会根据自身情况和市场条件制定相应的发展战略和经营目标，内部控制的目标之一就是要保证它们的全面实施和充分实现，不能为内控而内控，再好的内控机制如果阻碍了商业银行发展战略和经营目标的实现，也是无效的。

（3）安全目标。

确保风险管理体系的有效性。

对商业银行来说，风险既预示着机遇，也影响其竞争能力，并影响其维持融资的能力及保持和提高其服务水平的能力。一家商业银行的风险管理体系越健全、有效，在同业竞争中就越处于有利的地位，因此内部控制应当确保风险管理体系的有效建立和正常运行。

（4）信息目标。

确保业务记录、财务信息和其他管理信息及时、真实和完整。及时、真实和完整的各种信息是商业银行经营和管理的决策依据，是商业银行正确掌握和评价其经营管理效果的前提，也是按照有关法律规定进行有效信息披露的基础，因此也是内部控制的重要目标，要通过内部控制保证商业银行信息系统所产生信息的及时性、可靠性和完整性。

2）内部控制的基本原则

根据《内控指引》第四条的规定，商业银行内部控制应当贯彻执行全面、审慎、有效、独立的原则。

（1）全面原则。

内部控制应当渗透商业银行的各项业务过程和各个操作环节，覆盖所有的部门和岗位，并由全体人员参与，任何决策或操作均应当有案可查。如果在某一领域或环节出现内部控制的盲点，那么就可能产生风险并直接影响商业银行的正常经营。

（2）审慎原则。

内部控制应当以防范风险、审慎经营为出发点。商业银行的经营管理，尤其是设立新的机构或开办新的业务，均应当体现“内控优先”的要求。如果仅仅强调和追求资产的规模化和经营的效益化，而忽略了对风险进行预先研究和事前防范，那么其经营管理会产生很大的问题，其会付出巨大的代价。

（3）有效原则。

内部控制应当具有高度的权威性，任何人不得拥有不受内部控制约束的权力，内部控制存在的问题应当能够得到及时的反馈和纠正。因此，商业银行内部的全部机构和人员都应当遵守内部控制的有关规章制度，任何权力都不应无限制地膨胀，任何经营管理问题都应当依据内部控制进行调整。这是防范道德风险的有效保障。

（4）独立原则。

内部控制的监督、评价部门应当独立于内部控制的建设执行部门，并有直接向董事会、监事会和高级管理层报告的渠道。如果商业银行的内部监督和评价部门不具有强大的队伍配备，不具有相应的稽核职权，不能及时有效地履行职责，那么内部控制的各项目标也无法实现。

另外，为使各商业银行在内部控制建设上不至于“一刀切”，《内控指引》第五条还对内部控制提出了一个灵活的标准，也就是内部控制应当与商业银行的经营规模、业务范围和风险特点相适应，以合理的成本实现内部控制的目标。

10.4.3 商业银行内部控制的基本内容

根据《内控指引》的规定，商业银行内部控制应包括以下六个方面的内容：

（1）授信业务内部控制。

根据《内控指引》的规定，商业银行授信业务内部控制的重点是：实行统一授信管理，健全客户信用风险识别与监测体系，完善授信决策与审批机制，防止对单一客户、关联企业客户和集团客户风险的高度集中，防止违反信贷原则发放关系人贷款和人情贷款，防止信贷资金违规投向高风险领域和用于违法活动。

（2）资金业务内部控制。

根据《内控指引》的规定，商业银行资金业务内部控制的重点是：对资金业务对象和产品实行统一授信，实行严格的前、后台职责分离，建立中台风险监控和管理制度，防止资金交易员从事越权交易，防止欺诈行为，防止因违规操作和风险识别不足导致重大损失。

（3）存款及临柜业务内部控制。

根据《内控指引》的规定，商业银行存款及临柜业务内部控制的重点是：对基层营业网点、要害部位和重点岗位实施有效监控，严格执行账户管理、会计核算制度和各项操作规程，防止出现内部挪用、贪污以及洗钱、金融诈骗、逃汇、骗汇等非法活动，确保商业银行和客户资金的安全。

（4）中间业务内部控制。

根据《内控指引》的规定，商业银行中间业务内部控制的重点是：开展中间业务应当取得有关主管部门核准的机构资质、人员从业资格和内部的业务授权，建立并落实相关的规章制度和操作规程，按委托人指令办理业务，防范可能出现的负债风险。

（5）会计内部控制。

根据《内控指引》的规定，商业银行会计内部控制的重点是：实行会计工作的统一管理，严格执行会计制度和会计操作规程，运用计算机技术实施会计内部控制，确保会计信息的真实、完整和合法，严禁设置账外账，严禁乱用会计科目，严禁编制和报送虚假会计信息。

（6）计算机信息系统内部控制。

根据《内控指引》的规定，商业银行计算机信息系统内部控制的重点是：严格划分计算机信息系统开发部门、管理部门与应用部门的职责，建立和健全计算机信息系统风险防范的制度，确保计算机信息系统设备、数据、系统运行和系统环境的安全。

10.4.4 商业银行内部控制的过程

内部控制是一个连续的过程，其主要包括内部控制的设计、执行和评价三个环节。

1）内部控制的设计

内部控制设计主要是指内部控制制度的制定。内部控制制度是内部控制的存在形态，是内部控制理论、原则、方法、内容的文件反映，是执行和评价内部控制的基础与依据。设计内部控制制度是实施内部控制的基础工作，制度设计的好坏会直接影响内部控制的好坏。内部控制设计主要包括确定设计方式、进行调查研究、进行具体设计、试运行与修订等阶段。内部控制系统的设计应注意以下因素的影响：

（1）根据组织规模、经营特征，确定哪些业务采取一般控制方式，哪些业务采取特殊控制方式，制度设计应反映组织的形态特征。

（2）根据单位组织机构设置与人员数量素质情况，确定哪些业务采取综合部门控制，哪些业务采取业务部门控制，或实行两方面综合控制，制度应反映组织机构中所采取措施的责任所在。

（3）根据具体业务性质及涉及面、复杂程度、危险程度，确定是进行程序控制，还是进行纪律控制、监督检查控制，或者是采用综合控制。

（4）根据方便使用的需要，确定哪些制度用文字说明形式表达，哪些制度用组织系统图，或业务流程图表达，或图文并用。

（5）注意制度设计的适当性、可操作性、经济性与有效性，尽量避免繁杂、不适用、低能和浪费。

2）内部控制的执行

内部控制设计得再好，如果不严格执行也是无效的。因此，银行应在经营和管理活动中贯彻执行已制定的各项制度，按照制度的规定进行计划、组织与调节经济活动及具体业务，才能达到有效控制的目的，促进商业银行安全运行和经营目标的实现。内部控制的执行是保证内部控制有效性的最关键环节，因此在执行过程中必须落实以下工作措施：

（1）增强执行制度意识。

通过各种渠道和方法，广泛、深入、持久地宣传内部控制与商业银行稳定发展和个人切身利益的关系，使全体管理人员与员工理解贯彻执行制度的意义，在银行内部营造出自觉有效地执行内部控制的浓厚氛围。

（2）明确执行制度内容。

通过学习、培训和模拟实验，每个岗位的员工都清楚自己遵循的制度和规定，明白遵守与违反的界限，清楚最高管理层的意向与要求，明确本职工作的地位与影响，并提高自我监督与对他人监督的意识，克服执行制度的随意性。

（3）落实执行制度措施。

落实执行制度措施主要是将相关内部控制的制度具体贯彻落实到各业务流程实践和管理流程实践，促使各层次管理人员和员工自觉地严格遵守与自己工作有关的各项内控制度，将内控制度真正落实到经营与管理活动之中。

（4）注重执行制度检查与调节。

定期或不定期地开展制度执行情况的检查，一旦发现违反制度的行为，应按规定进行严肃处理，决不姑息迁就，否则就会一发不可收拾。执行中如发现不协调的环节，应及时调节，保证整个制度的执行通畅无阻。

3）内部控制的评价

商业银行内部控制评价是指对商业银行内部控制体系的建设、实施和运行结果独立开展的调查、测试、分析和评估等系统性活动。

内部控制评价包括过程评价和结果评价。过程评价是对内部控制环境、风险识别与评估、内部控制措施、监督评价与纠正、信息交流与反馈等体系要素的评价。结果评价是对内部控制主要目标实现程度的评价。

根据《内控办法》第七条的规定，商业银行内部控制评价的目标主要包括：

（1）促使商业银行严格遵守国家法律法规、银保监会的监管要求和商业银行审慎经营原则。

（2）促使商业银行提高风险管理水平，保证其发展战略和经营目标的实现。

（3）促使商业银行增强业务、财务和管理信息的真实性、完整性和及时性。

（4）促使商业银行各级管理者和员工强化内部控制意识，严格贯彻落实各项控制措施，确保内部控制体系得到有效运行。

（5）促使商业银行在出现业务创新、机构重组及新设等重大变化时，及时有效地评估和控制可能出现的风险。

根据《内控办法》第八条的规定，内部控制评价应从充分性、合规性、有效性和适宜性等四个方面进行：

（1）过程和风险是否已被充分识别。

（2）过程和风险的控制措施是否遵循相关的要求。

（3）控制措施是否有效。

（4）控制措施是否适宜。

根据《内控办法》第九条的规定，内部控制评价应遵循以下原则：

（1）全面性原则。

评价范围应覆盖商业银行内部控制活动的全过程及所有的系统、部门和岗位。

（2）统一性原则。

评价的准则、范围、程序和方法等应保持一致，以确保评价过程的准确及评价结果的客观性和可比性。

（3）独立性原则。

评价应由中国银保监会或受委托评价机构独立进行。

（4）公正性原则。

评价应以事实为基础，以法律法规、监管要求为准则，客观公正，实事求是。

（5）重要性原则。

评价应依据风险和控制的重要性确定重点，关注重点区域和重点业务。

（6）及时性原则。

评价应按照规定的时间间隔持续进行，当经营管理环境发生重大变化时，应及时进行重新评价。

在内部控制评价过程中应注意如下问题：

（1）重视对内部控制系统的研究，在充分调查研究的基础上，做好对现行制度的描述工作。

（2）将现行制度与理想模式进行比较，借以发现差异与薄弱环节。

（3）提出弥补缺陷与改进的措施与备选方案。

（4）评价后要提出报告，主要说明存在的问题、改进建议、补救措施、进一步检查的范围与方法。

内部控制是为防范与控制风险所必须进行的工作，内部控制与风险是一对矛盾，随着商业银行经营管理内外环境的变动和实践调整，这一矛盾互相不断地转化，矛盾双方的转化是一个相互交替和持续不断的过程。因此，内部控制系统必须保持持续改进，只有这样才能使内部控制和风险这一矛盾保持某种平衡状态。

内部控制过程还有一个不可或缺的环节，那就是检查评价以后必然紧跟着改进行动。通过对内部控制系统的测试评价，及时发现它的缺陷和薄弱环节，而且只有及时地加以改进，内部控制才能起到防御风险的作用。如果只检查评价，而没有相应的改进行动，那么这个内部控制过程是不完整的。

10.4.5 商业银行内部控制的方法

在内部控制的实际工作中，可采用组织控制、经营控制、员工素质控制、实物控制和审计控制等方法。

1）组织控制

组织控制旨在建立一个框架，使组织得以在这个框架内开展各项经营活动。组织控制包括总体控制以及各项具体控制，具体可分为四种类型：

（1）目标授权和责任。

组织通过制定目标、授权和责任的声明，为其内部的分支机构或部门的活动提供指南。声明的内容包括所要承担的职能、被授予的权限以及具体的责任。

（2）组织结构。

组织往往被划分为多个组成部分，这些各司其职的不同部门结合起来成为一个整体，为实现组织的整体目标而努力，划分组织结构不但要把组织划分为几个相对独立的部分，而且要明确各部分之间在业务活动和信息沟通中的内在联系。描述组织结构最常用的方法是组织结构图。

（3）决策权限。

划分组织结构以后，就要对组织的各组成部分赋予一定的决策权力。

（4）工作说明。

工作说明包括相关职责的分离。组织一般应详细地说明每个工作岗位的工作要求，包括具体的职责、工作的汇报和担任该工作的资格。应在职能部门层次和员工层次上实行有效的职责分离，部门职责分离可以起到部门横向制约内控的作用，员工职责分离可以起到岗位纵向制约内控的作用，同一部门或同一员工不能负责一项业务从发生到结束的整个过程。

2）经营控制

经营控制是指开展各项经营活动、处理各项经营事务所采取的控制方法，经营控制的常用方法有：

（1）制订计划。

计划是首要的经营控制方法，有效的计划应包括总体计划和具体计划，它是任何组织要取得成果的一个基本因素，计划通常包括长期计划、中期计划和短期计划，通过计划的制订、执行和分析，可以达到对经营的控制。

（2）编制预算。

预算是以金额、数量和其他价值形式或几种形式的综合方式反映银行（通常是1年）业务的详细计划。预算一般分为经营预算、资本预算和财务预算。从某种意义上看，预算控制是在年度经营开始之前根据预期的结果对全年经营业务的授权批准控制，从而可达到有效地控制和配置组织资源的目的。

（3）建立会计和信息系统。

组织中的会计和信息系统能够对组织的各种活动进行系统的跟踪、记录和报告。它渗透整个组织，完整、综合地反映组织的各种活动，其产生的定期报告为管理层和其他报告使用者作出决策提供重要依据。因此，往往采取各种内部控制措施，以保证会计和信息系统能够顺利进行。

（4）制作证明文件。

内部控制的一个基本方法是对组织的各种活动以证明文件的形式进行记录。证明文件通常是书面的，组织所面临的问题是怎样对这些文件进行管理。

（5）授权。

为了保护组织的利益，在开展任何活动之前都应当进行授权。授权按性质的不同，可以分为综合授权和特别授权。授权以后，为了避免滥用权力，还要经常对各组织活动的程序进行审查。

（6）制定政策和程序。

政策和程序对组织的活动是必不可少的，它们有助于保证组织的业绩稳定及所要求的质量水平。组织的内部控制往往表现为一系列的政策和程序。政策与程序通常要以方便的形式记录下来，任何职员都能随时获得与其工作相关的部分。

（7）保持秩序。

文件记录、职员的工作地点、资产和资料的存放地点以及业务的处理过程等保持得井然有序是非常重要的，否则只能导致混乱、效率低下，和资产、资料的丢失。

3）员工素质控制

商业银行内部控制的成效大小在很大程度上取决于银行员工素质的高低。因为在商业银行内部控制的要素中，人是最活跃的因素，只有全面提高商业银行员工的素质，才是充分发挥内部控制系统功能最有效的办法。员工素质控制主要是建立一套激励和约束机制来全面提高员工的素质，具体可采取如下措施：

（1）严格录用标准。

商业银行的人事部门应对应聘人员进行细致的调查，把好银行的入门关，确保受聘人员的知识和技能能够满足其具体的工作要求。

（2）加强培训教育。

要特别重视员工的培训计划，按员工的工作职务说明和详细的程序手册进行培训，帮助他们熟悉应该掌握的业务知识，使其了解应该干什么、如何做好，以保证各级人员能够更好地完成规定的职责。

（3）对不合格员工进行解雇。

银行一旦发现不忠诚或不能信任的员工，应及时解雇或将其调整到其他工作岗位。

（4）制定科学的人事考核方法。

考核和晋升制度是鼓励作出成绩的员工的重要手段。商业银行应对员工进行年度或半年一次的考评，并根据每个员工的业绩给予相应奖励，包括提级、晋升。

（5）实行职工信用保险。

对于那些能接近现金、易变现资产或其他易于发生挪用资产的每一个职工都应进行信用保险，通过信用保险转移其职业道德风险。

（6）实行休假和工作轮换制度。

通过休假和工作轮换过程中的人员变动交接，及时发现各种差错和不轨行为。

（7）提供令其满意的工作环境。

4）实物控制

商业银行的实物资产主要包括现金、有价证券、应收票据、重要空白凭证、业务用章、密押、合同契约和计算机设备等，这些实物资产的保护都非常重要，如果控制不当，就会给银行带来损失甚至灾难性的后果。商业银行实物资产的安全保护，主要包括以下四个方面的内容：

（1）限制接近。

限制接近就是严格控制对实物资产的接触，只有经过授权批准的人员才可接触资产。它既包括对资产本身的直接接触，又包括通过文件批准对资产使用或分配的间接接触。

（2）定期清点和核对。

这是对资产定期进行清点并将清点结果与会计记录进行比较。当清点结果与会计记录有差异时，应立即由独立于保管和记录职务的人员进行调查，找到差异原因，并采取相应措施防止再次发生。

（3）记录的保护。

各种记录尤其是会计记录要妥善保护。首先，应严格控制接近记录的人员，以保证保管、批准和记录职务分离的有效性；其次，各种记录要妥善保存，以便尽可能减少受损、被盗或被毁的机会；最后，对某些重要资料留有备份记录，在计算机处理条件下，备份记录更为重要。

（4）保险。

通过对资产投保，来减轻实物资产受损的程度，从而保护实物资产的安全。

5）审计控制

审计控制包括内部审计控制和外部审计控制两个方面。

（1）内部审计控制。

这是由银行内部审计人员所进行的审查，内部审计既是控制活动的一个组成部分，又是内部控制的一种特殊形式，它是对内部控制执行情况的一种监督形式，是对内部控制的再控制。

（2）外部审计控制。

这是指商业银行聘请外部审计师或会计师对商业银行业务经营实施外部审计检查，外部审计具有较强的独立性、公正性和真实性，是借助社会外部力量进行内部控制的有效方法。

10.5 商业银行的内部稽核

银行在实施种种风险控制的方法时，有一个现实必须正视，即商业银行必须建立一套严格的操作程序来规范从业人员的行为以及业务的运作方式，而且银行应建立严格的稽核制度为这些规则与规定的执行提供保障。商业银行的稽核功能不仅体现在防错、纠错、保障和揭露等方面，而且具有提高经济效果的作用，即通过消除银行经营管理中的不利因素和薄弱环节，进一步健全制度、改进工作方式、提高经济效益。这些功能体现在稽核内容和原则方法中。

10.5.1 商业银行内部稽核的内容

稽核的范围包括商业银行所有的业务和管理活动。其主要有以下几个方面：

1）资产负债稽核

资产负债稽核的内容包括资产负债的预计和实际规模、资产负债的结构及变化趋向、资产的质量和安全性、负债的流动性与稳定性、证券交易的价格及持有证券资产的结构、利率与利差、资金的流向等。

2）会计财务稽核

会计稽核的内容包括会计的过程、结算户资格、结算方式和结算纪律、往来账户和清算、业务差错情况、出纳发行制度、现金收付和运送、库房管理、货币发行与回笼、出纳长短款等。财务稽核的内容包括财务预算及其执行，各项收入、支出、盈亏的处理等。

3）金融服务稽核

金融服务稽核的内容包括咨询、信托、租赁等银行业务的规章和手续，收费标准及其执行情况，服务质量及设备等。

4）横向联系稽核

横向联系稽核的内容包括银行与客户及同业银行的关系和协作，是否有重大经济纠纷以及业务以外的经济关系等。

10.5.2 商业银行内部稽核的原则与方法

1）稽核的原则

银行稽核工作应遵循一定的原则，这些原则有利于稽核工作效果和效率的提高。这些原则主要有回避原则、重要原则、经济原则、适合原则、适时原则、从简原则、行动原则和直辖原则。

2）稽核的方法

银行在进行稽核时，常见的方法有观察法、审阅法、听证法、复查法、核对法、盘点法、查询法等。在稽核中，应将各种方法有机结合起来，同时注意稽核的形式。稽核有全面与专项稽核之分、定期与不定期稽核之分、独立与会同稽核之分等。因此，有效的稽核应该在原则的指导下，对稽核方法和方式进行有效的搭配，这样的内部控制手段才是有效的。

道德风险越来越可能成为导致商业银行资产质量恶化和经营效率低下的重要原因，其对商业银行的经营绩效和长远发展有着重大影响。

商业银行道德风险是指银行从业人员在其自身需要得不到有效满足，并受其思想状况、道德修养、价值取向的影响和左右，为满足自身需要，未使其业务（职务）行为最优化，从而引起或故意导致金融运行处于风险状态的可能性。它的特征是银行业员工以放弃有关法规制度、职业道德和本企业的效益为代价，以满足自己的需要、保全自己、牟取个人或小团体利益为价值取向，其结果是使银行没有获得最大利润或造成运行处于风险状态。

根据行为科学及心理学揭示的规律，需求产生动机，动机支配人的行为，银行业员工的行为活动同样受到需要的支配和驱使，而员工的需要分为合理的需要和不合理的需要。

正常情况下，通过员工的自身努力，同事的帮助，企业的合理合法帮助，一般可以实现员工的合理需要。而由于各种因素，对于员工的一些合理需要或不合理需要，员工采取不正当的手段去实现，就会对银行产生损失和风险。

商业银行所面临的道德风险可概括为如下三个层次：

（1）商业银行决策层（如董事会成员）的道德风险。

在目前国内商业银行的产权体制下，决策层个人大多不拥有与其职权相适应的产权，事实上并无足够的经济能力对决策结果负责，或者只负有微不足道的责任，这是决策层仍然存在道德风险的根本原因，具体表现在决策行为的非市场化，对高级管理层的约束力软化，对违规行为反应迟钝等。

（2）商业银行管理层（如总分行管理级员工）的道德风险。

决策层的道德风险增加了管理层的道德风险，如表达意见不是从实际出发，利益目标短期化，在决策层对高级管理层的约束力软化的情况下，不同形式的越权经营，账外经营，操纵会计报表，人为调整统计数据等。

（3）商业银行经营层（如操作/执行人员）的道德风险。

商业银行的经营层是信息的收集者，是微观信息量最丰富的层次，由于其获取的微观信息量最大，当管理层的监督不到位时，其会成为商业银行内部道德风险发生频率最高的层次。如工作人员利用制度漏洞作案，高素质人员利用电脑作案，信贷及不良资产管理人员删除不利信息或提供不实信息误导管理层等。道德风险的形成，原因深刻而复杂，有文化的原因、社会的原因、银行体制的原因，当然还有人为的原因。

今天的中国银行业道德风险产生的现实原因，从解决问题的角度出发，可以归纳为以下几点：

①体制的原因。

国有银行未能解决资产所有者与经营者的委托经营性质，上级行与下级行之间的委托代理关系，个人委托的分量重于机构委托的分量。通过改制上市，国有银行的产权关系将明确，授权与代理关系亦要确定，相信道德风险产生的体制因素能够得到控制。

②商业银行经营目标的不确定性。

上一年银行为了追求发展速度拼命贷款；下一年为了落实宏观调控目标，坚决压缩贷款。所以，我们今天强调要用市场化方式达到宏观调控的指标，不搞“一刀切”，就是注意到了道德风险的发生。

③银行不恰当的绩效考评办法。

现在的银行经营，层层分解指标，可以说指标决定机构和个人的命运，想方设法完成任务的同时，弄虚作假也就出来了，这是体制内的道德风险。

④不当竞争。

高息或变相高息揽储，对大客户或大项目争相放款，都严重影响银行健康发展。

情境模拟 10-1

场景：

你是某商业银行支行的一名储蓄员，在某个营业日的下午正在正常办理业务，这时，有位客户拿着已被挂失冻结的存折到你所在柜台取款，请问根据储蓄工作的风险点及防范措施应如何处理。

操作：

第一步，接受客户的存折与取款指令，进行电脑操作，此时电脑显示出挂失金额。

第二步，根据银行储蓄业务内控制度，即为防止储蓄存款的非储户支配风险，储蓄人员不得擅自办理冻结业务，于是储蓄员可以婉转的方式告知该客户暂时办不了，请客户稍等，争取以最短的时间联系经警。

第三步，与经警一同将客户请到办公室查问实情。

知识掌握

10.1 商业银行面临的内部与外部风险环境是怎样的？

10.2 商业银行经营中有哪些常见的风险种类？

10.3 商业银行风险管理的意义是什么?
10.4 如何识别商业银行的风险?
10.5 商业银行风险估测与处置的方法各有哪些?
10.6 商业银行内部控制的五大要素是什么?
10.7 商业银行内部控制的目标与原则有哪些?
10.8 商业银行内部控制的内容、过程和方法有哪些?
10.9 商业银行内部稽核的内容、原则和方法有哪些?

知识应用

□ 案例分析

银行互联网贷款新规“宽严并济”

为进一步规范商业银行互联网贷款业务行为，促进互联网贷款业务健康发展，银保监会日前发布《关于加强商业银行互联网贷款业务管理提升金融服务质效的通知》(以下简称《通知》)，从履行贷款管理主体责任、完善贷款资金管理、规范合作业务管理等多方面，进一步细化明确了商业银行贷款管理和自主风控要求。业内人士表示，此次《通知》态度较为积极，将商业银行互联网贷款存量业务过渡期延至2023年6月30日，较好平衡了加强监管和促进创新的关系，将推动互联网贷款业务平稳高质量发展。

存量业务过渡期延长一年

2020年7月，银保监会印发《商业银行互联网贷款管理暂行办法》(以下简称《办法》)，提出按照“新老划断”原则设置两年的过渡期，即到2022年7月。2021年2月，银保监会发出《关于进一步规范商业银行互联网贷款业务的通知》，对《办法》进行细化和修正，从联合贷款出资比例、集中度、限额管理等三个方面设定严格的定量指标，并严控地方法人银行跨区域经营，大幅度收紧互联网贷款业务政策要求。

“此次发出的《通知》，既肯定了互联网贷款在服务中小微企业融资和居民消费等方面的积极作用，又指出了贷款主体责任不到位、过度依赖外部合作等方面的不足，着重细化了明确贷款管理和自主风控要求，提出规范外部合作，并延长过渡期一年至2023年6月，总体而言，有利于进一步规范互联网贷款市场竞争秩序，促进互联网贷款业务高质量发展。”招联金融首席研究员董希淼表示。

董希淼认为，延长过渡期是《通知》的亮点之一。较长的过渡时间，有助于市场机构有序整改、平稳过渡，确保互联网贷款对实体经济服务力度不减。

谈及整改期限的延长，银保监会有关部门负责人指出，近两年，新冠病毒感染反复和经济环境等因素对商业银行互联网贷款业务整改进程造成了一定影响。从目前掌握的情况看，部分商业银行的互联网贷款业务特别是合作贷款业务面临到期合规的压力。为审慎推进整改、创造更好条件，避免因业务停办产生收缩效应影响小微企业和居民融资需求，同时综合考虑商业银行与合作机构整改进度、业务连续性以及与征信规定衔接等因素，有必要对过渡期作出统筹安排。

“《通知》对前期已发布的互联网贷款相关规定作了部分细化要求，尤其是针对整改过程中信息管理、资金管理、合作规范和消费者权益保护等薄弱环节作了更清晰明确的规定，有助于更好地推动互联网贷款业务规范开展。”星图金融研究院副院长薛洪言表示。

整改期限的延长，基本符合市场预期。一位从事助贷相关业务的金融科技公司负责人对记者表示，此次《通知》内容更多压力在银行侧，包括贷款审批、发放、资金监测等。

多领域提出新要求

除延长过渡期外，《通知》在履行贷款管理主体责任和强化信息数据、资金管理以及业务规范等方面也提出了新要求。例如，《通知》要求，互联网贷款涉及与合作机构开展营销获客、支付结算、信息科技等合作的，商业银行应加强核心风控环节管理，不得因业务合作降低风险管控标准。

商业银行应当规范与第三方机构互联网贷款合作业务，对共同出资、信息科技合作等业务分类别签订合作协议并明确各方权责，不得在贷款出资协议中掺杂混合其他服务约定。

合作机构及其关联方违法违规归集贷款资金、设定不公平不合理合作条件、未依法依规提供贷款管理必要信息、服务收费质价不符，或违反互联网贷款其他规定的，商业银行应当限制或者拒绝合作。

“银行在互联网贷款发展特别是联合贷款业务中不应做‘甩手掌柜’，应切实加强对贷款的管理，独立自主风控，不得将核心环节外包。同时，要规范外部合作，不与资质低、口碑差的机构合作。”董希淼强调，在互联网贷款业务中，金融机构与消费者信息不对称问题更加突出，加强消费者合法权益保护尤为重要。因此，银行应全面真实地披露互联网贷款息费水平，杜绝捆绑消费、暴力催收，推动互联网贷款可持续发展。

被多方关注的互联网贷款综合融资成本问题也在《通知》中被正式提及。此前，《办法》要求互联网贷款应明示年化综合资金成本。此次《通知》提出，商业银行应当充分发挥助力普惠金融的积极作用，定期评估合作发放互联网贷款的综合融资成本。

“对互联网贷款利率定价，须统筹考虑各项成本、客户违约风险和微利等综合因素，注重各方平衡。单纯片面追求高利率或者低利率，均不利于互联网贷款业务的持续开展。”招联金融总经理章杨清建议，互联网贷款可以以更契合市场的“LPR+”方式为参考，即“客户终端贷款利率定价=资金成本（LPR基础上浮动的融资成本）+风险损失成本（决定服务客户群体范围）+整体运营成本（含流量获客、平台运营等）+可持续经营的微利空间”。

“互联网贷款客户终端年化利率应保持在24%以下，并继续下行。互联网贷款从业机构应严格执行人民银行的要求，全面、准确向客户展示年化利率，主动接受价格监管，逐步降低客户综合融资成本。”章杨清说。

数字化转型提升服务质效

作为传统线下贷款的重要补充，互联网贷款有利于更便捷地满足企业和居民合理的融资需求，支持实体经济发展，不断提高金融便利度和普惠覆盖面。尤其是在疫情防控背景下，可以服务传统金融渠道难以触达的客户群体。

据银保监会披露数据，截至2021年末，银行业金融机构互联网贷款余额5.75万亿元，同比增长21.8%。其中用于生产经营的个人互联网贷款和企业流动资金互联网贷款同比分别增长68.1%、46.3%。

为持续提升金融服务质效，《通知》提出，商业银行应当在统筹经营管理规划基础上，稳妥推进数字化转型，立足自身定位精准研发互联网贷款产品，增加和完善产品供给，提高贷款响应率，优化贷款流程，充分发挥互联网贷款在助力市场主体纾困、降低企业综合融资成本、加强新市民金融服务、优化消费重点领域金融支持等方面的积极作用。

董希淼表示，总体来看，《通知》将有助于互联网贷款占比较高、自主风控能力较强的银行、消费金融公司及较为规范的互联网平台提升发展质量。同时，部分银行与外部机构合作的联合贷款、助贷产品应进行流程重构。

资料来源：向家莹.银行互联网贷款新规“宽严并济”[EB/OL].[2022-07-22].https://finance.sina.com.cn/chanjing/cyxw/2022-07-22/doc-imizirav4892685.shtml.

问题：银行的互联网金融如何进行良性创新以降低风险隐患？

分析提示：从银行经营和技术两个层面谈风险。一是应采取积极的态度面对风险；二是应以有效、科学的方法管理风险，包括风险识别、估价及风险的处理和控制；三是合理布局传统金融和互联网金融。

□ 实践训练

选择某一家商业银行近一两年的内部控制评价报告。

要求：分析该行内部控制方面的优势及存在的问题，并提出改进措施。不少于800字。

主要参考文献

[1] 庄毓敏. 商业银行业务与经营 [M]. 6版. 北京：中国人民大学出版社，2022.

[2] 唐士奇.商业银行经营管理原理与实务 [M]. 2版. 北京：中国人民大学出版社，2022.

[3] 王良，薛斐.商业银行资产负债管理实践 [M]. 北京：中信出版社，2021.

[4] 冉瑞恩.商业银行业务与经营实践指导教程 [M]. 北京：经济管理出版社，2020.

[5] 王锦阳，刘锡良.中国银行业系统性金融风险研究 [M]. 北京：中国金融出版社，2020.

[6] 蔡鸣龙.商业银行业务经营与管理 [M]. 厦门：厦门大学出版社，2021.

[7] 张素勤. 商业银行业务与经营 [M]. 上海：立信会计出版社，2020.

[8] 朱杰，唐潇，温建利. 资产证券化实务详解：操作指引与案例解析 [M]. 北京：中国法制出版社，2019.

[9] 何铁林. 商业银行业务经营与管理 [M]. 2版. 北京：中国金融出版社，2020.

[10] 李保旭，韩继炀，冯智. 互联网金融创新与风险管理 [M]. 北京：机械工业出版社，2019.

[11] 张凡. 我国商业银行内部控制研究 [M]. 济南：山东大学出版社，2019.

[12] 戴国强. 商业银行经营学 [M]. 6版. 北京：高等教育出版社，2022.

[13] 李师刚. 商业银行全面风险管理与巴塞尔协议新资本协议知识宝典 [M]. 北京：中国金融出版社，2019.

[14] 苏立峰. 商业银行经营与管理案例分析 [M]. 2版. 上海：立信会计出版社，2019.

[15] 王勇，隋鹏达，关晶奇. 金融风险管理 [M]. 北京：机械工业出版社，2020.

[16] 于东智. 现代商业银行资产负债管理手册 [M]. 北京：中国金融出版社，2020.

[17] 中国银行业协会中间业务专业委员会. 商业银行中间业务创新案例 [M]. 北京：社会科学文献出版社，2017.

[18] 幸丽霞. 资产证券化：银行表外业务转型新视角 [M]. 北京：中国金融出版社，2019.

[19] 沈沛龙. 商业银行流动性风险管理研究 [M]. 北京：科学出版社，2020.